近出殷周金文集錄

第四册

劉雨　盧岩　編著

中華書局

目　　錄

1068	戉戈	1	94
1069	黾戈	1	95
1070	萬戈	1	96
1071	𤓓戈	1	97
1072	眉戈	1	98
1073	車戟	1	99
1074	丟戈	1	100
1075	丟戈	1	101
1076	丟戈	1	102
1077	冂戈	1	103
1078	柬戈	1	104
1079	獸戈	1	105
1080	黌戈	1	106
1081	鳥戈	1	107
1082	車戈	1	108
1083	左戈	1	109
1084	左戈	1	110
1085	蒙戈	1	111
1086	蒙戈	1	112
1087	莒公戈	2	113
1088	□絫戈	2	114
1089	鄉宁戈	2	115
1090	亞炎戈	2	116
1091	車虢戈	2	117
1092	索需戈	2	118
1093	子龔戈	2	119
1094	𠙻乙戈	2	120
1095	□公戈	2	121
1096	父辛戈	2	122
1097	成周戈	2	123
1098	成周戈	2	124
1099	大武戈	2	125
1100	黃城戟	2	126
1101	黃戟	2	127
1102	柏人戈	2	128
1103	高望戈	2	129
1104	右建戈	2	130
1105	盧氏戈	2	131
1106	右造戟	2	132

十一、 盤、匜、盂類

996 夆盤

夆。

字數:1
度量:通高 8.7 釐米,口徑 27.7 釐米
時代:西周早期
著錄:《文物》1996 年 12 月 7—10 頁
出土:1985 年 5 月山東濟陽縣姜集鄉劉臺子村墓葬 M6:14
現藏:山東省文物考古研究所

3

997 父辛盤

父
辛。

字數:2
度量:通高 13 釐米,口徑 34.9 釐米,重 3.05 千克
時代:西周早期
著録:《寶鷄強國墓地》(上)69 頁
出土:陝西寶鷄市竹園溝 13 號墓 M13:25
現藏:陝西寶鷄市博物館

998 亞址盤

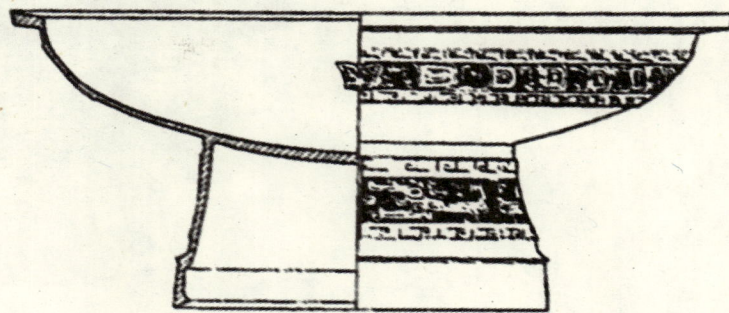

亞
址。

字數:2
度量:通高 15.87 釐米,口徑 38.8 釐米,重 5.25 千克
時代:商代後期
著録:《安陽殷墟郭家莊商代墓葬》80 頁
出土:河南安陽市殷墟郭家莊 M160:97
現藏:中國社會科學院考古研究所

999 鼓寢盤

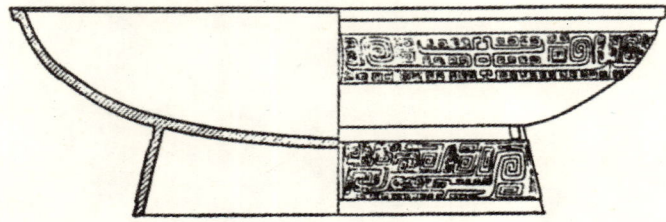

鼓
寢。

字數:2
度量:通高 11.5 釐米,口徑 33.2 釐米
時代:商代後期
著錄:《考古》1992 年 6 期 510—514 頁
出土:1980 年冬河南安陽市大司空村墓葬 M539:20
現藏:中國社會科學院考古研究所安陽工作隊

1000 倗盤

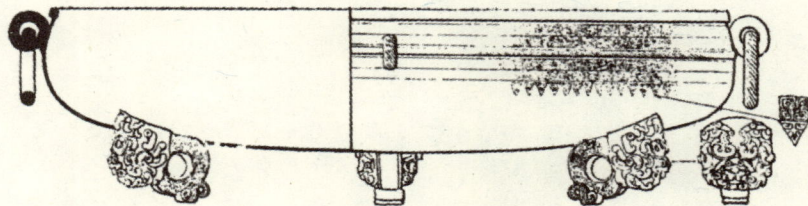

倗之盥盤。

字數:4
度量:通高 54.4 釐米,重 21.8 千克
時代:春秋後期
著録:《淅川下寺春秋楚墓》136 頁
出土:1990 年河南淅川縣下寺 M2:52
現藏:河南省文物研究所

1001 獸宮盤

作獸宮
彝，永寶。

字數：6
度量：通高 10.8 釐米，口徑 40.5 釐米
時代：西周中期
著録：《文物》1998 年 9 期 7—11 頁
出土：河南平頂山市新華區薛莊鄉北滍村
　　　滍陽嶺應國墓地 M84：50
現藏：河南省文物考古研究所

1002 虢季盤

虢季作寶
盤，永寶用。

字數：8
度量：通高 17 釐米，口徑 39.8 釐米，重 5.8 千克
時代：西周晚期
著錄：《三門峽虢國墓》上冊 66 頁
出土：河南三門峽市虢國墓地 M2001：99
現藏：河南三門峽市文物工作隊

1003 虢宮父盤

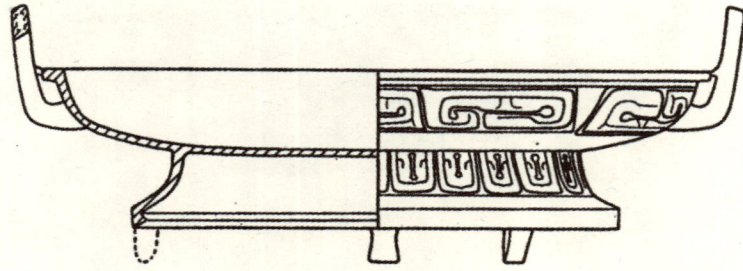

虢宮父作
盤，用從永征。

字數:9
度量:通高 12.8 釐米,口徑 32.6 釐米
時代:西周晚期
著録:《三門峽虢國墓》上册 486 頁
出土:河南三門峽市虢國墓地 M2008
現藏:三門峽市文物工作隊

1004 工虞大叔盤

工虞大叔□□自作行盤。

字數:10
度量:通高 10.2 釐米,口徑 43.6 釐米
時代:春秋後期
著録:《東南文化》1991 年 1 期 204—211 頁
出土:1988 年 1 月 1 日江蘇六合縣程橋中學
現藏:江蘇南京市博物館

11

1005 鄧子與盤

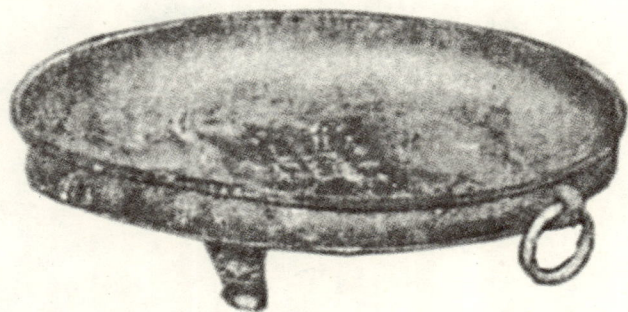

唯正月初吉丁亥，
鄧子與縢叔曼
盥盤，眉壽無期，
子孫永寶。

字數：23
度量：通高 8.7 釐米，口徑 39.5 釐米
時代：春秋後期
著錄：《中國文物報》1992 年 40 期 3 版，《江漢
　　　考古》1993 年 4 期 91 頁
出土：1988 年秋湖北鐘祥市文集鎮墓葬
現藏：湖北荊州地區博物館

1006 晉侯喜父盤

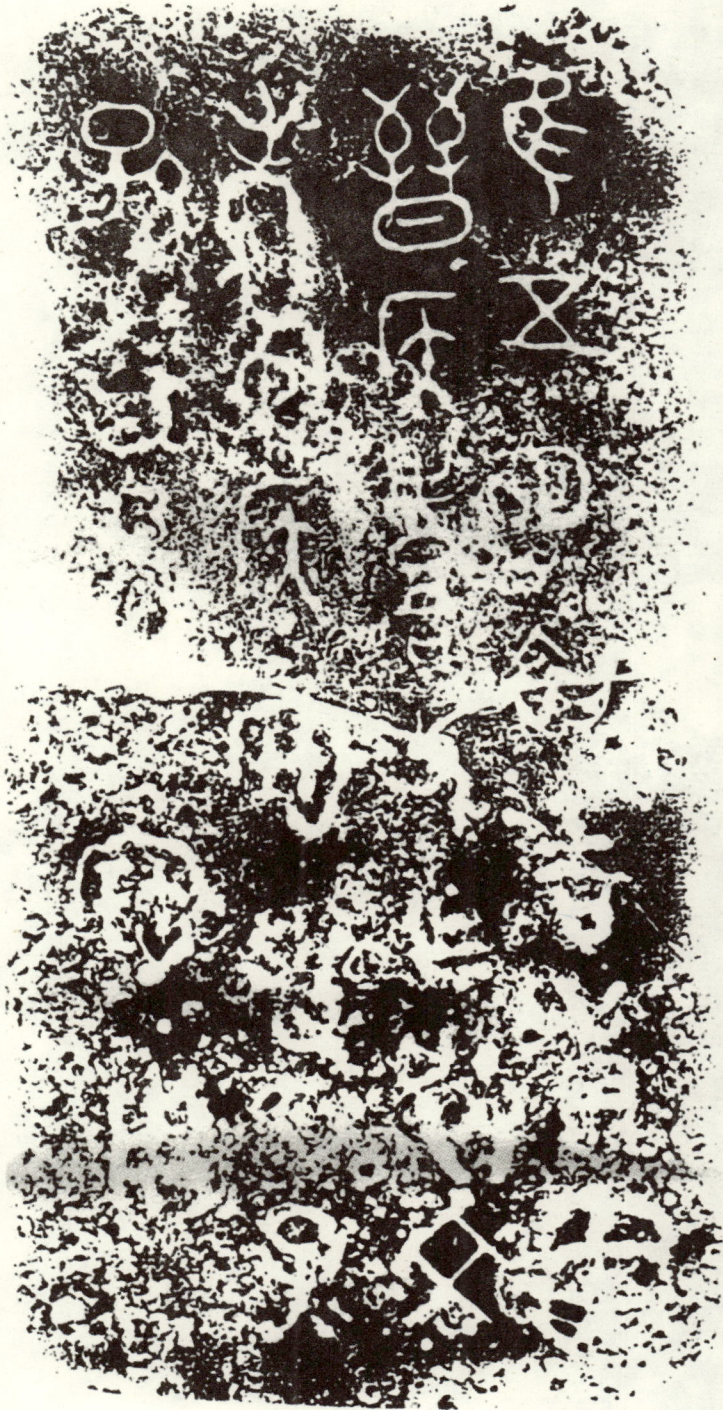

唯五月初吉庚寅，
晉侯喜父作朕文
考剌侯寶盤，子=
孫其永寶用。

字數：25（又重文 2）
時代：西周晚期
著錄：《文物》1995 年 7 期 6—23 頁
出土：1994 年 5—10 月山西曲沃縣曲村鎮
　　　北趙村天馬—曲村遺址 M92：6
現藏：山西省考古研究所

1007 子仲姜盤

唯六月初吉
辛亥，大師作
爲子仲姜沬
盤。孔碩且好，
用祈眉壽，子=
孫=永用爲寶。

字數：30（又重文 2）
時代：春秋前期
流傳：葉肇夫先生捐贈
現藏：上海博物館

1008 鄬仲姬丹盤

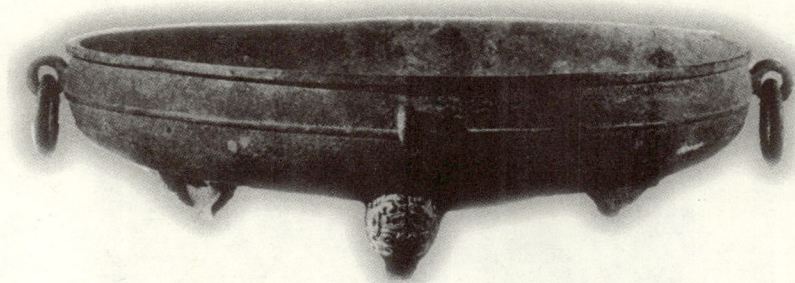

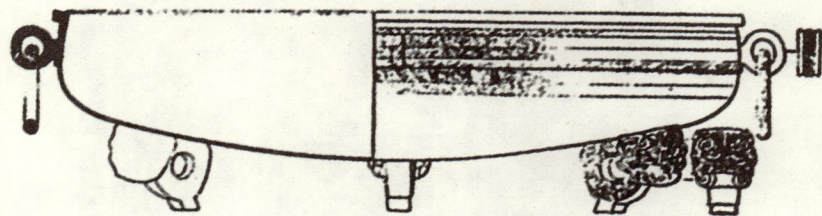

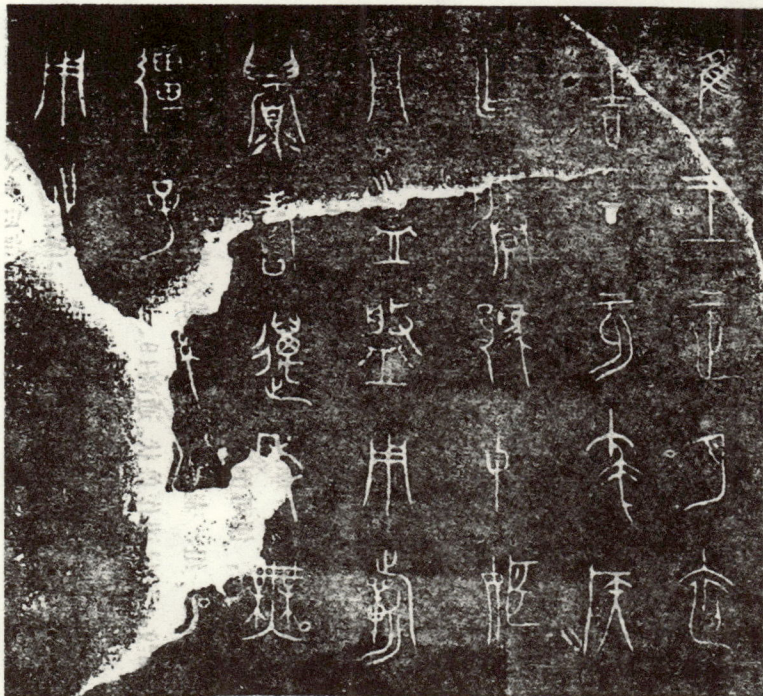

唯王正月初
吉丁亥，蔡侯
作滕鄬仲姬
丹盥盤。用祈
眉壽，萬年無
疆，子孫永保
用之。

字數：32（又重文 2）
度量：通高 12 釐米，重 4.95 千克
時代：春秋後期
著録：《淅川下寺春秋楚墓》229 頁
出土：1990 年河南淅川縣下寺 M3：1
現藏：河南省文物研究所

1009 邿公典盤

邿子姜首及邿公
典爲其盥盤。用祈
眉壽難老，室家是
保。它熙，男女無期，
于終有卒。子孫永
保用之，不用勿
出。

字數：42(又重文 4)
度量：通高 7.2 釐米，口徑 43.5 釐米
時代：春秋後期
著錄：《文物》1998 年 9 期 21、23 頁
出土：1995 年 3—6 月山東長清縣仙人臺遺址 M5：46
現藏：山東大學歷史文化學院考古系

1010 倗匜

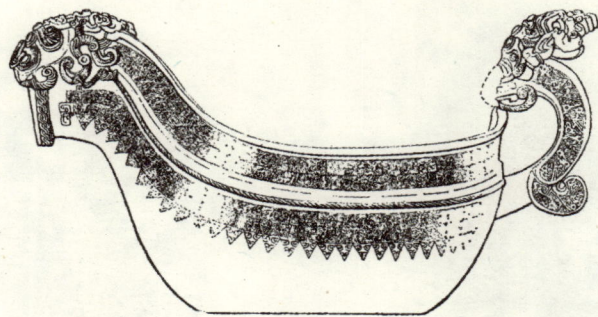

倗之盥盤。

字數：4
度量：通高 54.4 釐米，重 21.8 千克
時代：春秋後期
著録：《淅川下寺春秋楚墓》136 頁
出土：1990 年河南淅川縣下寺 M2:53
現藏：河南省文物研究所

1011 滕大宰得匜

（拓片）

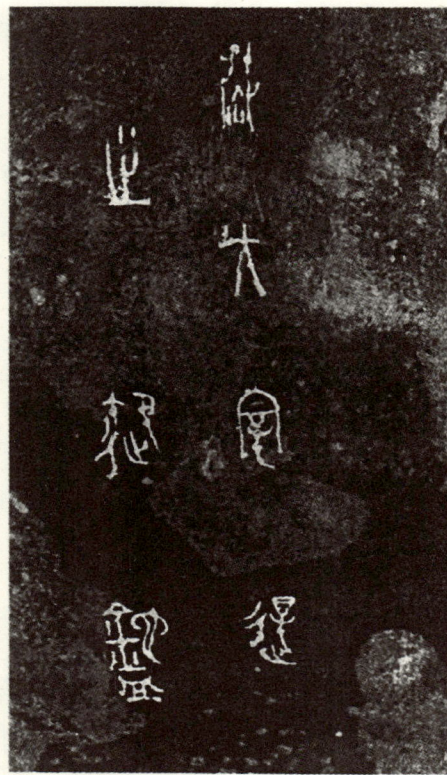

（照片）

滕大宰得
之御匜。

字數：7
度量：通高 12.7 釐米
時代：春秋後期
著錄：《文物》1998 年 8 期 88 頁—89 頁
現藏：香港中文大學文物館

1012 仲原父匜

仲原父作
許姜寶匜。

字數:8
度量:通高 13.7 釐米,重 1.1 千克
時代:西周晚期
著録:《文物》1996 年 7 期 54—68 頁
出土:1964－1972 年河南洛陽市北窰村西龐家溝墓葬

1013 鄭伯匜

鄭伯作宋孟
姬滕匜，其子=
孫=永寶用之。

字數：15(又重文 2)
度量：通高 15 釐米，重 3.3 千克
時代：西周晚期
著錄：《中原文物》1990 年 1 期 104 頁
出土：1985 年 3 月河南永城縣陳集鄉
現藏：河南永城縣文物管理委員會

1014 霥伯匜

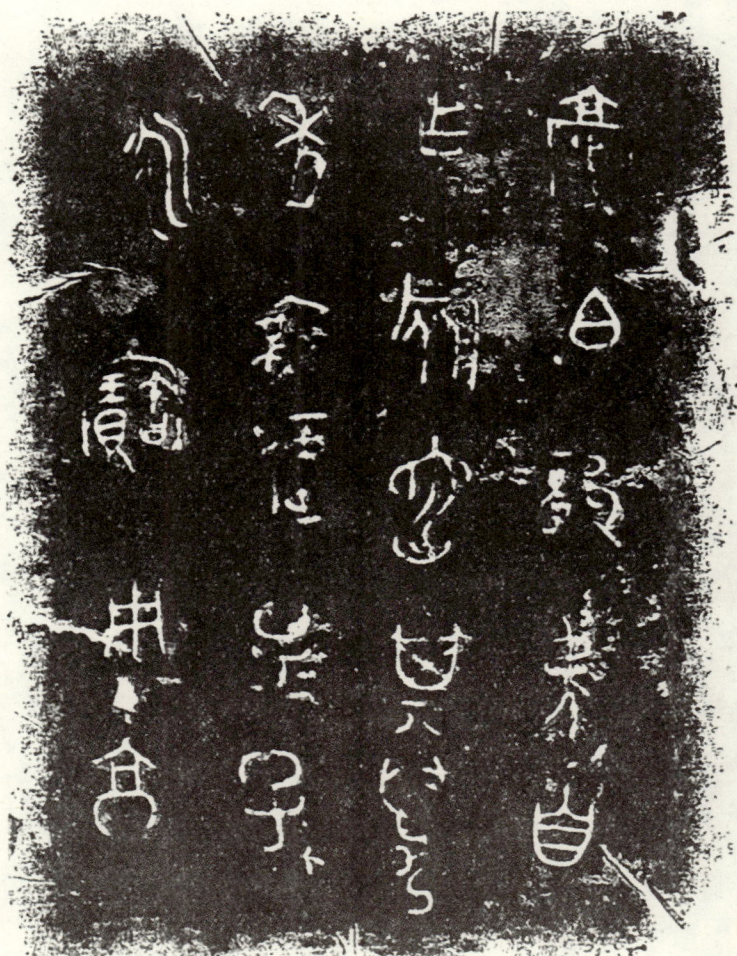

霥伯□夷自
作旅匜，其萬
年無疆，子孫
永寶用享。

字數：19(又重文 2)
度量：通高 19 釐米
時代：春秋前期
著録：《中原文物》1992 年 2 期 114—115 頁，
　　　《考古》1993 年 1 期 74、85 頁
出土：1983 年河南碓山縣竹溝鎮
現藏：河南碓山縣文物管理所

1015 叔男父匜

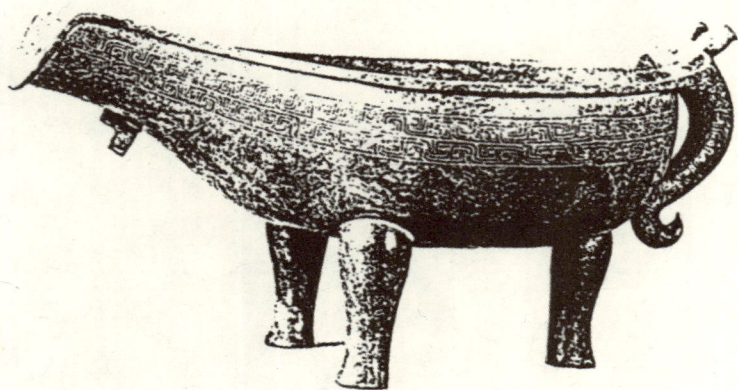

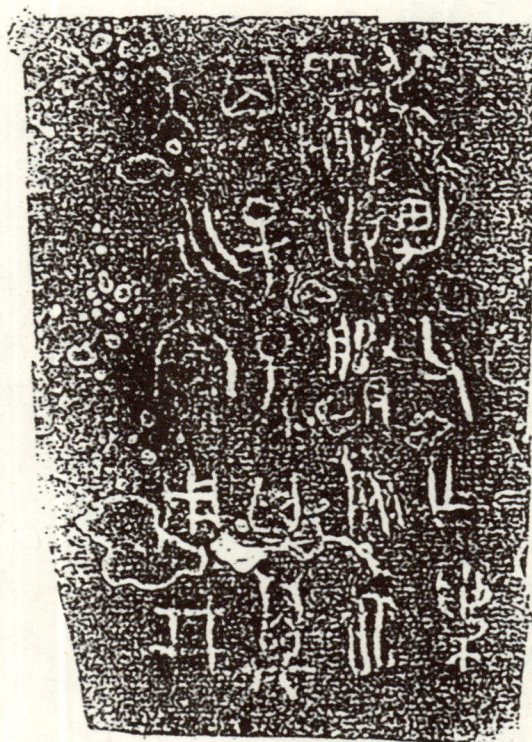

叔男父作爲
霍姬滕旅匜，
其子孫，其萬
年永寶用。井。

字數：20
度量：通長 36.5 釐米
時代：春秋後期
著録：富士比（1990，12，11：77）
流傳：T. Hayashi M. R. Koechlin 舊藏；英
　　　國倫敦富士比拍賣行

1016 叔良父匜

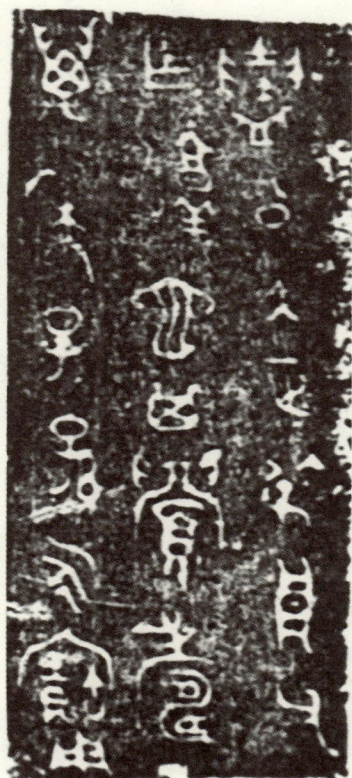

盠公大正叔良父
作淳匜，其眉壽
萬年，子孫永寶用。

字數：20(又重文 2)
度量：通高 15.5 釐米
時代：西周晚期
著録：《考古》1984 年 2 期 156 頁
出土：1980 年河南臨汝縣朝川
現藏：河南臨汝縣文化館

1017 晉侯對匜

唯九月既望
戊寅，晉侯對
作寶尊匜，其子
孫萬年永用。

字數:21
度量:通高 15.3 釐米,重 1.75 千克
時代:西周晚期
著錄:《上海博物館集刊》1996 年 7期 38—41 頁
出土:1991—1992 年山西曲沃縣北趙村晉侯墓地
流傳:1992 年後購于香港古玩街
現藏:上海博物館

1018 邲公之子匜

羅叔□□□王之貎
□邲公□□之子，擇
厥吉金，自作盥匜。

字數:23
度量:通長 23 釐米
時代:春秋後期
著錄:《東南文化》1991 年 1 期 204—211 頁
出土:1988 年 1 月 1 日江蘇六合縣程橋中學
現藏:江蘇南京市博物館

1019 以鄧匜

 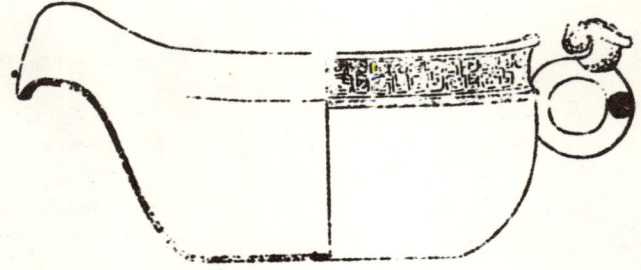

唯正月初吉丁亥，
楚叔之孫以鄧
擇其吉金，鑄其
會匜，子孫永寶用之。

字數:27(又重文2)
度量:通高 10.7 釐米,重量 1.25 千克
時代:春秋後期
著録:《淅川下寺春秋楚墓》16 頁
出土:1990 年河南淅川縣下寺 M8:5
現藏:河南省文物研究所

26

1020 鄬仲姬丹匜

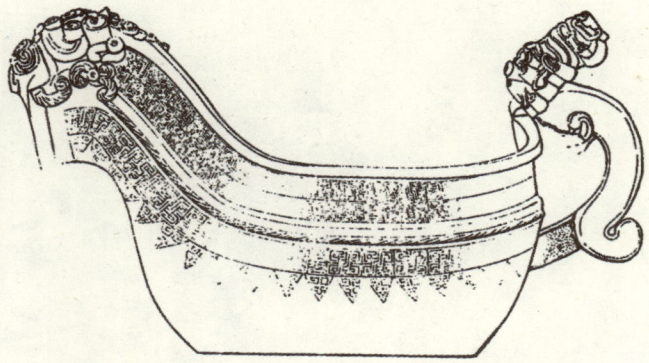

唯王正月初
吉丁亥，蔡侯
作媵鄬仲姬
丹會匜。用祈
眉壽，萬年無
疆，子孫永保
用之。

字數:32(又重文2)
度量:通高13.3釐米,重1.8千克
時代:春秋後期
著錄:《淅川下寺春秋楚墓》229頁
出土:1990年河南淅川縣下寺M3:2
現藏:河南省文物研究所

1021 東姬匜

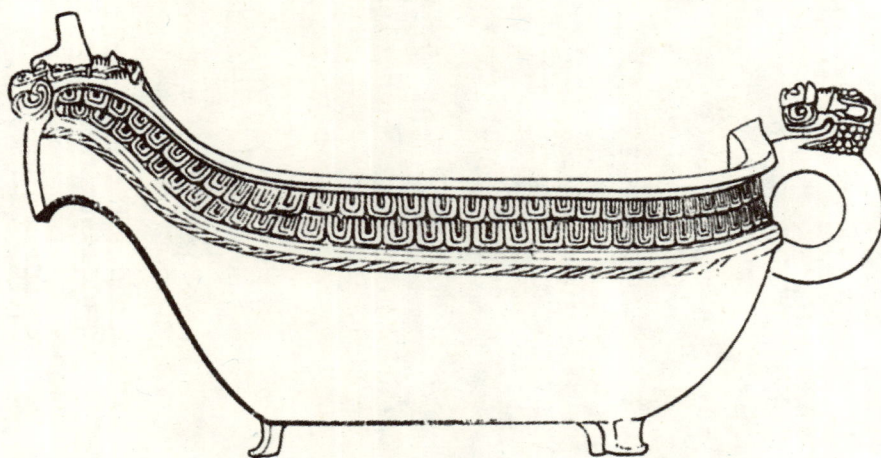

字數:35(又重文 2)
度量:通高 10 釐米,重量 0.9 千克
時代:春秋後期
著録:《淅川下寺春秋楚墓》36 頁
出土:1990 年河南川縣下寺 M7:1
現藏:河南省文物研究所

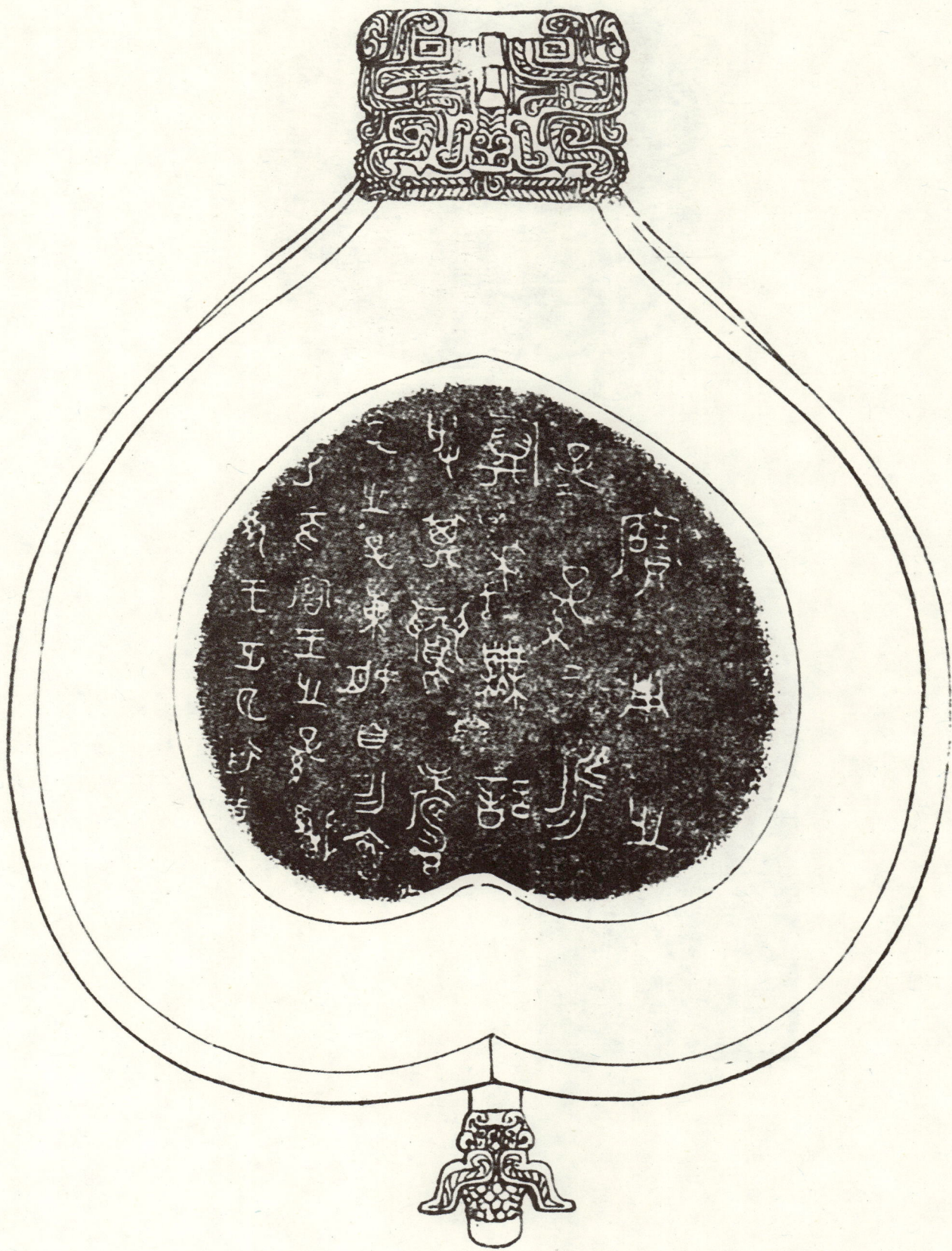

唯王正月初吉
乙亥，宣王之孫雍
子之子東姬自作會
匜。其眉壽
萬年無期，
子孫孫永
寶用之。

1022 楚王酓審盞盂

楚王酓
審之盂。

字數:6
度量:通高 20 釐米
時代:春秋後期
著錄:佳士得(1986,6,5:54),《中國文物報》1990 年 21 期 3 版
流傳:英國倫敦佳士得拍賣行

1023 罷盞盂

字數:7
度量:通高 37 釐米,口徑 69.5 釐米,重 36 千克
時代:春秋後期
著録:《考古》1996 年 9 期 4 頁
出土:1994 年春山東海陽縣磐石店鎮嘴子前村墓葬 M4:73
現藏:山東海陽縣博物館

罷所獻，爲下寢盂。

1024 王盂

王作薈京
中寢浸盂。

字數:8
度量:通高 14 釐米,重 17 千克
時代:西周早期
著録:《考古與文物》1998 年 1 期 76—78 頁
出土:1994 年 12 月 17 日陝西扶風縣法門鎮莊白村
現藏:陝西周原縣博物館
備注:此為一大型盂的殘底

1025　息兒盞盂

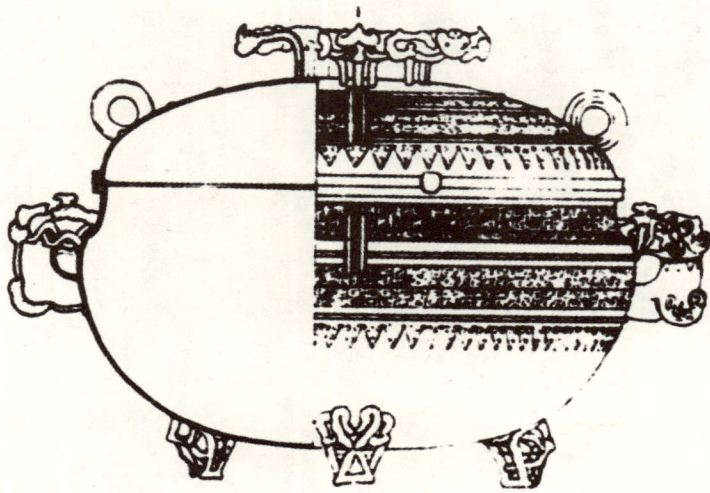

字數：8（蓋器同銘）
度量：通高 18 釐米，口徑 19.5 釐米
時代：春秋後期
著錄：《文物》1993 年 1 期 4 頁
出土：1986 年 9—12 月湖南岳陽縣筻口鎮
　　　蓮塘村鳳形嘴山墓葬 M1:6
現藏：湖南岳陽市文物工作隊

（器）

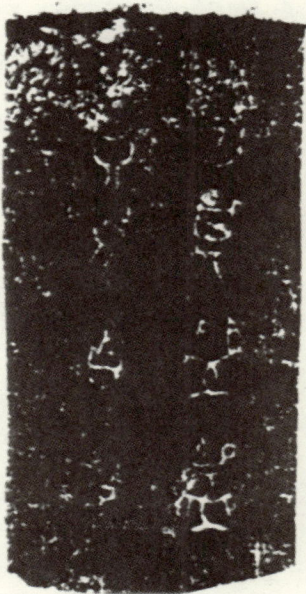

（蓋）

鑄其盨盂。
息兒自作

35

1026 □子敵盞盂

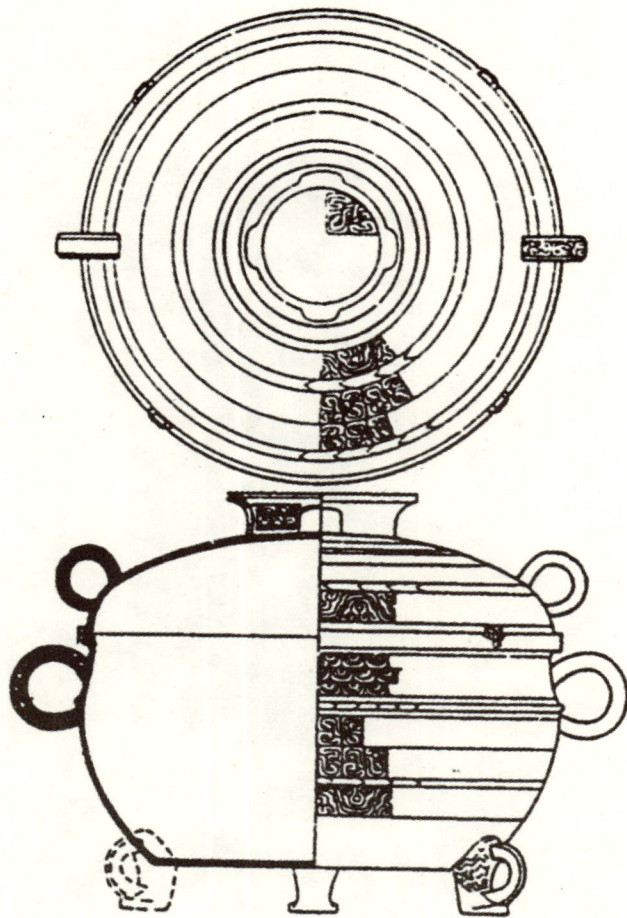

字數:29(又重文 2,蓋器同銘)
度量:通高 19 釐米,口徑 21.6 釐米
時代:春秋後期
著録:《江漢考古》1993 年 3 期 42 頁
出土:1990 年 4 月湖北襄陽縣朱坡鄉徐莊村
現藏:湖北襄陽縣文物管理處

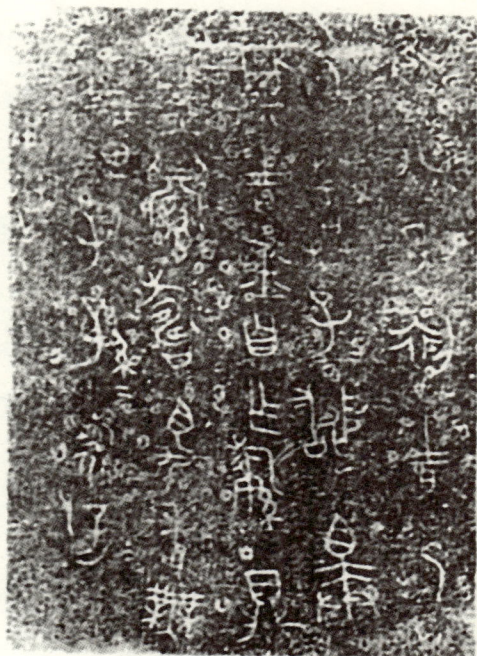

（蓋）

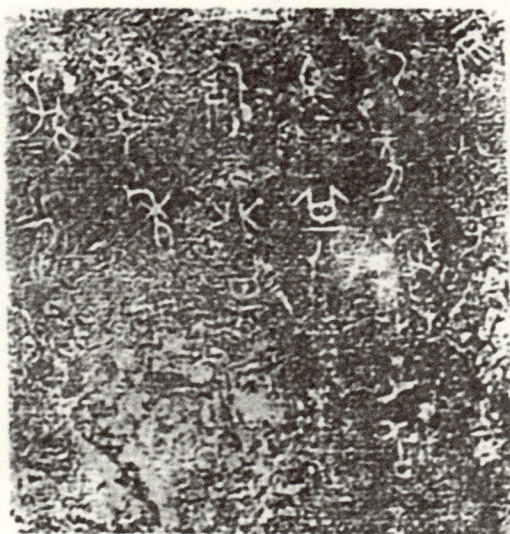

（器）

唯八月初吉乙
亥，口子敵擇
其吉金，自作
鈴鼎。其眉壽
萬年無疆，子₌
孫₌永保。

唯八月初吉乙
亥，口子敵擇
其吉金，自作鈴
鼎。其眉壽萬年無
疆，子₌孫₌永保。

37

十二、 雑器類

1027 媚斗

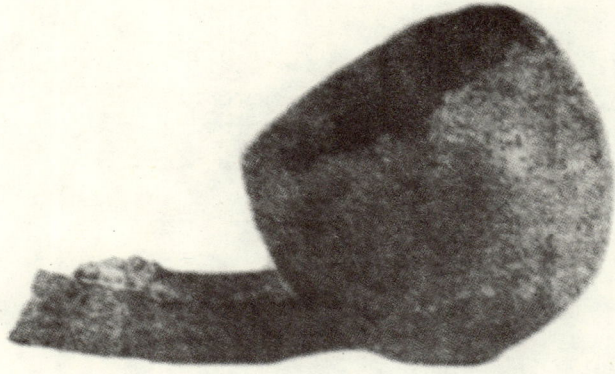

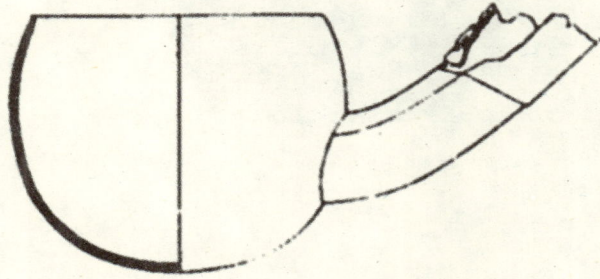

媚。

字數：1
時代：西周早期
著録：《文物》1997 年 12 期 29—33 頁
出土：1996 年 4 月湖北蘄春達城鄉新屋灣
現藏：湖北蘄春縣博物館

1028 右瓿

右。

字數:1
度量:通高 29.5 釐米,口徑 17.3 釐米,重 6.15 千克
時代:西周早期
著録:《高家堡戈國墓》91 頁
出土:1991 年陝西涇陽縣興隆鄉高家堡 M4:8
現藏:陝西涇陽縣博物館

1029 倗缶

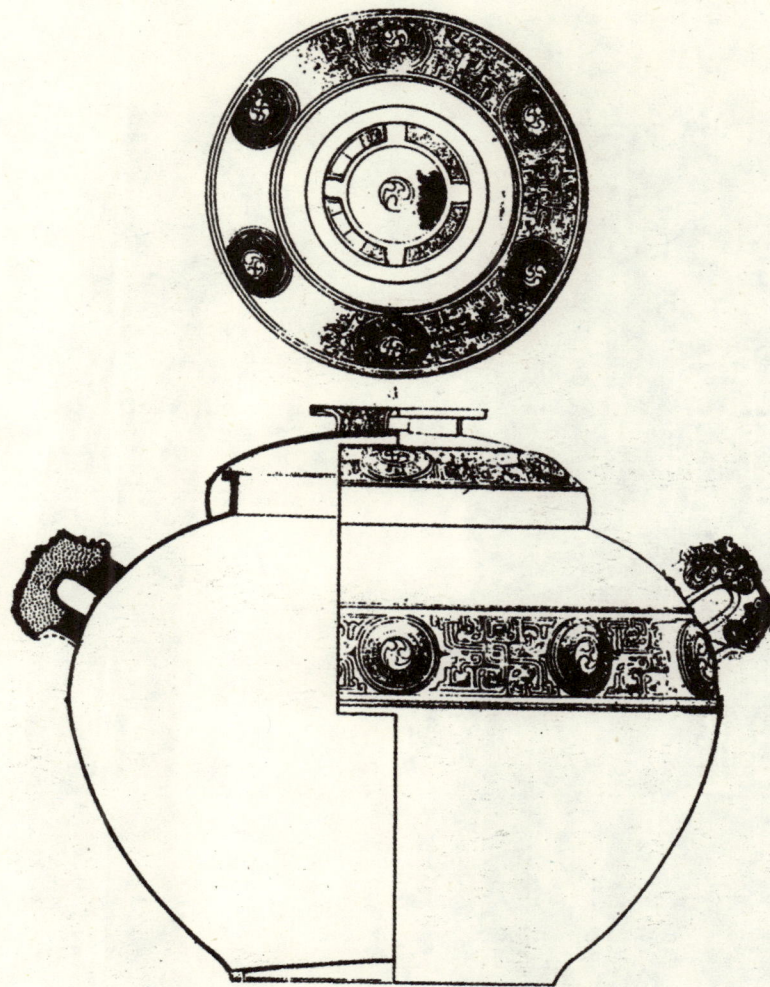

字數:3(蓋器同銘)
度量:通高 39.6 釐米,重 14.4 千克
時代:春秋後期
著錄:《淅川下寺春秋楚墓》225 頁
出土:1990 年河南淅川縣下寺 M3:6
現藏:河南省文物研究所

43

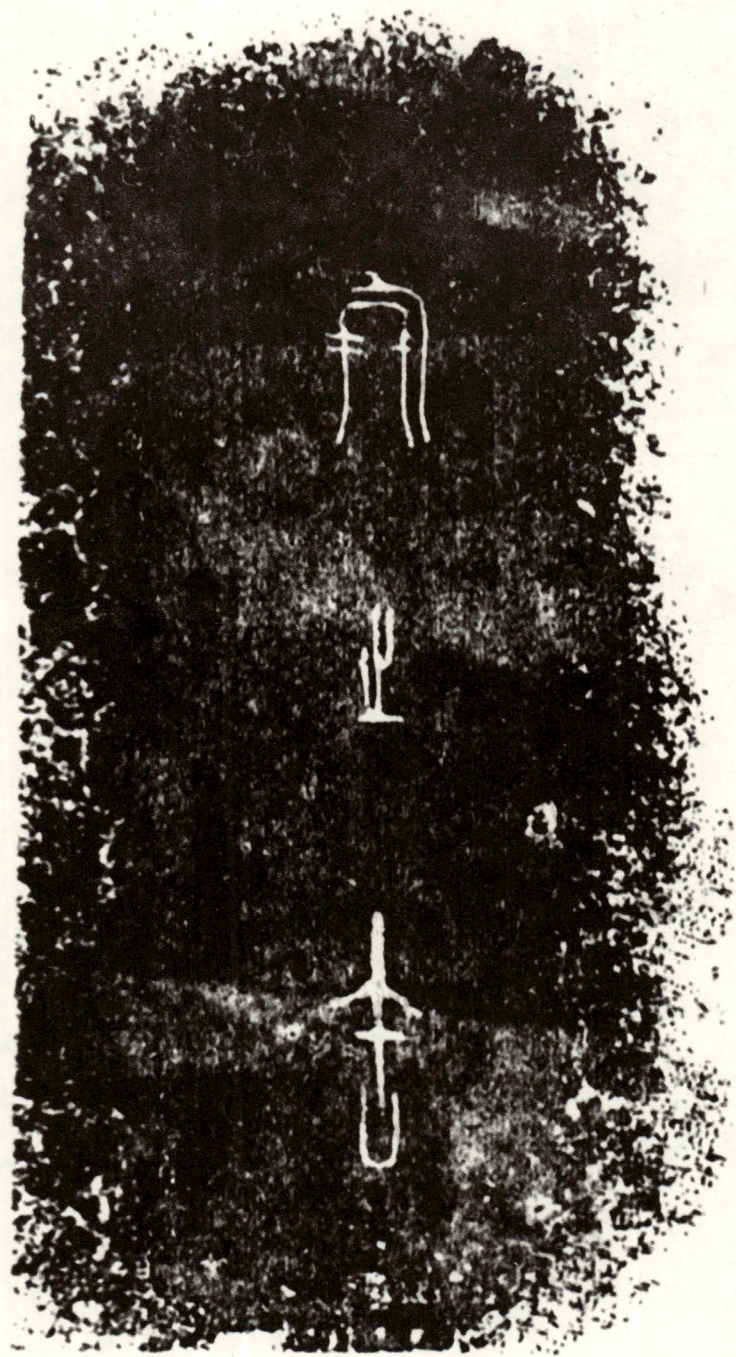 

（蓋）　　　　（器）

佣之缶。

44

1030 倗缶

倗之缶。

字數:3
度量:通高 40 釐米,重 14.55 千克
時代:春秋後期
著録:《淅川下寺春秋楚墓》225 頁
出土:1990 年河南淅川縣下寺 M3:5
現藏:河南省文物研究所

1031 倗缶

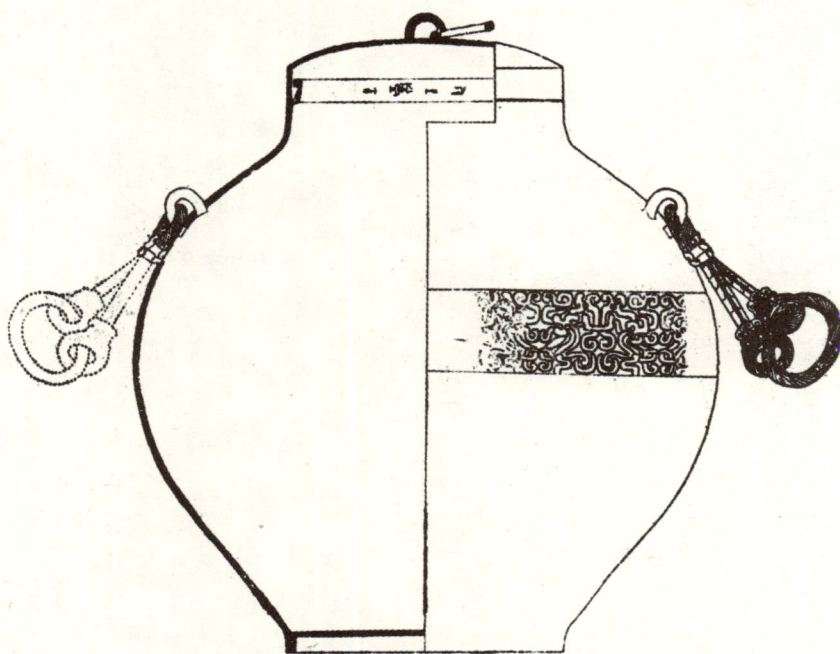

字數:4(蓋器同銘)
度量:通高 38.5 釐米,重 8.6 千克
時代:春秋後期
著錄:《淅川下寺春秋楚墓》71 頁
出土:1990 年河南淅川縣下寺 M1:51
現藏:河南省文物研究所

（器）　　　　　　　　　（蓋）

佣之尊缶。

1032 倗缶

字數:4(蓋器同銘)
度量:通高 38.6 釐米,重 8.5 千克
時代:春秋後期
著錄:《淅川下寺春秋楚墓》71 頁
出土:1990 年河南淅川縣下寺 M1:54
現藏:河南省文物研究所
備注:《殷周金文集成》16.9988 器僅收器銘

48

（器）　　　　　　　　（蓋）

倗之尊缶。

49

1033 陳缶蓋

陳之浴缶

字數:存 4
時代:戰國前期
著録:《江漢考古》1990 年 1 期 12 頁
出土:1987 年 3 月湖北枝江縣問妾鎮關廟山墓葬
現藏:陝西枝江縣博物館

1034 邱子佣缶

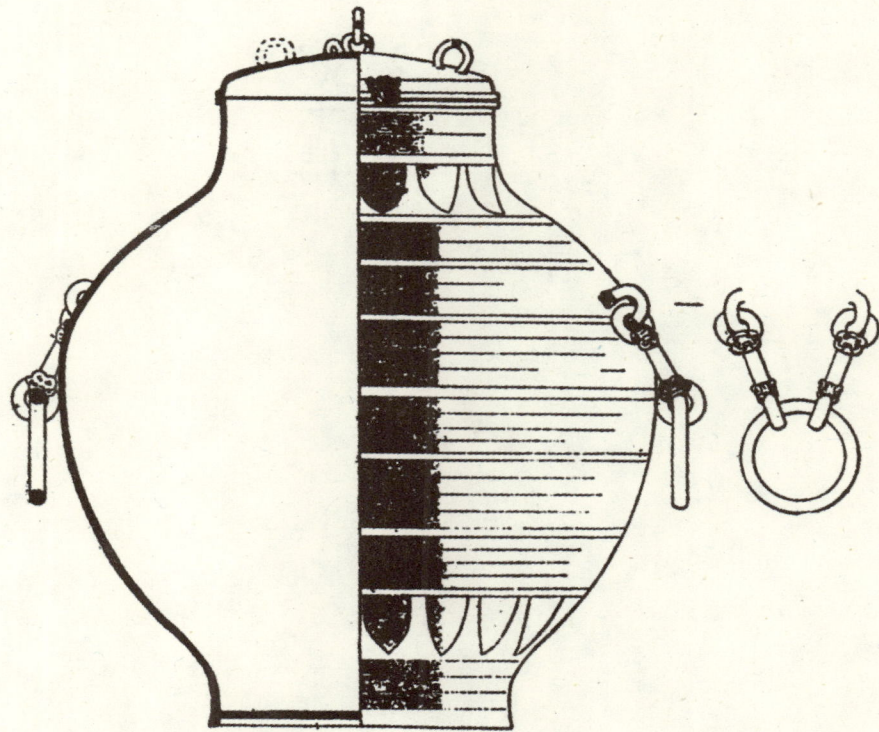

（蓋）

倗子佣
之尊缶。

字數：6
度量：通高 54.4 釐米，重 21.8 千克
時代：春秋後期
著録：《淅川下寺春秋楚墓》134 頁
出土：1990 年河南淅川縣下寺 M2∶60
現藏：河南省文物研究所

1035 邵子佣缶

邵子佣
之尊缶。

字數:6
度量:通高 54 釐米,殘重 21 千克
時代:春秋後期
著録:《淅川下寺春秋楚墓》134 頁
出土:1990 年河南淅川縣下寺 M2:61
現藏:河南省文物研究所

1036 鄬子佣缶

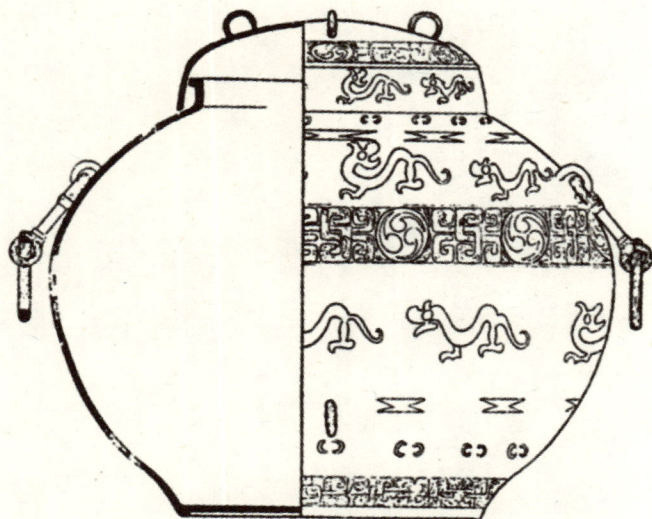

字數:10(蓋器同銘)
度量:通高 12.6 釐米,殘重 2.08 千克
時代:春秋後期
著録:《淅川下寺春秋楚墓》130—132 頁
出土:1990 年河南淅川縣下寺 M2:51
現藏:河南省文物研究所

（蓋）

（器）

楚叔之孫鄙子佣之浴缶。

1037　鄀子佣缶

字數：10（蓋器同銘）
度量：通高 49.5 釐米，殘重 28.5 千克
時代：春秋後期
著録：《淅川下寺春秋楚墓》132 頁
出土：1990 年河南淅川縣下寺 M2：55
現藏：河南省文物研究所

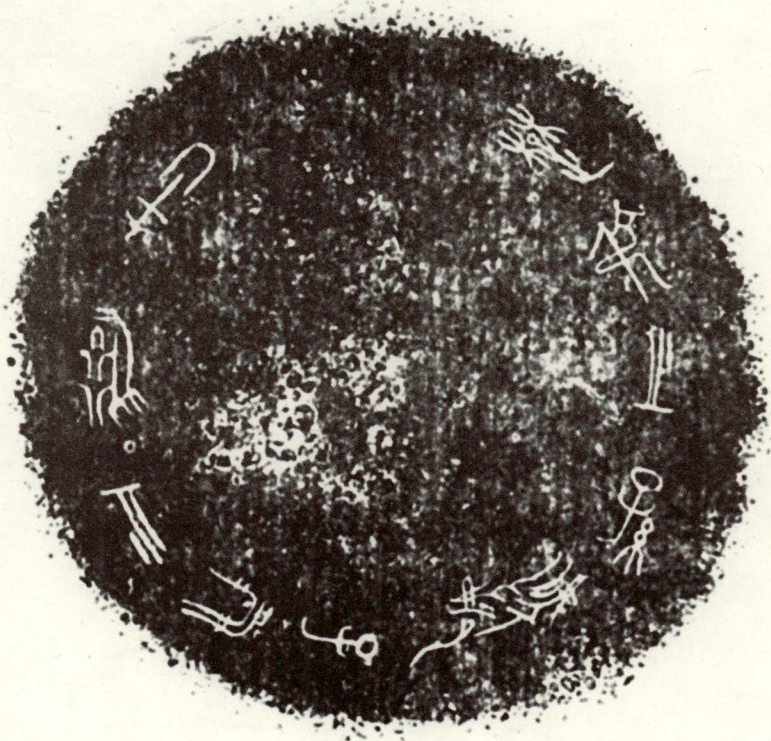

（蓋）

（器）

楚叔之孫鄴子倗之浴缶。

57

1038 孟縢姬缶

字數：22（蓋器同銘）
度量：通高 38.8 釐米，重 13.25 千克
時代：春秋後期
著録：《淅川下寺春秋楚墓》69 頁
出土：1990 年河南淅川縣下寺 M1:72
現藏：河南省文物研究所
備注：《殷周金文集成》16·10005 器僅收蓋銘

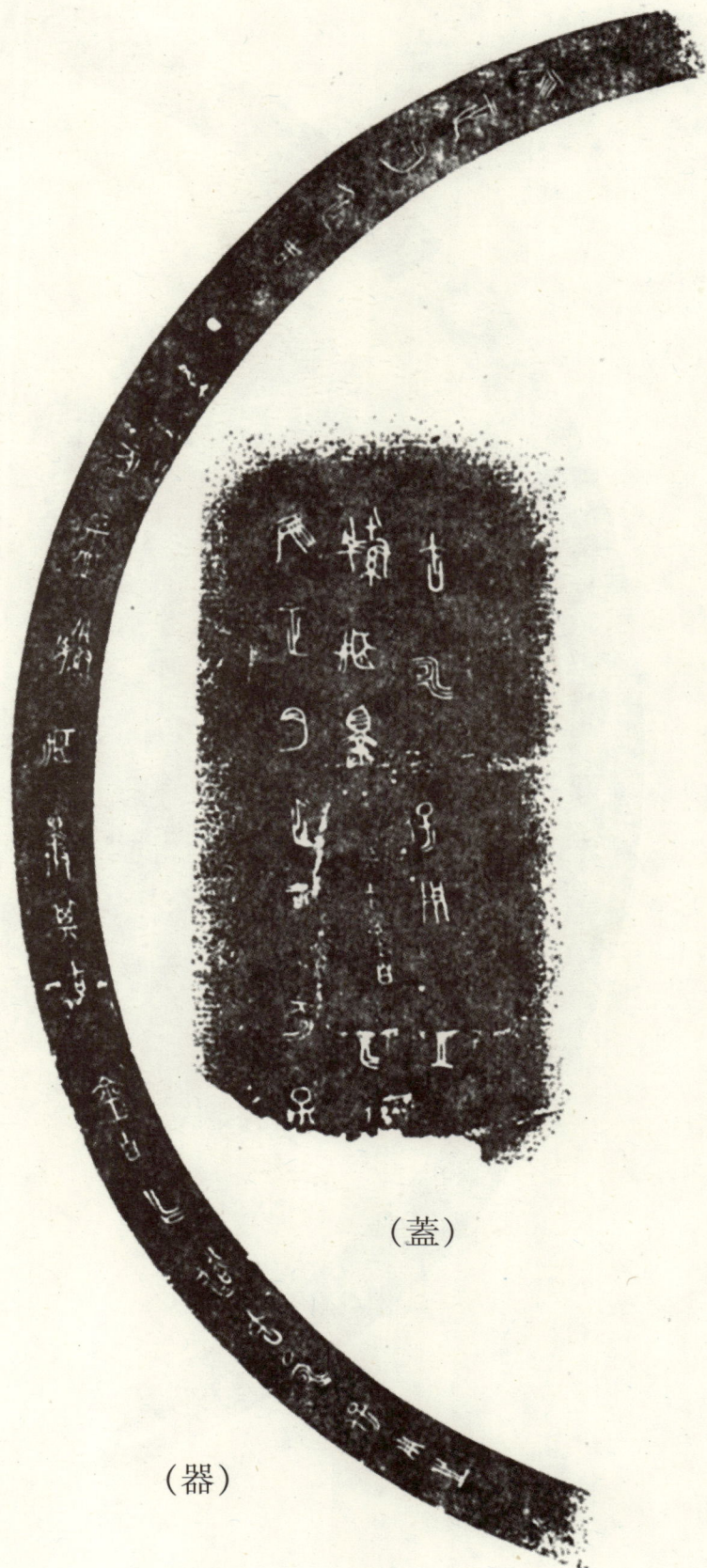

（蓋）

（器）

唯正月初吉丁亥，孟滕姬擇其吉金，自作浴缶，永保用之。

缶，永保用之。

滕姬擇其吉金，自作浴

唯正月初吉丁亥，孟

59

1039 孟滕姬缶

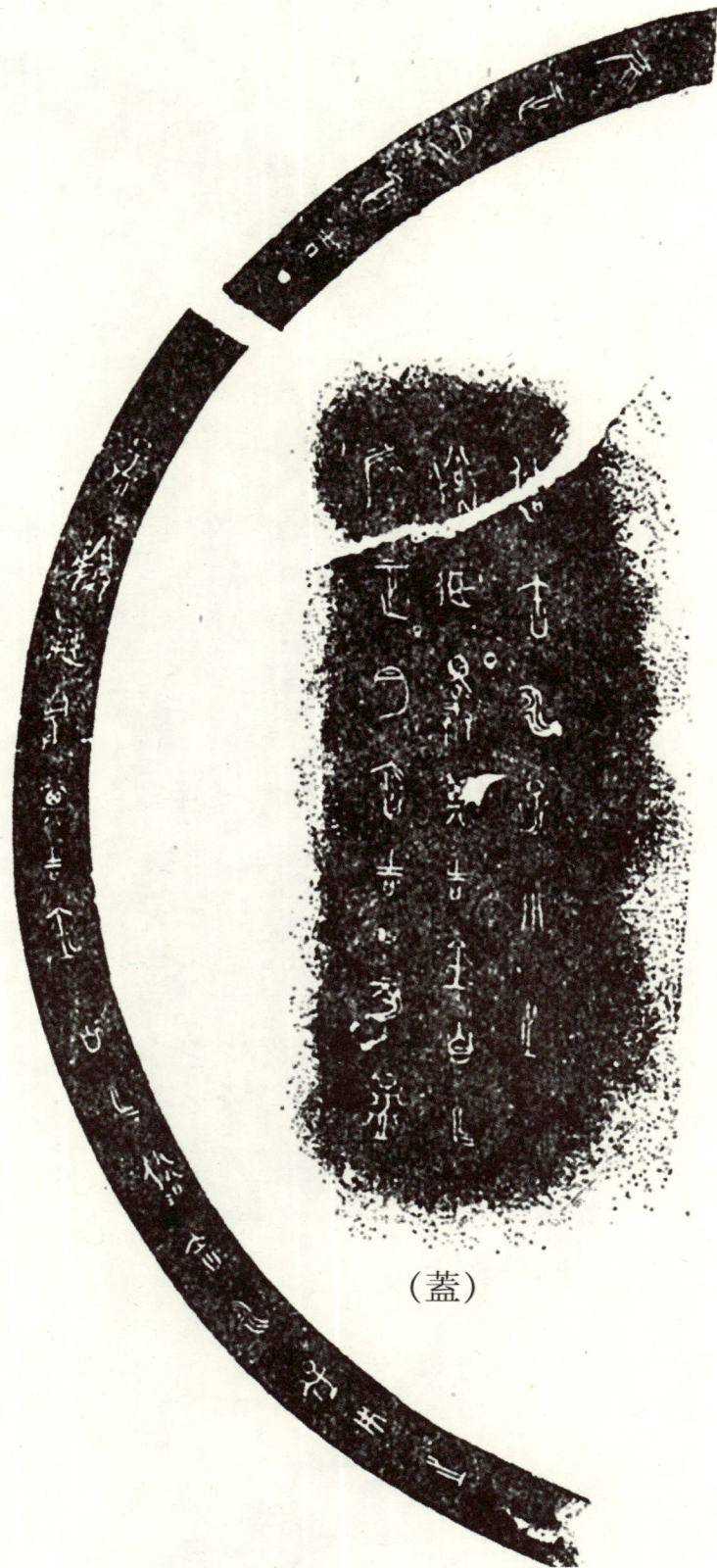

（蓋）

（器）

唯正月初吉丁亥，孟滕姬擇其吉金，自作浴缶，永保用之。

浴缶，永保用之。

滕姬擇其吉金，自作

唯正月初吉丁亥，孟

字數：22（蓋器同銘）
度量：通高 39.4 釐米，重 12.7 千克
時代：春秋後期
著錄：《淅川下寺春秋楚墓》69 頁
出土：1990 年河南淅川縣下寺 M1：60
現藏：河南省文物研究所
備注：器已殘

1040 孟嬴鼬不䤾

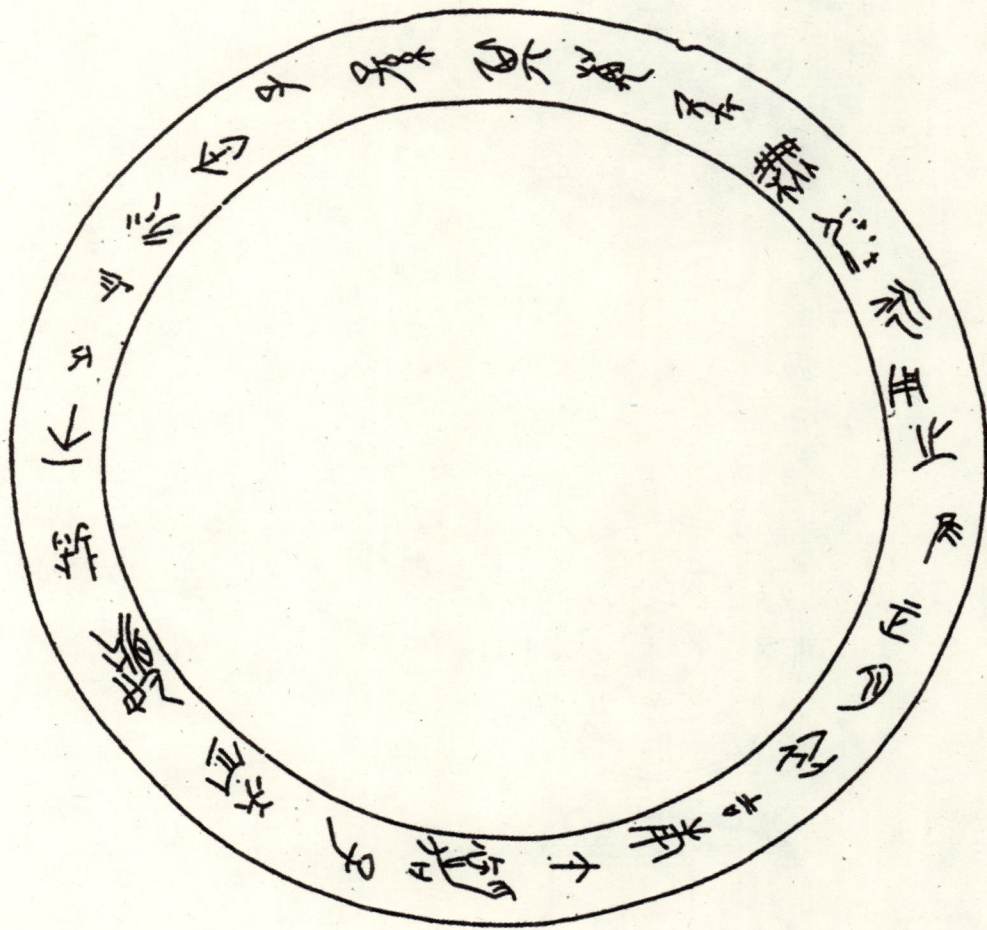

唯正月初吉庚午，嘉子孟嬴鼬不自作行缶，子孫其萬年無疆，永用之。

字數：26
度量：通高 20.6 釐米
時代：春秋後期
著錄：《第二屆國際中國古文字學研討會論文集續編》282 頁
現藏：美國華盛頓沙可樂美術館（館藏編號：S1987.277）

1041 徐頣君之孫缶

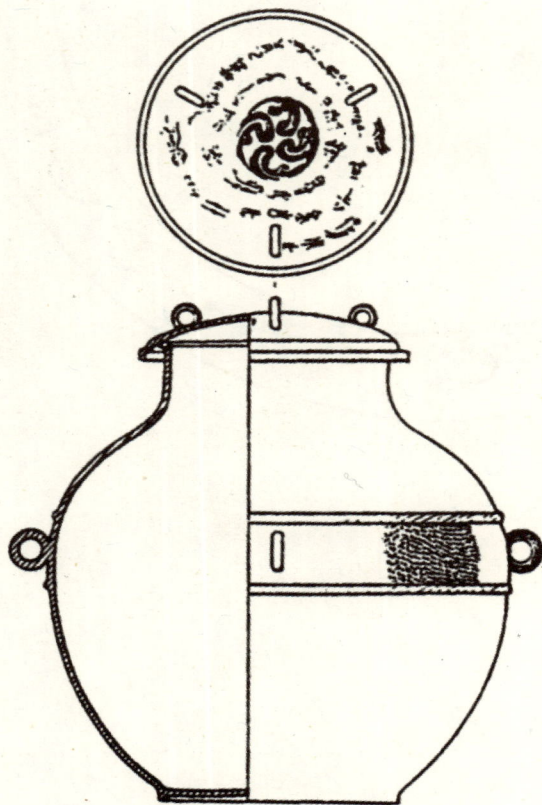

字數：29（又重文 2）
度量：通高 36.2 釐米
時代：春秋後期
著錄：《東南文化》1988 年 3、4 期 21—35 頁，《文物》1989 年 12 期 53—56 頁
出土：1983 年夏江蘇丹徒縣大港鎮背山頂墓葬
現藏：江蘇丹徒考古隊

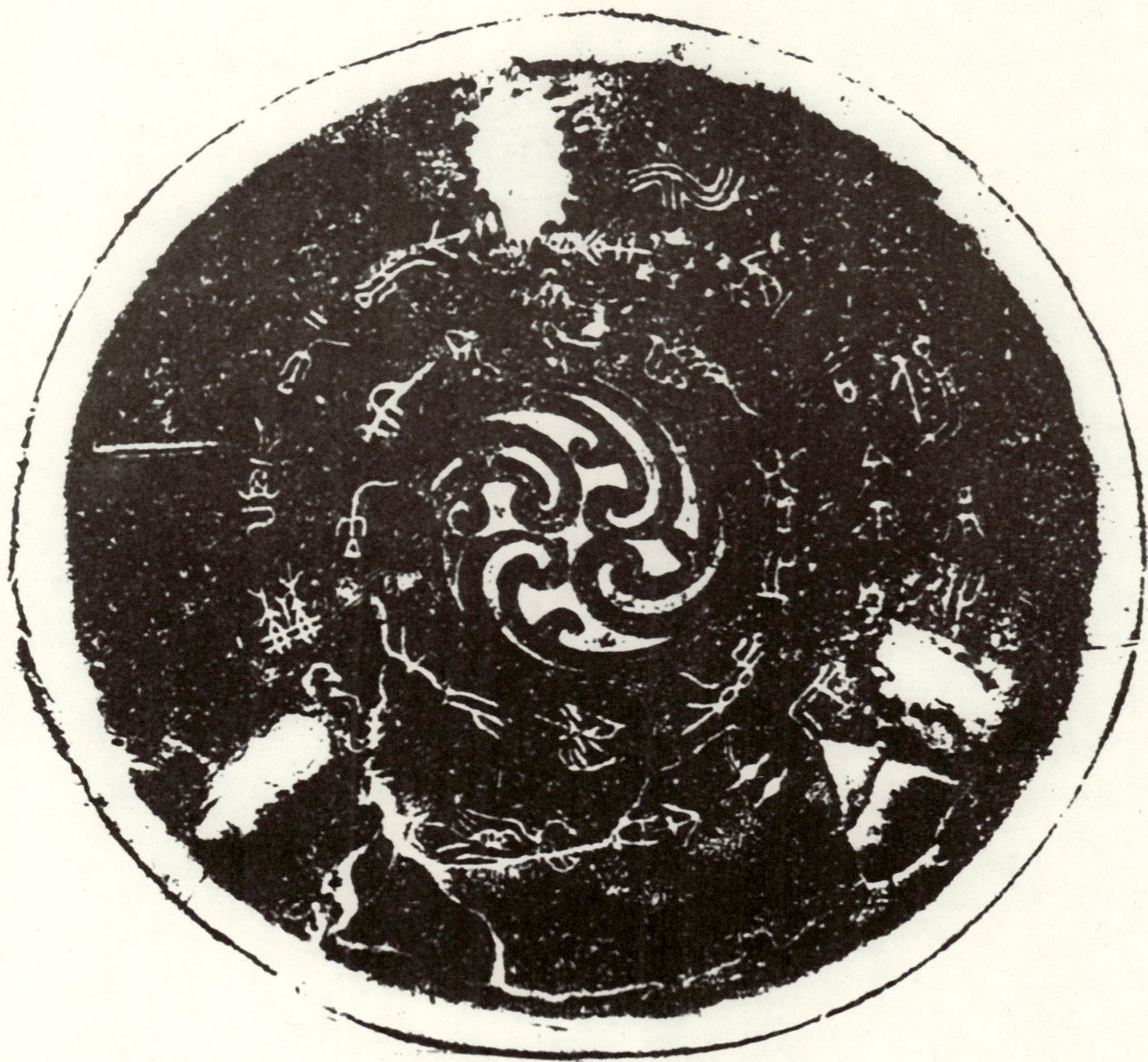

徐頤君之孫，利之元子
次夷擇其吉金，自作供缶。
眉壽無期，子孫永保用之。

63

1042 鄭臧公之孫缶

字數:51

時代:春秋後期

著録:《考古》1991 年 9 期 783—792 頁

出土:1988 年 10—11 月湖北襄樊市郊
　　　余崗村團臺墓葬 M1:6

現藏:湖北襄樊市博物館

余鄭臧公之孫，余剩
之子擇作鑄
鬻彝，以為父母。
其正仲月丁亥，
余剩之尊器，為
之浴缶。其獻下都，
曰：烏呼。哀哉！剩
□□□，永保用享。

1043 宁□鍑

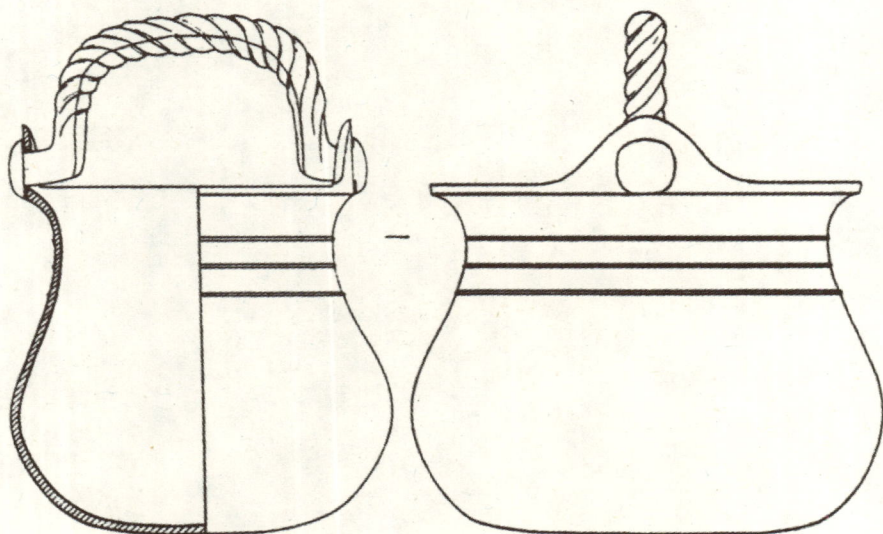

宁□。

字數:2
度量:通高 27.6 釐米
時代:商代後期
著録:《考古》1998 年 10 期 38—40 頁
出土:1995 年河南安陽市郭家莊東南 26 號墓 M26:28
現藏:中國社會科學院考古研究所安陽工作隊

1044 鄭鈞盒

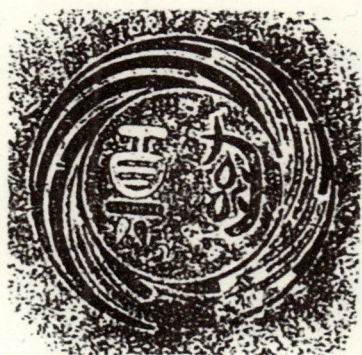

鄭 鈞。

字數:2
度量:通高 12.4 釐米,口徑 12.5 釐米
時代:戰國後期
著錄:《文物》1997 年 6 期 16—17 頁
出土:1992 年山東臨淄商王村 M1:20—②
現藏:山東淄博市博物館

1045 工舟

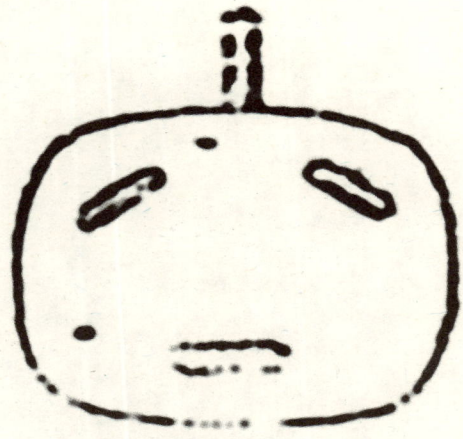

工。

字數：1
度量：通高 9.5 釐米
時代：戰國後期
著録：《考古學報》1993 年 1 期 68 頁
出土：1973—1975 年山東烟臺市長島縣墓葬
現藏：山東長島縣博物館

1046 梁姬罐

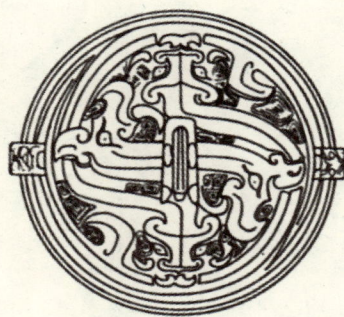

梁姬作
鑬匜。

字數:5
度量:通高 11.8 釐米,口徑 8.1 釐米,重 0.75 千克
時代:西周晚期
著錄:《三門峽虢國墓》上册 254 頁
出土:河南三門峽市虢國墓地 M2012:92
現藏:河南三門峽市文物工作隊

1047 丁之十耳杯

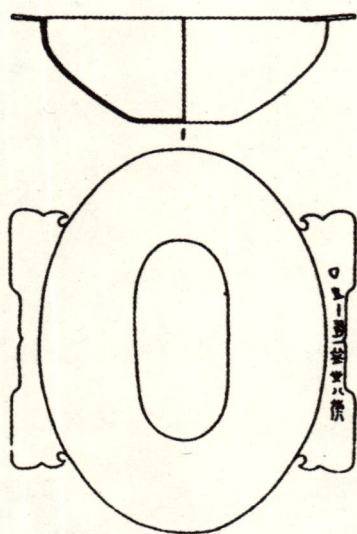

丁之十。重一鎰卅八俵。

字數:9
度量:通高 5.9 釐米
時代:戰國後期
著録:《文物》1997 年 6 期 20—21 頁
出土:1992 年山東臨淄市商王村 M1:112—②
現藏:山東臨淄市博物館

1048 邢叔杯

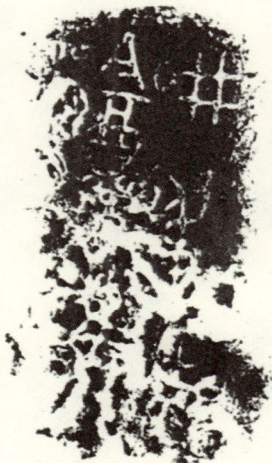

邢叔作
歙□雀。

字數：6
時代：西周中期
著録：《文物》1990 年 7 期 32—33 頁
出土：1984—1985 年陝西長安縣張家坡邢叔家族墓地 M165
現藏：陝西省考古研究所

1049 分田尚砝碼

字數:3
度量:外徑 3.3 釐米,重 0.019 千克
時代:戰國後期
著録:《考古》1994 年 8 期 683 頁
出土:1990 年 10—12 月湖南沅陵縣太常縣窰頭村墓葬 M1016:15
現藏:湖南沅陵縣文物管理所

1050 右里敀鉻量

右里
敀鉻。

字數:4
度量:通高 9.7 釐米,容積 1.024 公升
時代:戰國後期
著録:《考古》1996 年 4 期 24—25 頁
出土:1992 年 4 月山東臨淄市臨淄區梧臺鄉東齊家莊窖穴
備注:同出二件,同銘

1051 齊宮鄉量

齊宮
鄉，邾
里。

字數：5
時代：戰國後期
著録：《考古》1996年4期24–25頁
出土：1992年3月山東臨淄市臨淄區永流鄉劉家莊灰坑

1052 齊宮鄉量

齊宮
鄉，邾
里。。

字數：5
度量：通高 6.1 釐米，容積 0.205 公升
時代：戰國後期
著錄：《考古》1996 年 4 期 24—25 頁
出土：1992 年 3 月山東臨淄市臨淄區永流鄉劉家莊灰坑

1053 壽元杖首

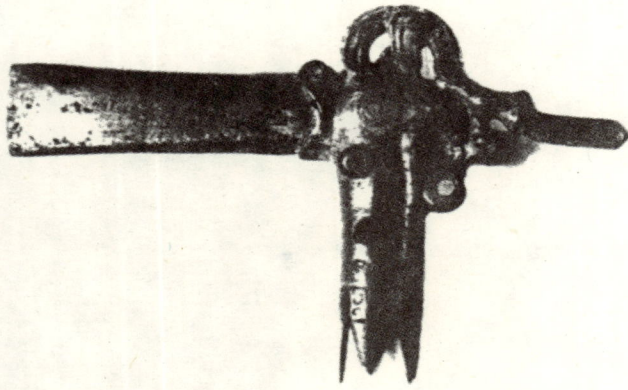

寿
元。

字數:2
時代:春秋前期
著録:《考古學報》1991 年 4 期 467—478 頁
出土:1978 年 10—12 月山東滕州市薛國故城墓葬
現藏:山東濟寧市文物管理局

1054 尹箕

 尹。

字數：1
度量：長 23.7 釐米
時代：商代後期
著録：《考古學報》1986 年 2 期 161—172 頁
出土：1979—1980 年河南羅山縣蟒張鄉天湖村墓葬 M1：16
現藏：河南羅山縣文化館

1055 旅止箕

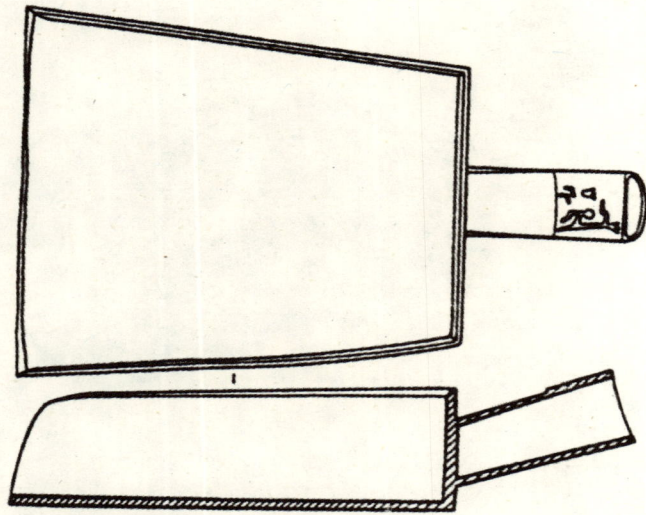

止 旅

。

字數：3
度量：長 24 釐米
時代：商代後期
著錄：《考古》1998 年 10 期 41 頁
出土：1995 年河南安陽市郭家莊東南 26 號墓 M26：24
現藏：中國社會科學院考古研究所安陽工作隊

1056 入器蓋

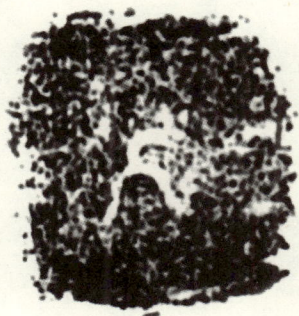

字數:1
度量:通高 10.5 釐米,口徑 12.2 釐米,重 0.95 千克
時代:商代後期
著録:《考古學報》1991 年 3 期 333—342 頁
出土:1984 年 10—11 月河南安陽市戚家莊東 269 號墓
現藏:河南安陽市文物工作隊

1057 作敗器

作
敗。

字數:2
度量:通高 8.6 釐米,重 0.55 千克
時代:西周中期
著録:《文物》1996 年 7 期 54—68 頁
出土:1964—1972 年河南洛陽市北窰村西龐家溝墓葬 M359:1

1058 ✳祖乙器蓋

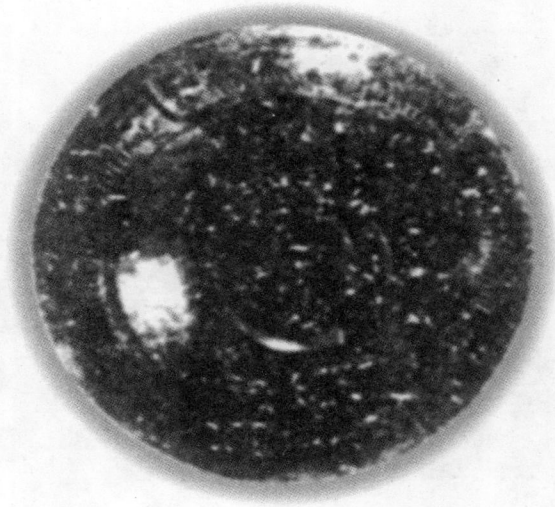

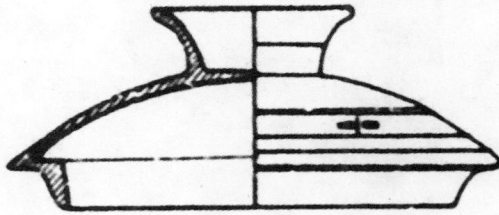

✳。
祖
乙。

字數:3
度量:通高 8 釐米,口徑 15 釐米
時代:西周早期
著録:《文物》1990 年 11 期 58 頁
出土:1984 年 4 月河北興隆縣小東區鄉小河南村
現藏:河北興隆縣文物管理所

1059 初吉殘片

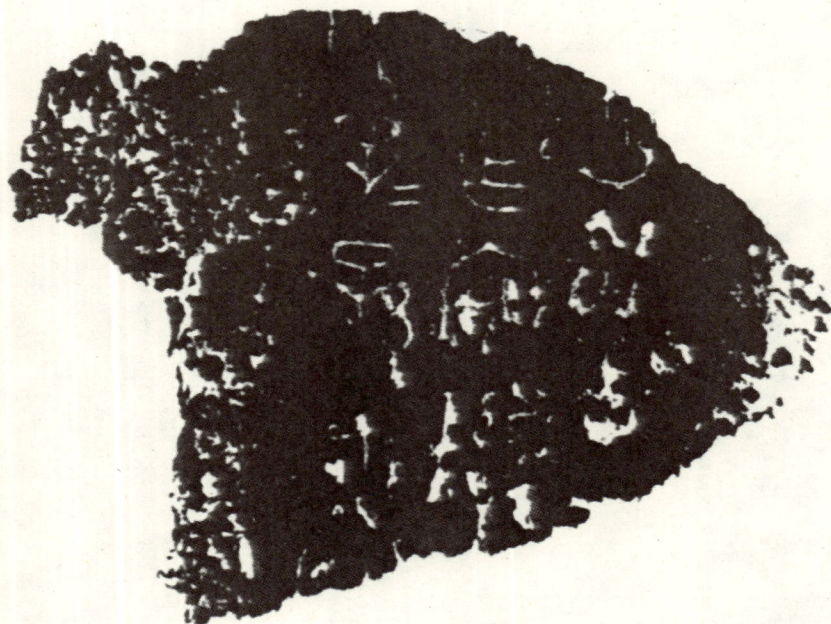

……月初吉……
……作寶尊……
……年，子孫永寶

字數：存 11（又重文 2）
度量：長 10.8 釐米，寬 8.4 釐米
時代：西周晚期
著録：《文物》1993 年 3 期 11、12 頁
出土：1992 年 4—6 月山西曲沃、翼城兩縣境
　　　內的天馬—曲村 M1：051
現藏：山西省考古研究所

1060 晉侯喜父鋪

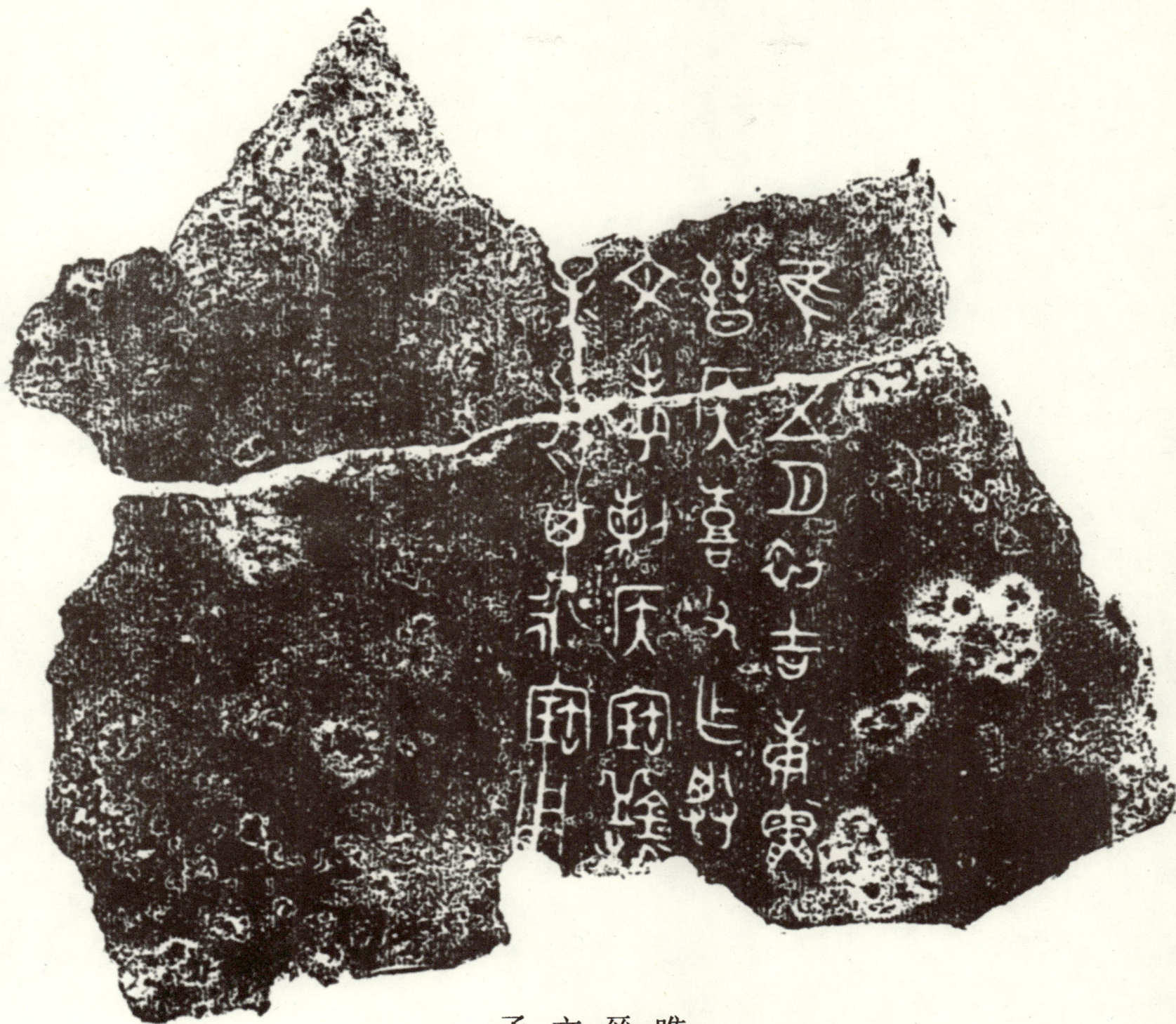

唯五月初吉庚寅，
晉侯喜父作朕
文考烈侯寶鋪。
子₌孫其永寶用。

字數：25（又重文 2）

時代：西周晚期

著録：《文物》1995 年 7 期 6—23 頁

出土：1994 年 5—10 月山西曲沃縣曲村鎮北趙村
　　　天馬—曲村遺址 M91：169

現藏：山西省考古研究所

備註：此為"晉侯喜父鋪"器的殘底

十三、 戈戟類

1061 大戈

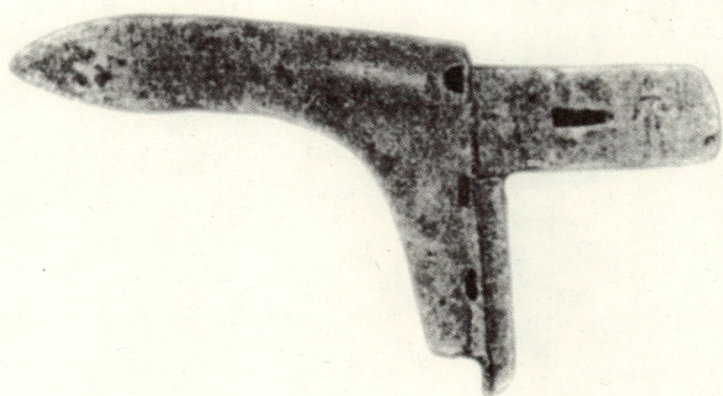

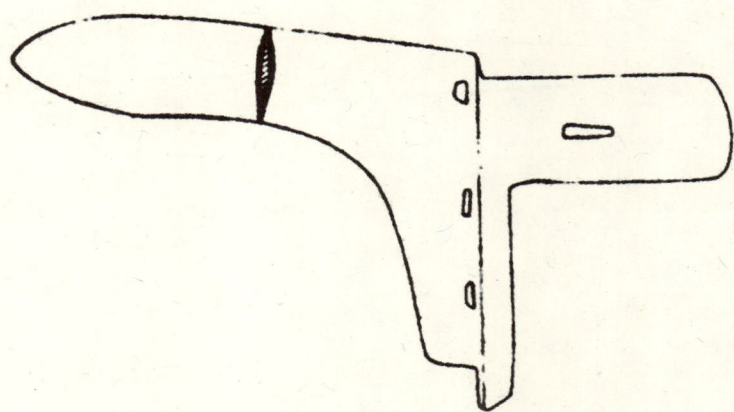

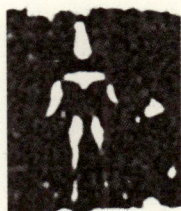　　　　　　大。

字數：1
度量：通長 19.4 釐米，重 0.16 千克
時代：春秋後期
著録：《文物》1987 年 11 期 93—95 頁
流傳：北京市文物工作隊揀選品
現藏：北京市文物工作隊

1062 🏺 戈

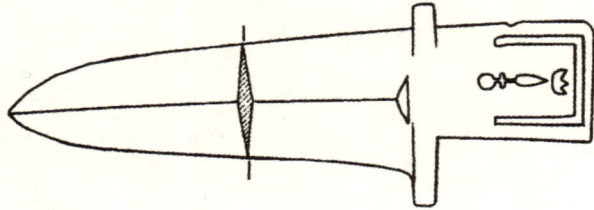

字數：1
度量：通長 23.2 釐米
時代：商代後期
著録：《安陽殷墟郭家莊商代墓葬》38 頁
出土：河南安陽市殷墟郭家莊 M38:2
現藏：中國社會科學院考古研究所

1063 屮戈

字數:1
度量:通長 23.5 釐米,重 0.36 千克
時代:商代後期
著録:《文物》1992 年 11 期 87—91 頁
流傳:1980 年秋山東濟寧市廢品回收公司揀選
現藏:山東濟寧市博物館

1064 鳥戈

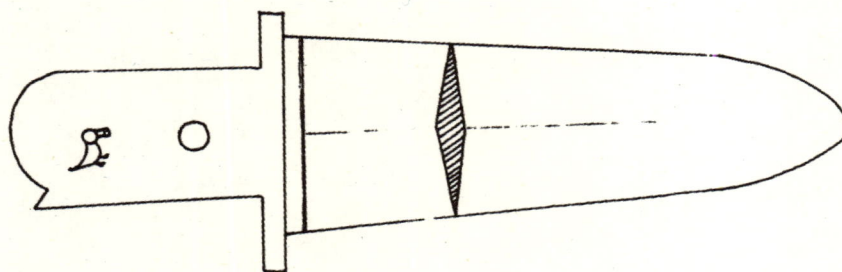

鳥。

字數:1
度量:通長 22.4 釐米,重 0.3 千克
時代:商代後期
著錄:《文物》1995 年 7 期 73 頁
出土:1991 年元月山東沂水縣柴山鄉信家莊
現藏:山東沂水縣博物館

1065 吹戈

吹。

字數：1
度量：通長 22.8 釐米
時代：商代後期
著録：《考古》1994 年 9 期 859 頁
現藏：山東濟南市博物館

1066 皿戈

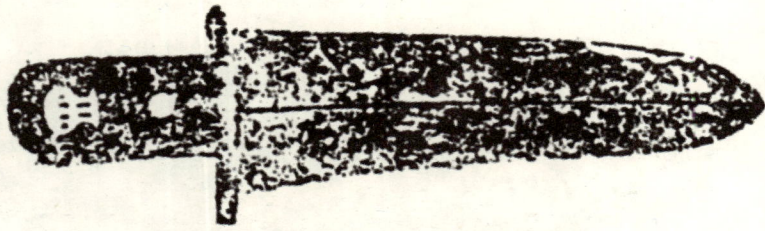

字數：1
度量：通長 23.7 釐米
時代：商代後期
著錄：《考古》1994 年 9 期 859 頁
現藏：山東濟南市博物館

1067 息戈

息。

字數:1
度量:通長 24.3 釐米
時代:商代後期
著録:《中原文物》1988 年 1 期 15—19 頁
出土:1985 年 5 月河南羅山縣蟒張鄉後李村墓葬 M43:4
現藏:河南羅山縣文物管理委員會

1068 戈戈

戈。

字數:1
度量:通長 23.9 釐米
時代:商代後期
著錄:《歐洲所藏中國青銅器遺珠》圖版 67
流傳:英國倫敦埃斯肯納齊拍賣行

1069 龜戈

龜。

字數:1
度量:通長 19.5 釐米
時代:商代後期
著録:《歐洲所藏中國青銅器遺珠》圖版 68
流傳:英國倫敦埃斯肯納齊拍賣行

1070 萬戈

萬。

字數：1
度量：通長 14.5 釐米
時代：商代後期
著錄：富士比（1973,3,15:425）
流傳：英國倫敦富士比拍賣行

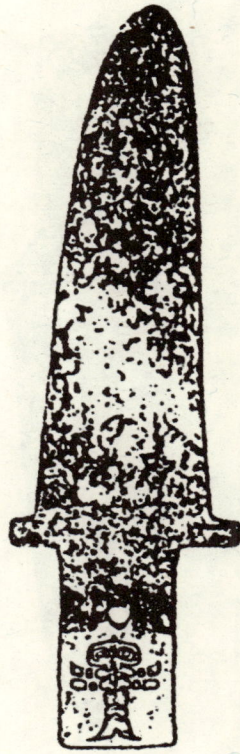

1071 ✹戈

字數:1
度量:通長 23.3 釐米
時代:商代後期
著録:富士比(1993,12,7:15)
流傳:英國倫敦富士比拍賣行

1072 眉戈

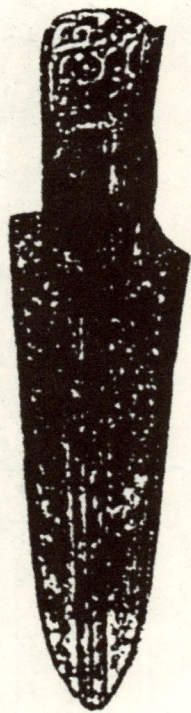

　　　　　眉。

字數:1
度量:通長 27 釐米
時代:商代後期
著錄:富士比(1972,2,29:88)
流傳:1934 年曾在法國 l'Orangerie 博物館展
　　　出;英國倫敦富士比拍賣行

1073　車戟

　　　　　車。

字數：1
度量：通長 24 釐米
時代：戰國後期
著録：《文博》1991 年 2 期 71—74 頁
出土：1984 年秋陝西韓城縣東范村
現藏：陝西韓城市博物館

1074 厽戈

厽。

字數：1
度量：殘長 14.1 釐米
時代：西周早期
著録：《文物》1996 年 7 期 54—68 頁
出土：1964—1972 年河南洛陽市北窰村
　　　西龐家溝墓葬 M203：15

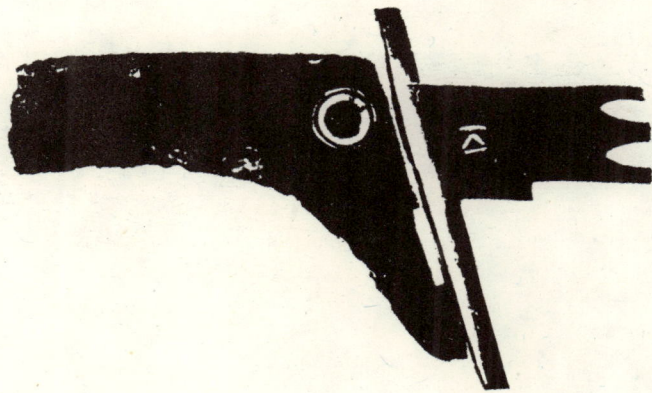

1075 丟戈

字數:1
度量:殘長 16.8 釐米
時代:西周早期
著録:《文物》1996 年 7 期 54—68 頁
出土:1964—1972 年河南洛陽市北窰村西龐家溝墓葬 M210:23

1076 丟戈

字數：1
度量：通長 19.8 釐米
時代：西周早期
著錄：《文物》1996 年 7 期 54—68 頁
出土：1964—1972 年河南洛陽市北窰村西龐家
　　　溝墓葬 M210：25

1077 宀戈

字數:1
度量:殘長 14.4 釐米
時代:西周早期
著録:《文物》1996 年 7 期 54—68 頁
出土:1964—1972 年河南洛陽市北窰村西龐家溝墓葬 M5:32

1078 束戈

束。

字數:1
度量:殘長 23.5 釐米
時代:西周早期
著録:《文物》1996 年 7 期 54—68 頁
出土:1964—1972 年河南洛陽市北窰村西龐家溝墓葬 M5:13

1079 獸戈

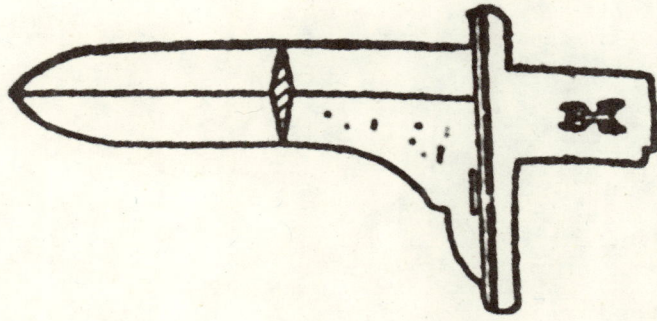

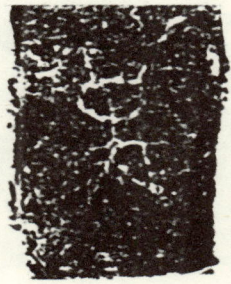

獸。

字數：1
度量：通長 22.8 釐米
時代：西周早期
著録：《考古》1990 年 1 期 25—30 頁
出土：1986 年 10—11 月北京房山區琉璃河墓葬 M1193：104
現藏：北京市文物研究所琉璃河考古隊

1080 虘戈

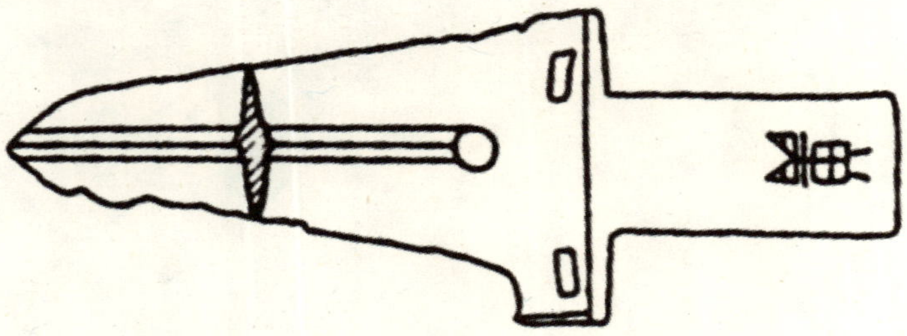

虘。

字數：1
時代：西周早期
著録：《考古與文物》1986年1期3—5頁
出土：甘肅崇信縣于家灣村墓葬 M3：1
現藏：甘肅省文物工作隊

1081 鳥戈

鳥。

字數：1
度量：通長 22.7 釐米
時代：西周早期
著録：《考古與文物》1991 年 5 期 3 頁
出土：1984 年 3 月陝西隴縣東南鄉低溝村墓葬

1082 車戈

車。

字數:1
度量:通長 23.1 釐米
時代:西周早期
著錄:《考古與文物》1993 年 3 期 31 頁
出土:1991 年 8 月 27 日陝西扶風縣上宋鄉曹衛村

1083 左戈

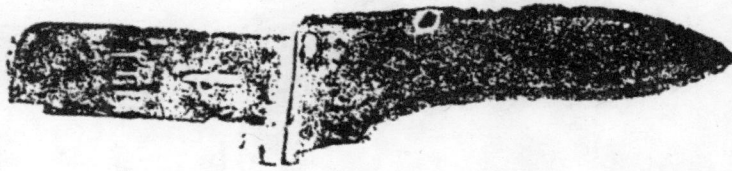

左。

字數:1
度量:通長 22.6 釐米
時代:戰國前期
著錄:《考古》1994 年 9 期 858—860 頁
現藏:山東濟南市博物館

1084 左戈

左。

字數:1
度量:通長 26.6 釐米
時代:戰國前期
著録:《考古》1994 年 9 期 858—860 頁
現藏:山東濟南市博物館

1085 蒙戈

蒙。

字數:1
度量:通長 24 釐米
時代:戰國後期
著録:《東南文化》1991 年 2 期 258—261 頁
流傳:1974 年 3 月安徽臨泉縣城關廢品收購站揀選
現藏:安徽臨泉縣博物館

1086 蒙戈

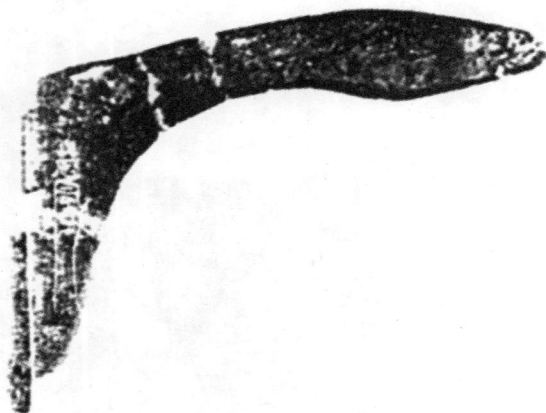

蒙。

字數：1
度量：殘長 16.5 釐米
時代：戰國後期
著錄：《考古》1983 年 9 期 849 頁
現藏：山東沂水縣文物管理站

莒公。

字數:2
度量:通長 24 釐米
時代:春秋前期
著録:《文物》1984 年 9 期 4—5 頁
出土:1977 年冬山東沂水縣劉家店子村墓葬 M1:147
現藏:山東沂水縣文物管理站

1088 □絭戈

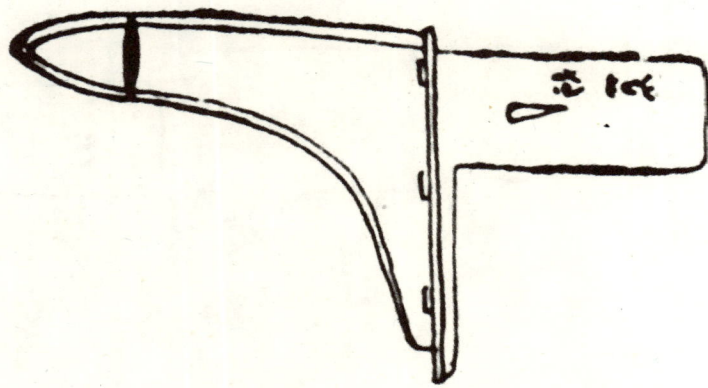

□
絭。

字數：2
度量：通長 19.8 釐米
時代：春秋後期
著録：《考古》1988 年 5 期 468 頁
出土：1984 年秋山東淄博市淄川區羅村鎮南韓村墓葬 M10：2
現藏：山東淄博市博物館

1089 鄉宁戈

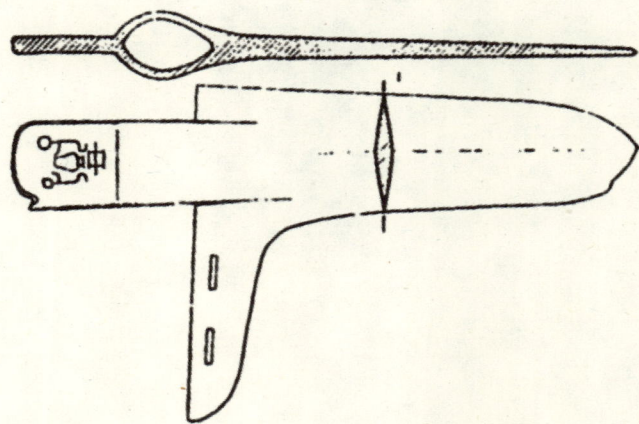

鄉宁。

字數：2
度量：通長 25 釐米
時代：商代後期
著録：《安陽殷墟郭家莊商代墓葬》38 頁
出土：河南安陽市殷墟郭家莊 M135：5
現藏：中國社會科學院考古研究所

1090 亞炎戈

亞
炎。

字數:2
度量:通長 25 釐米
時代:商代後期
著錄:《海岱考古》第一輯 324 頁
現藏:山東濟南市博物館
備注:兩面均有銘

1091 車虎虎戈

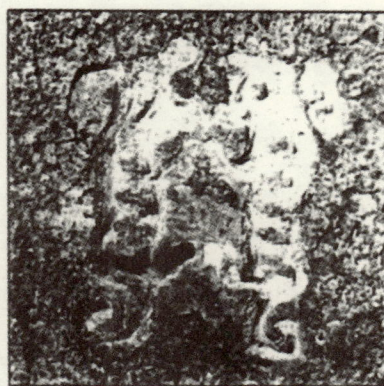

車。

虎虎。

字數:2
度量:通長 23.4 釐米
時代:商代後期
著録:《文物季刊》1999 年 2 期 89 頁
出土:傳自山西洪洞縣淹底鄉楊岳村
現藏:山西省博物館
備注:兩面均有銘

1092 索需戈

需。　　　　　　　　　索。

字數:2
度量:通長 20.5 釐米
時代:商代後期
著録:《中原文物》1986 年 2 期 44 頁
現藏:河南寶豐縣文化館
備注:兩面均有銘

1093 子龔戈

龔子。

字數:2
時代:商代後期
著録:《中原文物》1991年1期100頁
現藏:河南新鄉市博物館

1094 丅乙戈

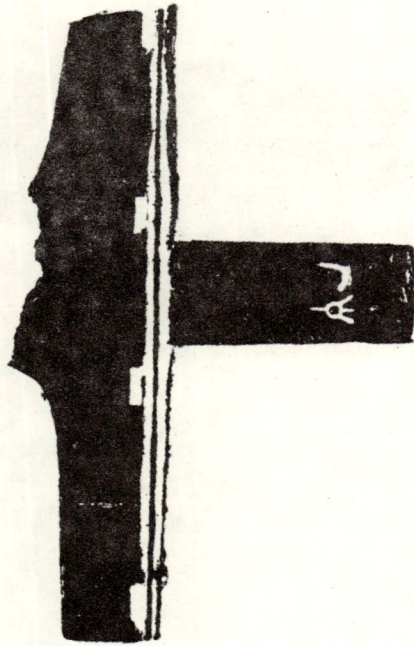

乙　丅

字數:2
度量:殘長 10.5 釐米
時代:西周早期
著録:《文物》1996 年 7 期 54—68 頁
出土:1964—1972 年河南洛陽市北窰村
　　　西龐家溝墓葬 M163:3

120

□公。

字數:2
度量:殘長 18 釐米
時代:西周早期
著錄:《文物》1996 年 7 期 54—68 頁
出土:1964—1972 年河南洛陽市北窰村西龐
　　家溝墓葬 M347:13

1096 父辛戈

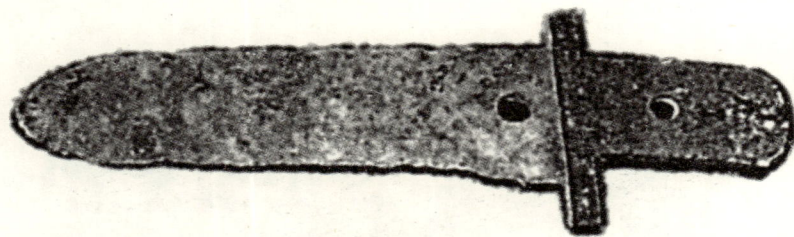

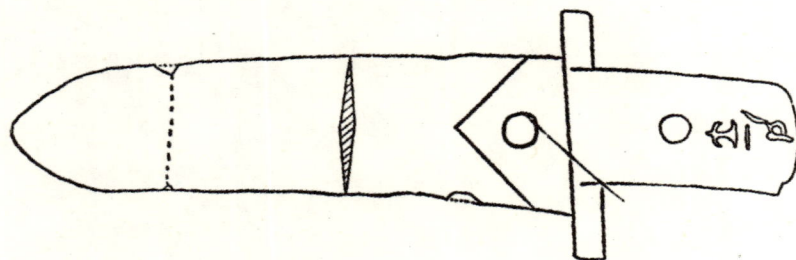

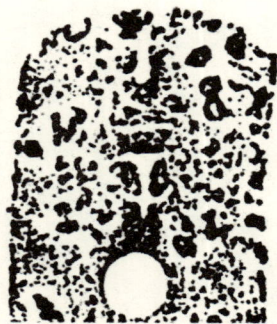

父辛。

字數：2
度量：通長 24 釐米
時代：西周早期
著録：《琉璃河西周燕國墓地》204 頁
出土：1973—1977 年北京房山縣琉璃河 M251:26
現藏：北京市文物研究所

1097 成周戈

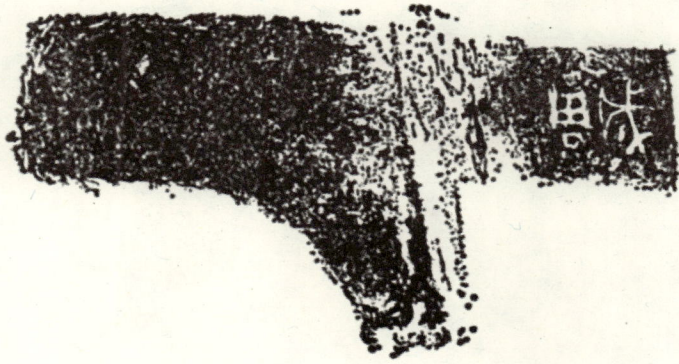

周 成
。

字數:2
度量:通長 25.8 釐米
時代:西周早期
著録:《考古》1990 年 1 期 25—30 頁
出土:1986 年 10—11 月北京房山區琉璃河墓葬 M1193:48
現藏:北京市文物研究所琉璃河考古隊

1098 成周戈

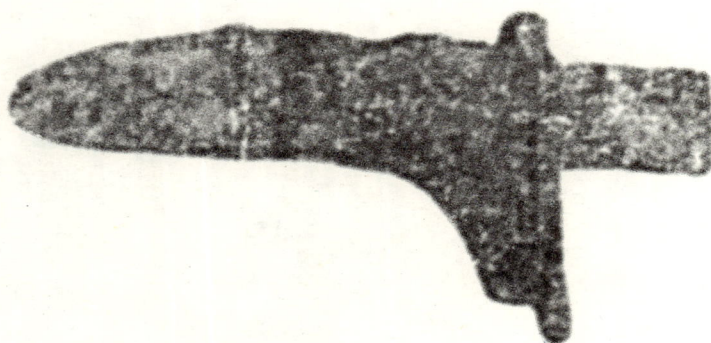

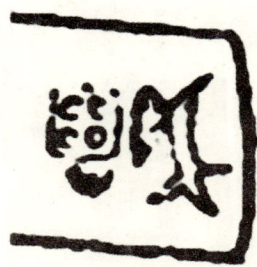

周　成
。

字數：2
度量：通長 21.8 釐米
時代：西周早期
著録：《考古》1990 年 1 期 25—30 頁
出土：1986 年 10—11 月北京房山區琉璃河
　　　墓葬 M1193：62
現藏：北京市文物研究所琉璃河考古隊

1099 大武戈

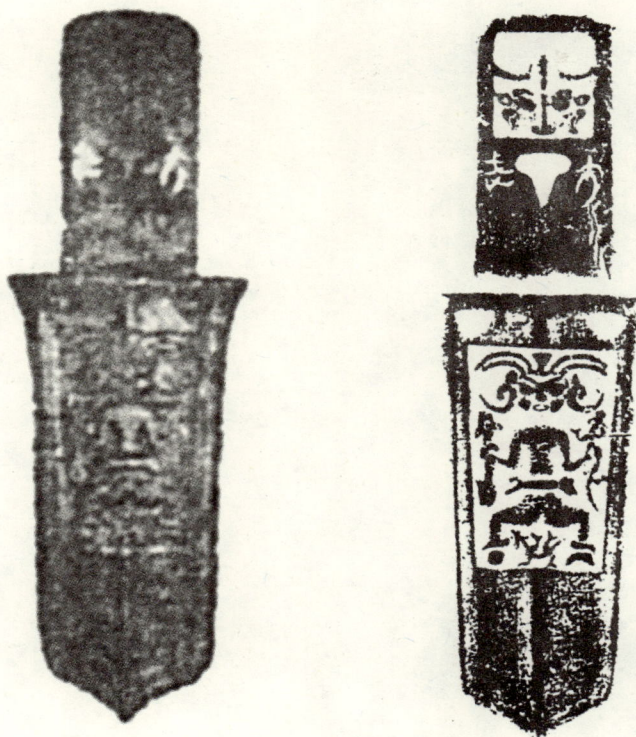

 武 大
。

字數:2
度量:通長 21.7 釐米
時代:戰國後期
著錄:《中國文物報》1994 年 50 期 3 版
流傳:1994 年 10 月湖北沙市市公安局打擊文物走私工作中收繳
現藏:湖北沙市博物館

1100 黃城戟

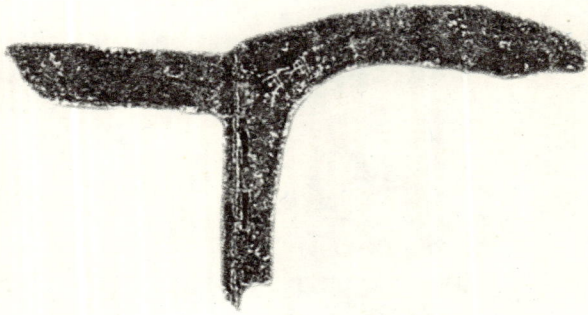 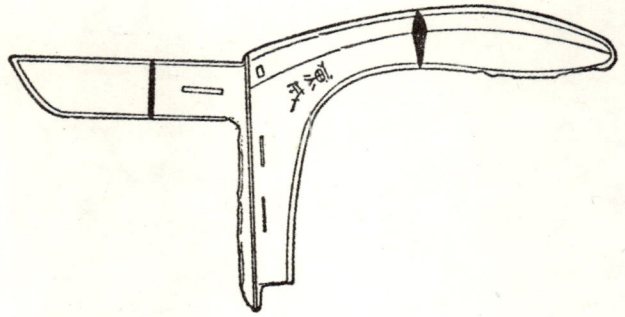

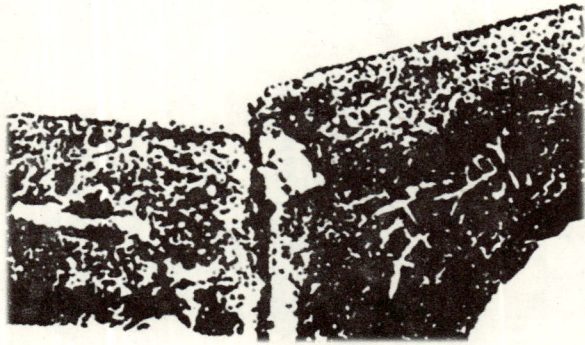 

黃
城。

字數：2
度量：通長 27.6 釐米，重 0.21 千克
時代：春秋後期
著録：《太原晉國趙卿墓》99、100 頁
出土：山西太原市南郊金勝村 M251：702
現藏：山西太原市文物管理委員會

1101 黄戟

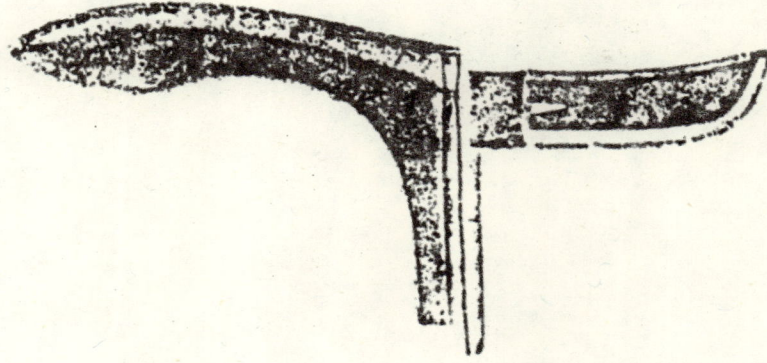

黄戟

黄戟。

字數：2
度量：通長 26.1 釐米
時代：戰國後期
著録：《考古》1994 年 9 期 860 頁
現藏：山東濟南市博物館

1102 柏人戈

出土:1984 年河北臨城縣東柏暢村窖藏
現藏:河北臨城縣文物保管所

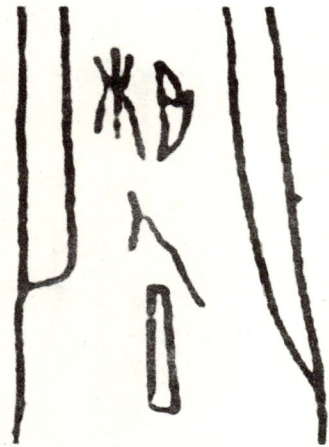

柏
人。

字數:2
度量:通長 28.3 釐米
時代:戰國後期
著録:《文物》1988 年 3 期 51—53 頁
出土:1984 年河北臨城縣東柏暢村窖藏
現藏:河北臨城縣文物保管所

1103 高望戈

高望。

字數:2
度量:殘長 23.5 釐米
時代:戰國後期
著録:《文物》1999 年 4 期 87—88 頁
流傳:河北正定縣牛家莊村徵集
現藏:河北正定縣文物保管所

1104 右建戈

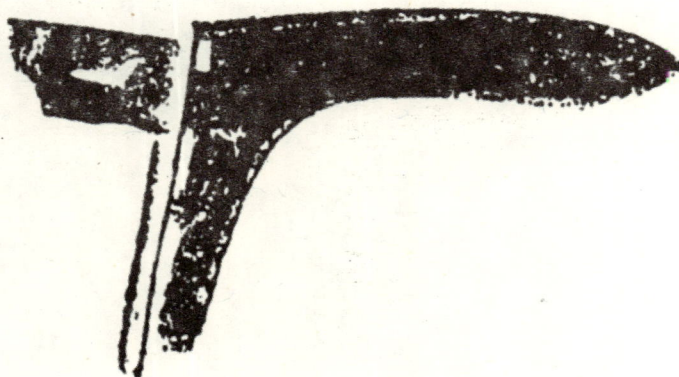

右
建。

字數:2
度量:殘長 18.5 釐米
時代:戰國後期
著錄:《考古》1994 年 9 期 858—860 頁
現藏:山東濟南市博物館

1105 盧氏戈

盧氏。

字數:2
度量:通長 20 釐米
時代:戰國後期
著録:《東南文化》1991 年 2 期 258—261 頁
流傳:1973 年安徽阜陽縣廢品倉庫揀選
現藏:安徽阜陽地區博物館

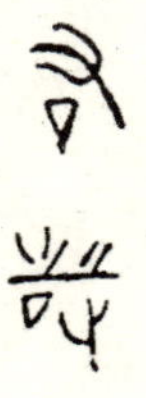

右
造
。

字數：2
度量：通長 24 釐米
時代：戰國後期
著錄：《東南文化》1991 年 2 期 258—261 頁
出土：1987 年安徽臨泉縣韓樓鄉老邵莊泉河北岸墓葬
現藏：安徽臨泉縣博物館

1107 蔡侯戈

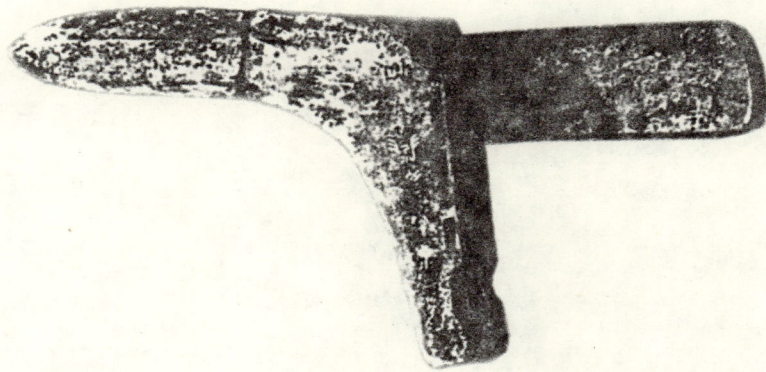

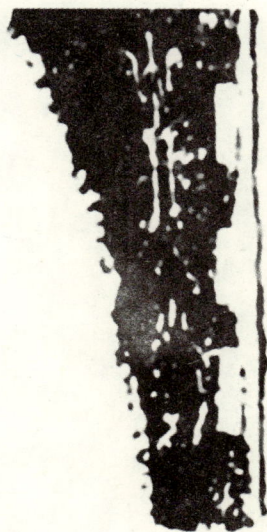   

蔡侯。

字數:2
度量:通長 22 釐米
時代:戰國前期
著録:《考古》1994 年 2 期 175 頁
出土:1983 年湖北隨州市西郊擂鼓墩墓葬 M13:14
現藏:湖北隨州市博物館

1108 公戈

現藏:山東濟南市博物館

公戈。

字數:2
度量:通長 22 釐米
時代:戰國前期
著録:《考古》1994 年 9 期 858—860 頁
現藏:山東濟南市博物館

1109 大保戟

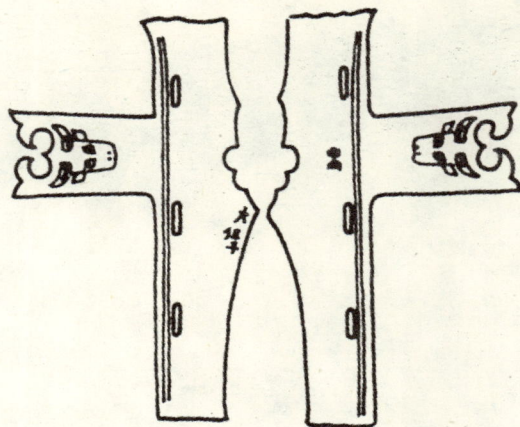

斱。

大
保。

字數:3
度量:殘長 21.3 釐米
時代:西周早期
著録:《中原文物》1995 年 2 期 56 頁
出土:1931 年河南浚縣辛村
現藏:美國華盛頓弗里爾美術館

1110 攻反戈

攻反。
罘。

字數:3
度量:通長 19 釐米
時代:春秋後期
著録:《文物》1992 年 11 期 87—91 頁
流傳:1980 年秋山東濟寧市廢品回收公司揀選
現藏:山東濟寧市博物館

1111 侯散戈

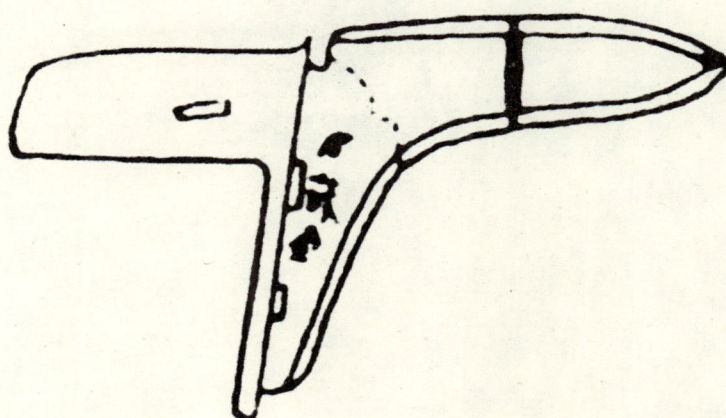

侯散戈。

字數:3
度量:通長 18.3 釐米
時代:春秋後期
著錄:《考古》1999 年 2 期 89—90 頁
出土:1986 年 5 月山東臨朐縣冶源鎮灣頭河村
現藏:山東臨朐縣文物局

1112 保晉戈

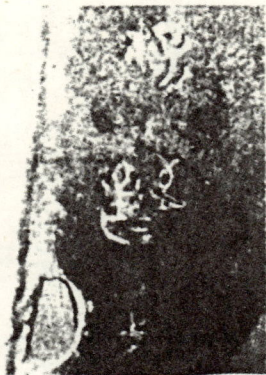

保晉戈。

字數：3
度量：通長 17.5 釐米
時代：西周早期
著錄：《文物》1992 年 5 期 95 頁
出土：1972 年山東成武縣小臺
現藏：山東成武縣文物管理所

1113 毛伯戈

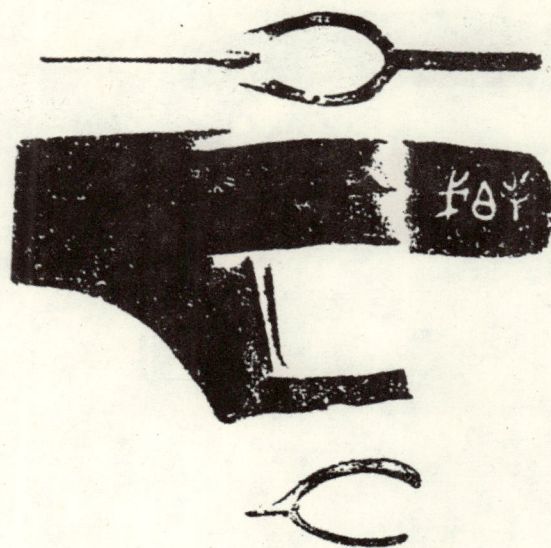

戈。伯毛

字數:3

度量:殘長 11.1 釐米

時代:西周早期

著録:《文物》1996 年 7 期 54—68 頁

出土:1964—1972 年河南洛陽市北窰村西龎
　　　家溝墓葬 M333:6

1114 柴矢右戈

柴矢右。

字數:3
度量:通長 32.5 釐米
時代:戰國後期
著録:《文物》1994 年 3 期 52 頁
出土:1977 年 7 月山東新泰市翟鎮崖頭沙岸邊

武陽。左。

武昜左

字數:3
度量:通長 25.8 釐米
時代:戰國後期
著録:《考古》1988 年 7 期 617—620 頁
流傳:山西太原市電解銅廠揀選
現藏:山西省博物館

1116 郝右司戈

郝右司。

字數：3
度量：通長 22 釐米
時代：戰國後期
著錄：《考古》1990 年 2 期 171 頁
出土：1970 年山東臨沭縣五山頭村
現藏：山東臨沭縣文物管理所

1117 郐氏左戈

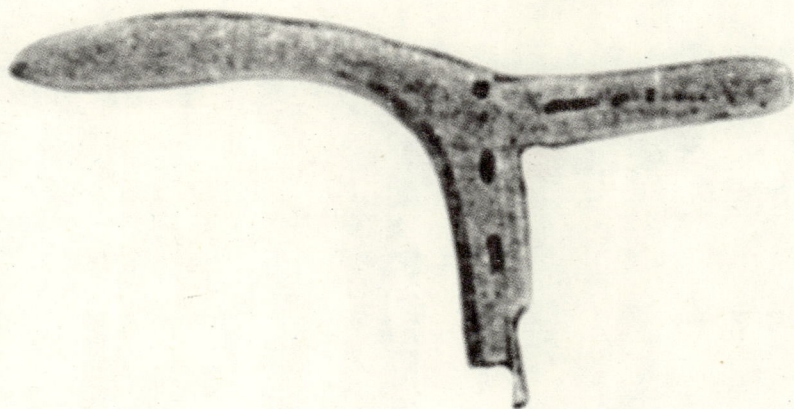

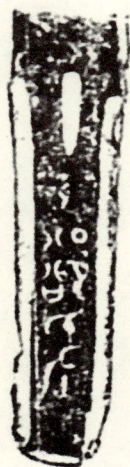

郐氏左。

字數:3
度量:通長 23.3 釐米
時代:戰國後期
著録:《中國文物報》1992 年 23 期 3 版
出土:山東郯城縣馬陵山大尚莊村

1118 堕冢壐戈

堕冢壐。

字數:3
度量:通長 25 釐米
時代:戰國後期
著錄:《歐洲所藏中國青銅器遺珠》圖版 144
現藏:德國漢堡藝術與工業博物館

1119 鑄𦣻戈

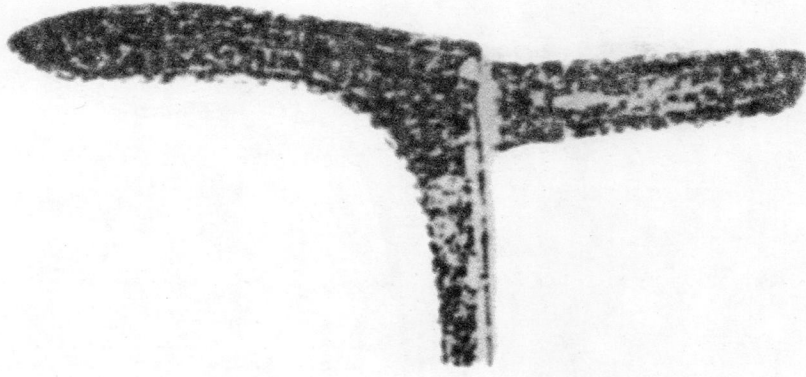

（内）

（胡）

鑄

。

鑄
𦣻

字數:3
度量:通長 25 釐米
時代:戰國前期
著録:《文物》1993 年 4 期 94 頁
現藏:山東乳山縣文物管理所
備注:胡銘二、内銘一

1120 周右庫戈

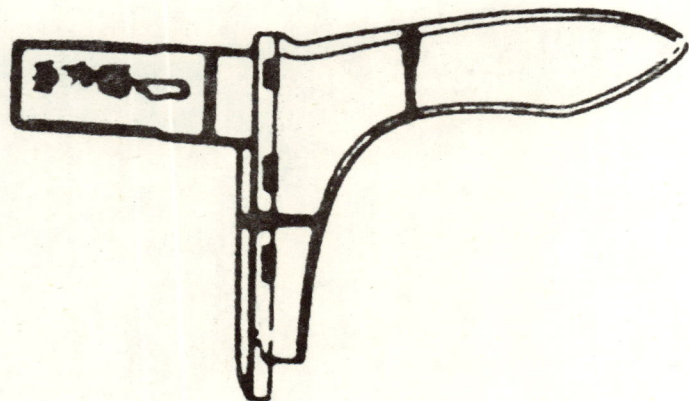

周右庫。

字數:3
度量:通長 23.7 釐米,重 0.31 千克
時代:戰國前期
著錄:《華夏考古》1991 年 3 期 30—31 頁
出土:1987 年 3 月河南登封縣告成鄉八方村
現藏:河南省文物研究所

1121 無鹽右戈

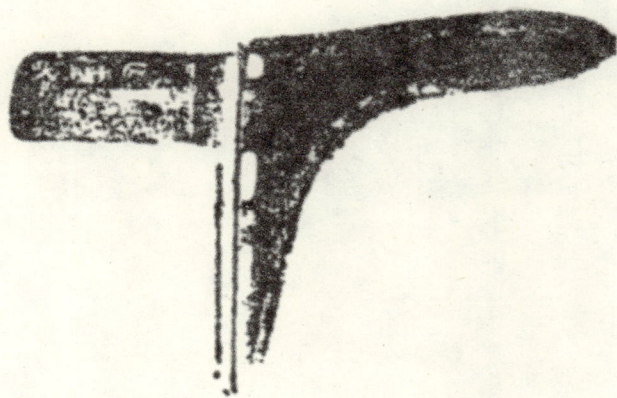

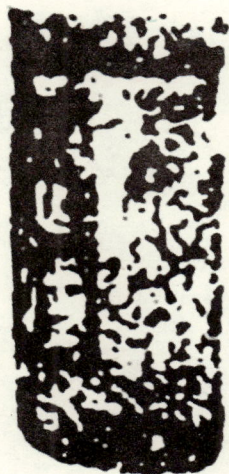

無鹽右。

字數:3
度量:通長 18.1 釐米
時代:戰國前期
著録:《考古》1994 年 9 期 858—860 頁
現藏:山東濟南市博物館

1122 伯戈

方 戈 伯
。 。 作

字數:4
度量:殘長 14.5 釐米
時代:西周早期
著録:《文物》1996 年 7 期 54—68 頁
出土:1964—1972 年河南洛陽市北窰村西龐家溝墓葬 M17:9

1123 僕戈

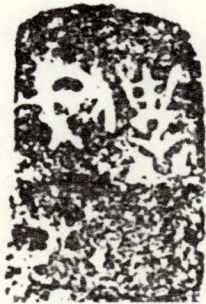　　

（背）　　　　　　　（正）

戈 僕
。

丁 祖
。

字數:4
度量:殘長 10.4 釐米
時代:西周早期
著錄:《琉璃河西周燕國墓地》208 頁
出土:1973—1977 年北京房山縣琉璃河 M105:26
現藏:北京市文物研究所
備注:兩面均有銘

1124 翏公戈

翏公戈。用。

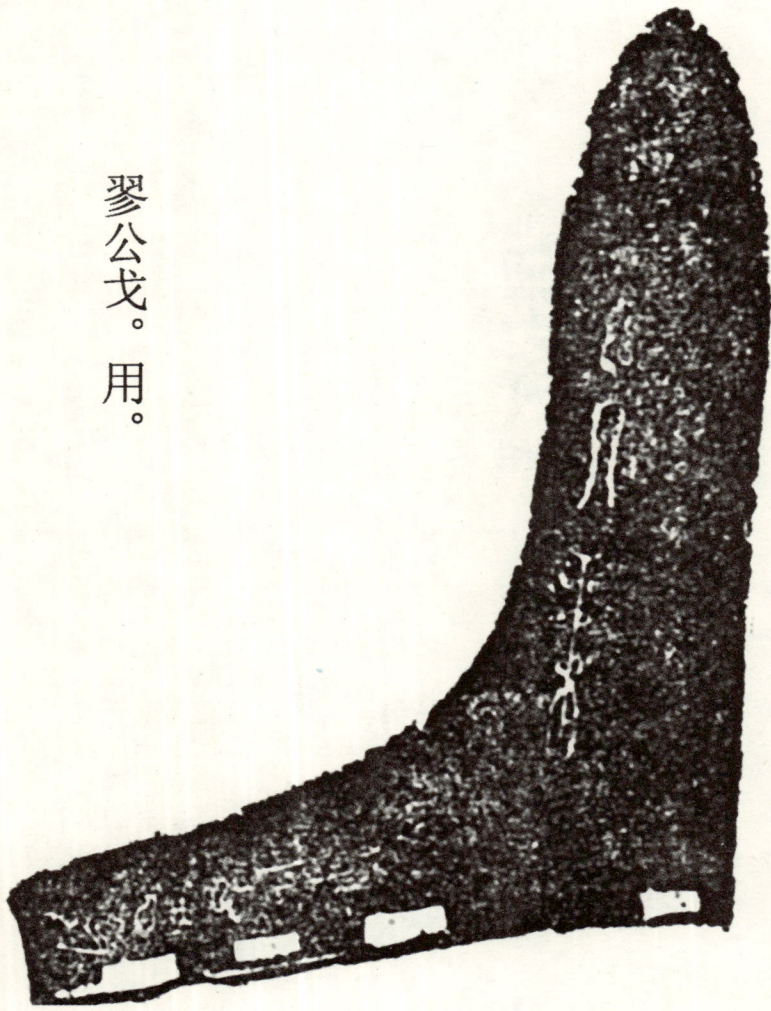 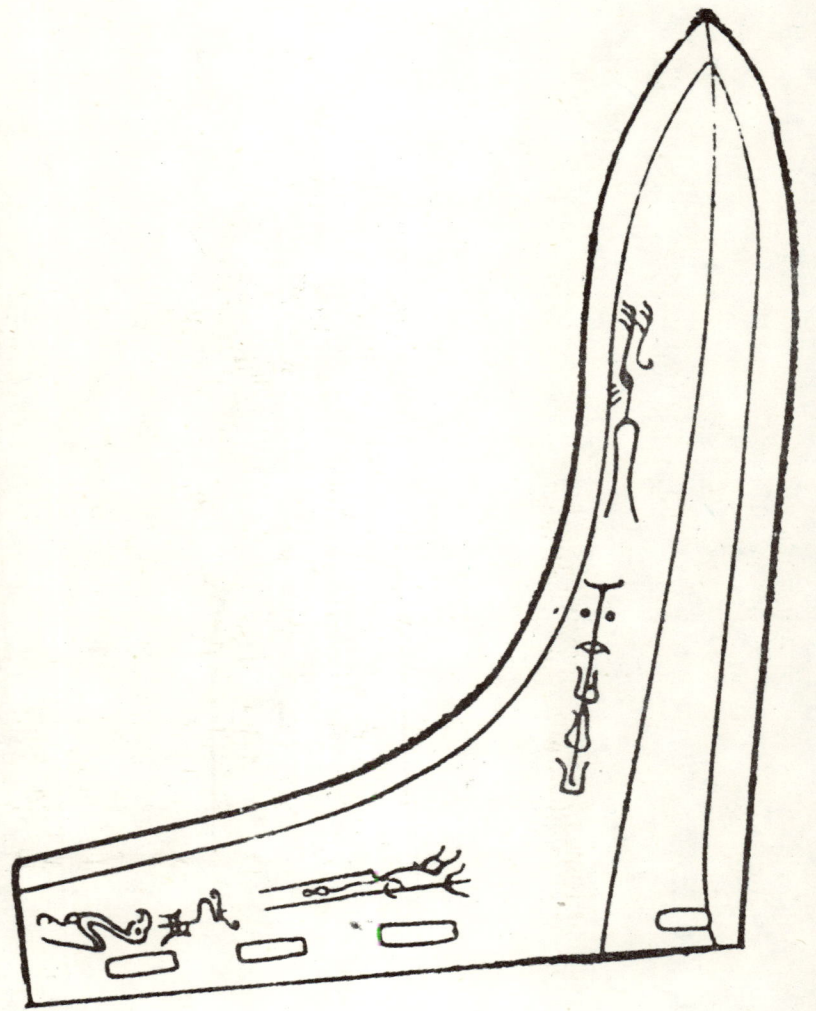

字數:4
度量:通長 21.5 釐米
時代:春秋後期
著錄:《考古》1991 年 9 期 783—792 頁
出土:1988 年 10—11 月湖北襄樊市郊余崗村團山墓葬 M4:4
現藏:湖北襄樊博物館

1125 塞之王戟

塞之王戟。

字數：4
度量：通長 22.2 釐米
時代：春秋前期
著録：《文物》1993 年 8 期 71 頁
現藏：臺灣王振華古越閣

1126 匽侯戟

匽侯
舞戟。

字數:4
度量:通長 22 釐米
時代:西周早期
著録:《琉璃河西周燕國墓地》203 頁
出土:1973—1977 年北京房山縣琉璃河 M52:22
現藏:北京市文物研究所

1127 匽侯舞戟

匽侯
舞戟。

字數:4
度量:殘長 24 釐米
時代:西周早期
著錄:《考古》1990 年 1 期 25—30 頁
出土:1986 年 10—11 月北京房山區琉璃河墓葬 M1193:32
現藏:北京市文物研究所

1128 吳叔徒戈

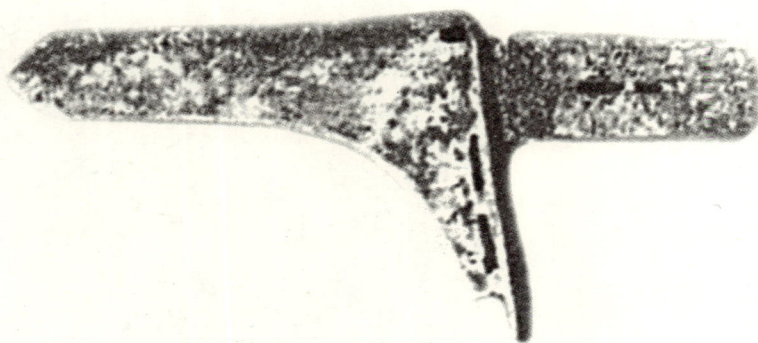

吳
叔
徒
戈
。

字數:4
度量:通長 20.4 釐米
時代:春秋前期
著録:《文物》1988 年 3 期 37—38 頁
出土:1986 年山西侯馬市上馬村墓葬 M1284:14
現藏:山西省考古研究所侯馬工作站

1129 莒戟

莒
之造戟。

字數:4
度量:通長 21.8 釐米
時代:春秋前期
著錄:《文物》1998 年 11 期 94 頁
現藏:山東蒙陰縣圖書館

1130 淳于左造戈

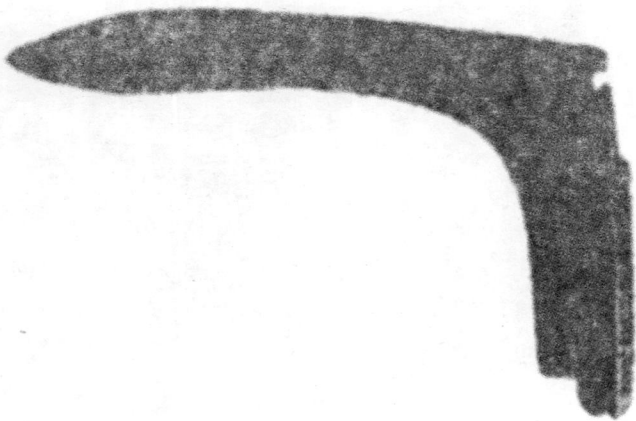

淳于左造。

字數:4
度量:殘長18釐米
時代:春秋前期
著錄:《中國文物報》1990年8期3版
出土:二十世紀七十年代末山東新泰市
現藏:山東新泰市博物館

1131 犓雚戟

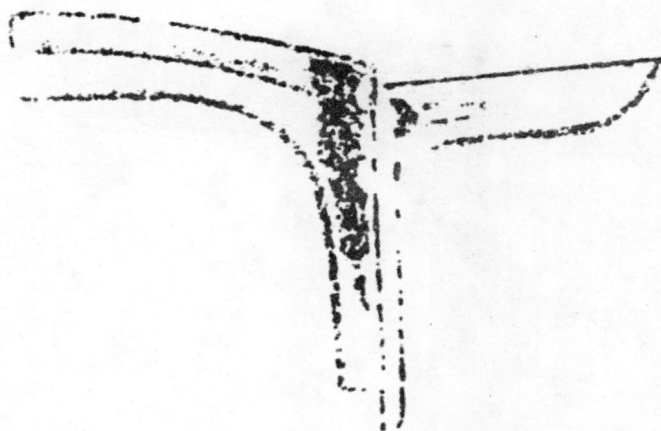

犓雚造戟。

字數:4
度量:殘長 23.6 釐米
時代:戰國後期
著録:《文物》1994 年 4 期 52 頁
出土:1991 年山東平陰縣洪範鎮
現藏:私人收藏

1132 徒戟

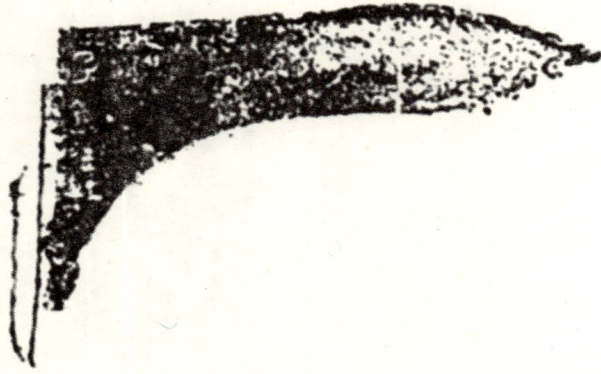

子□徒戟。

字數:4
度量:殘長 14.5 釐米
時代:戰國後期
著録:《考古》1994 年 9 期 860 頁
現藏:山東濟南市博物館

1133 矰戈

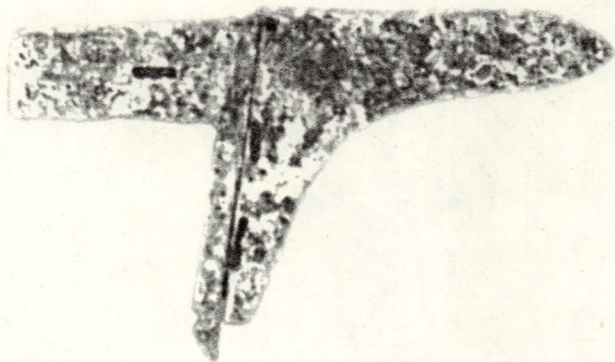

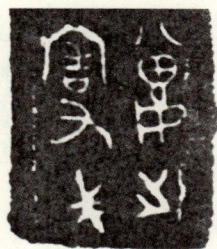

矰之
造
戈。

字數:4
度量:通長 18.6 釐米
時代:西周中期
著録:《中國文物報》1994 年 20 期 3 版
出土:1993 年春河南洛寧縣
現藏:中國人民革命軍事博物館

1134 仲陽戈

廥
灬
（內）　　　　　　　　　　（胡）

陽 仲 　　　　　　　　　　廥
。 　　　　　　　　　　衍
。

字數:4
度量:通長 22.1 釐米
時代:戰國後期
著錄:《文物》1987 年 8 期 63—64 頁
出土:1983 年 9 月內蒙古烏蘭察布盟清水河
　　　縣拐子上古城
現藏:內蒙古烏蘭察布盟文物工作站

1135 平阿左戈

平阿左戈。

字數:4
度量:通長 21 釐米
時代:戰國後期
著錄:《文物》1991 年 10 期 32 頁
出土:1983 年山東沂水縣富官莊鄉黃泥溝村
現藏:山東沂水縣博物館

1136 陭氏戈

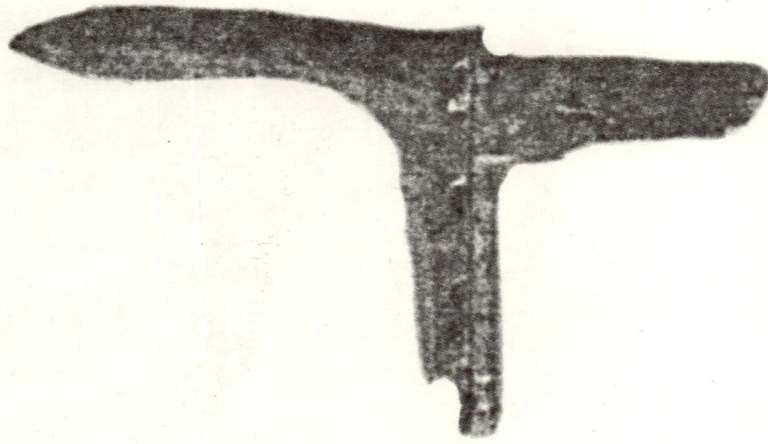

陭　師　右
氏。

字數:4
度量:通長 22.2 釐米
時代:戰國後期
著錄:《文物》1999 年 4 期 87 頁
流傳:河北正定縣牛家莊村徵集
現藏:河北正定縣文物保管所

162

1137 陳難戈

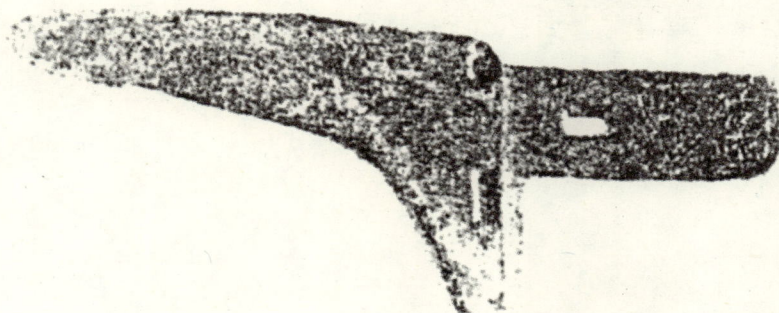

陳難
造戈。

字數:4
度量:通長 18.5 釐米
時代:戰國前期
著錄:《考古與文物》1991 年 2 期 109 頁
出土:1978 年 10 月山東新泰縣放城鄉南澇波村
現藏:山東新泰市博物館

1138 汶陽戟

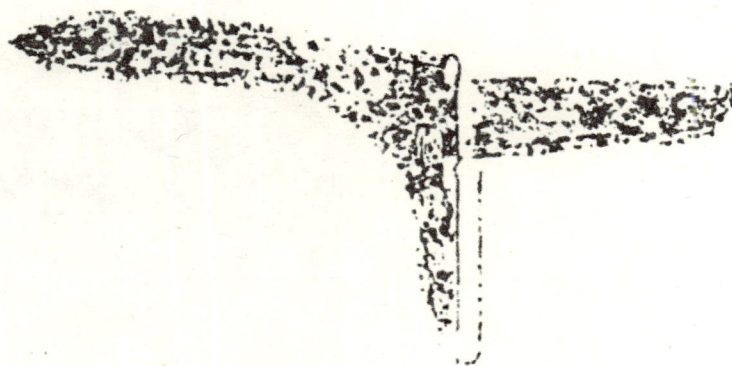

汶陽右戟。

字數:4
度量:通長 26.5 釐米
時代:戰國前期
著録:《文物》1993 年 4 期 94 頁
現藏:山東乳山縣文物管理所

164

1139 陳尔戈

陳尔徒戈。

字數:4
度量:通長 16 釐米
時代:戰國前期
著録:《文物》1993 年 4 期 94 頁
現藏:山東乳山縣文物管理所

1140 子備璋戈

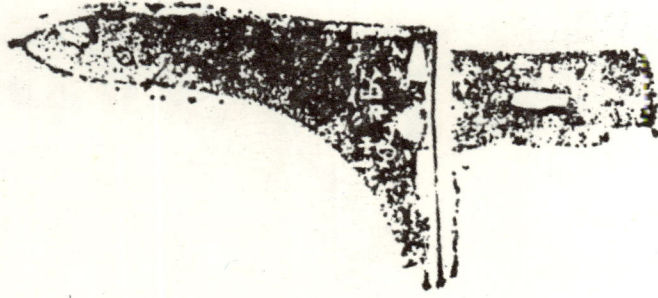

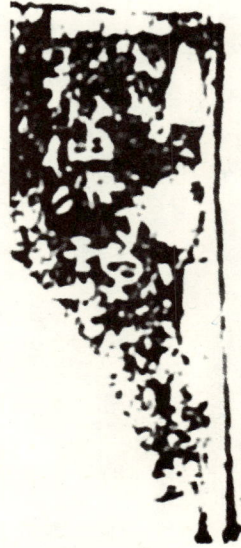

子備璋戈。

字數：4
度量：通長 17.5 釐米
時代：戰國前期
著録：《考古》1994 年 9 期 858—860 頁
現藏：山東濟南市博物館

1141 □□造戈

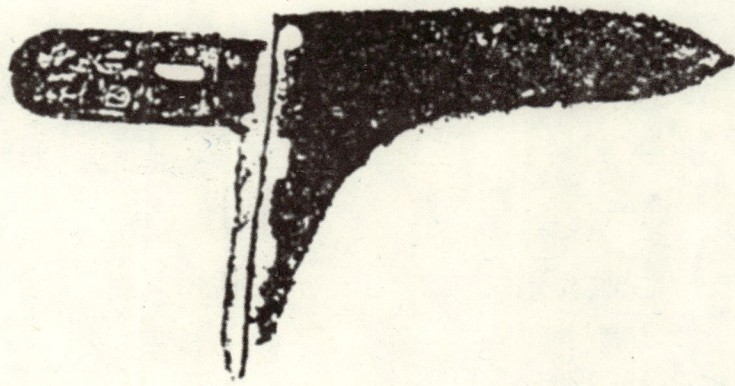

□□
造
戈。

字數:4
度量:通長 19 釐米
時代:戰國前期
著錄:《考古》1994 年 9 期 858—860 頁
現藏:山東濟南市博物館

1142 陳□車戈

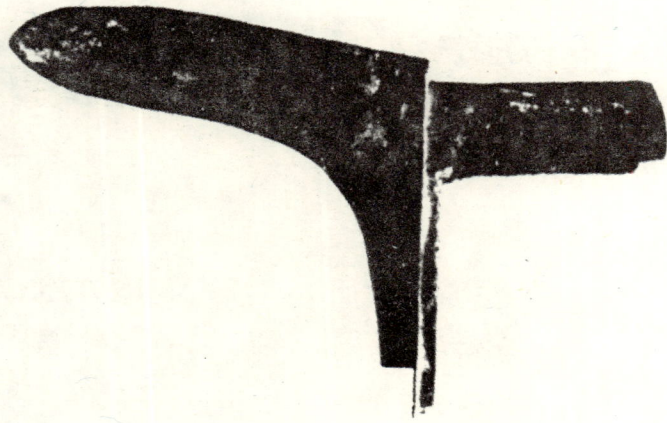

陳□車戈。

字數:4
度量:通長 22.2 釐米
時代:戰國前期
著録:《考古與文物》1989 年 2 期 84 頁
現藏:山西省博物館

1143 車大夫長畫戈

車大夫長畫。

字數:4(又合文 1)
度量:通長 20.9 釐米
時代:戰國前期
著録:《考古與文物》1993 年 5 期 13 頁
現藏:四川西昌市文物管理所

1144 以鄧戟

以鄧之造。

字數:4
度量:通長31.5釐米,重0.43千克
時代:春秋後期
著錄:《淅川下寺春秋楚墓》20頁
出土:1990年河南淅川縣下寺 M8:62
現藏:河南省文物研究所

1145 以鄧戟

以鄧作用造。

字數:5
度量:通長 30.3 釐米,重 0.43 千克
時代:春秋後期
著録:《淅川下寺春秋楚墓》20 頁
出土:1990 年河南淅川縣下寺 M8:48
現藏:河南省文物研究所

171

1146 兟城戟

 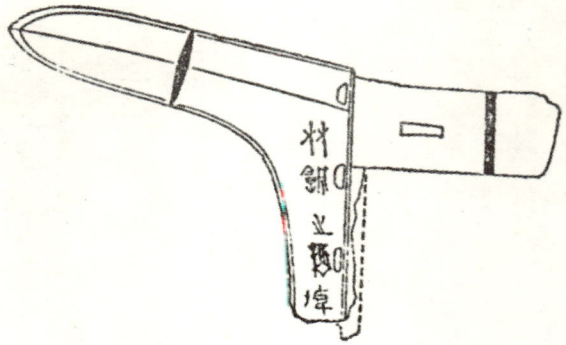

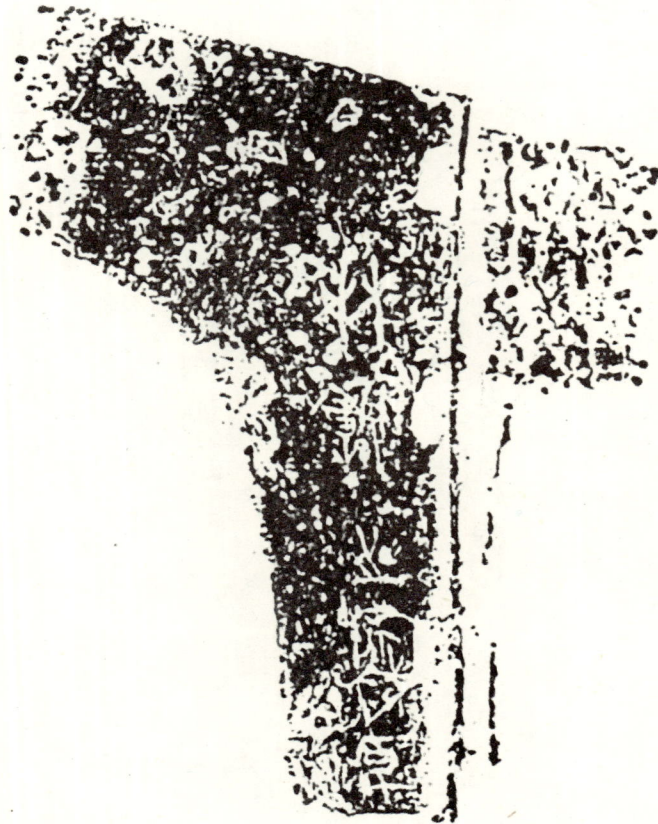

兟城之折戟。

字數:5
度量:通長21.4釐米,重0.19千克
時代:春秋後期
著録:《太原晉國趙卿墓》98、100頁
出土:山西太原市南郊金勝村 M251:657
現藏:山西太原市文物管理委員會

172

1147 索魚王戈

索
魚
王
□
戈。

字數:5
度量:通長 19.8 釐米
時代:春秋後期
著録:《文物》1996 年 2 期 92 頁
出土:1986 年河北涿鹿縣礬山鎮五堡村
現藏:河北涿鹿縣文物保管所

1148 趙朔之御戈

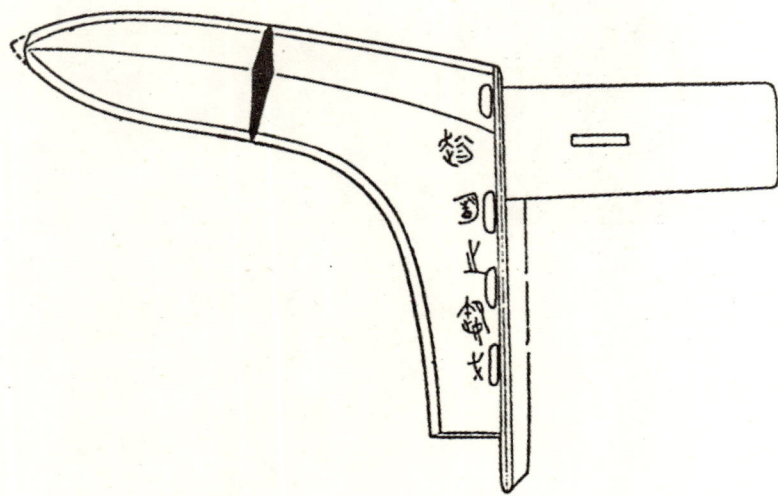

字數:5
度量:通長 20.7 釐米,重 0.26 千克
時代:春秋後期
著録:《太原晉國趙卿墓》93、100 頁
出土:山西太原市南郊金勝村 M251:658
現藏:山西太原市文物管理委員會

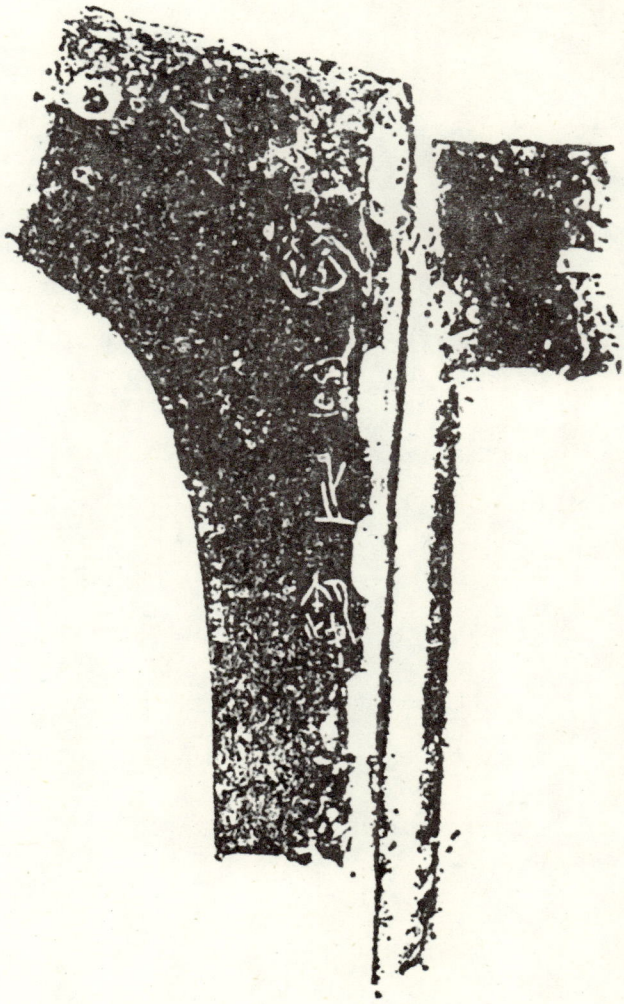

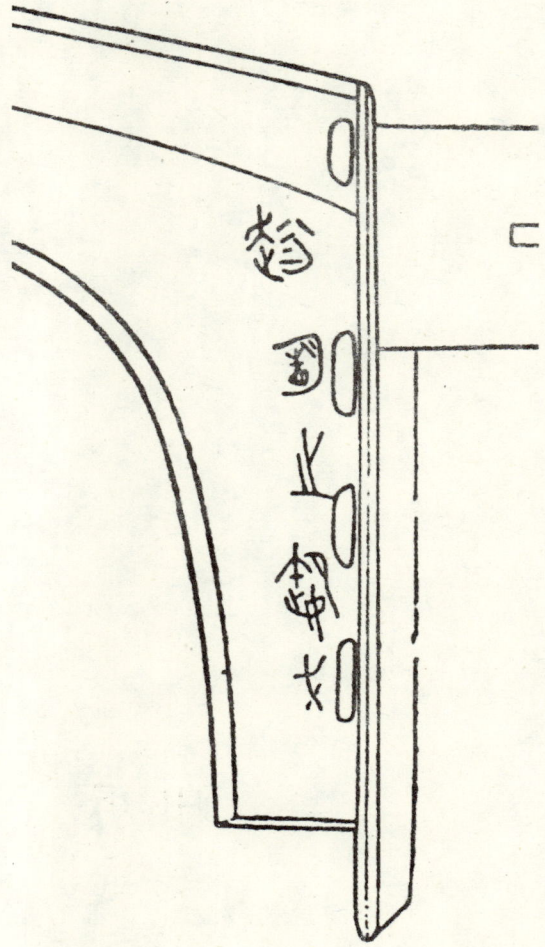

趙朔之御戈。

175

1149 瘃戈

瘃之親
用戈。

字數:5
度量:通長 19.3 釐米
時代:戰國前期
著録:《考古》1994 年 9 期 858—860 頁
現藏:山東濟南市博物館

1150 平阿戟

平阿右造戟。

字數:5
度量:通長 26.6 釐米
時代:戰國後期
著録:《考古》1994 年 9 期 860 頁
現藏:山東濟南市博物館

1151 平阿戈

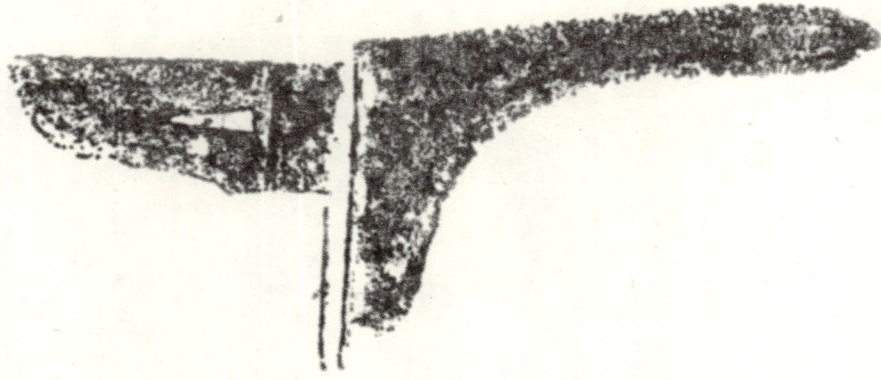

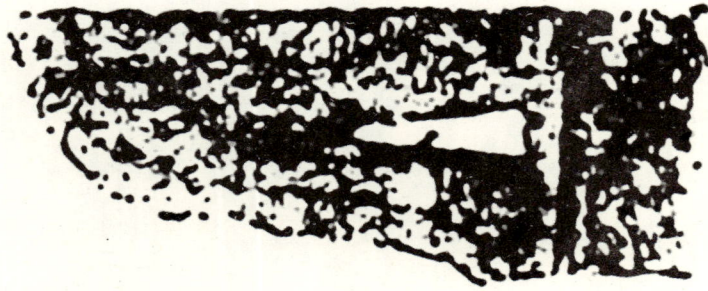

平
阿
。

字數:5
度量:通長 24 釐米
時代:戰國前期
著録:《考古》1994 年 9 期 858—860 頁
現藏:山東濟南市博物館

1152 武王戈

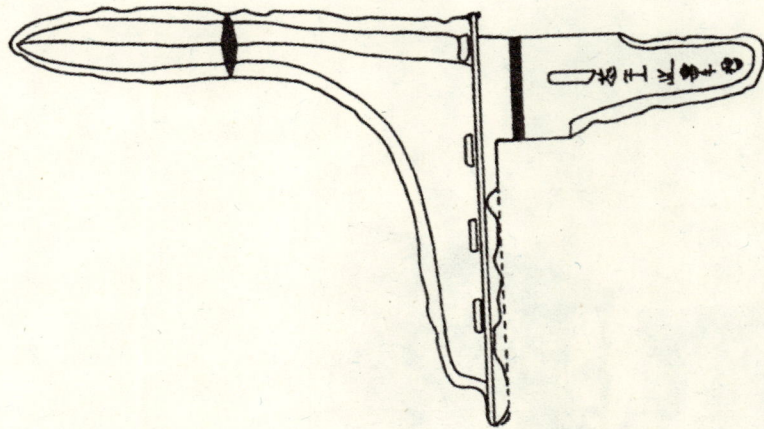

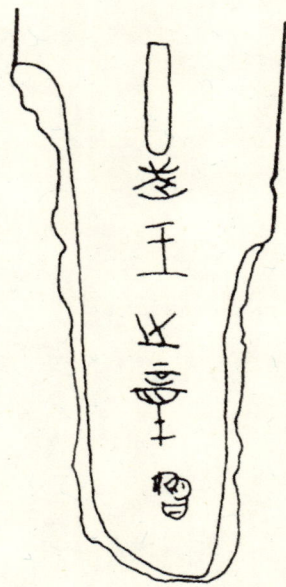

武王之童□。

字數:5
度量:通長 26.5 釐米
時代:戰國後期
著錄:《文物》1998 年 5 期 93 頁
出土:1993 年春湖南懷化市中方鄉恭園坡羅溪
現藏:湖南懷化地區博物館

1153 膚丘子戟

膚丘子造戟。

字數：5
度量：通長 21.1 釐米
時代：戰國後期
著錄：《考古》1994 年 9 期 860 頁
現藏：山東濟南市博物館

1154 鄧子妝戈

鄧子妝之用。

字數:5
度量:通高 19.8 釐米,重 4.7 千克
時代:春秋後期
著録:《淅川下寺春秋楚墓》45 頁
出土:1990 年河南淅川縣下寺 M36:19
現藏:河南省文物研究所

1155 蔡侯産戈

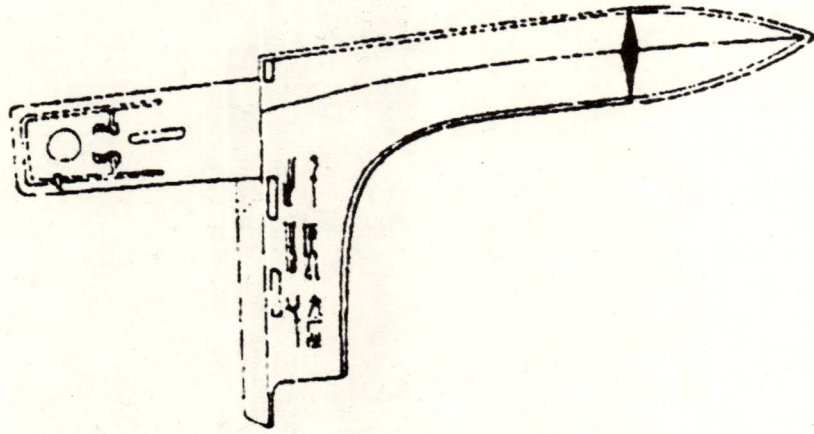

字數：6
度量：通長 21.6 釐米
時代：春秋後期
著録：《文物》1999 年 7 期 33—34 頁
出土：1997 年 6 月安徽新安鎮城西窰廠 M5：3
現藏：安徽六安市文物管理所

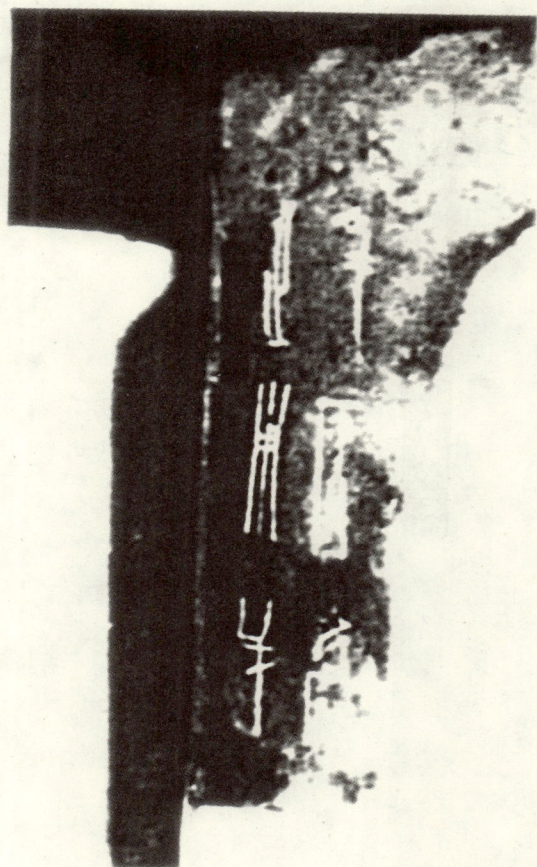

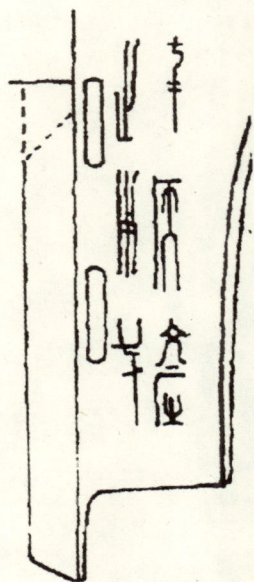

蔡侯产
之用戈。

183

1156 黃季佗父戈

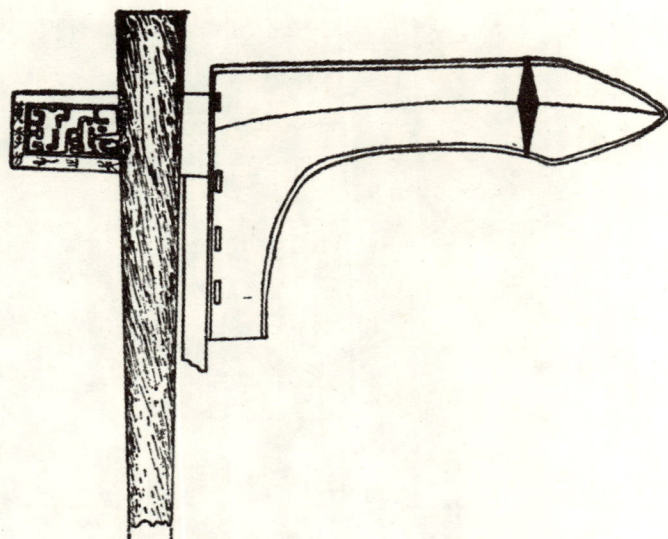

黃季佗父之戈。

字數:6
度量:通長 25.4 釐米
時代:春秋後期
著録:《考古》1989 年 1 期 29—30 頁
出土:1988 年 6 月河南光山縣城關鎮磚瓦廠墓葬
現藏:河南光山縣文物管理委員會

1157 淳于公戈

戈。

淳于公之御

字數：6
度量：通長 18.4 釐米
時代：春秋前期
著録：《中國文物報》1990 年 8 期 3 版
出土：1987 年 9 月山東新泰市鍋爐檢驗所
現藏：山東新泰市博物館

1158 王孫誥戟

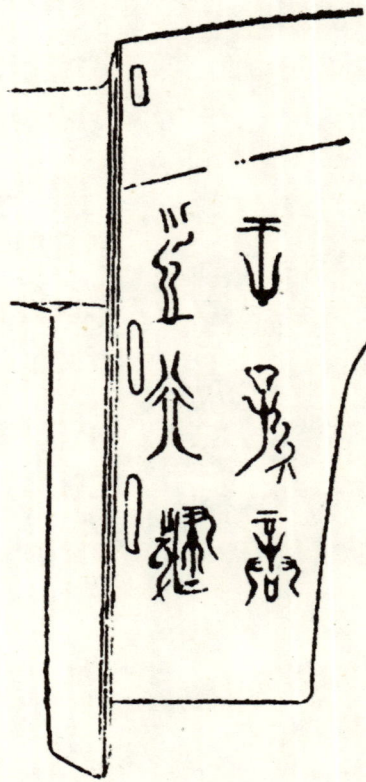

王孫誥
之行建。

字數:6
度量:通長 27.4 釐米,重 0.41 千克
時代:春秋後期
著録:《淅川下寺春秋楚墓》187 頁
出土:1990 年河南淅川縣下寺 M2:84
現藏:河南省文物研究所

1159 王孫誥戟

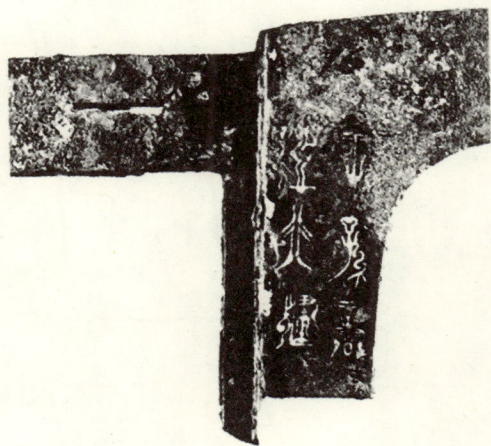

王孫誥
之行建。

字數:6
度量:通長 27.4 釐米,重 0.4 千克
時代:春秋後期
著録:《淅川下寺春秋楚墓》186 頁
出土:1990 年河南淅川縣下寺 M2:72
現藏:河南省文物研究所

1160 王子午戟

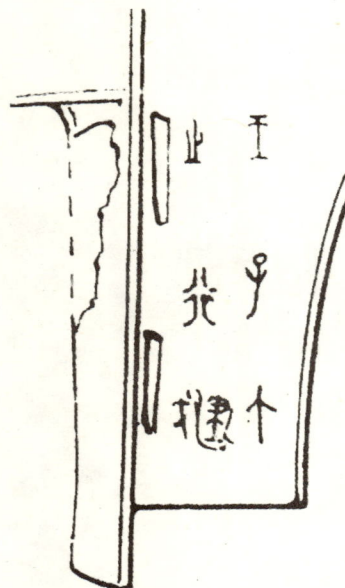

王子午
之行建。

字數：6
度量：通長 26.9 釐米，重 0.4 千克
時代：春秋後期
著錄：《淅川下寺春秋楚墓》187、188 頁
出土：1990 年河南淅川縣下寺 M2:94
現藏：河南省文物研究所

1161 王子午戟

王子午
之行建。

字數:6
度量:通長 27.3 釐米,重 0.38 千克
時代:春秋後期
著録:《淅川下寺春秋楚墓》187—189 頁
出土:1990 年河南淅川縣下寺 M2:74
現藏:河南省文物研究所

1162 吉用戈

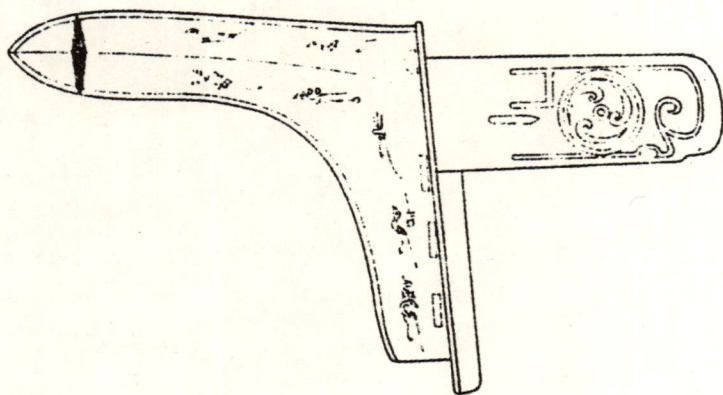

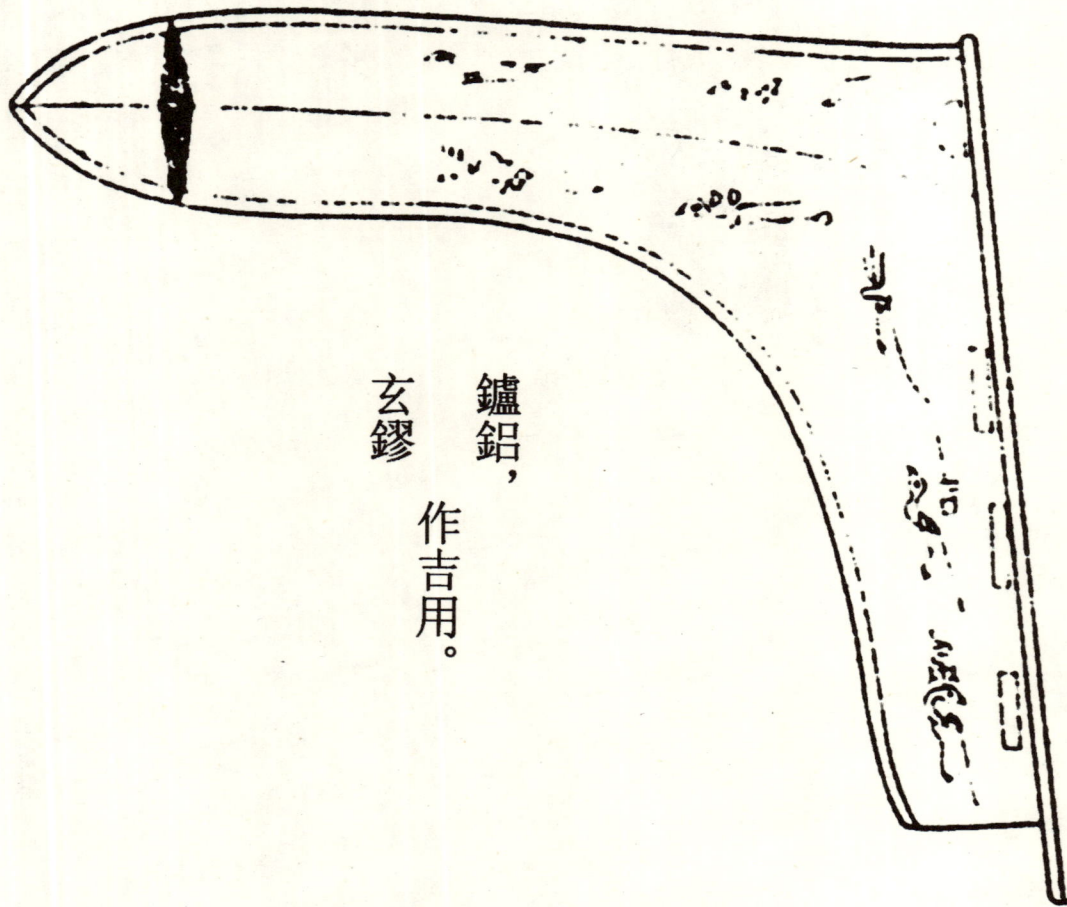

鑪鋁,
玄鏐　作吉用。

字數：7
時代：春秋後期
著錄：《江漢考古》1996 年 3 期 28 頁
出土：1994 年 8 月湖南常德市德山墓
現藏：湖南常德市文物處

1163 薛比戈

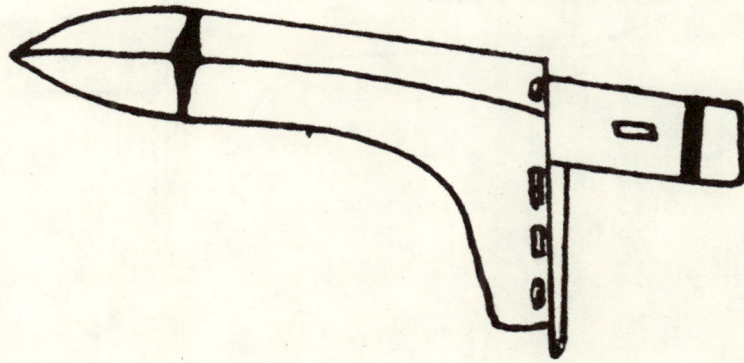

薛比造戈，用□□。

字數：7
時代：春秋前期
著録：《考古學報》1991 年 4 期 467—478 頁
出土：1978 年 10—12 月山東滕州市薛國故城墓葬 M2：21
現藏：山東濟寧市文物管理局

191

1164 郭公子戈

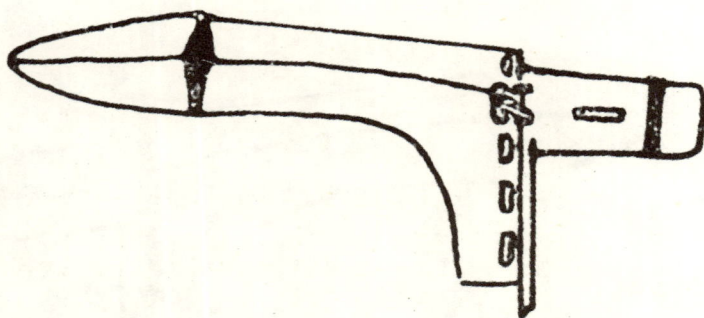

郳郭公子𦉰旡戈。

字數:7
時代:春秋前期
著録:《考古學報》1991 年 4 期 467—478 頁
出土:1978 年 10—12 月山東滕州市薛國故城墓葬 M2:27
現藏:山東濟寧市文物管理局

1165 鄭戈

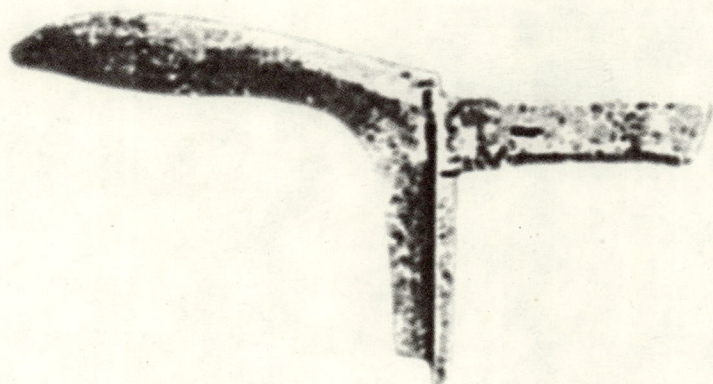

鄭
□造
□□
□□。

字數:7
度量:通長 24 釐米
時代:戰國後期
著録:《文物》1986 年 3 期 27 頁
流傳:1983 年底山西太原市電解銅廠揀選品
現藏:山西省博物館

1166 鄎王詈戈

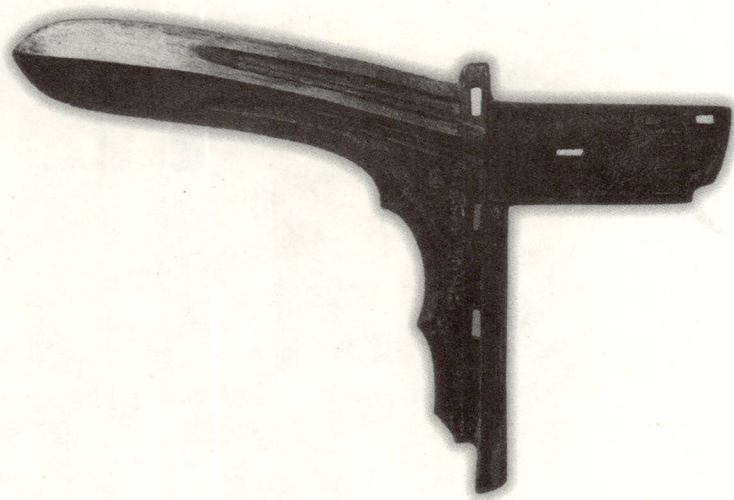

鄎

王詈造□司馬。

字數：7
度量：通長 27.6 釐米
時代：戰國後期
著録：《歐洲所藏中國青銅器遺珠》圖版 177
現藏：瑞典斯德哥爾摩遠東古物博物館

1167　南君旆邘戈

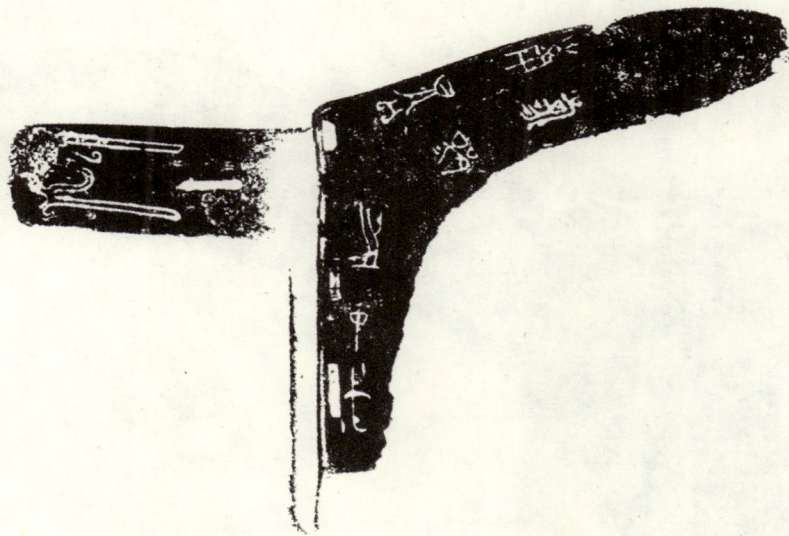

字數：7
度量：通長 18.6 釐米
時代：春秋後期
著録：《江陵九店東周墓》228 頁
出土：湖北江陵九店 M168：7
現藏：湖北省文物考古研究所

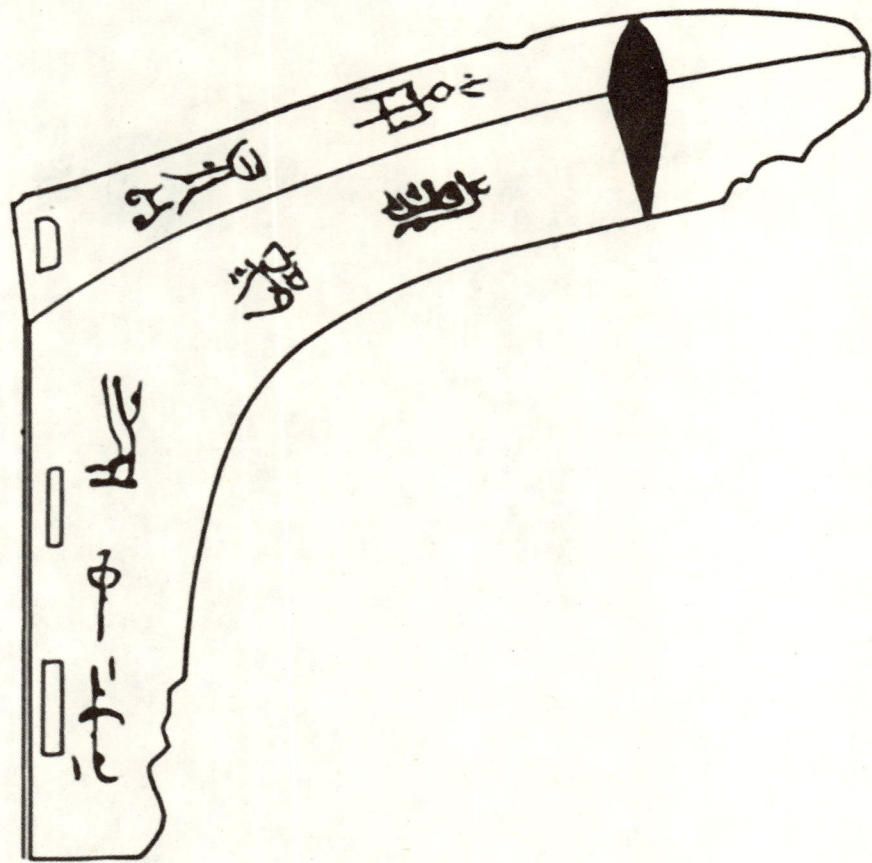

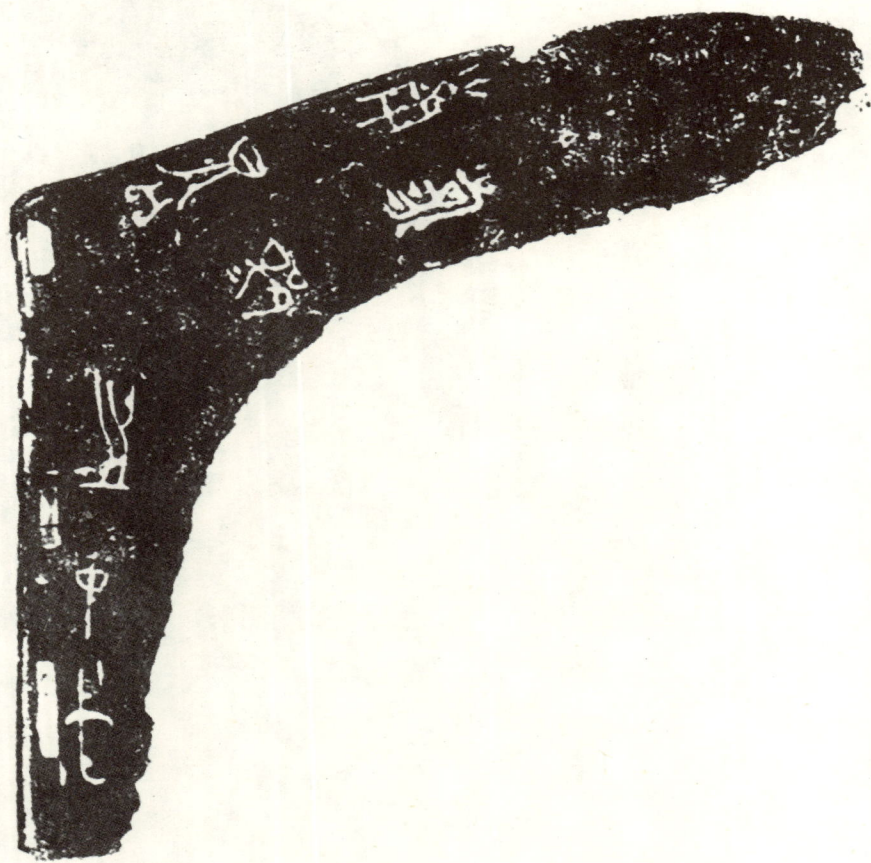

旟邟之車戈。

南君

196

1168 郘左戟

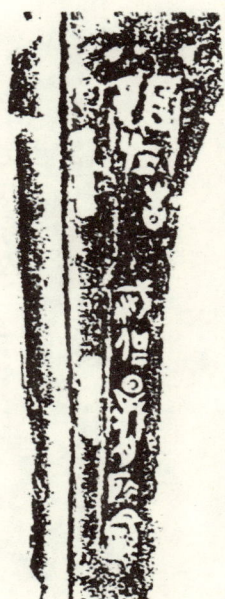

郘左造戟，冶賵所□。

字數：8
度量：通長 24.2 釐米
時代：戰國前期
著録：《文物》1995 年 7 期 77 頁
出土：1987 年春山東棲霞縣唐家泊鎮石門口村墓葬
現藏：山東棲霞縣文物管理處

1169 九年京令戈

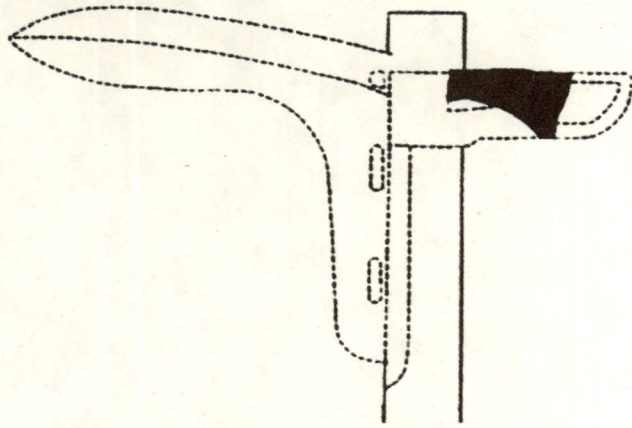

九年京令□……
工師有、冶……

字數:存 8(又合文 1)
度量:殘長 4.5 釐米
時代:戰國後期
著錄:《中國文物報》1998 年 75 期 3 版
流傳:加拿大傳教士明義士捐贈品
現藏:加拿大多倫多市安大略皇家博物館

1170 楚境尹戈

都壽之歲，襄城
楚境尹所造。

字數：10（又合文 1）
度量：通長 22.3 釐米
時代：戰國後期
著録：《考古》1995 年 1 期 76 頁
出土：1990 年 7 月江蘇連雲港市海
　　　州區錦屏鎮陶灣村墓葬 M：3

1171 廿七年泌陽戈

廿七年，泌陽工師
綊、冶象。

字數:9(又合文 1)
度量:通長 19.8 釐米
時代:戰國後期
著録:《文物》1993 年 8 期 71 頁
現藏:臺灣王振華古越閣

1172 芒陽守令戈

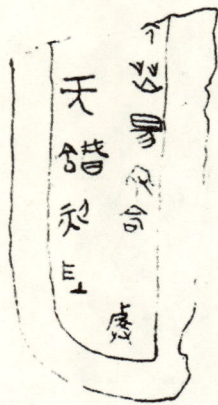

芒陽守令虖、
工師鍇、冶□。

字數:存 9(又合文 1)
度量:殘長 5.5 釐米
時代:戰國後期
著録:《東南文化》1991 年 2 期 258—261 頁
流傳:1967 年安徽太和縣廢品公司倉庫揀選
現藏:安徽阜陽地區博物館

1173 五年瑂□戈

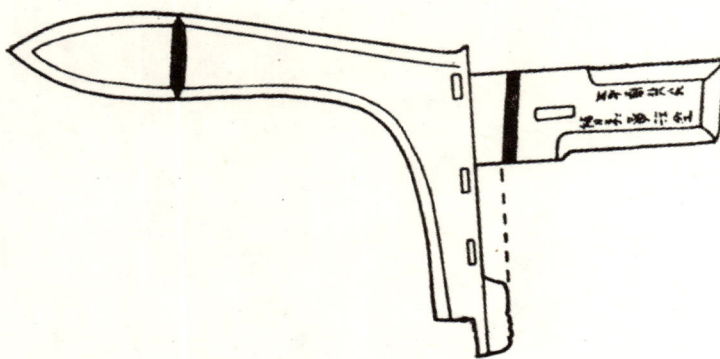

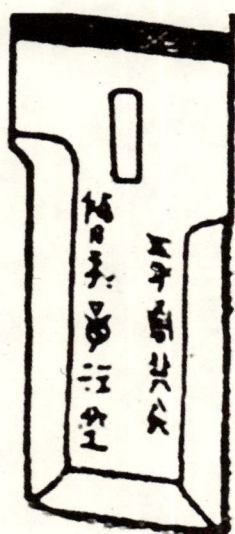

五年瑂□令
脩、工師章、冶□。

字數：10（又合文 1）
度量：通長 24.6 釐米
時代：戰國後期
著録：《考古學報》1986 年 3 期 350 頁
出土：1984 年秋湖南古丈縣白鶴灣墓葬 M28:4
現藏：湖南古丈縣文物部門

1174 卜淦□高戈

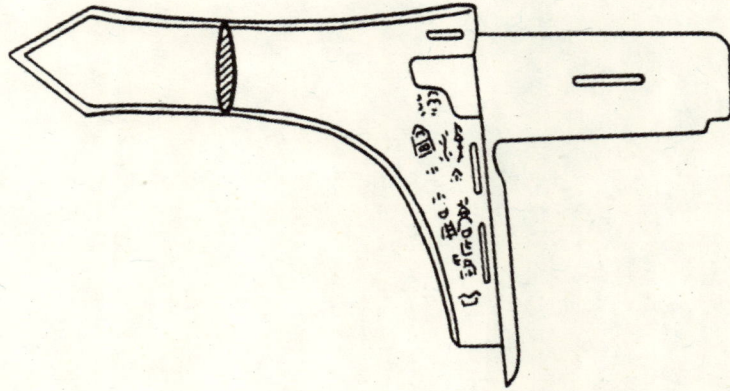

卜淦□高作鑄，
永寶用。
逸宜。

字數：11
度量：通長 21.6 釐米
時代：春秋前期
著錄：《考古與文物》1990 年 3 期 65—66 頁
出土：1987 年 4 月陝西隴縣邊家莊墓葬

1175 六年陽城令戈

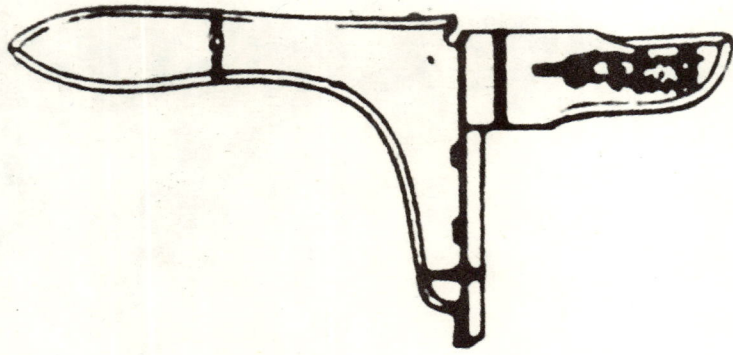

六年，陽城令韓
季、工師憲、冶□。

字數：11（又合文 1）
度量：通長 22.8 釐米
時代：戰國後期
著録：《華夏考古》1991 年 3 期 30—31 頁
出土：1987 年 3 月河南登封縣告成鄉八方村
現藏：河南省文物研究所

1176 廿四年晉□戈

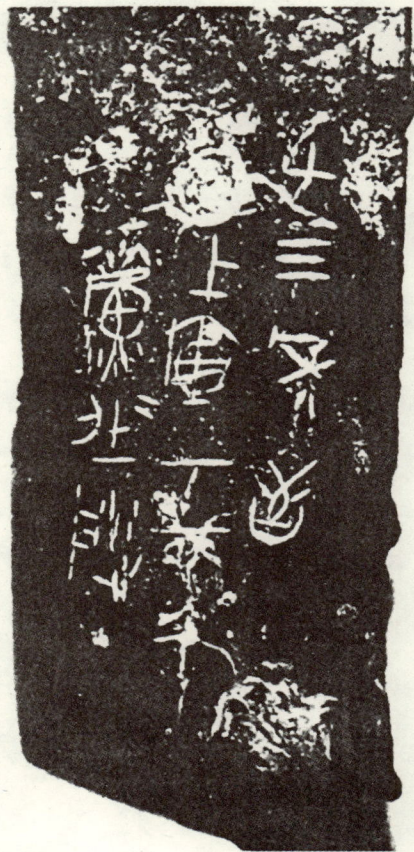

廿四年，晉
□上庫工師
篹、冶愍。

字數：11（又合文 1）
度量：通長 24 釐米
時代：戰國後期
著録：《東南文化》1991 年 2 期 258—261 頁
出土：1986 年安徽臨泉縣縣城西郊墓葬
現藏：安徽臨泉縣博物館

1177 十八年莆坂令戈

十八年，莆坂令簫、
左工師命、冶主。

字數：12(又合文 1)
度量：通長 24.9 釐米
時代：戰國後期
著録：《考古》1989 年 1 期 84 頁
出土：1986 年 4 月山西芮城縣大禹渡鄉成村
現藏：山西芮城縣博物館

1178 六年□□令戈

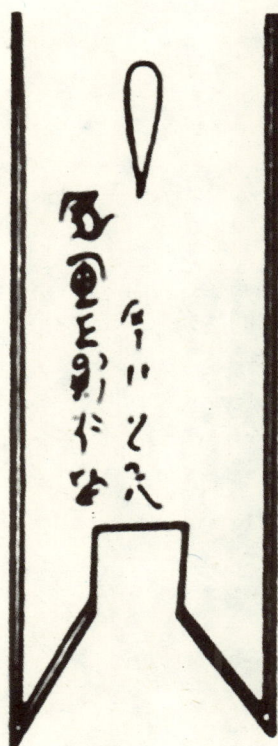

六年，□□令□□、
新庫工師□、冶□。

字數:13(又合文 1)
度量:通長 28.8 釐米
時代:戰國後期
著録:《江陵九店東周墓》234 頁
出土:湖北江陵九店 M253:10
現藏:湖北省文物考古研究所

1179 十一年佲茗戈

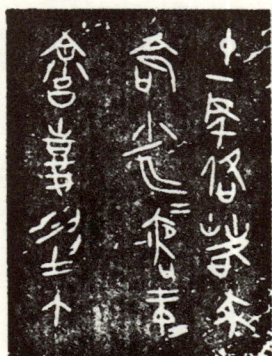

十一年，佲茗宋
令少曲㤅、工師
郐喜、冶丁。

字數：14(又合文 2)
度量：通長 22 釐米
時代：戰國後期
著録：《考古》1991 年 5 期 413—414 頁
出土：1986 年 8 月河南安陽市伊川縣城關鄉南府店

1180 宜安戈

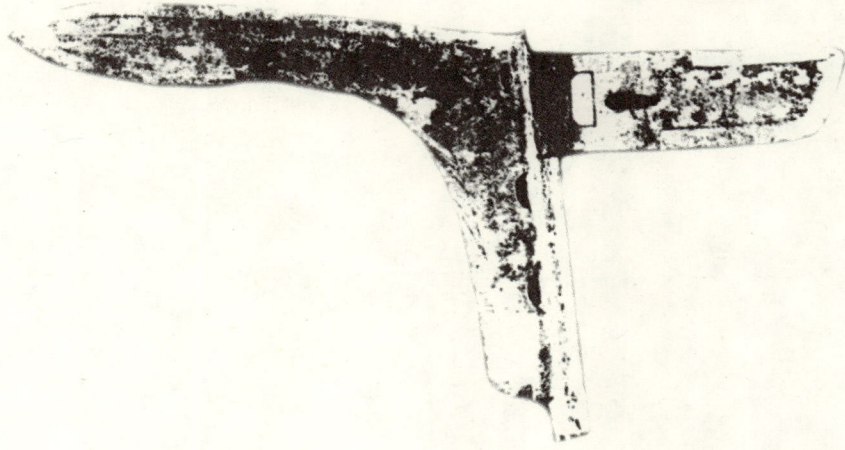

（正）

王何涖事，得工冶對
庥、教馬董史。

（背）

宜安。

字數：14（又合文1）
度量：通長28.2釐米
時代：戰國後期
著錄：《文物》1994年4期83、85頁，《山西出土文物》118頁
出土：1975年冬山西臨縣永紅鄉窰村窰頭古城
現藏：山西省考古研究所
備注：《殷周金文集成》17·11329已收，失收“宜安”二字

1181 七年大梁司寇綏戈

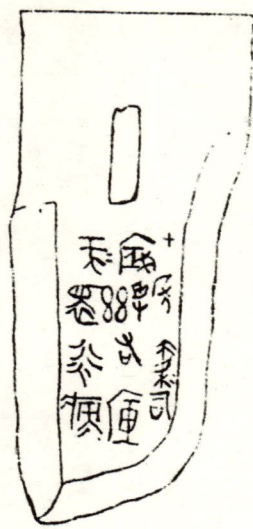

七年，大梁司
寇綏、右庫
工師緤、冶病。

字數：12（又合文 2）
度量：通長 20.8 釐米
時代：戰國後期
著録：《東南文化》1991 年 2 期 258－261 頁
出土：1958 年安徽臨泉縣楊橋區
現藏：安徽阜陽地區博物館

1182 七年相邦呂不韋戟

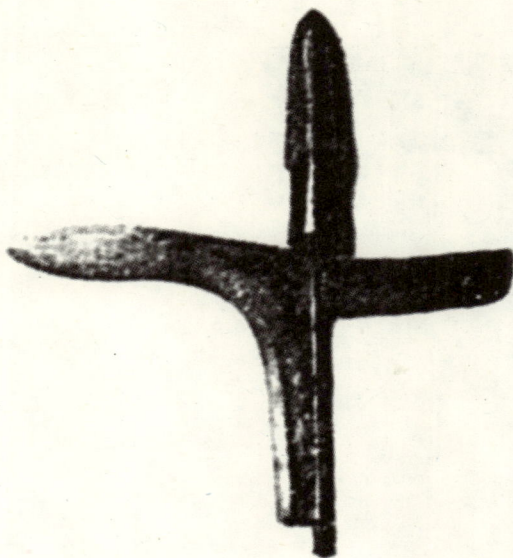

七年，相邦呂不韋造。
寺工告、丞義、工兢。

字數：15
度量：通長 32 釐米
時代：戰國後期
著錄：《中國文物報》1988 年 9 期 3 版
出土：1979 年 9 月陝西西安市秦始皇陵兵馬俑坑
現藏：中國人民革命軍事博物館

1183 廿八年戈

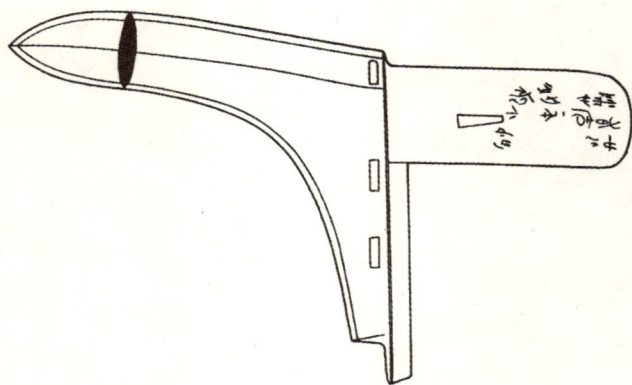

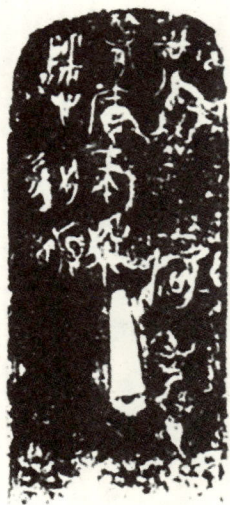

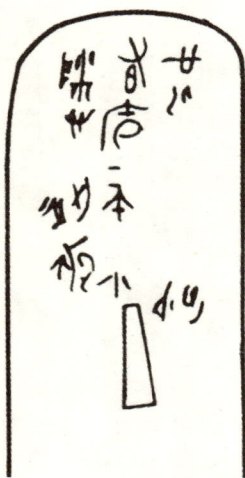

廿八年，□洛□□，
右庫工師□、□
□□、冶□□。

字數:17(又合文 1)
度量:通長 19.4 釐米
時代:戰國前期
著録:《江陵九店東周墓》234 頁
出土:湖北江陵九店 M412:5
現藏:湖北省文物考古研究所

1184 廿年相邦藺相如戈

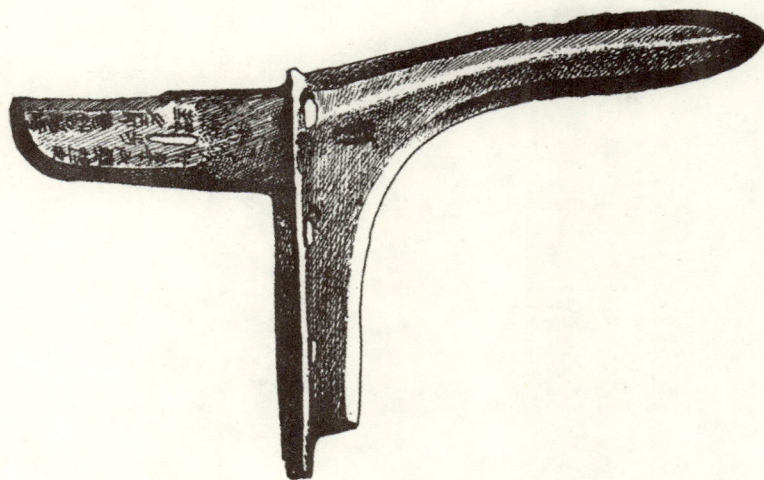

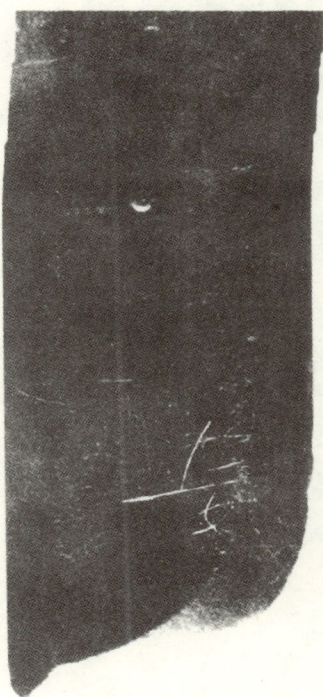

（内）

□。

（内）

廿年，丞藺相如、
邦左趙麃智、冶陽。

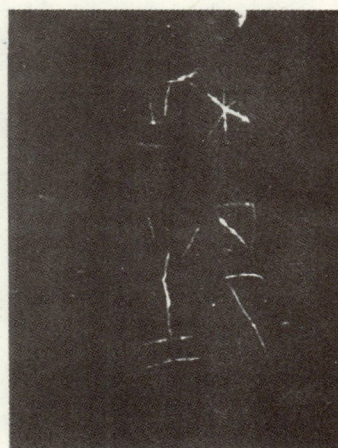

（援）

相邦。

字數:16
度量:通長 25.3 釐米
時代:戰國後期
著録:《文物》1998 年 5 期 91 頁
出土:1981 年 6 月吉林長白朝鮮族自治縣八道溝鎮葫蘆套村
現藏:吉林長白朝鮮族自治縣文物管理所

1185 三十八年上郡戈

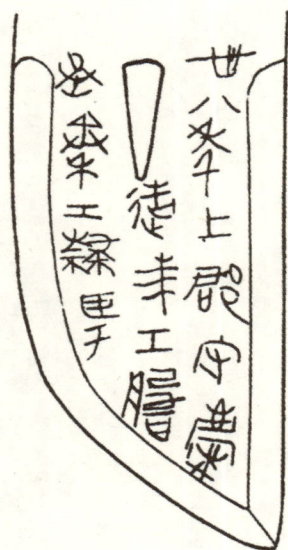

卅八年，上郡守慶
造。寺工瞀、
丞秦、工隸臣于。

字數：17
度量：通長 27 釐米
時代：戰國後期
著錄：《文物》1998 年 10 期 78－79 頁
出土：1989 年山西高平市北城區鳳和村
現藏：山西高平市博物館

214

1186 十一年戈

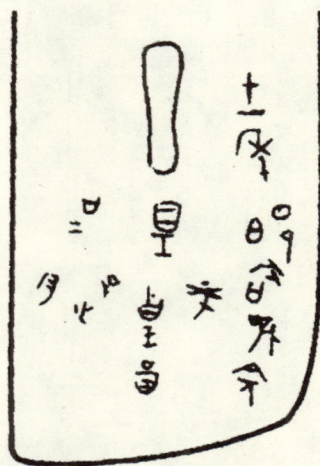

冶□□。　得工□□、　□庫工師□、　十一年，□令孔□、

字數：17(又合文 2)
度量：通長 20 釐米
時代：戰國前期
著録：《江陵九店東周墓》228 頁
出土：湖北江陵九店 M411：4
現藏：湖北省文物考古研究所

1187 五年相邦戟

（正）　　　（背）

五年，相邦呂不韋造。

寺工讋、丞義、工成。

寺工。

字數：17
時代：戰國後期
著録：《考古與文物》1983 年 4 期 62 頁
出土：陝西西安市秦始皇陵兵馬俑坑 I 邊洞中

1188 廿三年相邦邔皮戈

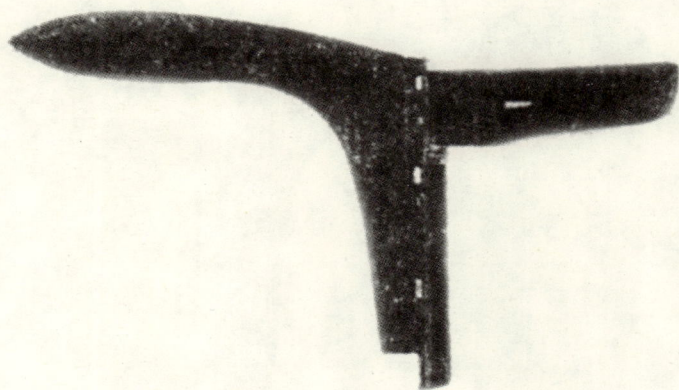

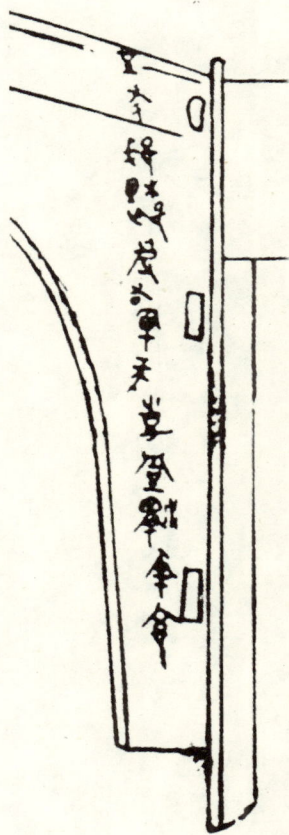

廿三年，邦相邔皮、右庫工師吏堂澤執劑。

字數：15(又合文 1)
度量：通長 32 釐米
時代：戰國後期
著録：《文物季刊》1992 年 3 期 67 頁
流傳：二十世紀五十年代山西離石縣徵集
現藏：山西省博物館

1189 元年丞相斯戈

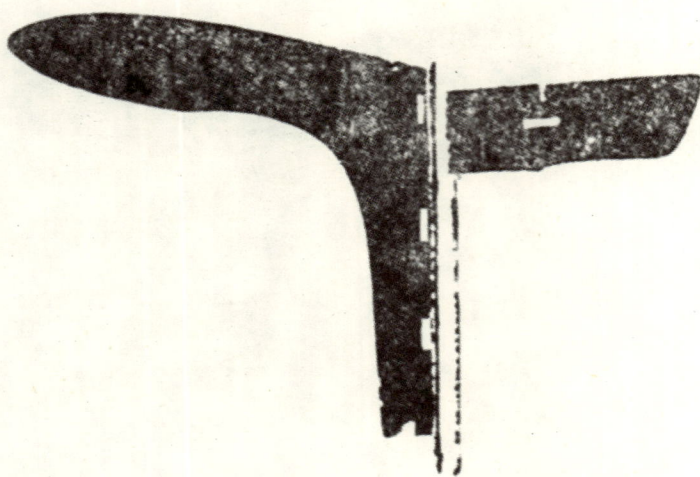

（正面）　　　（闌下）　　　（内上）

元年，丞相斯造。櫟
陽左工去疾、工上。　石邑。　武庫。

字數：18
度量：通長 26.5 釐米
時代：戰國後期
著録：《考古與文物》1983 年 3 期 22 頁
出土：1975 年遼寧寬甸縣小挂房窖藏
現藏：遼寧省博物館
備注：正面、闌下、内上均有銘

1190 十六年寧壽令戟

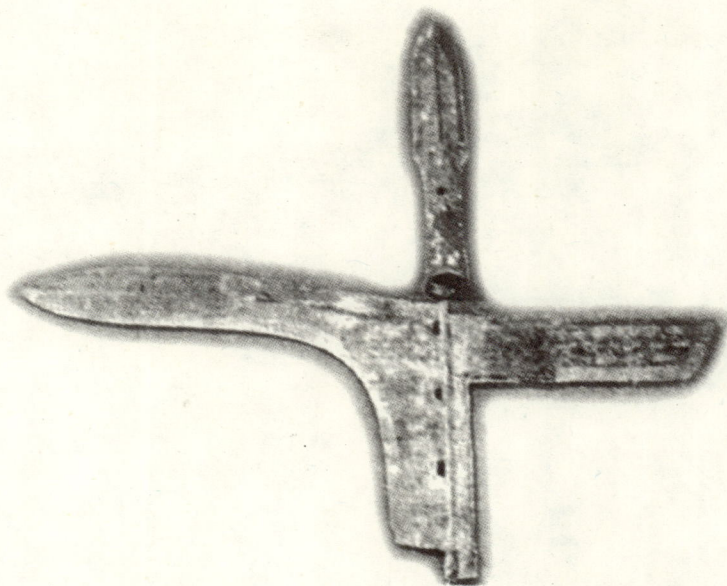

十六年，寧壽令常
慶、上庫工師夏
適、工固執劑。

字數：17（又合文 1）
度量：通長 28.5 釐米
時代：戰國後期
著錄：《文物季刊》1992 年 4 期 69—70 頁
出土：1986 年 8 月山西高平縣永錄鄉鋪上村
現藏：山西高平縣博物館

1191 二年邢令戈

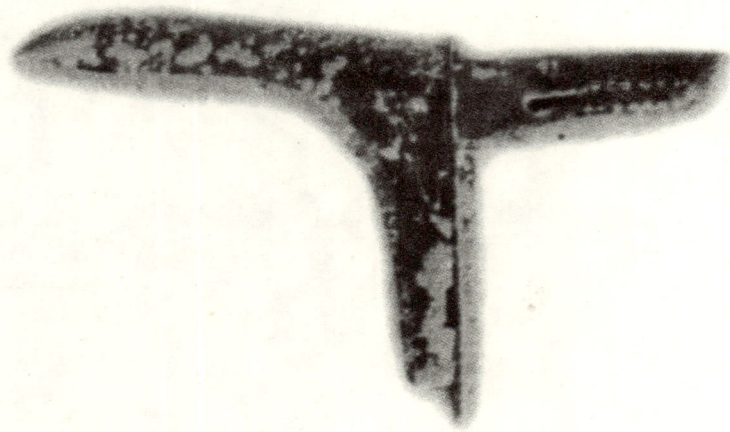

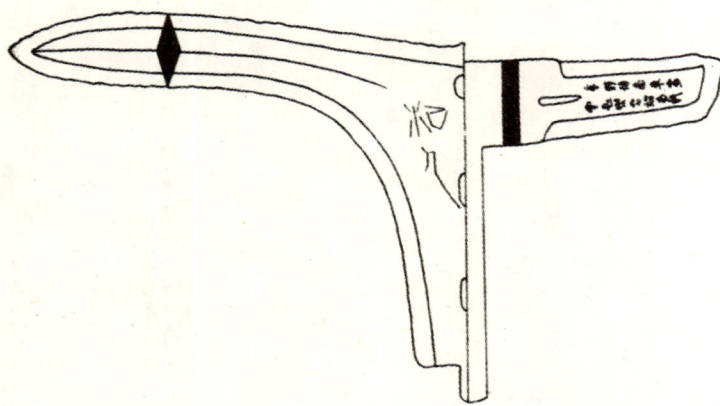

字數：18(又合文 1)
度量：通長 26.5 釐米
時代：戰國後期
著録：《文物》1988 年 3 期 51—53 頁
出土：1984 年河北臨城縣東柏暢村窖藏
現藏：河北臨城縣文物保管所
備注：胡、内均有銘

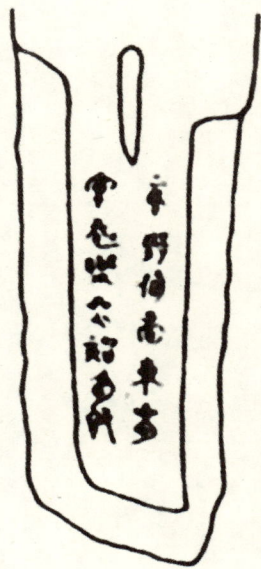

（内）

（胡）

二年，邢令孟柬慶、囗
庫工師樂參、冶明執劑。

柏
人。

221

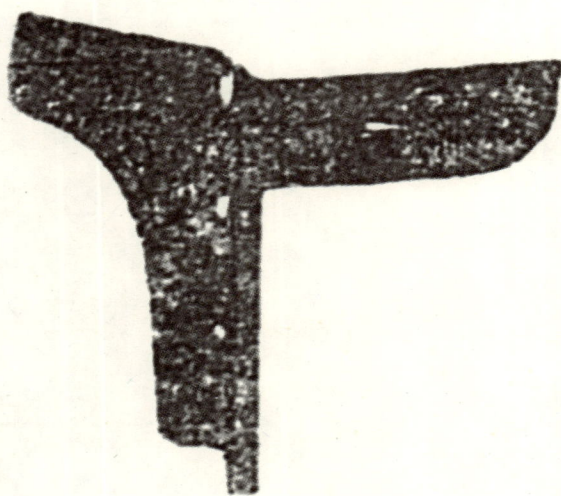

（背）

（正）

四
十
年
，
上
郡
守
□

造
，
漆
工
□
、
丞

給
、
工
隸
臣
窂
。

官
。

平
周
。

字數：19（又合文1）
時代：戰國後期
著錄：《考古》1992年8期757頁
出土：1985年遼寧遼陽市老城東郊沙坨子村
現藏：遼寧遼陽博物館
備註：戈內兩面均有銘

1193 七年上郡守閒戈

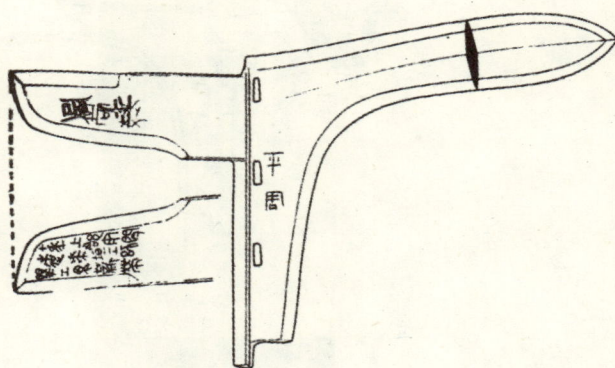

（正）　　　　　　　　　　　　　（背）

高奴。（下層）
平周。（上層）
平周。（胡部）

七年，上郡守閒
造，漆垣工師
嬰、工鬼薪帶。

字數：21（又合文 1）
度量：通長 22.2 釐米
時代：戰國後期
著録：《文物》1987 年 8 期 61 頁
出土：1984 年秋山西屯留縣某工地
現藏：山西省考古研究所
備註：戈內兩面均有銘，背面 4 字"高奴"、"平周"
　　　分刻兩層且一正一反

223

1194 六年上郡守閒戈

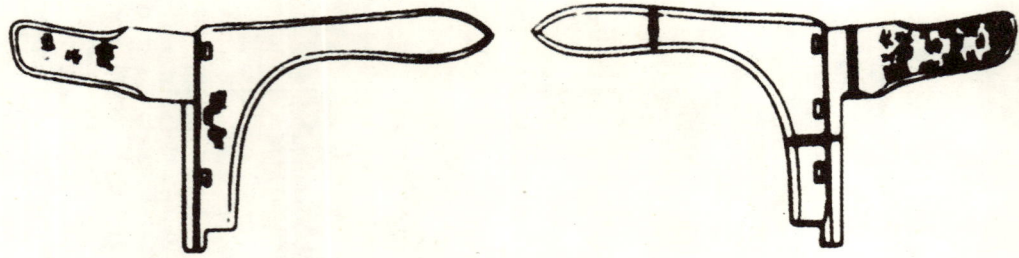

（内）（背）

陽城。

（内）（正）

（胡）（背）

博望。

六年，上郡守閒
之造。高奴工師
蕃、鬼薪工臣。

字數：20（又合文 1）
度量：通長 22.1 釐米
時代：戰國後期
著錄：《華夏考古》1991 年 3 期 30－31 頁
出土：1987 年 3 月河南登封縣告成鄉八方村
現藏：河南省文物研究所
備注：戈內兩面均有銘文

224

1195 十年洱陽令戟

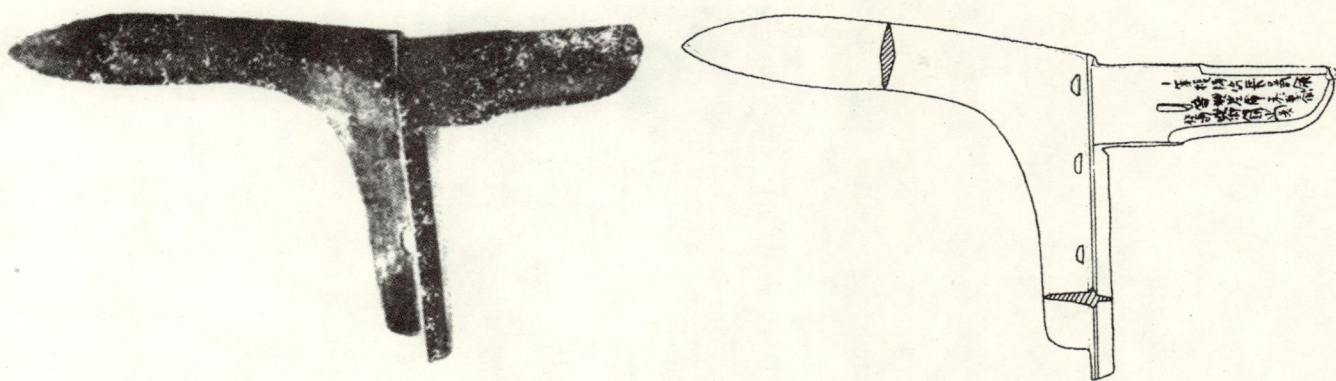

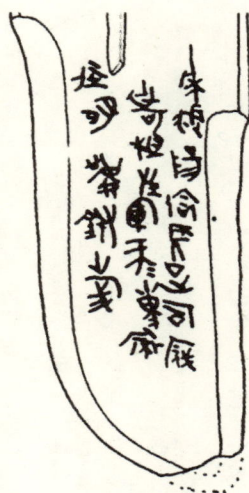

十年，洱陽令張疋、司寇
嚊相、左庫工師董棠、
冶明乘鑄戟。

字數:21(又合文1)
度量:通長 24 釐米
時代:戰國後期
著録:《文物》1990 年 7 期 39—40 頁
出土:1981 年山東莒縣
現藏:山東莒縣博物館

1196 六年襄城令戈

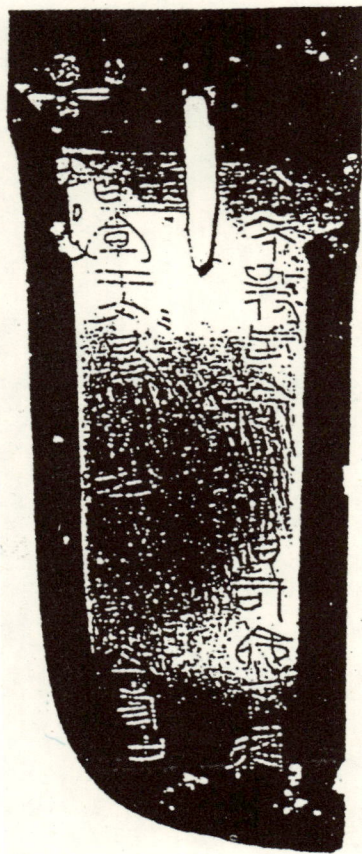

六年，襄城令韓沽、司寇反維、
右庫工師甘丹餞、冶乚造長戟刄。

字數：22(又合文 2)
時代：戰國後期
著錄：《第三屆國際中國古文字學研討會論文集》422 頁
現藏：香港某私人處

1197　倗戈

（胡）

親命楚王
鄝，膺受天

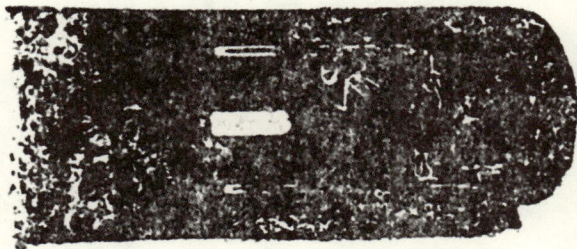

（背）（内）

（正）（内）

唯吾□
□□□。
　　。

命。倗
用燮
不廷，
陽利

字數：22
度量：通長 28.2 釐米,重 0.43 千克
時代：春秋後期
著録：《淅川下寺春秋楚墓》188 頁
出土：1990 年河南淅川縣下寺 M2：82
現藏：河南省文物研究所
備注：戈內兩面均有銘

227

1198 廿五年上郡守周戈

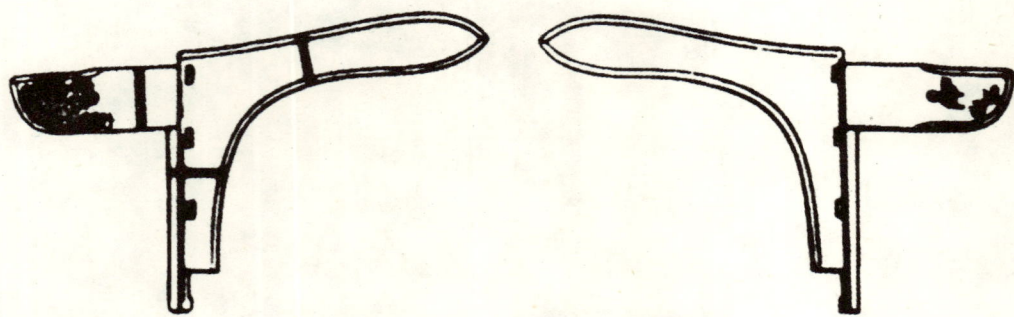

廿五年，上郡守周
造。高奴工師間、
丞申、工隸臣□。

平
□。
周。
南

字數：22（又合文1）
度量：通長22.2釐米，重0.25千克
時代：戰國後期
著錄：《華夏考古》1991年3期30－31頁
出土：1987年3月河南登封縣告成鄉八方村
現藏：河南省文物研究所
備注：兩面均有銘

1199 九年相邦呂不韋戟

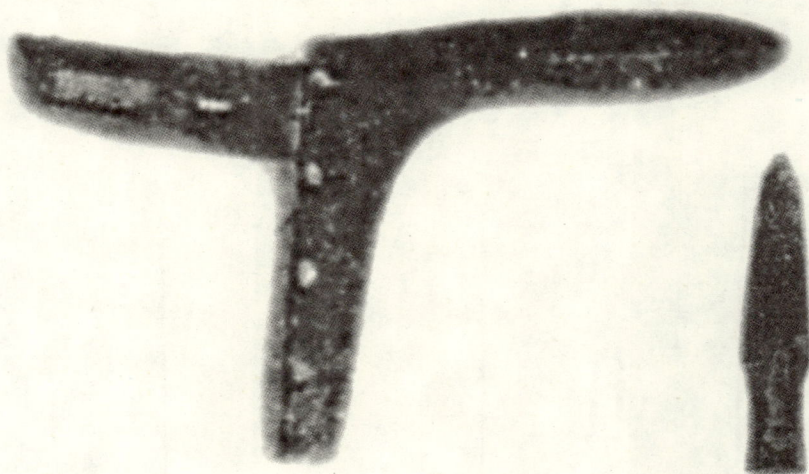

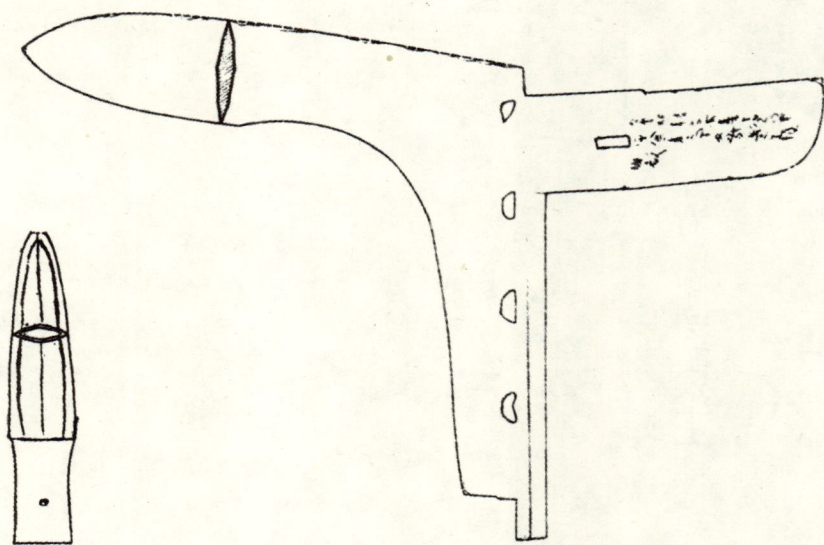

字數:24

度量:通長 26.5 釐米

時代:戰國後期

著錄:《考古》1991 年 1 期 16－17 頁，
　　　《文物》1992 年 11 期 93－94 頁

出土:1987 年 9 月四川青川縣白河鄉

現藏:四川青川縣文化館

備注:戈內兩面均有銘

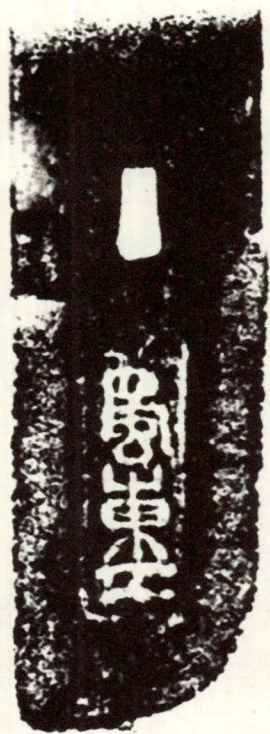 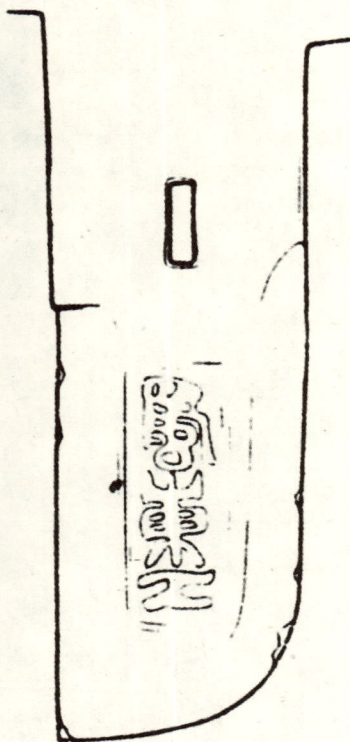 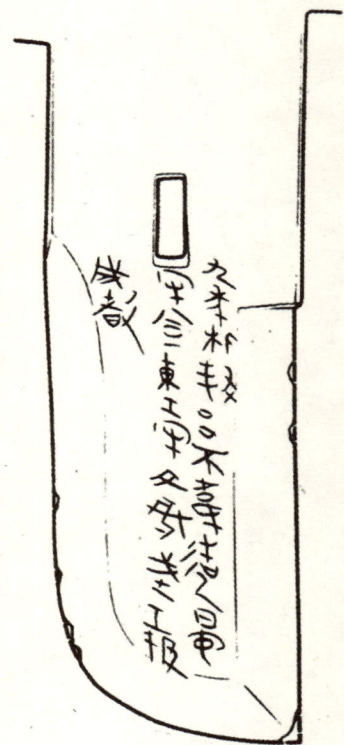

（背）　　　　　　　　　　　　　　　（正）

蜀東工。

九年，相邦呂不韋造。蜀守宣、東工守文、丞武、工邦。成都。

230

1200 廿七年安陽令戈

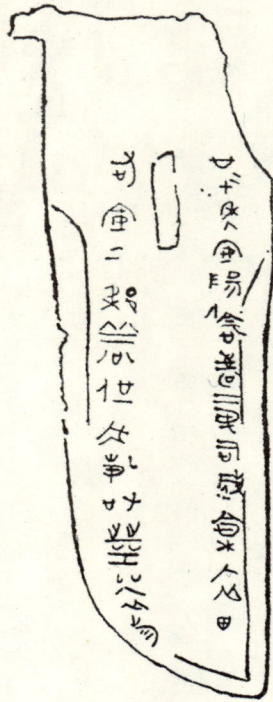

廿七年，安陽令敬章、司寇龠衣□、右庫工師梁丘、冶□事右莝萃戟。

字數:25(又合1)
時代:戰國後期
著録:《考古》1988 年 7 期 617－620 頁
流傳:二十世紀八十年代山西太原市電解銅廠揀選
現藏:山西省博物館

1201　十五年上郡守壽戈

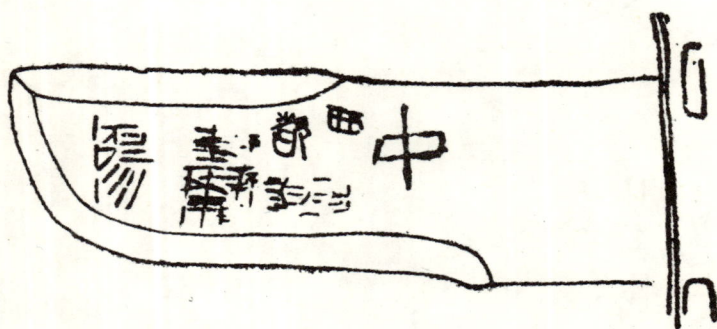

十五年，上郡守壽
之造。漆垣工師乘，
丞䰩、冶工隸臣猗。

中

西
都。
阳。
□□□

字數：27(又合文 1)
度量：通長 22.5 釐米
時代：戰國後期
著録：《考古》1990 年 6 期 550－551 頁
出土：1985 年内蒙古伊克昭盟金霍洛旗
　　　紅慶河鄉哈什拉村牛家渠
現藏：内蒙古伊盟文物站
備注：戈内兩面均有銘

十四、 矛、劍、鈹類

1202 夲矛

現藏:德國斯圖加特國立民間藝術博物館:林登博物館

夲。

字數:1
度量:通長 21.1 釐米
時代:商代後期
著録:《歐洲所藏中國青銅器遺珠》圖版 72
現藏:德國斯圖加特國立民間藝術博物館:林登博物館

1203 葉矛

葉

葉。

字數：1
度量：通長 14.8 釐米
時代：戰國後期
著錄：《東南文化》1991 年 2 期 258－261 頁
流傳：1972 年安徽臨泉縣城關廢品收購站揀選
現藏：安徽臨泉縣博物館

1204 倗舟矛

倗
舟。

字數:2
度量:通長18.3釐米
時代:商代後期
著錄:富士比(1965,5,11:130)
流傳:英國倫敦富士比拍賣行

1205 武都矛

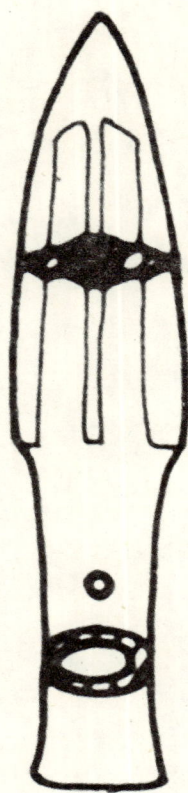

武
都。

字數：2
度量：通長 14.1 釐米
時代：戰國後期
著録：《文物》1987 年 8 期 63—64 頁
出土：1983 年 9 月内蒙古烏蘭察布盟清水河縣拐子上古城

1206 少府矛

少府

少府。

字數:2
度量:通長 19.3 釐米
時代:戰國後期
著録:《湖南考古輯刊》1984 年 2 期 50－51 頁
出土:1979 年湖南涂浦縣馬田坪墓葬
現藏:湖南省博物館

1207 倗矛

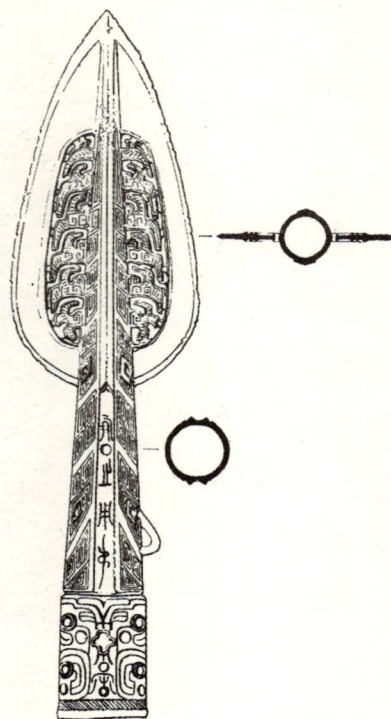

倗之用矛。

字數:4
度量:通長 30.7 釐米,重 0.75 千克
時代:春秋後期
著録:《淅川下寺春秋楚墓》190 頁
出土:1990 年河南淅川縣下寺 M2∶88
現藏:河南省文物研究所

1208 郾王喜矛

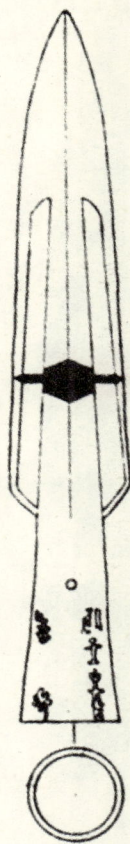

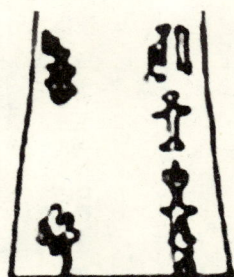

郾王喜作□
矛。□。

字數:7
度量:通長 20.1 釐米
時代:戰國後期
著録:《文物》1988 年 3 期 51 – 53 頁
出土:1984 年河北臨城縣東柏暢村窖藏
現藏:河北臨城縣文物保管所

1209 越王者旨於賜矛

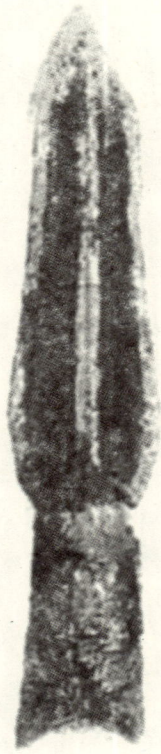

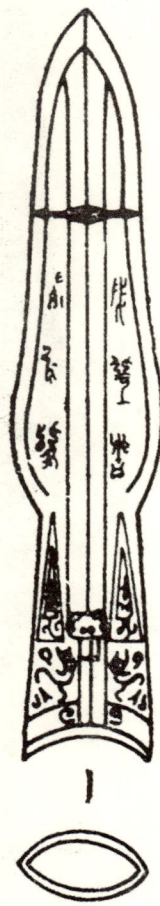

越王者
旨於賜。

字數:6
度量:通長 27.4 釐米
時代:戰國前期
著録:《考古》1989 年 5 期 414—415 頁
出土:1988 年 1 月河南洛陽市啤酒廠墓葬
現藏:河南洛陽市文物工作隊

1210 工虏矛

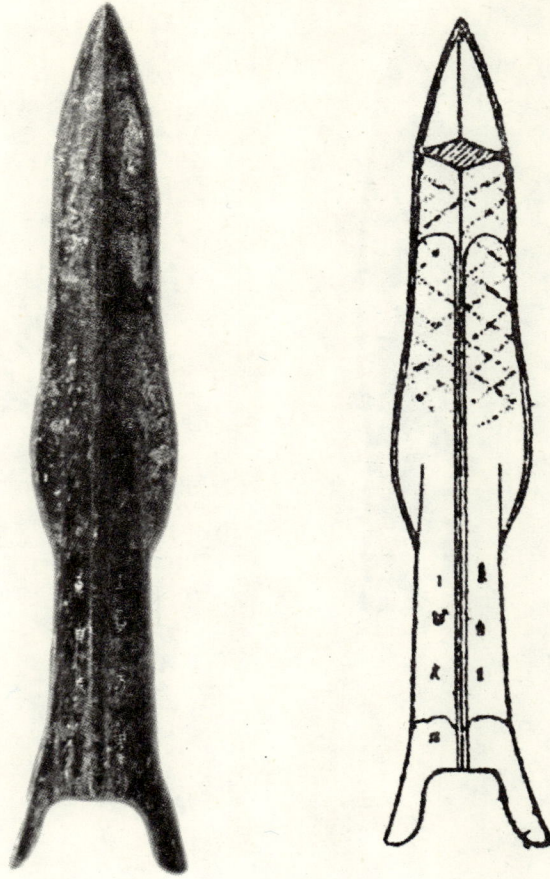

虏自作口，
工其元用

字數：8
度量：通長 27.4 釐米
時代：春秋前期
著録：《東南文化》1988 年 3、4 期 21—35 頁
出土：1984 年 5 月江蘇丹徒縣北山頂墓葬 M：79
現藏：江蘇省丹徒考古隊
備注：銘文應讀為"工虏 其自作元用口。"

1211 元年矛

元年閏再十二月丙□□。

字數：10
度量：通長 11.4 釐米
時代：戰國後期
著録：《文物》1987 年 11 期 88 頁
流傳：1983 年山東濟南市博物館揀選品
現藏：山東濟南市博物館

1212 寺工矛

 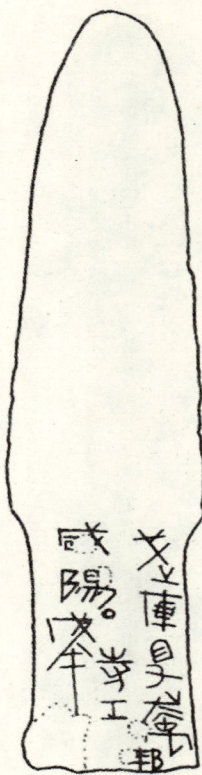

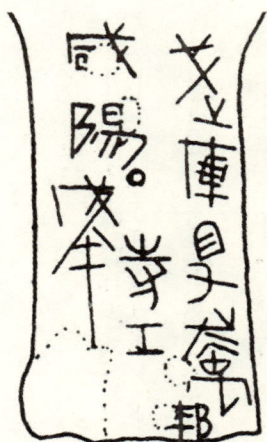

武庫，授屬邦。

咸陽。　寺工

戊午。

字數：11
度量：通長 17.5 釐米
時代：戰國後期
著錄：《文物》1989 年 6 期 73－74 頁
現藏：北京市文物商店

245

1213 四年呂不韋矛

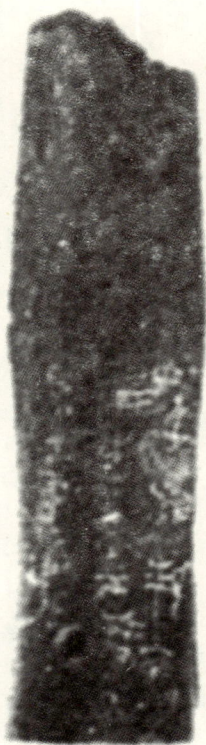

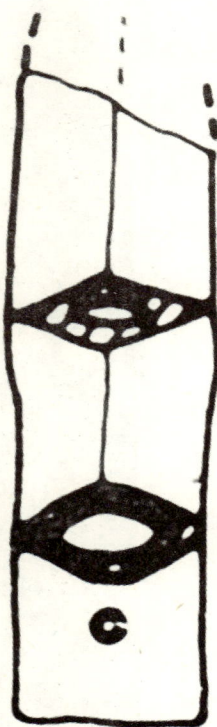

四年，相邦呂不
韋造、高工侖、丞
申、工虹。

字數：15
度量：殘長 10 釐米
時代：戰國後期
著録：《文物》1987 年 8 期 63 - 64 頁
出土：1983 年 9 月內蒙古烏蘭察布盟清水河縣拐子上古城
現藏：內蒙古烏蘭察布盟文物工作站

1214 廿年矛

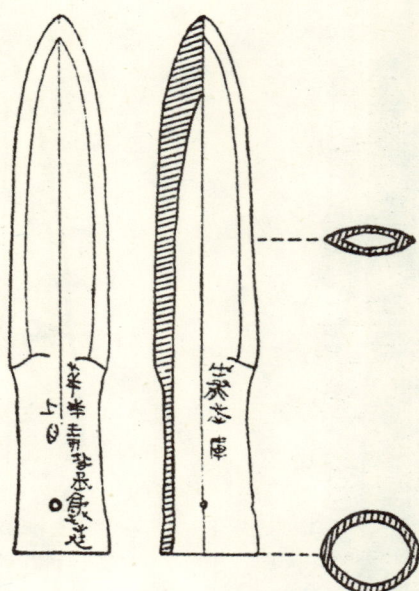

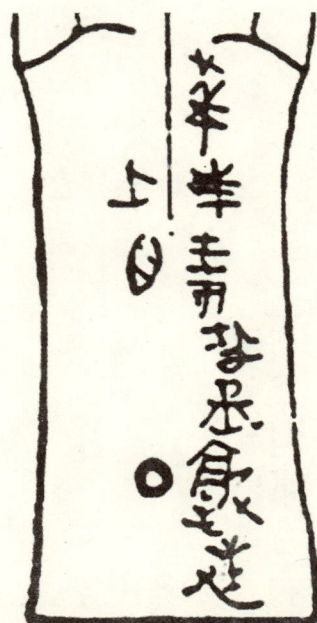

（正）

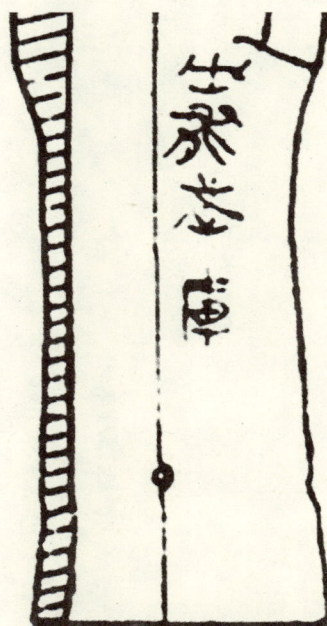

（背）

廿年，寺工□、工丞敦造。
上郡。

上郡武庫。

字數：15
度量：通長 15.3 釐米
時代：戰國後期
著録：《湖南考古輯刊》1984 年 2 期 28 頁
出土：1978 年湖南岳陽市郊東風湖畔
現藏：湖南岳陽市文物管理所
備註：兩面均有銘

1215 三年呂不韋矛

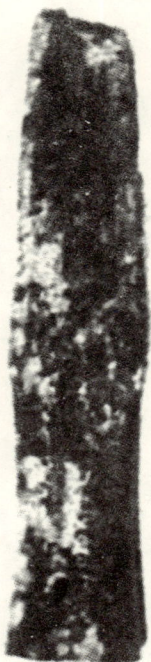

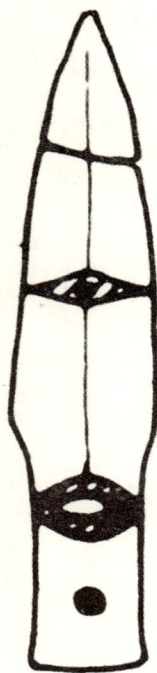

三年，相邦呂[不韋造。]
郡尉守定、高工
丞申、工虹。

字數：18
度量：通長 15.6 釐米
時代：戰國後期
著錄：《文物》1987 年 8 期 63－64 頁
出土：1983 年 9 月內蒙古烏蘭察布盟清水河縣拐子上古城
現藏：內蒙古烏蘭察布盟文物工作站

1216 三年相邦呂不韋矛

（背）

□徒

（正）

三年，相邦呂不韋造。
上郡守定、高工師□、
丞申、工□、

字數:22
度量:通長 15.6 釐米
時代:戰國後期
著録:《考古》1996 年 3 期 86 頁
出土:1993 年 4 月遼寧撫順市順城區李石寨鎮河東村
現藏:遼寧撫順市博物館
備注:兩面均有銘

1217 鄭劍

夐 鄭。

字數:1
度量:通長 53 釐米
時代:戰國後期
著録:《江漢考古》1991 年 1 期 53－55 頁
出土:1975 年 3 月湖北枝江縣馬店鎮楊家埫
現藏:湖北枝江縣博物館

1218 隹玄劍

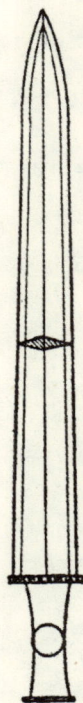

玄隹。隹玄。

字數：4
度量：通長 51.4 釐米
時代：戰國後期
著錄：《湖南考古輯刊》1988 年 4 期 25 - 26 頁
出土：1985 年 8 月湖南桃源縣三汉巷鄉三元村墓葬
現藏：湖北桃源縣文化局

1219 耳劍

耳鑄
公劍。

字數:4
度量:通長 49.2 釐米
時代:春秋前期
著錄:《考古與文物》1989 年 6 期 28 頁
流傳:1986 年 8－11 月內蒙古和林格爾縣土城子鄉土城子村
現藏:內蒙古和林格爾縣文物保護管理所

1220 敃王夫差劍

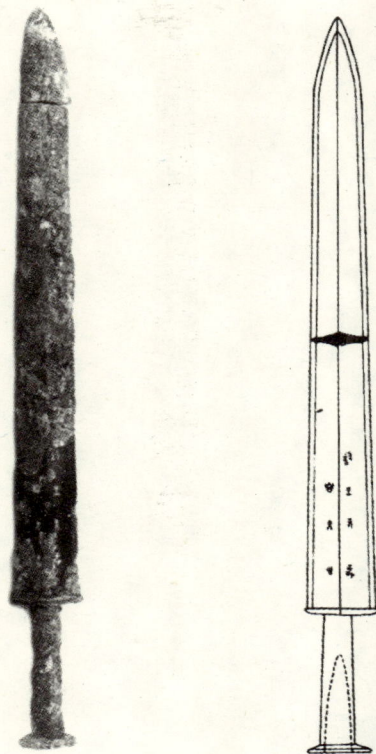

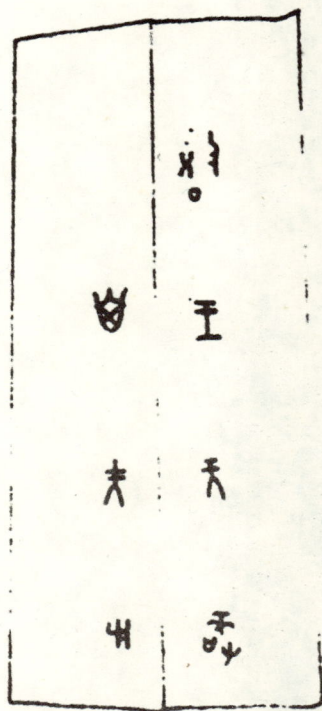

敃王夫差
〔作〕其元用。

字數：8
度量：通長 48.8 釐米
時代：春秋後期
著錄：《文物》1992 年 3 期 23–25 頁
出土：1991 年 8 月河南洛陽市 5408 廠基建工地墓葬
現藏：河南洛陽市文物工作隊

1221 郾王職劍

郾王職作武□□劍。

字數:8
度量:通長 59.1 釐米
時代:戰國後期
著録:《考古》1998 年 6 期 83 頁
出土:1997 年 7 月山東淄博市臨淄區齊都鎮龍貫村
現藏:山東齊故城博物館

1222 越王州句劍

自作用劍。

越王州句。

字數:8
度量:通長 53.7 釐米
時代:春秋後期
著録:《江漢考古》1990 年 4 期 5 頁
出土:1987 年 12 月湖北荆門市東寶區子陵村墓葬
現藏:湖北荆門市博物館

1223 越王州句劍

現藏:臺灣王振華古越閣

（正）越王州句。

（背）自作用劍。

字數:8
度量:通長 51.7 釐米
時代:春秋後期
著録:《文物》1993 年 4 期 18－20 頁
現藏:臺灣王振華古越閣

256

1224 北子之子劍

北子之子
之元用劍。

字數：存 8
度量：通長 29.5 釐米
時代：戰國前期
著録：《文博》1996 年 4 期 88 頁
現藏：陝西三原縣博物館

1225 吳王夫差劍

攻敔王夫差
自作其元用。

字數:10
度量:通長 58.3 釐米
時代:春秋後期
著録:《文物》1993 年 4 期 18—20 頁
現藏:臺灣王振華古越閣

1226 吳王夫差劍

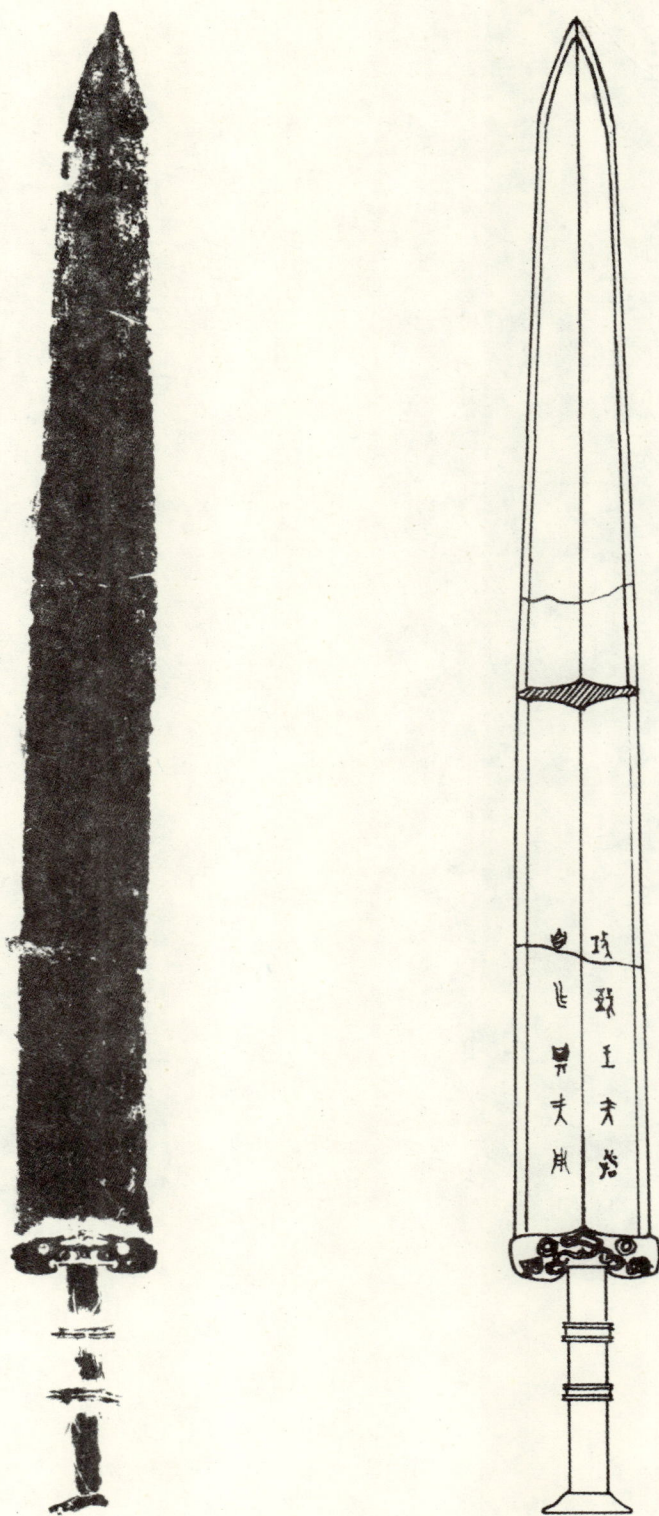

字數：10
度量：通長 60 釐米
時代：春秋後期
著録：《文物》1993 年 8 期 72 頁
出土：1991 年 4 月山東鄒縣城關鎮朱山莊村
現藏：山東鄒縣文物保管所

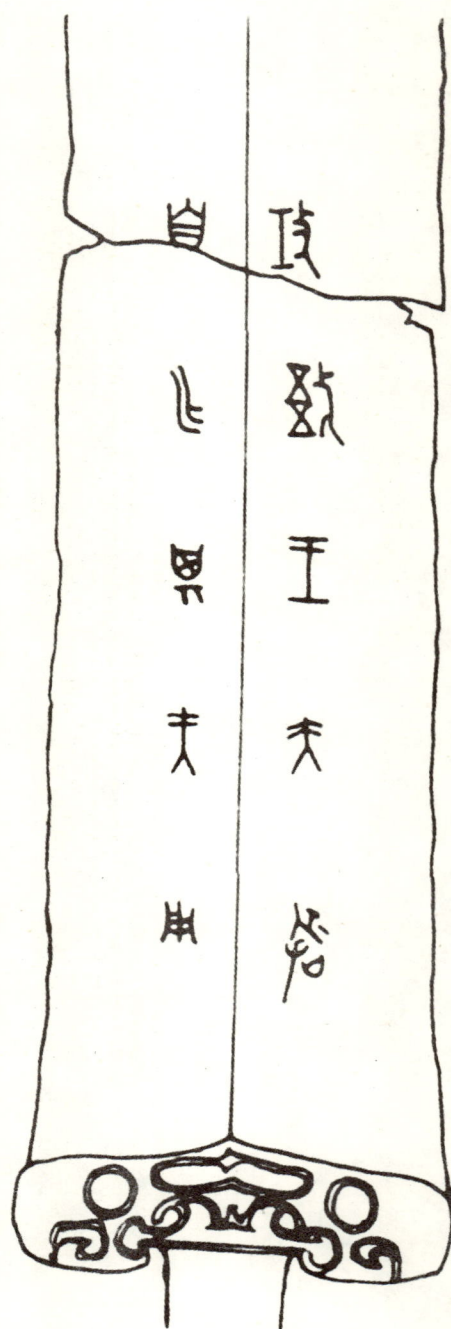

攻敔王夫差
自作其元用。

1227 少虞劍

字數：存 14
度量：通長 35.8 釐米
時代：春秋後期
著錄：《文物季刊》1998 年 1 期 8—9 頁
流傳：1991 年 8 月 15 日—9 月 5 日山西原平市劉莊村塔崗梁
備註：兩面均有銘

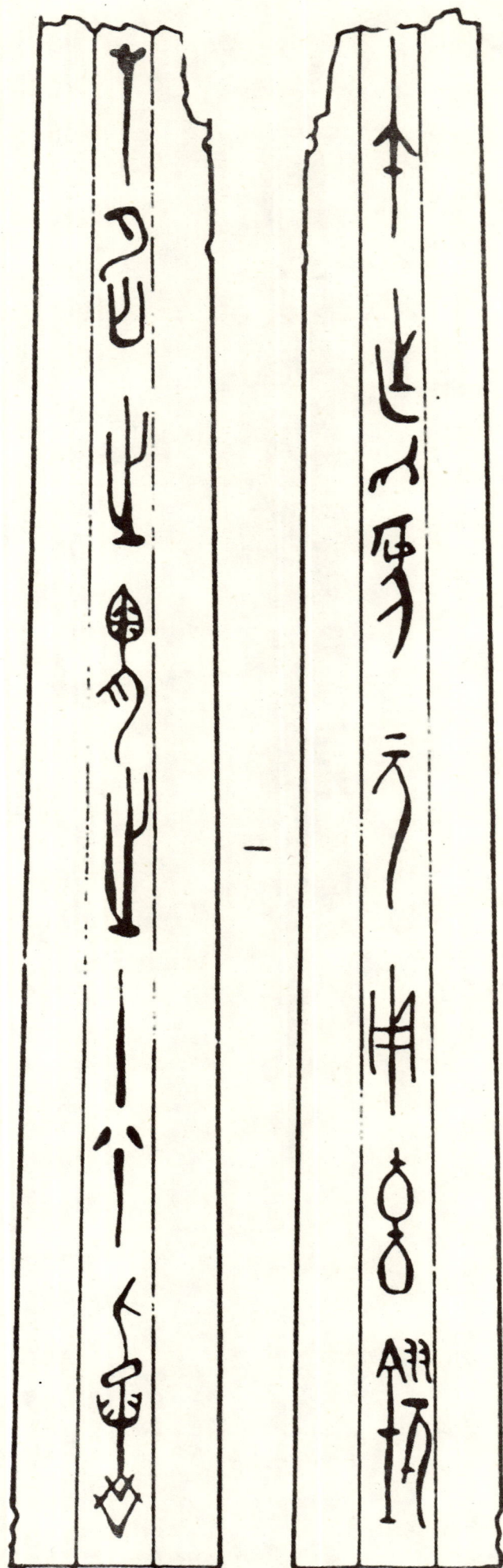

（背）　　　　　　　　（正）

〔吉日壬〕午，作爲元用，玄鏐

〔鋪呂朕〕余名之，謂之少虞。

262

1228 曹**糙**冰尋員劍

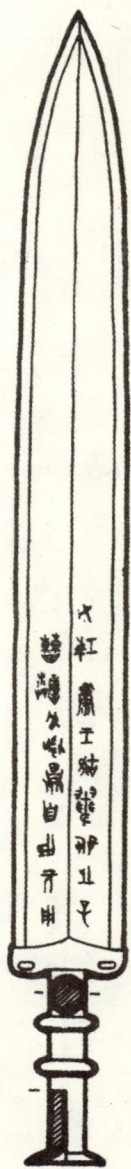

攻盧王姑發**郘**之子，
曹**糙**冰尋員自作元用。

字數：17
度量：通長 48 釐米
時代：戰國前期
著錄：《文物》1998 年 6 期 91 頁
出土：1982 年 6 月湖北襄樊市襄陽縣余崗鄉陸寨村山灣與蔡坡墓地
現藏：湖北省文物考古研究所

1229 工盧王弟季子劍

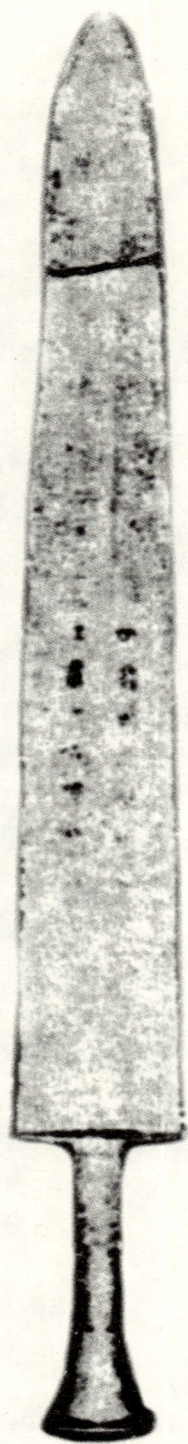

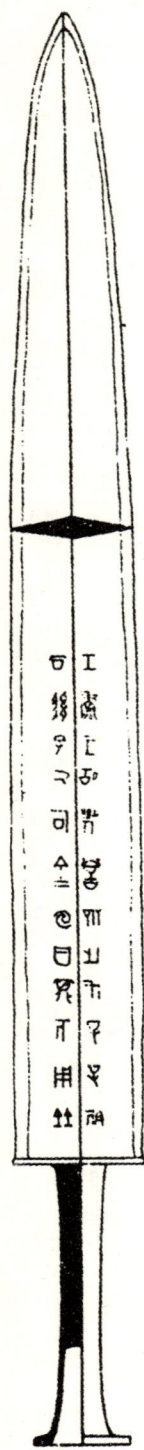

字數:24
度量:通長 45.2 釐米
時代:春秋後期
著錄:《文物》1990 年 2 期 77 – 78 頁
出土:1985 年 8 月山西榆社縣北三角坪
現藏:山西榆社縣博物館

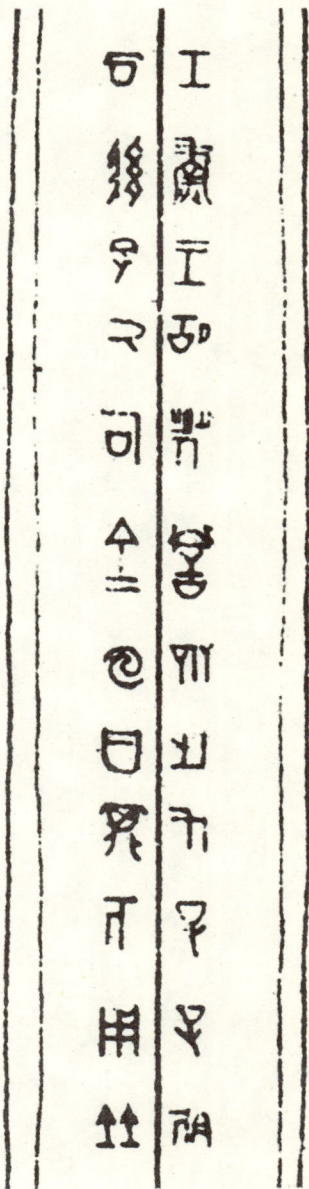

工盧王胡發聲班之弟，季子伊
其後，擇厥吉金，以作其元用劍。

1230 工虞太祖鈹

字數:10
度量:通長 32.4釐米,重 0.27 千克
時代:春秋後期
著録:《保利藏金》253—254 頁
現藏:北京保利藝術博物館

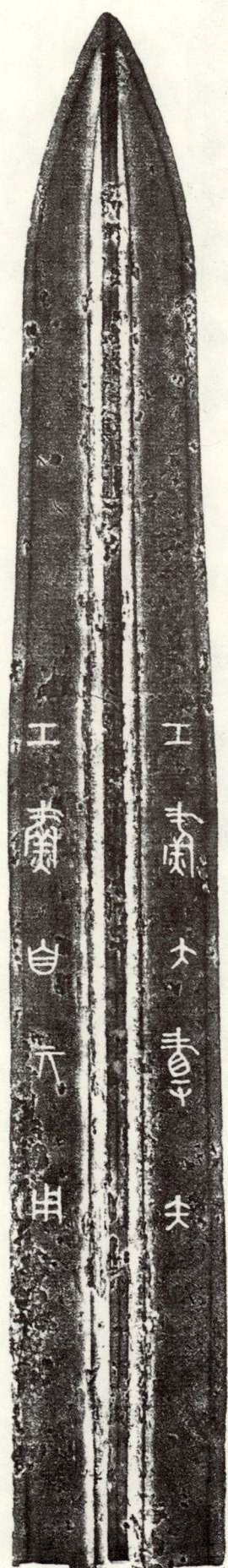

工
虞
太
祖
矢
，
工
虞
自
元
用
。

267

1231 四年邘相鈹

四年，邘相樂宾、右庫工師張慶、冶事息執劑。

字數：16（又合文 1）
度量：通長 30.3 釐米
時代：戰國後期
著録：《考古與文物》1989 年 3 期 20—21 頁
出土：1983 年 8 月 - 1984 年 6 月陝西朔縣趙家口

268

1232 十九年陳授鈹

十九年，邦司寇陳綏、□
庫工師張義、冶奚易執劑。

字數：18（又合文 1）
度量：通長 34.3 釐米
時代：戰國後期
著録：《東南文化》1991 年 2 期 258—261 頁
出土：傳安徽太和縣趙廟
現藏：私人收藏

1233 四年相邦春平侯鈹

四年，相邦春平侯、邦左
庫工師張身、冶尹□執劑。

三年相邦春平侯邦左
庫工師身冶尹□執劑

字數：18(又合文 1)
度量：殘長 33.1 釐米
時代：戰國後期
著錄：《考古與文物》1989 年 3 期 20—21 頁
出土：1983 年 8 月—1984 年 6 月陝西朔縣趙家口

1234 卅年塚子韓担鈹

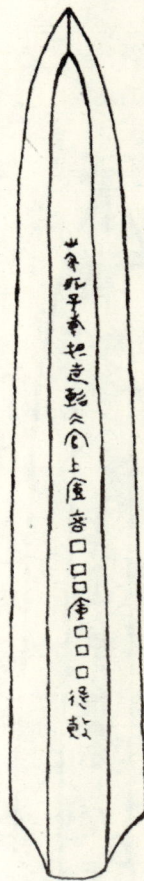

字數:22
度量:通長 23.5 釐米
時代:戰國後期
著錄:《文物》1992 年 4 期 81 頁
出土:1972 年河南長葛縣官亭鄉孟寨村

卅年，塚子韓担造。韓大宫上庫嗇夫□□、庫□□□□□。

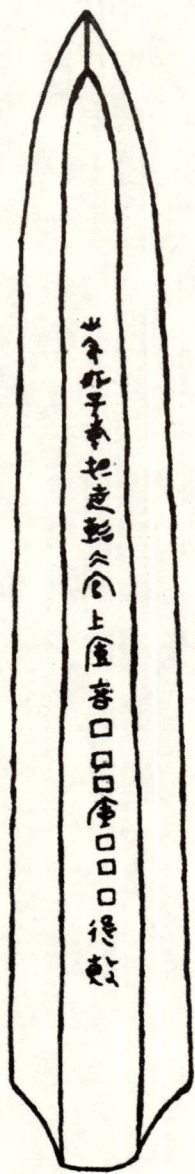

1235 十六年守相鈹

字數:23(又合文 1)
度量:殘長 25.8 釐米
時代:戰國後期
著錄:《歐洲所藏中國青銅器遺珠》圖版 178
現藏:瑞典斯德哥爾摩遠東古物博物館
備注:兩面均有銘

（反）

（正）

十六年，守相□平侯、邦
右庫工師韓佽、冶明執劑。

大工尹韓峀。

274

1236 十八年相邦平國君鈹

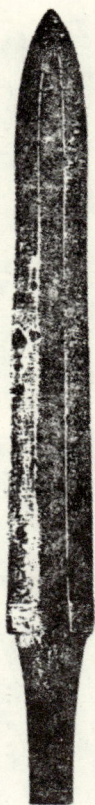

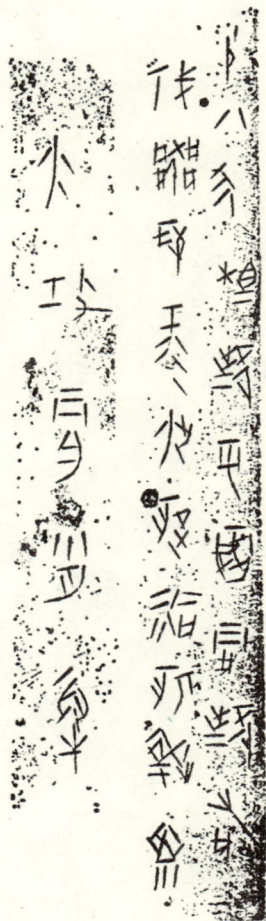

十八年，相邦平國君、邦右
伐器□、工師□癰、冶疤執劑。

大工尹趙牷。

（背） （正）

字數:25(又合文1)
時代:戰國後期
著錄:《考古》1991 年 1 期 57—63 頁
現藏:加拿大多倫多市安大略皇家博物館
備注:兩面均有銘

1237 十七年相邦春平侯鈹

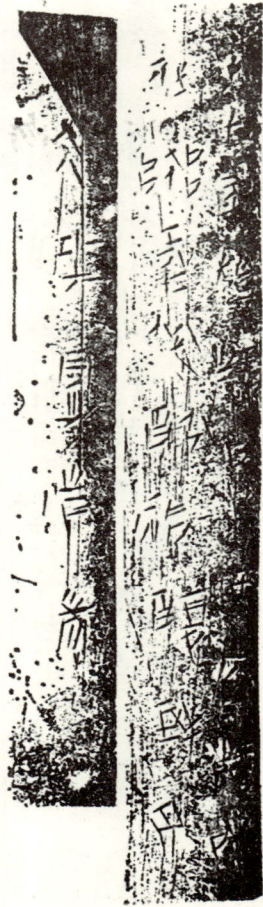

（背） （正）

十七年，相邦春平侯、邦右
伐器工師□□、冶頤執劑。
大工尹韓崩。

字數：24（又合文 1）
時代：戰國後期
著録：《考古》1991 年 1 期 57—63 頁
現藏：加拿大多倫多市安大略皇家博物館
備注：兩面均有銘

十五、 雜兵

1238 康侯刀

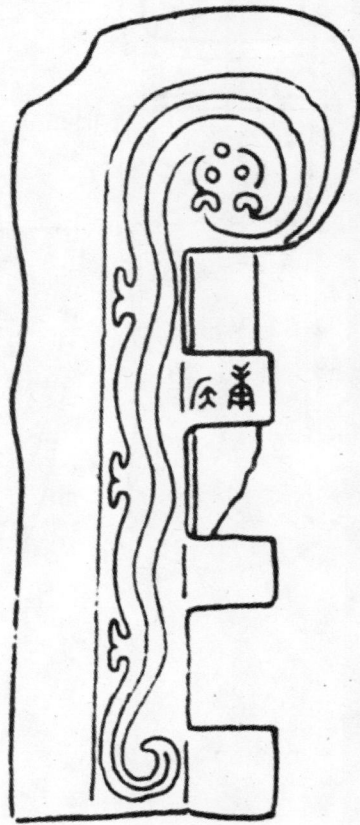

康
侯。

字數:2
度量:通長 29.7 釐米
時代:西周早期
著録:《中原文物》1995 年 2 期 56 頁
出土:1931 河南浚縣辛村
現藏:美國華盛頓弗里爾美術館

1239 羊斧

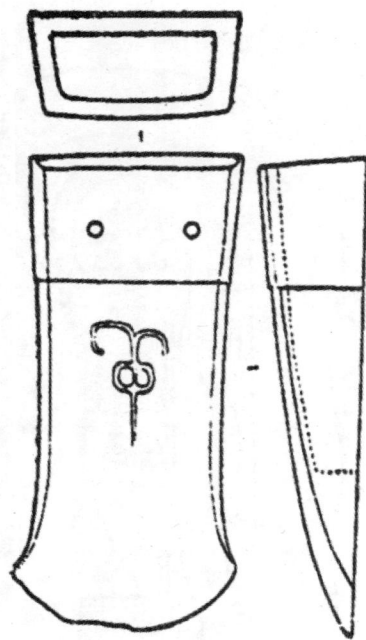

羊。

字數:1
度量:通長 11.2 釐米
時代:商代後期
著錄:《考古學報》1987 年 1 期 113 頁
出土:1984 年 9 月—12 月河南安陽市商代後期殷墟墓葬
現藏:中國社會科學院考古研究所安陽工作隊

1240 衝斧

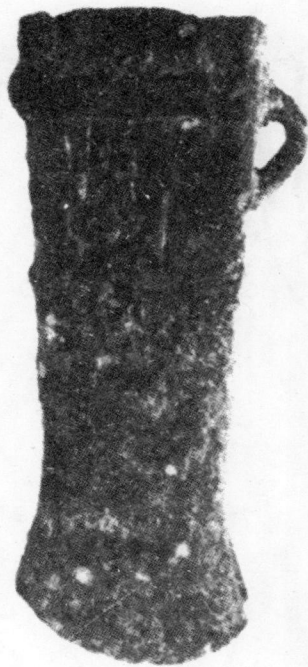

衝。

字數:1
度量:通高 12.2 釐米,重 0.95 千克
時代:西周早期
著録:《考古與文物》1994 年 3 期 39 頁
現藏:陝西岐山縣博物館

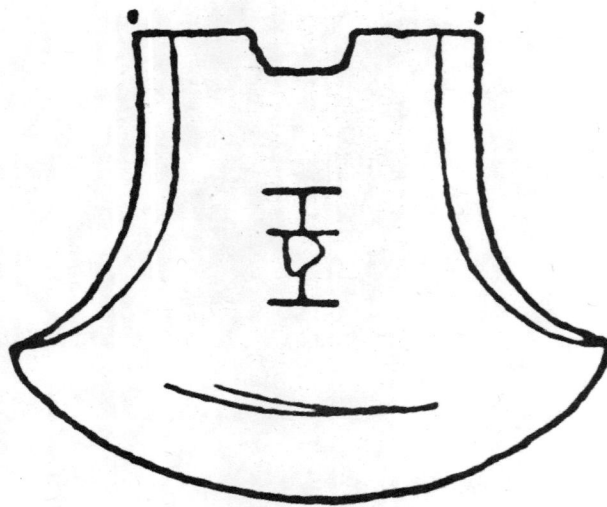

字數：1

度量：通高 7.2 釐米

時代：戰國後期

著録：《考古學報》1995 年 4 期 444 頁

出土：1987 年 11－12 月湖北紀南城新橋村墓葬

現藏：湖北省文物考古研究所

1242 天斧

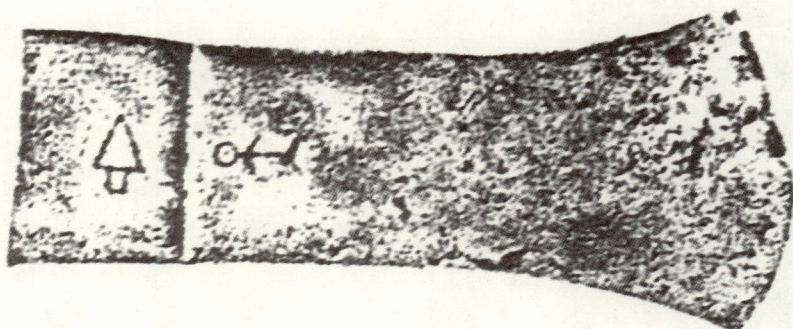

斧 天

字數:2
度量:通高 10.5 釐米
時代:西周早期
著録:《考古與文物》1996 年 3 期 17 頁
出土:1993 年 5 月陝西扶風縣飛鳳山墓葬
現藏:陝西扶風縣博物館

1243　太子車斧

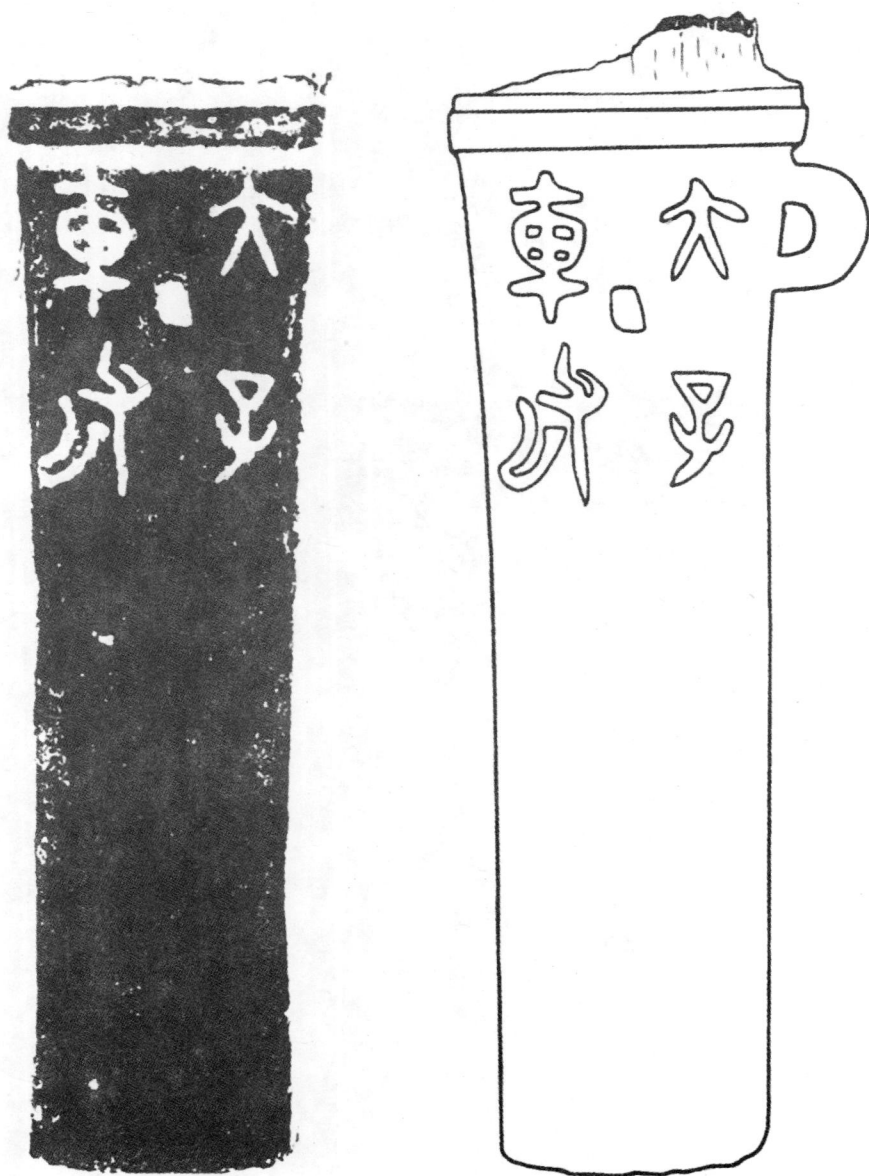

太子
車斧。

字數：4
度量：通高 14.85 釐米
時代：西周晚期
著録：《三門峽虢國墓》上册 344 頁
出土：河南三門峽市虢國墓地 M2011：183
現藏：河南三門峽市文物工作隊

1244 廿四年莒陽斧

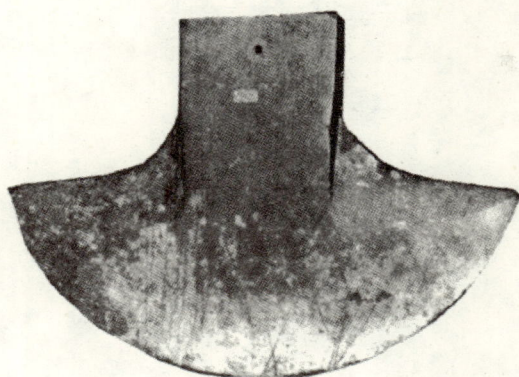

廿四年，莒陽
丞寺、庫齊、
佐平職。

字數：12
度量：通高 20 釐米，重 3.5 千克
時代：戰國後期
著録：《文物》1998 年 12 期 25 頁
出土：1994 年 12 月山東沂南縣磚埠鎮任家莊
現藏：山東沂南縣文物管理所
備注：或以為漢代器

1245 盉鉞

丅   盉。

字數:1
度量:通高 27 釐米
時代:商代後期
著錄:富士比(1975,7,8:7)
流傳:英國倫敦富士比拍賣行

1246 兮鉞

兮。

字數：1
度量：通高 16.7 釐米
時代：商代後期
著録：《歐洲所藏中國青銅器遺珠》圖版 66
流傳：英國倫敦富士比拍賣行

1247 狽鉞

狽。

字數:1
度量:通高 29.7 釐米
時代:商代後期
著録:《歐洲所藏中國青銅器遺珠》圖版 61
現藏:法國巴黎基美博物館

1248 令斁鉞

（反）　　　　　　　（正）

令。　　　　　　　斁。

字數:2
度量:通高 19.5 釐米,重 0.66 千克
時代:西周早期
著錄:《高家堡戈國墓》97 頁
出土:1991 年陝西涇陽縣興隆鄉高家堡 M4:14
現藏:陝西涇陽縣博物館
備註:兩面均有銘

1249 十九年大良造鞅鐓

十九年，大良
造庶長鞅
之造殳。
犛鄭。

字數：14
度量：通高 5.25 釐米
時代：戰國後期
著錄：《塔兒坡秦墓》134 頁,《考古與文物》1996 年 5 期 4 頁
出土：陝西咸陽市東郊渭陽鄉塔兒坡村
現藏：陝西咸陽市文物考古研究所

1250 南干首

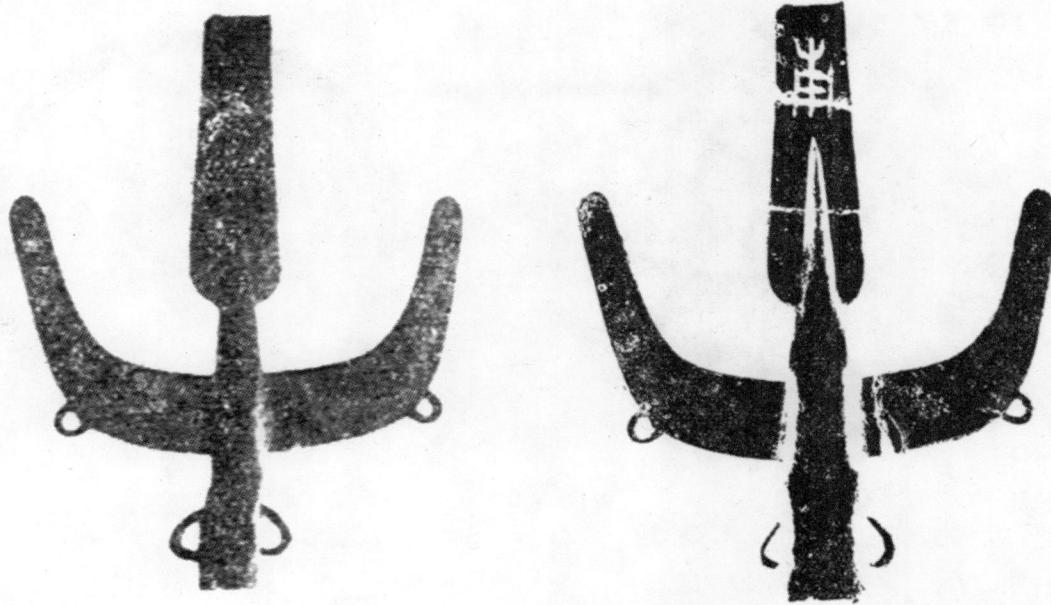

南。

字數:1
度量:殘高 27 釐米,重 0.85 千克
時代:西周晚期
著録:《考古》1987 年 8 期 745 頁
出土:1965 年春河南洛陽市北窰村墓葬

 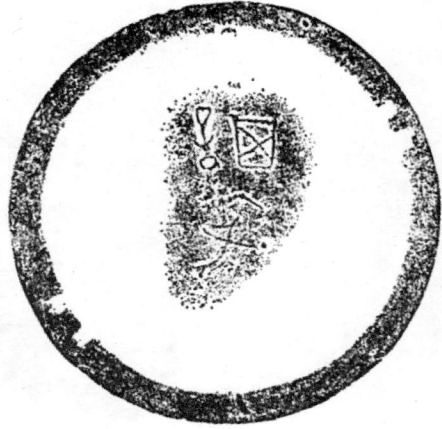

諆
錫。

字數:2
度量:徑 15.4 釐米
時代:西周早期
著録:《琉璃河西周燕國墓地》212 頁
出土:1973 – 1977 年北京房山縣琉璃河 M253:39
現藏:北京市文物研究所

1252 匽侯舞錫

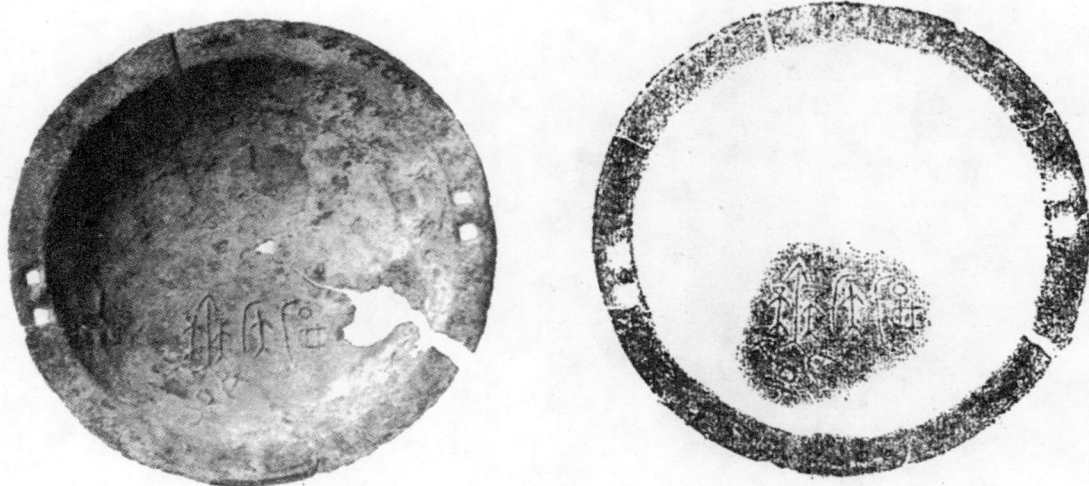

舞 侯 匽
錫
。

字數:4
度量:徑 14 釐米
時代:西周早期
著録:《琉璃河西周燕國墓地》212 頁,《考古》1990 年 1 期 25—30 頁
出土:1973—1977 年北京房山縣琉璃河 M252:4
現藏:北京市文物研究所

 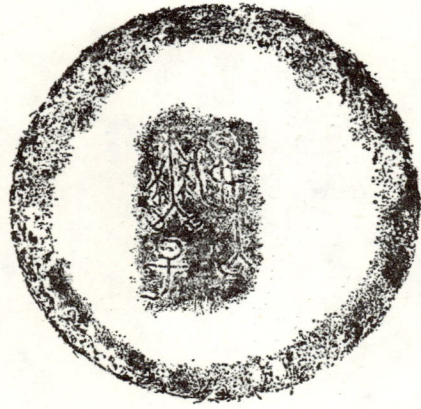

郾侯
舞錫。

字數:4
度量:徑 15 釐米
時代:西周早期
著錄:《考古》1990 年 1 期 25—30 頁
出土:1986 年 10—11 月北京房山區琉璃河墓葬
現藏:北京市文物研究所琉璃河考古隊

1254 王命車馹虎節

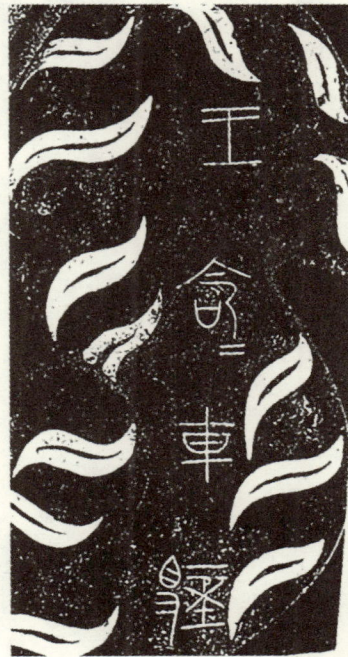

王命=車馹。

字數:4(又重文1)
度量:長19釐米,高11.6釐米,厚1.2釐米
時代:戰國後期
著錄:《故宮文物月刊》1991年94期108頁
出土:1983年廣州象崗南越王墓
現藏:廣東省博物館

1255 陽陵虎符

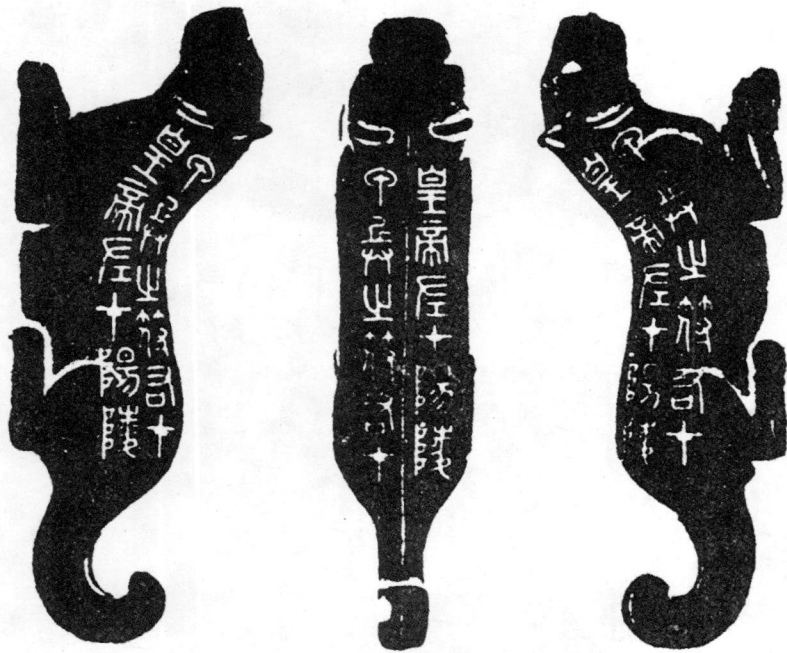

甲兵之符，右在
皇帝，左在陽陵。

字數：12（錯金書）

時代：秦

著錄：《秦金石刻辭》一卷；《秦金文錄》四十後；
　　　《秦銅器銘文編年集釋》106 頁

出土：傳山東嶧縣

現藏：中國歷史博物館

296

1256 櫟陽虎符

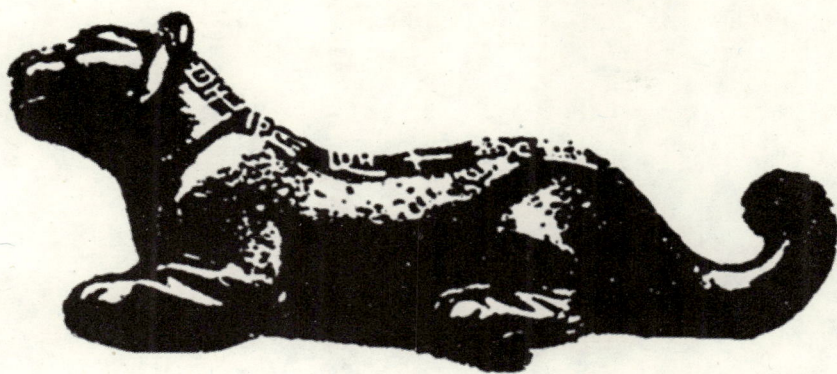

【甲兵之符，右在】
皇帝、左在櫟陽。

字數：12
時代：秦
著録：富士比（1941，4，24：320之一）
流傳：吳大澂收藏；英國倫敦富士比拍賣行
備注：傳世秦虎符有陽陵、新郪、南郡、杜四種，此櫟陽
　　　虎符為新發現之第五種

1257 太保車轄

太保。

字數：2
度量：通長 9.1 釐米
時代：西周早期
著録：《文物》1996 年 7 期 66—68 頁
出土：1964—1972 年河南洛陽市北窰村
　　　西龐家溝墓葬

1258 獸當盧

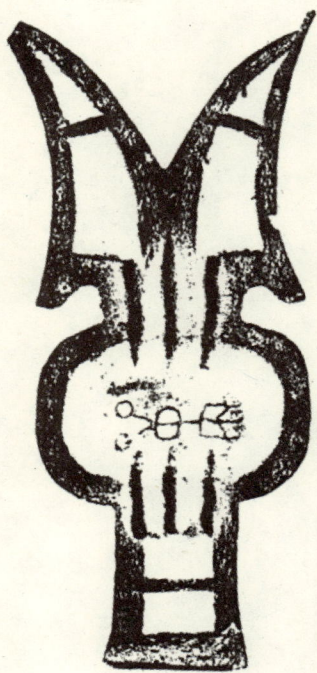

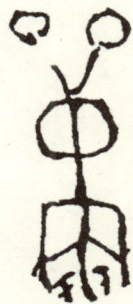

獸。

字數：1
度量：通長 19.5 釐米
時代：西周早期
著錄：《文物》1996 年 7 期 54—68 頁
出土：1964—1972 年河南洛陽市北窰村
　　　西龐家溝墓葬 M17：14
備注：另有一件同銘

附　　録

附　　錄

附 1　父乙鬲
字數：3
時代：西周
著錄：《考古與文物》1991 年 1 期 3-13 頁
出土：1927 年陝西寶雞市金台區陳倉鄉戴家灣盜掘

附 2　□□□鬲
字數：存 3
時代：春秋
著錄：《中原文物》1992 年 2 期 114-115 頁
出土：1983 年河南確山縣竹溝鎮
現藏：河南確山縣文保所

附 3　侯氏鬲
字數：12
時代：西周晚期
著錄：《華夏考古》1992 年 3 期 93-95 頁
出土：1986 年以來河南平頂山市郊薛莊鄉北滍村
　　　滍陽嶺墓葬 M95：21
現藏：河南省文物研究所

附 4　作旅尊彝甂
字數：存 4
時代：西周
著錄：《文物》1983 年 12 期 7-8 頁
出土：1974 年冬山東萊陽縣

附 5　邢鼎
字數：1
時代：西周
著錄：《文物》1990 年 7 期 32-33 頁
出土：1984-1985 年陝西長安張家坡邢叔家族墓
　　　地 M152
現藏：陝西省考古研究所

附 6　夆方鼎
字數：1

時代：西周
著錄：《文物》1996 年 12 期 7-10 頁
出土：1985 年 5 月山東濟陽縣姜集鄉劉臺子村墓
　　　葬 M6：21
現藏：山東省考古研究所

附 7　□鼎
字數：1
時代：西周
著錄：《文物資料叢刊》1983 年 8 期 80 頁
出土：1976 年春陝西岐山賀家村
現藏：陝西周原考古隊

附 8　父乙鼎
字數：2
時代：西周
著錄：《中國文物報》1988 年 4 月 29 日 2 版
出土：1987 年 5 月天津薊縣許家台鄉張家園村墓葬

附 9　東罍鼎
字數：2
時代：商代後期
著錄：《中原文物》1985 年 1 期 26—29 頁
出土：1952 年河南安陽市
現藏：河南新鄉市博物館

附 10　保□鼎
字數：2
時代：商代後期
著錄：《中原文物》1985 年 1 期 26—31 頁
現藏：河南省新鄉市博物館
備註：腹內底有銘，原文未交待字形

附 11　□□□鼎
字數：3
時代：西周
著錄：《文物資料叢刊》1983 年 8 期 80 頁

出土：1976 年春陝西岐山賀家村
現藏：陝西周原考古隊

附 12　父癸鼎
字數：3
時代：西周
著錄：《中原文物》1984 年 3 期 76 頁
出土：1980 年 3 月洛陽東關林校
現藏：河南洛陽市文物工作隊

附 13　作父辛鼎
字數：3
時代：西周
著錄：《考古與文物》1991 年 1 期 3-13 頁
出土：1927 年陝西寶雞市金台區陳倉鄉戴家灣盜掘

附 14　毛伯鼎
字數：4
時代：西周
著錄：《考古與文物》1991 年 1 期 3-13 頁
出土：1927 年陝西寶雞市金台區陳倉鄉戴家灣盜掘

附 15　□作寶尊彝鼎
字數：5
時代：西周早期
著錄：《琉璃河西周燕國墓地》126-127 頁
出土：1973-1977 年北京房山縣琉璃河 M251：20
現藏：北京市文物研究所

附 16　中鼎
字數：13
時代：春秋
著錄：《考古與文物》1990 年 4 期 109 頁
出土：1983 年 8 月陝西永壽縣渠子鄉永壽坊村
現藏：陝西永壽縣文化館

附 17　鼎
字數：18
時代：戰國
著錄：《考古與文物》1994 年 4 期 5 頁
出土：山西臨汾縣
現藏：陝西西安市文物中心

附 18　敔鼎
字數：25（又重文 2）
時代：西周晚期
著錄：《華夏考古》1992 年 3 期 93-95 頁
出土：1986 年以來河南平頂山市郊薛莊鄉北滍村
　　　　滍陽嶺墓葬 M95：102
現藏：河南省文物研究所

附 19　□□鼎
字數：不清
時代：西周早期
著錄：《考古與文物》1990 年 5 期 26-43 頁
流傳：陝西西安市大白楊庫
現藏：陝西西安市文物中心

附 20　鳥簋
字數：1
時代：西周早期
著錄：《中原文物》1985 年 1 期 31 頁
現藏：河南新鄉市博物館

附 21　□簋
字數：3
時代：商代後期
著錄：《華夏考古》1997 年 2 期 17-18 頁
出土：1983-1986 年河南安陽市劉家莊 M9：19
現藏：河南安陽市文物工作隊

附 22　戈簋
字數：3
時代：西周早期
著錄：《歐洲所藏中國青銅器遺珠》圖版 86
現藏：德國慕尼黑國立民間藝術博物館

附 23　作寶尊彝簋
字數：4
時代：西周
著錄：《中國文物報》1989 年 10 期 2 版
出土：1984 年 4 月湖南株洲縣南陽橋鄉

附 24　作父辛簋
字數：5

時代：西周
著錄：《考古與文物》1991 年 1 期 3-13 頁
出土：1927 年陝西寶雞市金台區陳倉鄉戴家灣盜掘

附 25　敔簋
字數：25（又重文 2）
時代：西周晚期
著錄：《華夏考古》1992 年 3 期 93-95 頁
出土：1986 年以來河南平頂山市郊薛莊鄉北滍村
　　　滍陽嶺墓葬 M95：100
現藏：河南省文物研究所

附 26　應伯甗
字數：5（蓋器同銘）
時代：西周晚期
著錄：《華夏考古》1992 年 3 期 93-95 頁
出土：1986 年以來河南平頂山市郊薛莊鄉北滍村
　　　滍陽嶺墓葬 M95：81
現藏：河南省文物研究所

附 27　仲姞甗
字數：6
時代：西周
著錄：《考古》1985 年 4 期 349 頁
出土：1983 年 9 月甘肅寧縣宇村墓葬
現藏：甘肅慶陽地區博物館

附 28　宋右師敦
字數：32（又重文 3，蓋器同銘）
時代：春秋晚期
著錄：《中原文物》1992 年 2 期 87-90 頁
流傳：河南南陽市博物館徵集
現藏：河南南陽市博物館

附 29　己並卣
字數：2
時代：商代後期
著錄：《文物》1985 年 3 期 2-5 頁
出土：1983 年 12 月山東壽光縣“益都侯城”故址
現藏：山東壽光縣博物館

附 30　用徒卣

字數：2
時代：西周
著錄：《考古與文物》1991 年 1 期 3-13 頁
出土：1927 年陝西寶雞市金台區陳倉鄉戴家灣盜掘

附 31　□□卣
字數：2
時代：商代後期
著錄：《華夏考古》1997 年 2 期 22 頁
出土：1983-1986 年河南安陽市劉家莊 M9：22
現藏：河南安陽市文物工作隊

附 32　□□卣
字數：存 2
時代：商代後期
著錄：《考古與文物》1991 年 1 期 3-13 頁
出土：1927 年陝西寶雞市金台區陳倉鄉戴家灣盜掘

附 33　□尊
字數：1
時代：商代後期
著錄：《華夏考古》1997 年 2 期 20 頁
出土：1983-1986 年河南安陽市劉家莊 M9：34
現藏：河南安陽市文物工作隊

附 34　□尊
字數：1
時代：商代後期
著錄：《華夏考古》1997 年 2 期 20 頁
出土：1983-1986 年河南安陽市劉家莊 M21：5
現藏：河南安陽市文物工作隊

附 35　己並尊
字數：2
時代：商代後期
著錄：《文物》1985 年 3 期 2-5 頁
出土：1983 年 12 月山東壽光縣“益都侯城”故址
現藏：壽光縣博物館

附 36　癸觶
字數：1
時代：商代後期

著錄：《文物》1986 年 11 期 14 頁
出土：1985 年 1 月山西靈石縣旌介村墓葬 M1：19
現藏：山西省考古研究所

附 37　己並觚
字數：2
時代：商代後期
著錄：《文物》1985 年 3 期 2-5 頁
出土：1983 年 12 月山東壽光縣"益都侯城"故址
現藏：山東壽光縣博物館
備註：同出三件

附 38　羊爵
字數：1
時代：商代後期
著錄：《考古》1991 年 1Q 期 903-907 頁
出土：1986 年底河南安陽市郭家村北墓葬
現藏：河南安陽市文物工作隊
備註：同出兩件，形制、大小、花紋、銘文相同

附 39　息爵
字數：1
時代：商代後期
著錄：《考古學報》1986 年 2 期 161-172 頁
出土：1979-1980 年河南羅山縣蟒張鄉天湖村墓葬
現藏：河南信陽地區文管會

附 40　爰爵
字數：1
時代：商代後期
著錄：《考古學報》1991 年 3 期 333-342 頁
出土：1984 年 10-11 月河南安陽市戚家莊東 269
　　　號墓
現藏：河南安陽市文物工作隊
備註：同出兩件，形制、大小、銘文相同

附 41　龱爵
字數：1
時代：商代後期
著錄：《海岱考古》第一輯 320-324 頁
現藏：山東濟南市博物館

附 42　◇爵
字數：1
時代：商代後期
著錄：《中原文物》1985 年 1 期 26—31 頁
現藏：河南新鄉市博物館

附 43　己並爵
字數：2
時代：商代後期
著錄：《文物》1985 年 3 期 2-5 頁
出土：1983 年 12 月山東壽光縣"益都侯城"故址
現藏：山東壽光縣博物館
備註：同出五件，形制相同

附 44　巫口爵
字數：2
時代：商代後期
著錄：《考古》1992 年 12 期 1142 頁
出土：1981 年河南正陽縣傅寨鄉伍莊村

附 45　祖戊爵
字數：2
時代：商代後期
著錄：《考古與文物》1998 年 4 期 96 頁
流傳：1980 年山東桓台縣村民捐獻
現藏：山東濟南市博物館

附 46　宀乙爵
字數：2
時代：商代後期
著錄：《華夏考古》1995 年 1 期 8 頁
出土：1986-1992 年河南安陽市鐵西區東八裏莊
　　　村殷代墓葬 M13：1
現藏：河南安陽市文物工作隊

附 47　父辛爵
字數：2
時代：商代後期
著錄：《中原文物》1984 年 1 期 95 頁
出土：河南南陽市十里廟遺址
現藏：河南南陽市博物館

附 48　父癸爵
字數：2
時代：商代後期
著錄：《中國文物報》1989 年 19 期 3 版
出土：1989 年 2 月山西長子縣南鮑村
現藏：山西長治市博物館

附 49 典正爵
字數：2
時代：商代後期
著錄：《中原文物》1985 年 1 期 26—31 頁
現藏：河南新鄉市博物館

附 50　父丙□爵
字數：3
時代：商代後期
著錄：《文物》1986 年 8 期 76-80 頁
出土：1969 年 7 月河南安陽市豫北紡織廠
現藏：河南安陽市博物館

附 51 爻父乙角
字數：3
時代：西周
著錄：《考古與文物》1991 年 1 期 3-13 頁
出土：1927 年陝西寶雞市金台區陳倉鄉戴家灣盜掘

附 52 來己父爵
字數：3
時代：西周
著錄：《文博》1987 年 3 期 82-83 頁
出土：1986 年 7 月甘肅隴縣牙科鄉梁甫村

附 53　作□□爵
字數：3
時代：西周早期
著錄：《文博》1996 年 4 期 86 頁
流傳：50 年代陝西三原縣博物館徵集
現藏：陝西三原縣博物館

附 54　囙心爵
字數：3
時代：西周早期
著錄：《中原文物》1985 年 1 期 31 頁
現藏：河南新鄉市博物館

附 55　畧父丁爵
字數：4
時代：商代後期
著錄：《歐洲所藏中國青銅器遺珠》圖版 20
現藏：英國格拉斯哥美術博物館：巴萊爾氏藏品

附 56　□□爵
字數：5
時代：西周
著錄：《文物》1994 年 1 期 16、19 頁
出土：1992 年 10 月 16 日山西曲沃縣曲村鎮北趙村天馬—曲村遺址
現藏：山西省考古研究所

附 57　□盉
字數：1
時代：西周
著錄：《文物》1995 年 5 期 7、10 頁
出土：1985 年內蒙古寧城縣甸子鄉小黑石溝村墓葬
現藏：內蒙古赤峰市博物館

附 58　應伯方壺
字數：5
時代：西周晚期
著錄：《華夏考古》1992 年 3 期 93-95 頁
出土：1986 年以來河南平頂山市郊薛莊鄉北滍村滍陽嶺墓葬 M95：77
現藏：河南省文物研究所

附 59　作母尊彝壺
字數：5
時代：商代後期
著錄：《歐洲所藏中國青銅器遺珠》圖版 47
現藏：瑞典斯德哥爾摩遠東古物博物館

附 60　亞罍
字數：1
時代：商代後期
著錄：《文物》1986 年 11 期 14 頁

出土：1985 年 1 月山西靈石縣旌介村墓葬 M1：32
現藏：山西省考古研究所

附 61　卅四年工師文罍
字數：17
時代：戰國
著錄：《中國文物報》1995 年 27 期 3 版
流傳：1993 年 8 月陝西西安市公安局收繳
出土：傳甘肅西河縣

附 62　爰方彝
字數：1（蓋器同銘）
時代：商代後期
著錄：《考古學報》1991 年 3 期 333-342 頁
出土：1984 年 10-11 月河南安陽市戚家莊東 269
　　　號墓
現藏：河南安陽市文物工作隊

附 63　作彝盤
字數：2
時代：西周
著錄：《考古與文物》1991 年 1 期 3-13 頁
出土：1927 年陝西寶雞市金台區陳倉鄉戴家灣盜掘

附 64　□□盤
字數：存 2
時代：春秋
著錄：《考古》1993 年 1 期 74、85 頁
出土：1983 年河南確山縣竹溝鎮
現藏：河南確山縣文物管理所

附 65　大□盤
字數：5
時代：西周晚期
著錄：《考古》1986 年 4 期 366-367 頁
出土：1976 年 12 月山東平邑縣蔡莊村墓葬
現藏：山東平邑縣文化館

附 66　應伯盤
字數：10
時代：西周晚期
著錄：《華夏考古》1992 年 3 期 93-95 頁

出土：1986 年以來河南平頂山市郊薛莊鄉北滍村
　　　滍陽嶺墓葬 M95：83
現藏：河南省文物研究所

附 67　子□伯盤
字數：17（又重文 2　）
時代：西周
著錄：《考古》1984 年 6 期 510-511 頁
出土：1975-1976 年湖北隨縣周家崗墓葬
現藏：湖北隨州市博物館

附 68　□□盤
字數：27（又重文 2）
時代：春秋晚期
著錄：《文物春秋》1993 年 2 期 27 頁
出土：1980 年 4 月河北懷來縣北辛堡鄉甘子堡村
　　　墓葬

附 69　□伯匜
字數：15
時代：西周晚期
著錄：《三門峽虢國墓》上冊 339 頁
出土：河南三門峽市虢國墓地 M2011：165
現藏：河南三門峽市文物工作隊

附 70　皇考武君盂
字數：存 10
時代：西周
著錄：《考古與文物》1991 年 1 期 3-13 頁
出土：1927 年陝西寶雞市金台區陳倉鄉戴家灣盜掘

附 71　鄭臧公之孫缶
字數：50
時代：春秋後期
著錄：《考古》1991 年 9 期 783—792 頁
出土：1988 年 10—11 月湖北襄樊市郊余崗村團山
　　　墓葬 M1：7
現藏：湖北襄樊市博物館

附 72　爰戈
字數：1
時代：商代後期

著錄：《考古學報》1991 年 3 期 333-342 頁
出土：1984 年 10-11 月河南安陽市戚家莊東 269號墓
現藏：河南安陽市文物工作隊
備註：同出十件,形制、大小、花紋及銘文基本相同

附 73　克戈
字數：1
時代：商代後期
著錄：《中原文物》1985 年 1 期 26—31 頁
現藏：河南新鄉市博物館

附 74　皇戈
字數：1
時代：商代後期
著錄：《中原文物》1985 年 1 期 26—31 頁
現藏：河南新鄉市博物館

附 75　中戈
字數：3
時代：戰國
著錄：《文物》1983 年 8 期 72 頁
出土：湖北省江陵縣紀南城
現藏：湖北荊州市博物館

附 76　□□□□戈
字數：4
時代：春秋
著錄：《中原文物》1992 年 2 期 87-90 頁
出土：河南南陽市西關汽車發動機廠
現藏：河南南陽市博物館

附 77　大官戈
字數：4
時代：戰國
著錄：《中國文物報》1995 年 17 期 1 版
出土：1994 年 11 月湖南衡陽市酃陽漁場
現藏：湖南衡陽市文物工作隊

附 78　黃季佗戈
字數：5
時代：春秋

著錄：《中國文物報》1988 年 9 月 9 日 1 版
出土：1988 年 6 月河南光山縣城關鎮墓葬
現藏：河南信陽地區文管會

附 79　郘陽上庫戈
字數：6
度量：通長 14.7 釐米
時代：戰國前期
著錄：《中原文物》1988 年 3 期 10 頁
出土：河南宜陽縣韓城鄉宜陽故城

附 80　廩丘戈
字數：7
時代：戰國後期
著錄：《文物》1987 年 8 期 63—64 頁
出土：1983 年 9 月內蒙古烏蘭察布盟清水河縣拐子上古城
現藏：內蒙古烏蘭察布盟文物工作站

附 81　郾王職戈
字數：7
時代：戰國後期
著錄：《文物春秋》1993 年 3 期 89 頁
流傳：河北文安縣發現
現藏：河北廊坊市文物管理所

附 82　菫子戈
字數：存 9
時代：戰國前期
著錄：《文物》1987 年 11 期 28 頁
流傳：1983 年 12 月山東棗莊市文物管理站從市物資回收公司倉庫揀選
現藏：山東棗莊市文物管理站

附 83　廿二年戈
字數：16
時代：戰國晚期
著錄：《中原文物》1984 年 2 期 16 頁
出土：1982 年河南郟城縣

附 84　十九年塚子矛
字數：18

309

時代：戰國晚期
著錄：《中原文物》1992 年 3 期 66 頁
流傳：1985 年河南新鄭縣車站鄉付莊村徵集

附 85　蒙劍
字數：1
時代：戰國
著錄：《東南文化》1991 年 2 期 258-261 頁
流傳：1974 年 6 月安徽潁上縣廢品倉庫揀選
現藏：安徽阜陽地區博物館

附 86　王作□君劍
字數：存 4
時代：戰國後期
著錄：《湖南考古輯刊》1988 年 4 期 183 頁
出土：1963 年前湖南湘潭縣易俗河一中校內墓葬
現藏：湖南省博物館

附 87　越王者旨於賜劍
字數：6
時代：戰國前期
著錄：《文物》1996 年 4 期 4 頁
現藏：浙江省博物館

附 88　越王州勾劍
字數：8
時代：春秋
著錄：《中國文物報》1988 年 4 月 22 日 2 版
出土：1987 年 11 月湖北荊門市子陵崗墓葬
現藏：湖北荊門市博物館

附 89　越王者旨於賜劍
字數：8
時代：戰國前期
著錄：《中國文物報》1988 年 11 月 11 日 2 版
出土：1988 年 9 月湖北江陵縣官坪村墓葬
現藏：湖北江陵縣文物局

附 90　元年相邦建信君鈹
字數：20
時代：戰國後期
著錄：《海岱考古》第一輯 324—325 頁

現藏：山東濟南市博物館

附 91　盧當盧
字數：1
時代：西周
著錄：《考古與文物》1991 年 5 期 11 頁
現藏：陝西寶雞市博物館

附 92　日毛當盧
字數：2
時代：西周
著錄：《考古與文物》1984 年 1 期 61 頁
出土：1972 年陝西鳳翔縣長青村
現藏：陝西鳳翔縣文化館
備註：同出三件

附 93　盧當盧
字數：3
時代：西周
著錄：《考古與文物》1991 年 5 期 11 頁
現藏：陝西寶雞市博物館

附 94　王二年成算令車轄
字數：15（又合文 1）
時代：戰國
著錄：《中原文物》1992 年 2 期 87-90 頁
流傳：河南南陽地區廢品公司揀選
現藏：河南南陽市博物館

附 95　卅□年王右庫工師車轄
字數：15（又合文 1）
時代：戰國
著錄：《中原文物》1992 年 2 期 87-90 頁
流傳：河南南陽地區廢品公司揀選
現藏：河南南陽市博物館

附 96　□殘片
字數：存 1
時代：商代後期
著錄：《安陽殷墟郭家莊商代墓葬》113 頁
出土：河南安陽殷墟郭家莊 M160：5
現藏：中國社會科學院研究考古所

索　引

索引說明

一、學者間對銘文的理解或有不同，本書各索引皆根據作者擬定之釋文和對銘文的理解所作。

二、爲方便讀者選擇使用，本書各索引名稱的概念皆比較寬泛，如地名索引內包括與地名有關的古國名、古族名、宮室名等。金文中男性人名稱"某伯"、"某叔"者，其中之"某"，往往是古國名或古地名的遺存，女性人名加於姓前者，也往往是夫家或娘家之國名，因而此類資料也算作地名資料，一併收入。又"族名"是金文中一個尚未得到很好解決的問題，學者間有"族徽"、"族氏"、"族名"、"私名"、"特殊集團"等不同認識，本書取涵義較廣泛的"族名"一說，實際將金文中類似的資料一併收入，不再細加區分。

三、上古時代，個人的活動與整個家族和部族的存在密不可分，在流傳下來的商周文字記載裏，人名、地名、族名、國名等往往混而不分，就是這種上古制度的遺存。又金文中常見以官名稱呼人名者，因此本書各索引內容或互有重復，凡此諸端，於各索引中皆兩存之。

四、金文中稱人名時，往往連其官名及其他限制詞一併稱呼，爲方便讀者，人名索引中狹義的人名與連帶其官名及其他限制詞的人名兩存之，用括弧作互見處理。

五、各索引之（一）者，皆以筆劃順序排列，以方便讀者查找。人名、官名索引之（二）者，以時代先後順序排列，族名、地名索引之（二）者，以出土地之順序排列，以便讀者從不同角度觀察索引之內容。

六、索引中出現的"怪字"（指目前尚无法释读的字），大體以作者隸定的筆劃排序，個別無法隸定的字，取其近似的筆劃排序。

銘文人名索引（一）

（按筆劃數由少到多排序）

	人名	器號	器名	時代	字數
一劃	乙	821	天乙爵	西周早期	2
	乙	1094	𡥉乙戈	西周早期	2
	乙	206	戈乙鼎	商代後期	2
	乙	241	明亞乙鼎	商代後期	3
	乙	650	虫乙觶	商代後期	2
	乙	737	息乙觚	商代後期	2
	乙	817	乙𤮉爵	商代後期	2
	乙	818	戈乙爵	商代後期	2
	乙	819	豕乙爵	商代後期	2
	乙	820	豩乙爵	商代後期	2
	乙伯	489	史密簋	西周中期	91
二劃	丁（冶）	1179	十一年佲茗戈	戰國後期	14
	丁兒（應侯之孫）	351	應侯之孫丁兒鼎蓋	春秋後期	32
	卜淦□高	1174	卜淦□高戈	春秋前期	11
三劃	上（工）	1189	元年丞相斯戈	戰國後期	18
	上郡守周	1198	廿五年上郡守周戈	戰國後期	22
	上郡守定高	1216	三年相邦呂不韋矛	戰國後期	22
	上郡守閒	1193	七年上郡守閒戈	戰國後期	19
	上郡守閒	1194	六年上郡守閒戈	戰國後期	20
	上郡守壽	1201	十五年上郡守壽戈	戰國後期	27
	上郡守慶	1185	三十八年上郡戈	戰國後期	17
	上庫工師叀逪	1190	十六年寧壽令戟	戰國後期	17
	上郜公	536	上郜公簠	春秋後期	34
	于（工隸臣）	1185	三十八年上郡戈	戰國後期	17
	士戍	487	殷簋	西周中期	80
	士戍	488	殷簋	西周中期	80
	大工尹韓耑	1235	十六年守相鈹	戰國後期	23
	大工尹韓耑	1237	十七年相邦春平侯鈹	戰國後期	24
	大正叔良父	1016	叔良父匜	西周晚期	20
	大良造庶長鞅	1249	十九年大良造鞅鐓	戰國後期	14
	大保鼒	1109	大保戟	西周早期	3
	大師	1007	子仲姜盤	春秋前期	30

川子	983	父丁罍	商代後期	4
小夫	598	小夫卣	西周早期	8
小臣佰	340	小臣佰鼎	西周早期	21
小姓	584	小姓卣	西周早期	4
工上	1189	元年丞相斯戈	戰國後期	18
工成	1187	五年相邦戟	戰國後期	17
工邦	1199	九年相邦呂不韋戟	戰國後期	24
工固	1190	十六年寧壽令戟	戰國後期	17
工虹	1213	四年呂不韋矛	戰國後期	15
工虹	1215	三年呂不韋矛	戰國後期	18
工兢	1182	七年相邦呂不韋戟	戰國後期	15
工鬼薪帶	1193	七年上郡守閒戈	戰國後期	19
工師有	1169	九年京令戈	戰國後期	存8
工師章	1173	五年瑂□戈	戰國後期	10
工師絭	1171	廿七年泌陽戈	戰國後期	9
工師憲	1175	六年陽城令戈	戰國後期	11
工師鍇	1172	芒陽守令戈	戰國後期	存9
工師郃喜	1179	十一年佫茖戈	戰國後期	14
工隸臣于	1185	三十八年上郡戈	戰國後期	17
工隸臣宑	1192	四十年上郡守戈	戰國後期	19
工盧王胡發誓班之弟季子	1229	工盧王弟季子劍	春秋後期	24
工盧大叔□□	1004	工盧大叔盤	春秋後期	10
工盧太祖	1230	工盧太祖鈹	春秋後期	10
己	207	己並鼎	商代後期	2
己	208	己並鼎	商代後期	2
己	209	己並鼎	商代後期	2
己	210	枣己鼎	商代後期	2
己	822	息己爵	商代後期	2
矢叔	422	矢叔簋	西周中期	5
□子皺	1026	□子皺盞盂	春秋後期	29
□公	356	伯唐父鼎	西周中期	66
□公	1095	□公戈	西周早期	2
□公	1087	莒公戈	春秋前期	2
□令孔□	1186	十一年戈	戰國前期	17
□平侯（守相）	1235	十六年守相鈹	戰國後期	23
□伯	122	□伯鬲	西周早期	5
□君子	952	君子壺	春秋後期	5
□叔□子	522	叔簋	西周晚期	21
□庫工師張義	1232	十九年陳授鈹	戰國後期	18

	□庫工師樂參	1191	二年邢令戈	戰國後期	18
四劃	五伯	631	五伯尊	西周早期	6
	公	449	比簋	西周早期	9
	公	484	保員簋	西周早期	45
	公	594	公卣	西周早期	6
	公	676	束觶	西周早期	9
	公	1108	公戈	戰國前期	2
	公孙潮子(莒)	4	莒公孫潮子編鎛	戰國前期	16
	公孙潮子(莒)	5	莒公孫潮子編鎛	戰國前期	17
	公孙潮子(莒)	6	莒公孫潮子編鐘	戰國前期	16
	公孙潮子(莒)	7	莒公孫潮子編鐘	戰國前期	17
	公孙潮子(莒)	8	莒公孫潮子編鐘	戰國前期	17
	公孙潮子(莒)	9	莒公孫潮子編鐘	戰國前期	17
	内尹	605	蠹卣	西周中期	55
	内史尹仲	490	宰獸簋	西周中期	128
	内史言	487	殷簋	西周中期	80
	内史言	488	殷簋	西周中期	80
	内嗣土寺葊	364	吳虎鼎	西周晚期	163
	反維（司寇）	1196	六年襄城令戈	戰國後期	22
	天子	28	戎生編鐘	西周晚期	27
	天子	106	逨編鐘	西周晚期	117
	天子	107	逨編鐘	西周晚期	117
	天子	108	逨編鐘	西周晚期	117
	天子	109	逨編鐘	西周晚期	17
	太子	1243	太子車斧	西周晚期	4
	太子	1241	王斧	戰國後期	1
	太保	1257	太保車轄	西周早期	2
	夭	577	夭作彝卣	西周中期	3
	孔□（□令）	1186	十一年戈	戰國前期	17
	少曲洹（佲荟宋令）	1179	十一年佲荟戈	戰國後期	14
	尹仲（内史）	490	宰獸簋	西周中期	128
	尹姞	481	夷伯簋	西周中期	36
	尹覞	302	尹覞鼎	西周早期	7
	尹覞	303	尹覞鼎	西周早期	7
	文	420	文簋	西周早期	5
	文（東工守）	1199	九年相邦呂不韋戟	戰國後期	24
	文父丁	335	臣高鼎	西周早期	17
	文姞	910	婦嫀角	商代後期	存6
	方伯	1122	伯戈	西周早期	4

日庚	491	虎簋蓋	西周中期	158
比	449	比簋	西周早期	9
毛伯	1113	毛伯戈	西周早期	3
王	356	伯唐父鼎	西周中期	66
王	483	敔簋蓋	西周中期	44
王	485	禹簋	西周中期	55
王	487	殷簋	西周中期	80
王	488	殷簋	西周中期	80
王	489	史密簋	西周中期	91
王	490	宰獸簋	西周中期	128
王	491	虎簋蓋	西周中期	158
王	506	達盨蓋	西周中期	40
王	605	纍卣	西周中期	55
王	335	臣高鼎	西周早期	17
王	340	小臣佣鼎	西周早期	21
王	357	靜方鼎	西周早期	78
王	484	保員簋	西周早期	45
王	486	柞伯簋	西周早期	74
王	604	州子卣	西周早期	30
王	942	克盉	西周早期	43
王	987	克罍	西周早期	43
王	1024	王盂	西周早期	8
王	35	晉侯蘇編鐘	西周晚期	39
王	36	晉侯蘇編鐘	西周晚期	39
王	37	晉侯蘇編鐘	西周晚期	36
王	39	晉侯蘇編鐘	西周晚期	12
王	40	晉侯蘇編鐘	西周晚期	10
王	43	晉侯蘇編鐘	西周晚期	40
王	44	晉侯蘇編鐘	西周晚期	40
王	45	晉侯蘇編鐘	西周晚期	39
王	429	王作姜氏簋	西周晚期	6
王	507	師克盨	西周晚期	146
王	96	䢭邙編鐘	春秋前期	68
王	10	子犯編鐘	春秋後期	22
王	11	子犯編鐘	春秋後期	22
王	13	子犯編鐘	春秋後期	22
王	18	子犯編鐘	春秋後期	22
王	19	子犯編鐘	春秋後期	22
王	21	子犯編鐘	春秋後期	22

王（宣王）	364	吳虎鼎	西周晚期	163
王（穆王）	482	鮮簋	西周中期	43
王子午	358	王子午鼎	春秋後期	85
王子午	360	王子午鼎	春秋後期	81
王子午	361	王子午鼎	春秋後期	81
王子午	362	王子午鼎	春秋後期	85
王子午	363	王子午鼎	春秋後期	81
王子午	1160	王子午戟	春秋後期	6
王子午	1161	王子午戟	春秋後期	6
王子耴	259	王子耴鼎	商代後期	3
王太后	309	王太后右和室鼎	戰國後期	8
王母	450	王母簋	西周中期	存 9
王后	289	王后鼎	戰國前期	5
王后	319	王后鼎	戰國後期	13
王姰	308	王姰鼎	西周早期	8
王何	1180	宜安戈	戰國後期	14
王季	287	王季鼎	西周早期	5
王姜	340	小臣伯鼎	西周早期	21
王孫誥	60	王孫誥編鐘	春秋後期	108
王孫誥	61	王孫誥編鐘	春秋後期	108
王孫誥	62	王孫誥編鐘	春秋後期	108
王孫誥	63	王孫誥編鐘	春秋後期	106
王孫誥	64	王孫誥編鐘	春秋後期	107
王孫誥	65	王孫誥編鐘	春秋後期	108
王孫誥	66	王孫誥編鐘	春秋後期	108
王孫誥	67	王孫誥編鐘	春秋後期	108
王孫誥	68	王孫誥編鐘	春秋後期	108
王孫誥	69	王孫誥編鐘	春秋後期	108
王孫誥	70	王孫誥編鐘	春秋後期	108
王孫誥	71	王孫誥編鐘	春秋後期	108
王孫誥	72	王孫誥編鐘	春秋後期	74
王孫誥	74	王孫誥編鐘	春秋後期	40
王孫誥	75	王孫誥編鐘	春秋後期	49
王孫誥	76	王孫誥編鐘	春秋後期	60
王孫誥	77	王孫誥編鐘	春秋後期	40
王孫誥	85	王孫誥編鐘	春秋後期	32
王孫誥	1158	王孫誥戟	春秋後期	6
王孫誥	1159	王孫誥戟	春秋後期	6
父甲	667	尹舟父甲觶	西周早期	4

父甲		678	夷觶	西周早期	11
父乙		263	亞䆷父乙鼎	西周早期	4
父乙		301	備作父乙鼎	西周早期	7
父乙		393	父乙簋	西周早期	3
父乙		433	父乙簋	西周早期	7
父乙		434	叔簋	西周早期	7
父乙		455	晨簋	西周早期	12
父乙		539	史父乙豆	西周早期	3
父乙		557	父乙卣	西周早期	2
父乙		568	痎父乙卣	西周早期	3
父乙		569	父乙卣	西周早期	3
父乙		600	戳哭卣	西周早期	13
父乙		611	父乙尊	西周早期	2
父乙		632	即冊尊	西周早期	存6
父乙		633	卲尊	西周早期	8
父乙		658	父乙飲觶	西周早期	3
父乙		666	父乙觶	西周早期	3
父乙		758	晨瓡	西周早期	12
父乙		809	父乙爵	西周早期	2
父乙		871	父乙爵	西周早期	3
父乙		898	亞㠱父乙爵	西周早期	4
父乙		899	亞示父乙爵	西周早期	4
父乙		909	亥爵	西周早期	6
父乙		913	晨角	西周早期	12
父乙		914	晨角	西周早期	12
父乙		926	爻父乙斝	西周早期	3
父乙		995	企方彝蓋	西周早期	12
父乙		230	息父乙鼎	商代後期	3
父乙		410	月鼎父乙簋	商代後期	4
父乙		567	父乙卣	商代後期	3
父乙		590	冊𦥑般卣	商代後期	5
父乙		628	臣辰父乙尊	商代後期	5
父乙		742	息父乙瓡	商代後期	3
父乙		808	父乙爵	商代後期	2
父乙		869	戈父乙爵	商代後期	3
父乙		870	宁父乙爵	商代後期	3
父乙		872	黿父乙角	商代後期	3
父丙		873	父丙爵	西周中期	3
父丙		604	州子卣	西周早期	30

父丁	464	筆簋	西周中期	15
父丁	231	息父丁鼎	西周早期	3
父丁	302	尹覑鼎	西周早期	7
父丁	303	尹覑鼎	西周早期	7
父丁	357	靜方鼎	西周早期	78
父丁	435	作父丁簋	西周早期	7
父丁	436	作父丁簋	西周早期	7
父丁	570	[illegible]父丁卣	西周早期	3
父丁	571	[illegible]父丁卣	西周早期	3
父丁	580	[illegible]父丁卣	西周早期	4
父丁	615	[illegible]父丁尊	西周早期	3
父丁	659	保父丁觶	西周早期	3
父丁	875	[illegible]父丁爵	西周早期	3
父丁	876	[illegible]父丁爵	西周早期	3
父丁	878	伐父丁爵	西周早期	3
父丁	935	[illegible]父丁盉	西周早期	3
父丁	936	[illegible]父丁盉	西周早期	3
父丁	948	[illegible]父丁壺	西周早期	3
父丁	232	[illegible]父丁鼎	商代後期	3
父丁	233	[illegible]父丁鼎	商代後期	3
父丁	264	冊[illegible]父丁鼎	商代後期	4
父丁	285	[illegible]父丁鼎	商代後期	5
父丁	291	辛卯羊鼎	商代後期	6
父丁	394	子父丁簋	商代後期	3
父丁	417	亞毀父丁覍簋	商代後期	5
父丁	454	寢魚簋	商代後期	12
父丁	579	馬豢父丁卣	商代後期	4
父丁	616	豢父丁尊	商代後期	3
父丁	668	[illegible]册父丁觶	商代後期	4
父丁	751	羊建父丁觚	商代後期	4
父丁	874	史父丁爵	商代後期	3
父丁	877	伐父丁爵	商代後期	3
父丁	983	父丁罍	商代後期	4
父戊	388	父戊簋	西周早期	2
父戊	558	父戊卣	西周早期	2
父戊	984	[illegible][illegible]父戊罍	西周早期	4
父戊	265	子父戊子鼎	商代後期	4
父戊	743	卩父戊觚	商代後期	3
父己	605	[illegible]卣	西周中期	55

父己	672	莕酘觶	西周中期	6
父己	673	莕酘觶	西周中期	6
父己	813	父己爵	西周中期	2
父己	901	麋癸爵	西周中期	4
父己	395	戈父己簋	西周早期	3
父己	623	㸴妶父己尊	西周早期	4
父己	660	戈父己觶	西周早期	3
父己	675	鷉作父己觶	西周早期	7
父己	810	父己爵	西周早期	2
父己	811	父己爵	西周早期	2
父己	812	父己爵	西周早期	2
父己	879	亞父己爵	西周早期	3
父己	880	我父己爵	西周早期	3
父己	949	刀父己壺	西周早期	3
父己	985	工㪤父己罍	西周早期	4
父己	617	𬓚父己尊	商代後期	3
父己	900	𠦪天父己爵	商代後期	4
父庚	131	父庚鬲	西周早期	10
父庚	205	父庚鼎	西周早期	2
父庚	292	陵鼎	西周早期	6
父庚	572	申父庚卣	西周早期	3
父庚	912	史宛爵	西周早期	8
父庚	234	屰父庚方鼎	商代後期	3
父庚	752	八冊父庚瓿	商代後期	4
父庚	753	共田父庚瓿	商代後期	4
父庚	902	雩冊父庚角	商代後期	4
父辛	629	作父辛尊	西周中期	5
父辛	128	甬鬲	西周早期	7
父辛	266	秉冊父辛鼎	西周早期	4
父辛	286	亞夫父辛鼎	西周早期	5
父辛	304	倗戍作父辛鼎	西周早期	7
父辛	396	光父辛簋	西周早期	3
父辛	397	亼父辛簋	西周早期	3
父辛	604	州子卣	西周早期	30
父辛	618	戈父辛尊	西周早期	3
父辛	662	鳥父辛觶	西周早期	3
父辛	678	束觶	西周早期	11
父辛	882	魚父辛爵	西周早期	3
父辛	883	魚父辛爵	西周早期	3

父辛	903	⛵井父辛爵	西周早期	4
父辛	911	父辛爵	西周早期	7
父辛	937	羊父辛盂	西周早期	3
父辛	997	父辛盤	西周早期	2
父辛	1096	父辛戈	西周早期	2
父辛	123	共宁II鬲	商代後期	6
父辛	235	息父辛鼎	商代後期	3
父辛	573	Ⴤ父辛卣	商代後期	3
父辛	619	⋀父辛尊	商代後期	3
父辛	661	子父辛觶	商代後期	3
父辛	669	榮門父辛觶	商代後期	4
父辛	881	左父辛爵	商代後期	3
父壬	745	寅父壬觚	商代後期	3
父癸	399	⾣父癸簋	西周中期	3
父癸	398	𤰲父癸簋	西周早期	3
父癸	445	蒸辟簋	西周早期	8
父癸	574	戈父癸卣	西周早期	3
父癸	582	口疛父癸卣	西周早期	4
父癸	612	父癸尊	西周早期	2
父癸	622	亞䄅父丁尊	西周早期	4
父癸	670	亞天父癸觶	西周早期	4
父癸	715	父癸觚	西周早期	2
父癸	884	𤢖父癸爵	西周早期	3
父癸	885	𤠔父癸爵	西周早期	3
父癸	927	𤰞父癸斝	西周早期	3
父癸	950	爵父癸壺	西周早期	3
父癸	120	叔父癸鬲	商代後期	3
父癸	236	𤲃父癸鼎	商代後期	3
父癸	237	𤲃父癸鼎	商代後期	3
父癸	238	叔父癸鼎	商代後期	3
父癸	239	⾣父癸鼎	商代後期	3
父癸	240	得父癸方鼎	商代後期	3
父癸	411	冊玄父癸簋	商代後期	4
父癸	540	𤲃父癸豆	商代後期	3
父癸	581	剌冊父癸卣	商代後期	4
父癸	593	宁月卣	商代後期	6
父癸	596	葡𤕻卣	商代後期	7
父癸	620	口父癸尊	商代後期	3
父癸	649	父癸觶	商代後期	2

父癸	663	𣪘父癸觶	商代後期	3
父癸	746	大父癸觚	商代後期	3
父癸	886	窮父癸爵	商代後期	3
父癸	887	𣪘父癸爵	商代後期	3
父癸	888	叔父癸爵	商代後期	3
父癸	889	劓父癸爵	商代後期	3
父□	890	息父□爵	商代後期	3
父□	891	魚父□爵	商代後期	3
父□	892	黿父□爵	商代後期	3
父□	907	𠂤宁II爵	商代後期	5
父□	908	𠂤宁II爵	商代後期	5
五劃 母乙	814	母乙爵	商代後期	2
母丙	930	兄觥	商代後期	7
母戊	893	並母戊爵	商代後期	3
母己	664	𣪘母己觶蓋	西周早期	3
母己	816	母己爵	西周早期	2
母日辛	306	盂方鼎	商代後期	8
母日辛	307	盂方鼎	商代後期	8
母辛	412	亞獏母辛簋	商代後期	4
母癸	747	史母癸觚	商代後期	3
母癸	815	母癸爵	商代後期	2
母孃	276	鳥母孃鼎	商代後期	4
丙公	605	纍卣	西周中期	55
主（冶）	1177	十八年莆坂令戈	戰國後期	12
以鄧	1144	以鄧戟	春秋後期	4
以鄧	1145	以鄧戟	春秋後期	5
以鄧（楚叔之孫）	348	以鄧鼎	春秋後期	25
以鄧（楚叔之孫）	1019	以鄧匜	春秋後期	27
兄(作冊)	253	作冊兄鼎	商代後期	3
兄	930	兄觥	商代後期	7
兄日癸	634	史酓㪊尊	西周早期	11
兄癸	339	亞魚鼎	商代後期	21
北子之子	1224	北子之子劍	戰國前期	存 8
去疾（櫟陽左工）	1189	元年丞相斯戈	戰國後期	18
召伯虎	497	召伯虎盨	西周晚期	8
史	982	史作彝方罍	西周早期	3
史密	489	史密簋	西周中期	91
史惠	346	史惠鼎	西周晚期	25
史惠	463	史惠簋	西周晚期	14

	史戠敖	634	史戠敖尊	西周早期	11
	史㝨	912	史㝨爵	西周早期	8
	史𡍮	364	吳虎鼎	西周晚期	163
	右师陭氏	1136	陭氏戈	戰國後期	4
	右庫工師甘丹𢦏	1196	六年襄城令戈	戰國後期	22
	右庫工師張慶	1231	四年邞相鈹	戰國後期	16
	右庫工師梁丘	1200	廿七年安陽令戈	戰國後期	25
	右庫工師繯	1181	七年大梁司寇綬戈	戰國後期	12
	右庫工師吏堂澤	1188	廿三年相邦邙皮戈	戰國後期	15
	司寇反維	1196	六年襄城令戈	戰國後期	22
	司寇㚃衣□	1200	廿七年安陽令戈	戰國後期	25
	司寇嘾相	1195	十年洱陽令戟	戰國後期	21
	左工師命	1177	十八年莆坂令戈	戰國後期	12
	左庫工師董棠	1195	十年洱陽令戟	戰國後期	21
	平國君（相邦）	1236	十八年相邦平國君鈹	戰國後期	25
	平聝（佐）	1244	廿四年莒陽斧	戰國後期	12
	甘丹𢦏（右庫工師）	1196	六年襄城令戈	戰國後期	22
	申（丞）	1198	廿五年上郡守周戈	戰國後期	22
	申（丞）	1213	四年吕不韋矛	戰國後期	15
	申（丞）	1216	三年相邦吕不韋矛	戰國後期	22
	申（高工丞）	1215	三年吕不韋矛	戰國後期	18
	申王之孫叔姜	521	申王之孫簠	春秋後期	19
	疋（冶）	1196	六年襄城令戈	戰國後期	22
	邙皮（相邦）	1188	廿三年相邦邙皮戈	戰國後期	15
	仜爯	601	仜爯卣	西周中期	13
	仜爯	636	仜爯尊	西周中期	13
	切	155	切甗	商代後期	5
六劃	丞申	1198	廿五年上郡守周戈	戰國後期	22
	丞申	1213	四年吕不韋矛	戰國後期	15
	丞申	1216	三年相邦吕不韋矛	戰國後期	22
	丞武	1199	九年相邦吕不韋戟	戰國後期	24
	丞秦	1185	三十八年上郡戈	戰國後期	17
	丞�ടഴ	1192	四十年上郡守戈	戰國後期	19
	丞義	1187	五年相邦戟	戰國後期	17
	丞𩰫	1201	十五年上郡守壽戈	戰國後期	27
	丞𣌭	1182	七年相邦吕不韋戟	戰國後期	15
	丞相斯	1189	元年丞相斯戈	戰國後期	18
	交	472	琱我父簋蓋	西周晚期	23
	交	473	琱我父簋蓋	西周晚期	23

交	474	琱我父簋蓋	西周晚期	23
亥	909	亥爵	西周早期	6
仲原父	1012	仲原父匜	西周晚期	8
仲□父	320	仲口父鼎	西周晚期	14
[仲]冄父	326	仲冄父鼎	西周晚期	15
仲妃衛	524	仲妃衛簋	春秋後期	22
仲妃衛	525	仲妃衛簋	春秋後期	22
仲姞	543	梁伯可忌豆	戰國後期	20
仲猶	471	仲猶簋	西周中期	20
企	995	企方彝蓋	西周早期	12
合陽王	314	七年□合陽王鼎	戰國後期	11
吉父	161	小子吉父方甗	西周晚期	存 15
吉父（膳夫）	145	膳夫吉父鬲	西周晚期	15
吉父（膳夫）	322	膳夫吉父鼎	西周晚期	14
呂王	53	龏編鐘	春秋後期	28
呂王	57	龏編鐘	春秋後期	14
呂王	98	龏編鎛	春秋後期	76
呂王	99	龏編鎛	春秋後期	77
呂王	100	龏編鎛	春秋後期	80
呂王	102	龏編鎛	春秋後期	30
呂王	104	龏編鎛	春秋後期	36
呂[不韋]（相邦）	1215	三年呂不韋矛	戰國後期	18
呂不韋（相邦）	1182	七年相邦呂不韋戟	戰國後期	15
呂不韋（相邦）	1187	五年相邦戟	戰國後期	17
呂不韋（相邦）	1199	九年相邦呂不韋戟	戰國後期	24
呂不韋（相邦）	1213	四年呂不韋矛	戰國後期	15
呂不韋（相邦）	1216	三年相邦呂不韋矛	戰國後期	22
夷伯	481	夷伯簋	西周中期	36
好妻	349	徐大子伯辰鼎	春秋前期	28
守	597	守卣	西周早期	8
守相□平侯	1235	十六年守相鈹	戰國後期	23
守宮	591	守宮卣	西周早期	5
安陽令敬章	1200	廿七年安陽令戈	戰國後期	25
寺（莒陽丞）	1244	廿四年莒陽斧	戰國後期	12
寺工告	1182	七年相邦呂不韋戟	戰國後期	15
寺工瞖	1185	三十八年上郡戈	戰國後期	17
寺工讋	1187	五年相邦戟	戰國後期	17
寺葇（內嗣土）	364	吳虎鼎	西周晚期	163
州子	604	州子卣	西周早期	30

	延（宋右師）	538	宋右師延敦	春秋後期	29
	戎生	27	戎生編鐘	西周晚期	29
	戎生	32	戎生編鐘	西周晚期	11
	成（工）	1187	五年相邦戟	戰國後期	17
	旨	250	旨鼎	西周中期	3
	有（工師）	1169	九年京令戈	戰國後期	存 8
	次夷（徐頢君之孫，利之元子）	1041	徐頢君之孫缶	春秋後期	29
	耳公	1219	耳劍	春秋前期	4
	耳伯陰	406	耳伯陰簋	西周早期	3
	臣（鬼薪工）	1194	六年上郡守閒戈	戰國後期	20
	臣辰	589	𩽈臣辰祖乙卣	西周早期	5
	臣辰	628	臣辰𩽈父乙尊	商代後期	5
	臣兒	54	𩎟編鐘	春秋後期	22
	臣兒	59	𩎟編鐘	春秋後期	6
	臣兒	98	𩎟編鎛	春秋後期	76
	臣兒	99	𩎟編鎛	春秋後期	77
	臣兒	100	𩎟編鎛	春秋後期	80
	臣兒	102	𩎟編鎛	春秋後期	30
	臣兒	104	𩎟編鎛	春秋後期	36
	臣高	335	臣高鼎	西周早期	17
	芒陽守令麇	1172	芒陽守令戈	戰國後期	存 9
	邢令孟柬慶	1191	二年邢令戈	戰國後期	18
	邢叔	249	邢叔鼎	西周中期	3
	邢叔	1048	邢叔杯	西周中期	6
	邦（工）	1199	九年相邦呂不韋戟	戰國後期	24
	邦右伐器工師□□	1237	十七年相邦春平侯鈹	戰國後期	24
	邦右伐器□工師癰	1236	十八年相邦平國君鈹	戰國後期	25
	邦右庫工師韓袄	1235	十六年守相鈹	戰國後期	23
	邦司寇陳綏	1232	十九年陳授鈹	戰國後期	18
	邦左趙庀智	1184	廿年相邦藺相如戈	戰國後期	16
	邦左庫工師張身	1233	四年相邦春平侯鈹	戰國後期	18
	邞相樂宲	1231	四年邞相鈹	戰國後期	16
	束	677	束觶	西周早期	10
	伵子俑	1034	伵子俑缶	春秋後期	6
	伵子俑	1035	伵子俑缶	春秋後期	6
七劃	伯	255	伯鼎	西周中期	3
	伯	267	伯鼎	西周中期	4
	伯	268	伯鼎	西周中期	4
	伯	438	伯簋	西周中期	7

伯	254	伯作寶方鼎	西周早期	3
伯	256	伯鼎	西周早期	3
伯	269	伯鼎	西周早期	4
伯	400	伯作彝簋	西周早期	3
伯	401	伯作彝簋	西周早期	3
伯	624	伯尊	西周早期	4
伯考父	459	伯考父簋蓋	西周中期	14
伯考父	460	伯考父簋	西周晚期	14
伯唐父	356	伯唐父鼎	西周中期	66
伯敢枈	499	伯敢枈盨蓋	西周中期	16
伯敢枈	500	伯敢枈盨器	西周中期	16
伯魚	428	伯魚簋	西周早期	6
伯道（道）	364	吳虎鼎	西周晚期	163
伯豐	904	伯豐爵	西周中期	4
伯毂	129	伯毂鬲	西周晚期	存 8
佐平職	1244	廿四年莒陽斧	戰國後期	12
何次（畢孫）	533	何次簋	春秋後期	32
何次（畢孫）	534	何次簠	春秋後期	28
何次（畢孫）	535	何次簠	春秋後期	28
余剌（鄭臧公之孫）	1042	鄭臧公之孫缶	春秋後期	51
克	942	克盉	西周早期	43
克	987	克罍	西周早期	43
作冊兄	253	作冊兄鼎	商代後期	3
冶丁	1179	十一年佫茖戈	戰國後期	14
冶主	1177	十八年莆坂令戈	戰國後期	12
冶疋	1196	六年襄城令戈	戰國後期	22
冶疕	1236	十八年相邦平國君鈹	戰國後期	25
冶明	1191	二年邢令戈	戰國後期	18
冶明	1235	十六年守相鈹	戰國後期	23
冶明乘	1195	十年洱陽令戟	戰國後期	21
冶奚易	1232	十九年陳授鈹	戰國後期	18
冶病	1181	七年大梁司寇綏戈	戰國後期	12
冶象	1171	廿七年泌陽戈	戰國後期	9
冶陽	1184	廿年相邦藺相如戈	戰國後期	16
冶頤	1237	十七年相邦春平侯鈹	戰國後期	24
冶朘	1168	郘左戟	戰國前期	8
冶愍	1176	廿四年晉□戈	戰國後期	11
冶工隸臣猗	1201	十五年上郡守壽戈	戰國後期	27
冶事息	1231	四年刭相鈹	戰國後期	16

孟員	338	孟狅父鼎	西周中期	19
孟姬	453	侯氏簋	春秋前期	12
孟姬	527	蔡侯簋	春秋後期	24
孟姬	528	蔡侯簋	春秋後期	24
孟縢姬	1038	孟縢姬缶	春秋後期	22
孟縢姬	1039	孟縢姬缶	春秋後期	22
季子（工盧王胡發誓班之弟）	1229	工盧王弟季子劍	春秋後期	24
季嬴	146	子碩父鬲	西周晚期	22
季嬴	147	子碩父鬲	西周晚期	22
官人	364	吳虎鼎	西周晚期	163
定（郡尉守）	1215	三年呂不韋矛	戰國後期	18
定高（上郡守）	1216	三年相邦呂不韋矛	戰國後期	22
居夷	595	散卣	西周早期	6
庚	823	息庚爵	商代後期	2
庚孟	364	吳虎鼎	西周晚期	163
庚建	630	庚建尊	西周早期	5
明（冶）	1191	二年邢令戈	戰國後期	18
明（冶）	1235	十六年守相鈹	戰國後期	23
明乘（冶）	1195	十年洱陽令戟	戰國後期	21
東工守文	1199	九年相邦呂不韋戟	戰國後期	24
東姬（宣王之孫雍子之子）	1021	東姬匜	春秋後期	35
武（丞）	1199	九年相邦呂不韋戟	戰國後期	24
武王	1152	武王戈	戰國後期	5
盂	160	盂甗	西周早期	6
盂	306	盂方鼎	商代後期	8
盂	307	盂方鼎	商代後期	8
虎	491	虎簋蓋	西周中期	158
郠子姜首	1009	郠公黃盤	春秋後期	42
郠公黃	1009	郠公黃盤	春秋後期	42
郠召	526	郠召簋	西周晚期	23
長必	489	史密簋	西周中期	91
長社	124	長社鬲	西周晚期	6
長畫（車大夫）	1143	車大夫長畫戈	戰國前期	4
青公	943	匍盉	西周早期	44
咼監	297	咼監鼎	西周早期	6
到	432	到簋	西周中期	7
宇（工隸臣）	1192	四十年上郡守戈	戰國後期	19
九劃 侯氏	453	侯氏簋	春秋前期	12
侯散	1111	侯散戈	春秋後期	3

保員	484	保員簋	西周早期	45
保晉	1112	保晉戈	西周早期	3
俞伯	159	俞伯甗	西周早期	6
匍	943	匍盉	西周早期	44
匽侯	437	匽侯簋	西周早期	7
匽侯	1126	匽侯戟	西周早期	4
匽侯	1127	匽侯舞戟	西周早期	4
匽侯	1252	匽侯舞錫	西周早期	4
匽侯	1253	郾侯舞錫	西周早期	4
南君旟孖	1167	南君旟孖戈	春秋後期	7
南宮	486	柞伯簋	西周早期	74
南宮史叔	337	吳王姬鼎	西周晚期	18
厚子	261	工師厚子鼎	戰國後期	3
姜氏	125	豳王鬲	西周晚期	6
姜氏	126	豳王鬲	西周晚期	6
姜氏	429	王作姜氏簋	西周晚期	6
宣（蜀守）	1199	九年相邦呂不韋戟	戰國後期	24
宣王之孫雍子之子東姬	1021	東姬匜	春秋後期	35
幽仲	490	宰獸簋	西周中期	128
恒父	418	恒父簋	西周早期	5
恒父	448	恒父簋	西周早期	9
恒侯伯恒	144	恒侯鬲	西周晚期	15
春平侯（相邦）	1233	四年相邦春平侯鈹	戰國後期	18
春平侯（相邦）	1237	十七年相邦春平侯鈹	戰國後期	24
昭王	482	鮮簋	西周中期	43
柞伯	486	柞伯簋	西周早期	74
洱陽令張定	1195	十年洱陽令戟	戰國後期	21
禹	485	禹簋	西周中期	55
癸	651	𠦪癸觶	西周早期	2
癸	826	𣪊癸爵	商代後期	2
皇	271	皇鼎	西周早期	4
相邦平國君	1236	十八年相邦平國君鈹	戰國後期	25
相邦呂[不韋]	1215	三年呂不韋矛	戰國後期	18
相邦呂不韋	1182	七年相邦呂不韋戟	戰國後期	15
相邦呂不韋	1187	五年相邦戟	戰國後期	17
相邦呂不韋	1199	九年相邦呂不韋戟	戰國後期	24
相邦呂不韋	1216	三年相邦呂不韋矛	戰國後期	22
相邦呂不韋	1213	四年呂不韋矛	戰國後期	15
相邦春平侯	1233	四年相邦春平侯鈹	戰國後期	18

相邦春平侯	1237	十七年相邦春平侯鈹	戰國後期	24
相邦邟皮	1188	廿三年相邦邟皮戈	戰國後期	15
相邦丞藺相如	1184	廿年相邦藺相如戈	戰國後期	16
矩爵	425	矩爵簋	西周早期	6
祖乙	589	𠂤臣辰祖乙卣	西周早期	5
祖乙	1058	𣂏祖乙器蓋	西周早期	3
祖乙	565	光祖乙卣	商代後期	3
祖丁	152	𠂤祖丁甗	西周早期	3
祖丁	392	𠂤祖丁簋	西周早期	3
祖丁	409	夆旅祖丁簋	西周早期	4
祖丁	806	祖丁爵	西周早期	2
祖丁	1123	僕戈	西周早期	4
祖丁	262	月𤰇祖丁鼎	商代後期	4
祖丁	714	祖丁觚	商代後期	2
祖丁	905	𢆶爵	商代後期	5
祖丁	897	女嬗祖丁角	商代後期	4
祖戊	757	無𥅆觚	商代後期	8
祖己	868	羊祖己爵	西周早期	3
祖己	917	祖己斝	商代後期	2
祖庚	432	到簋	西周中期	7
祖辛	566	象祖辛卣	西周早期	3
祖辛	807	祖辛爵	商代後期	2
祖壬	906	鄉爵	商代後期	5
祖癸	204	祖癸鼎	西周早期	2
祖癸	756	子不觚	商代後期	6
祖□	918	祖□斝	西周早期	2
祖□	229	晝祖□鼎	商代後期	3
紀侯	134	紀侯鬲	春秋前期	13
荆公孫	537	荆公孫敦	春秋後期	15
莒	1129	莒戟	春秋前期	4
莒公孫潮子	4	莒公孫潮子編鎛	戰國前期	16
莒公孫潮子	5	莒公孫潮子編鎛	戰國前期	17
莒公孫潮子	6	莒公孫潮子編鐘	戰國前期	16
莒公孫潮子	7	莒公孫潮子編鐘	戰國前期	17
莒公孫潮子	8	莒公孫潮子編鐘	戰國前期	17
莒公孫潮子	9	莒公孫潮子編鐘	戰國前期	17
莒陽丞寺	1244	廿四年莒陽斧	戰國後期	12
虹(工)	1213	四年呂不韋矛	戰國後期	15
虹(工)	1215	三年呂不韋矛	戰國後期	18

郡尉守定	1215	三年呂不韋矛	戰國後期	18
郄喜（工師）	1179	十一年佫茖戈	戰國後期	14
臭邲（上庫工師）	1190	十六年寧壽令戟	戰國後期	17
鬼薪工臣	1194	六年上郡守閒戈	戰國後期	20
乘（漆垣工師）	1201	十五年上郡守壽戈	戰國後期	27
倗	279	倗鼎	春秋後期	4
倗	280	倗鼎	春秋後期	4
倗	281	倗鼎	春秋後期	4
倗	282	倗鼎	春秋後期	4
倗	283	倗鼎	春秋後期	4
倗	284	倗鼎	春秋後期	4
倗	508	倗簠	春秋後期	3
倗	509	倗簠	春秋後期	3
倗	1000	倗盤	春秋後期	4
倗	1010	倗匜	春秋後期	4
倗	1029	倗缶	春秋後期	3
倗	1030	倗缶	春秋後期	3
倗	1031	倗缶	春秋後期	4
倗	1032	倗缶	春秋後期	4
倗	1197	倗戈	春秋後期	22
倗	1207	倗矛	春秋後期	4
倗	684	倗觚	商代後期	1
倗	685	倗觚	商代後期	1
倗（楚叔之孫）	311	楚叔之孫倗鼎	春秋後期	8
倗（楚叔之孫）	312	楚叔之孫倗鼎	春秋後期	8
倗（楚叔之孫）	313	楚叔之孫倗鼎	春秋後期	8
倗（楚叔之孫）	341	楚叔之孫倗鼎	春秋後期	21
倗生	965	冀仲壺	西周早期	14
原氏仲	530	原氏仲簠	春秋前期	30
原氏仲	531	原氏仲簠	春秋前期	30
原氏仲	532	原仲簠	春秋前期	31
員	270	員鼎	西周早期	4
奚易（冶）	1232	十九年陳授鈹	戰國後期	18
姬丞	437	匽侯簋	西周早期	7
姬𡥉	324	魯侯鼎	西周晚期	15
姬𡥉	518	魯侯簋	西周晚期	15
宮叔	471	仲㺇簋	西周中期	20
宰獸	490	宰獸簋	西周中期	128
家母	530	原氏仲簠	春秋前期	30

十劃

晉侯對	501	晉侯對盨	西周晚期	22
晉侯對	504	晉侯對盨	西周晚期	30
晉侯蘇	36	晉侯蘇編鐘	西周晚期	39
晉侯蘇	37	晉侯蘇編鐘	西周晚期	36
晉侯蘇	38	晉侯蘇編鐘	西周晚期	24
晉侯蘇	40	晉侯蘇編鐘	西周晚期	10
晉侯蘇	44	晉侯蘇編鐘	西周晚期	40
晉侯蘇	45	晉侯蘇編鐘	西周晚期	39
晉侯蘇	315	晉侯蘇鼎	西周晚期	13
晉侯蘇	316	晉侯蘇鼎	西周晚期	13
晉侯蘇	317	晉侯蘇鼎	西周晚期	13
晉侯蘇	318	晉侯蘇鼎	西周晚期	13
晉侯僰馬	962	晉侯僰馬圓壺	西周晚期	12
晉侯僰馬	971	晉侯僰馬壺	西周晚期	39
晉侯僰馬	972	晉侯僰馬壺蓋	西周晚期	39
晉侯斷	476	晉侯斷簋	西周晚期	26
晉侯斷	477	晉侯斷簋	西周晚期	26
晉侯斷	969	晉侯斷壺	西周晚期	25
殷	487	殷簋	西周中期	80
殷	488	殷簋	西周中期	80
烈侯	1060	晉侯喜父鈿	西周晚期	25
畢人	364	吳虎鼎	西周晚期	163
畢孫何次	533	何次簋	春秋後期	32
畢孫何次	534	何次簋	春秋後期	28
畢孫何次	535	何次簋	春秋後期	28
病（冶）	1181	七年大梁司寇綏戈	戰國後期	12
益姜	490	宰獸簋	西周中期	128
秦（丞）	1185	三十八年上郡戈	戰國後期	17
秦公	955	秦公壺	西周晚期	6
秦公	956	秦公壺	西周晚期	6
秦公	293	秦公鼎	春秋前期	6
秦公	294	秦公鼎	春秋前期	6
秦公	295	秦公鼎	春秋前期	6
秦公	296	秦公鼎	春秋前期	6
秦公	423	秦公簋	春秋前期	5
秦公	424	秦公簋	春秋前期	5
索魚王	1147	索魚王戈	春秋後期	5
能溪	954	能溪壺	西周早期	5
脩（瑚□令）	1173	五年瑚□戈	戰國後期	10

	莆坂令籥	1177	十八年莆坂令戈	戰國後期	12
	逐與子具	344	子具鼎	春秋前期	23
	陳	1033	陳缶蓋	戰國前期	存 4
	陳緌（邦司寇）	1232	十九年陳授鈹	戰國後期	18
	陳樂君歃	163	陳樂君瓶	春秋後期	17
	陳難	1137	陳難戈	戰國前期	4
	陳尒	1139	陳尒戈	戰國前期	4
	陳竧	4	莒公孫潮子編鎛	戰國前期	16
	陳竧	5	莒公孫潮子編鎛	戰國前期	17
	陳竧	6	莒公孫潮子編鐘	戰國前期	16
	陳竧	7	莒公孫潮子編鐘	戰國前期	17
	陳竧	8	莒公孫潮子編鐘	戰國前期	17
	陳竧	9	莒公孫潮子編鐘	戰國前期	17
	陳□	1142	陳□車戈	戰國前期	4
	陵	292	陵鼎	西周早期	6
	高工龠	1213	四年呂不韋矛	戰國後期	15
	高工丞申	1215	三年呂不韋矛	戰國後期	18
	高奴工師閡	1198	廿五年上郡守周戈	戰國後期	22
	高奴工師蕃	1194	六年上郡守閡戈	戰國後期	20
	陭氏（右师）	1136	陭氏戈	戰國後期	4
	夅（大師小子）	478	大師小子夅簋	西周晚期	31
	夅（大師小子）	479	大師小子夅簋	西周晚期	31
	夅（大師小子）	480	大師小子夅簋	西周晚期	31
	窄伯	248	𧊒窄伯鼎	西周中期	3
	傰郭公子畱旡	1164	郭公子戈	春秋前期	7
	愍（冶）	1176	廿四年晉□戈	戰國後期	11
	啤相（司寇）	1195	十年洱陽令戟	戰國後期	21
十一劃	堂澤（右庫工師吏）	1188	廿三年相邦邠皮戈	戰國後期	15
	婦嫙	653	婦嫙觶	商代後期	2
	婦𡧡	910	婦𡧡角	商代後期	存 6
	婦㚸	981	婦㚸罍	西周早期	2
	婦鳳	671	婦鳳觶	商代後期	5
	密叔	491	虎簋蓋	西周中期	158
	帶（工鬼薪）	1193	七年上郡守閡戈	戰國後期	19
	常慶（寧壽令）	1190	十六年寧壽令戟	戰國後期	17
	康伯	953	康伯壺蓋	西周早期	5
	康侯	1238	康侯刀	西周早期	2
	張疋（洱陽令）	1195	十年洱陽令戟	戰國後期	21
	張身（邦左庫工師）	1233	四年相邦春平侯鈹	戰國後期	18

張慶（右庫工師）	1231	四年邨相鈹	戰國後期	16
張義（□庫工師）	1232	十九年陳授鈹	戰國後期	18
得（滕大宰）	1011	滕大宰得匜	春秋後期	7
得工冶對㦱	1180	宜安戈	戰國後期	14
敔	483	敔簋蓋	西周中期	44
敬王夫差	941	吳王夫差盉	春秋後期	12
敔王夫差	1220	敔王夫差劍	春秋後期	8
教馬董史	1180	宜安戈	戰國後期	14
晨	455	晨簋	西周早期	12
晨	758	晨瓠	西周早期	12
晨	913	晨角	西周早期	12
晨	914	晨角	西周早期	12
曹繪冰尋員（攻盧王姑發郍之子）	1228	曹繪冰尋員劍	戰國前期	17
梁丘（右庫工師）	1200	廿七年安陽令戈	戰國後期	25
梁伯可忌	543	梁伯可忌豆	戰國後期	20
梁姬	1046	梁姬罐	西周晚期	5
淪母	530	原氏仲簠	春秋前期	30
淪母	531	原氏仲簠	春秋前期	30
淪母	532	原仲簠	春秋前期	31
淳于公	1157	淳于公戈	春秋前期	6
焂戒	347	焂戒鼎	西周晚期	25
章（工師）	1173	五年琱□戈	戰國後期	10
絊（工師）	1171	廿七年泌陽戈	戰國後期	9
紿（丞）	1192	四十年上郡守戈	戰國後期	19
翏公	1124	翏公戈	春秋後期	4
萊伯武君	135	萊伯武君鬲	春秋前期	14
許季姜	462	許季姜方簋	西周晚期	14
許姜	1012	仲原父匜	西周晚期	8
象（冶）	1171	廿七年泌陽戈	戰國後期	9
逨	106	逨編鐘	西周晚期	117
逨	107	逨編鐘	西周晚期	117
逨	108	逨編鐘	西周晚期	117
逨	109	逨編鐘	西周晚期	17
郾王喜	1208	郾王喜矛	戰國後期	7
郾王詈	1166	郾王詈戈	戰國後期	7
郾王職	1221	郾王職劍	戰國後期	8
鄉	906	鄉爵	商代後期	5
陽（冶）	1184	廿年相邦藺相如戈	戰國後期	16
陽城令韓季	1175	六年陽城令戈	戰國後期	11

魚母子	427	作魚母子簋	西周早期	6
黃季佗父	1156	黃季佗父戈	春秋後期	6
眞仲	965	眞仲壺	西周早期	14
眞邢姜妢母	470	眞侯簋	西周晚期	19
眞侯	470	眞侯簋	西周晚期	19
剌	355	鄭臧公之孫鼎	春秋後期	47
剌夫人	355	鄭臧公之孫鼎	春秋後期	47
剌叔	355	鄭臧公之孫鼎	春秋後期	47
剌侯	1006	晉侯喜父盤	西周晚期	25
彙衣□（司寇）	1200	廿七年安陽令戈	戰國後期	25
十二劃	備	301	備作父乙鼎	西周早期	7
兓城	1146	兓城戟	春秋後期	5
喪史虮	465	喪史虮簋	春秋前期	16
尋楚獃	94	遱䢵編鎛	春秋前期	68
尋楚獃	95	遱䢵編鎛	春秋前期	67
尋楚獃	96	遱䢵編鐘	春秋前期	68
彭伯	963	彭伯壺	春秋前期	13
彭伯	964	彭伯壺	春秋前期	13
揚父（嗣工）	45	晉侯穌編鐘	西周晚期	39
散	595	散卣	西周早期	6
敦（攻丞）	1214	廿年矛	戰國後期	15
敬章（安陽令）	1200	廿七年安陽令戈	戰國後期	25
斯（丞相）	1189	元年丞相斯戈	戰國後期	18
曾子義行	519	曾子義行簋	春秋後期	15
曾伯	133	曾伯鬲	春秋前期	存11
曾孫定	299	曾孫定鼎	春秋後期	6
曾都尹定	511	曾都尹定簋	春秋後期	7
無呂	757	無呂觚	商代後期	8
琱□令脩	1173	五年琱□戈	戰國後期	10
琱我父	472	琱我父簋蓋	西周晚期	23
琱我父	473	琱我父簋蓋	西周晚期	23
琱我父	474	琱我父簋蓋	西周晚期	23
番叔□侯	961	番叔壺	春秋後期	12
發孫虜	523	發孫虜簋	春秋後期	22
董史（教馬）	1180	宜安戈	戰國後期	14
董棠（左庫工師）	1195	十年洱陽令戟	戰國後期	21
越王州句	1222	越王州句劍	春秋後期	8
越王州句	1223	越王州句劍	春秋後期	8
越王者旨於賜	1209	越王者旨於賜矛	戰國前期	6

	鄭臧公之孫余剌	1042	鄭臧公之孫缶	春秋後期	51
	鄭匋	1044	鄭匋盒	戰國後期	2
	鞅（大良造庶長）	1249	十九年大良造鞅鐓	戰國後期	14
	齊（庫）	1244	廿四年莒陽斧	戰國後期	12
	齊伯	483	敔簋蓋	西周中期	44
	齊仲	421	齊仲簋	西周中期	5
	樊屖	489	史密簋	西周中期	91
	莽妣	672	莽妣觶	西周中期	6
	莽妣	673	莽妣觶	西周中期	6
	莽姜	364	吳虎鼎	西周晚期	163
	膌（冶）	1168	邨左戟	戰國前期	8
十五劃	嚚䒪（偁郭公子）	1164	郭公子戈	春秋前期	7
	慶（上郡守）	1185	三十八年上郡戈	戰國後期	17
	樂參（□庫工師）	1191	二年邢令戈	戰國後期	18
	樂寏（邨相）	1231	四年邨相鈹	戰國後期	16
	樛大	940	樛大盉	戰國後期	8
	滕大宰得	1011	滕大宰得匜	春秋後期	7
	膚丘子	1153	膚丘子戟	戰國後期	5
	蕃（高奴工師）	1194	六年上郡守閒戈	戰國後期	20
	虢仲	146	子碩父鬲	西周晚期	22
	虢仲	147	子碩父鬲	西周晚期	22
	虢季	86	虢季編鐘	西周晚期	51
	虢季	87	虢季編鐘	西周晚期	51
	虢季	88	虢季編鐘	西周晚期	51
	虢季	89	虢季編鐘	西周晚期	51
	虢季	90	虢季編鐘	西周晚期	8
	虢季	91	虢季編鐘	西周晚期	8
	虢季	92	虢季編鐘	西周晚期	4
	虢季	93	虢季編鐘	西周晚期	4
	虢季	136	虢季鬲	西周晚期	14
	虢季	137	虢季鬲	西周晚期	14
	虢季	138	虢季鬲	西周晚期	14
	虢季	139	虢季鬲	西周晚期	14
	虢季	140	虢季鬲	西周晚期	14
	虢季	141	虢季鬲	西周晚期	14
	虢季	142	虢季鬲	西周晚期	14
	虢季	143	虢季鬲	西周晚期	14
	虢季	328	虢季鼎	西周晚期	16
	虢季	329	虢季鼎	西周晚期	16

虢季	330	虢季鼎	西周晚期	16
虢季	331	虢季鼎	西周晚期	16
虢季	332	虢季鼎	西周晚期	16
虢季	333	虢季鼎	西周晚期	16
虢季	334	虢季鼎	西周晚期	16
虢季	439	虢季簋	西周晚期	7
虢季	440	虢季簋	西周晚期	7
虢季	441	虢季簋	西周晚期	7
虢季	442	虢季簋	西周晚期	8
虢季	443	虢季簋	西周晚期	8
虢季	444	虢季簋	西周晚期	8
虢季	493	虢季盨	西周晚期	8
虢季	494	虢季盨	西周晚期	8
虢季	495	虢季盨	西周晚期	8
虢季	496	虢季盨	西周晚期	8
虢季	512	虢季簠	西周晚期	8
虢季	541	虢季豆	西周晚期	8
虢季	542	虢季豆	西周晚期	8
虢季	958	虢季壺	西周晚期	8
虢季	959	虢季壺	西周晚期	8
虢季	1002	虢季盤	西周晚期	8
虢宮父	130	虢宮父鬲	西周晚期	9
虢宮父	1003	虢宮父盤	西周晚期	9
虢碩父	520	虢碩父簠	西周晚期	15
魯侯	324	魯侯鼎	西周晚期	15
魯侯	518	魯侯簠	西周晚期	15
嶒	1133	嶒戈	西周中期	4
瞽（寺工）	1185	三十八年上郡戈	戰國後期	17
雍（邦右伐器□工師）	1236	十八年相邦平國君鈹	戰國後期	25
憲（工師）	1175	六年陽城令戈	戰國後期	11
憲公	27	戎生編鐘	西周晚期	29
膳夫吉父	145	膳夫吉父鬲	西周晚期	15
膳夫吉父	322	膳夫吉父鼎	西周晚期	14
膳夫豐生	364	吳虎鼎	西周晚期	163
薛比	1163	薛比戈	春秋前期	7
薛侯	951	薛侯壺	春秋前期	4
諫	447	諫簋	西周晚期	8
諫	492	諫盨	西周晚期	8
霍姬	1015	叔男父匜	春秋後期	20

十六劃

344

銘文人名索引（二）

（按時代先後排序）

時代	人名		器號	器名	字數
商代後期	乙		206	戈乙鼎	2
商代後期	乙		241	明亞乙鼎	3
商代後期	乙		650	虫乙觶	2
商代後期	乙		737	息乙瓢	2
商代後期	乙		817	乙 爵	2
商代後期	乙		818	戈乙爵	2
商代後期	乙		819	豕乙爵	2
商代後期	乙		820	豙乙爵	2
商代後期	女嬞		897	女嬞祖丁角	4
商代後期	女敘		994	王生女敘方彝	4
商代後期	子口		922	子口斝	2
商代後期	子工		665	子工觶	3
商代後期	子工		844	子工爵	2
商代後期	子不		756	子不瓢	6
商代後期	子癸		731	子癸瓢	2
商代後期	子義		843	子義爵	2
商代後期	子燕		213	子燕方鼎	2
商代後期	子龔		1093	子龔戈	2
商代後期	川子		983	父丁罍	4
商代後期	己		207	己並鼎	2
商代後期	己		208	己並鼎	2
商代後期	己		209	己並鼎	2
商代後期	己		210	柬己鼎	2
商代後期	己		822	息己爵	2
商代後期	文姑		910	婦 角	存 6
商代後期	王子耴		259	王子耴鼎	3
商代後期	父乙		230	息父乙鼎	3
商代後期	父乙		410	月鼎父乙簋	4
商代後期	父乙		567	父乙卣	3
商代後期	父乙		590	冊 般卣	5
商代後期	父乙		628	臣辰 父乙尊	5
商代後期	父乙		742	息父乙瓢	3

347

商代後期	父乙	808	父乙爵	2
商代後期	父乙	869	戈父乙爵	3
商代後期	父乙	870	宁父乙爵	3
商代後期	父乙	872	黿父乙角	3
商代後期	父丁	232	𢀛父丁鼎	3
商代後期	父丁	233	◣父丁鼎	3
商代後期	父丁	264	冊𩵋父丁鼎	4
商代後期	父丁	285	⿰父丁鼎	5
商代後期	父丁	291	辛卯羊鼎	6
商代後期	父丁	394	子父丁簋	3
商代後期	父丁	417	亞畞父丁鳧簋	5
商代後期	父丁	454	寢魚簋	12
商代後期	父丁	579	馬豕父丁卣	4
商代後期	父丁	616	豢父丁尊	3
商代後期	父丁	668	合冊父丁觶	4
商代後期	父丁	751	羊建父丁觚	4
商代後期	父丁	874	史父丁爵	3
商代後期	父丁	877	伐父丁爵	3
商代後期	父丁	983	父丁罍	4
商代後期	父戊	265	子父戊子鼎	4
商代後期	父戊	743	卪父戊觚	3
商代後期	父己	617	⿰父己尊	3
商代後期	父己	900	異天父己爵	4
商代後期	父庚	234	龷父庚方鼎	3
商代後期	父庚	752	⿰冊父庚觚	4
商代後期	父庚	753	共田父庚觚	4
商代後期	父庚	902	𩵋冊父庚角	4
商代後期	父辛	123	共宁Ⅱ鬲	6
商代後期	父辛	235	息父辛鼎	3
商代後期	父辛	573	丫父辛卣	3
商代後期	父辛	619	𠬞父辛尊	3
商代後期	父辛	661	子父辛觶	3
商代後期	父辛	669	榮鬥父辛觶	4
商代後期	父辛	881	左父辛爵	3
商代後期	父壬	745	寅父壬觚	3
商代後期	父癸	120	叔父癸鬲	3
商代後期	父癸	236	𤔔父癸鼎	3
商代後期	父癸	237	龏父癸鼎	3
商代後期	父癸	238	叔父癸鼎	3

商代後期	父癸	239	囧父癸鼎	3
商代後期	父癸	240	得父癸方鼎	3
商代後期	父癸	411	冊玄父癸簋	4
商代後期	父癸	540	𤔌父癸豆	3
商代後期	父癸	581	剌冊父癸卣	4
商代後期	父癸	593	宁月卣	6
商代後期	父癸	596	葡𢊒卣	7
商代後期	父癸	620	□父癸尊	3
商代後期	父癸	649	父癸觶	2
商代後期	父癸	663	𤔌父癸觶	3
商代後期	父癸	746	大父癸瓿	3
商代後期	父癸	886	窍父癸爵	3
商代後期	父癸	887	𤔌父癸爵	3
商代後期	父癸	888	叔父癸爵	3
商代後期	父癸	889	剌父癸爵	3
商代後期	父□	890	息父□爵	3
商代後期	父□	891	魚父□爵	3
商代後期	父□	892	黿父□爵	3
商代後期	父□	907	𤔌宁Ⅱ爵	5
商代後期	父□	908	𤔌宁Ⅱ爵	5
商代後期	母乙	814	母乙爵	2
商代後期	母丙	930	兄觥	7
商代後期	母戊	893	並母戊爵	3
商代後期	母日辛	306	盂方鼎	8
商代後期	母日辛	307	盂方鼎	8
商代後期	母辛	412	亞獏母辛簋	4
商代後期	母癸	747	史母癸瓿	3
商代後期	母癸	815	母癸爵	2
商代後期	母嬢	276	鳥母嬢鼎	4
商代後期	兄(作冊)	253	作冊兄鼎	3
商代後期	兄	930	兄觥	7
商代後期	兄癸	339	亞魚鼎	21
商代後期	屮卩	155	屮卩甗	5
商代後期	臣辰	628	臣辰𢇍父乙尊	5
商代後期	作冊兄	253	作冊兄鼎	3
商代後期	辛	211	𩰬辛鼎	2
商代後期	辛	212	辛守鼎	2
商代後期	辛	824	息辛爵	2
商代後期	辛	825	息辛爵	2

商代後期	辛	894	☖田辛爵	3
商代後期	亞魚	339	亞魚鼎	21
商代後期	亞卩其	925	亞卩其罍	3
商代後期	庚	823	息庚爵	2
商代後期	盂	306	盂方鼎	8
商代後期	盂	307	盂方鼎	8
商代後期	癸	826	斁癸爵	2
商代後期	祖乙	565	光祖乙卣	3
商代後期	祖丁	262	月☖祖丁鼎	4
商代後期	祖丁	714	祖丁觚	2
商代後期	祖丁	905	矧爵	5
商代後期	祖丁	897	女嬗祖丁角	4
商代後期	祖戊	757	無㠱觚	8
商代後期	祖己	917	祖己罍	2
商代後期	祖辛	807	祖辛爵	2
商代後期	祖壬	906	鄉爵	5
商代後期	祖癸	756	子不觚	6
商代後期	祖□	229	責祖□鼎	3
商代後期	倗	684	倗觚	1
商代後期	倗	685	倗觚	1
商代後期	婦嫙	653	婦嫙觶	2
商代後期	婦☖	910	婦☖角	存6
商代後期	婦鳳	671	婦鳳觶	5
商代後期	鄉	906	鄉爵	5
商代後期	無㠱	757	無㠱觚	8
商代後期	寢魚	454	寢魚簋	12
商代後期	嬛	413	鳥嬛簋	4
商代後期	龔子	732	龔子觚	2
西周早期	乙	821	天乙爵	2
西周早期	乙	1094	☖乙戈	2
西周早期	大保鼐	1109	大保戟	3
西周早期	女心	657	女心觶	2
西周早期	子口	845	子口爵	2
西周早期	子彈	938	子彈盉	5
西周早期	子妻	656	子妻觶	2
西周早期	小夫	598	小夫卣	8
西周早期	小臣伯	340	小臣伯鼎	21
西周早期	小姓	584	小姓卣	4
西周早期	五伯	631	五伯尊	6

西周早期	公	449	比簋	9
西周早期	公	484	保員簋	45
西周早期	公	594	公卣	6
西周早期	公	676	束觶	9
西周早期	太保	1257	太保車轄	2
西周早期	尹覎	302	尹覎鼎	7
西周早期	尹覎	303	尹覎鼎	7
西周早期	文	420	文簋	5
西周早期	文父丁	335	臣高鼎	17
西周早期	方伯	1122	伯戈	4
西周早期	比	449	比簋	9
西周早期	毛伯	1113	毛伯戈	3
西周早期	王	335	臣高鼎	17
西周早期	王	340	小臣伯鼎	21
西周早期	王	357	靜方鼎	78
西周早期	王	484	保員簋	45
西周早期	王	486	柞伯簋	74
西周早期	王	604	州子卣	30
西周早期	王	942	克盉	43
西周早期	王	987	克罍	43
西周早期	王	1024	王盂	8
西周早期	王姤	308	王姤鼎	8
西周早期	王季	287	王季鼎	5
西周早期	王姜	340	小臣伯鼎	21
西周早期	父甲	667	尹舟父甲觶	4
西周早期	父甲	678	吏觶	11
西周早期	父乙	263	亞空父乙鼎	4
西周早期	父乙	301	備作父乙鼎	7
西周早期	父乙	393	禽父乙簋	3
西周早期	父乙	433	父乙簋	7
西周早期	父乙	434	叔簋	7
西周早期	父乙	455	晨簋	12
西周早期	父乙	539	史父乙豆	3
西周早期	父乙	557	父乙卣	2
西周早期	父乙	568	疢父乙卣	3
西周早期	父乙	569	禽父乙卣	3
西周早期	父乙	600	敔覓卣	13
西周早期	父乙	611	父乙尊	2
西周早期	父乙	632	即冊尊	存 6

西周早期	父乙	633	卲尊	8
西周早期	父乙	658	父乙臥觶	3
西周早期	父乙	666	入父乙觶	3
西周早期	父乙	758	晨觚	12
西周早期	父乙	809	父乙爵	2
西周早期	父乙	871	入父乙爵	3
西周早期	父乙	898	亞弜父乙爵	4
西周早期	父乙	899	亞示父乙爵	4
西周早期	父乙	909	亥爵	6
西周早期	父乙	913	晨角	12
西周早期	父乙	914	晨角	12
西周早期	父乙	926	爻父乙斝	3
西周早期	父乙	995	企方彝蓋	12
西周早期	父丙	604	州子卣	30
西周早期	父丁	231	息父丁鼎	3
西周早期	父丁	302	尹𨥛鼎	7
西周早期	父丁	303	尹𨥛鼎	7
西周早期	父丁	357	靜方鼎	78
西周早期	父丁	435	作父丁簋	7
西周早期	父丁	436	作父丁簋	7
西周早期	父丁	570	囧父丁卣	3
西周早期	父丁	571	魚父丁卣	3
西周早期	父丁	580	嬰父丁卣	4
西周早期	父丁	615	魚父丁尊	3
西周早期	父丁	659	保父丁觶	3
西周早期	父丁	875	入父丁爵	3
西周早期	父丁	876	𤔲父丁爵	3
西周早期	父丁	878	伐父丁爵	3
西周早期	父丁	935	盂父丁盂	3
西周早期	父丁	936	戈父丁盂	3
西周早期	父丁	948	𤔲父丁壺	3
西周早期	父戊	388	父戊簋	2
西周早期	父戊	558	父戊卣	2
西周早期	父戊	984	𤔲繭父戊罍	4
西周早期	父己	395	戈父己簋	3
西周早期	父己	623	郹玆父己尊	4
西周早期	父己	660	戈父己觶	3
西周早期	父己	675	𤔲作父己觶	7
西周早期	父己	810	父己爵	2

352

西周早期	父己	811	父己爵	2
西周早期	父己	812	父己爵	2
西周早期	父己	879	亞父己爵	3
西周早期	父己	880	我父己爵	3
西周早期	父己	949	刀父己壺	3
西周早期	父己	985	工戈父己罍	4
西周早期	父庚	131	父庚鬲	10
西周早期	父庚	205	父庚鼎	2
西周早期	父庚	292	陵鼎	6
西周早期	父庚	572	申父庚卣	3
西周早期	父庚	912	史𤔲爵	8
西周早期	父辛	128	甫鬲	7
西周早期	父辛	266	秉冊父辛鼎	4
西周早期	父辛	286	亞夫父辛鼎	5
西周早期	父辛	304	偁戊作父辛鼎	7
西周早期	父辛	396	光父辛簋	3
西周早期	父辛	397	六父辛簋	3
西周早期	父辛	604	州子卣	30
西周早期	父辛	618	戈父辛尊	3
西周早期	父辛	662	鳥父辛觶	3
西周早期	父辛	678	束觶	11
西周早期	父辛	882	魚父辛爵	3
西周早期	父辛	883	魚父辛爵	3
西周早期	父辛	903	舟井父辛爵	4
西周早期	父辛	911	父辛爵	7
西周早期	父辛	937	羊父辛盉	3
西周早期	父辛	997	父辛盤	2
西周早期	父辛	1096	父辛戈	2
西周早期	父癸	398	鼐父癸簋	3
西周早期	父癸	445	蒸辟簋	8
西周早期	父癸	574	戈父癸卣	3
西周早期	父癸	582	□疛父癸卣	4
西周早期	父癸	612	父癸尊	2
西周早期	父癸	622	亞𣞩父丁尊	4
西周早期	父癸	670	亞天父癸觶	4
西周早期	父癸	715	父癸瓠	2
西周早期	父癸	884	父癸爵	3
西周早期	父癸	885	父癸爵	3
西周早期	父癸	927	父癸斝	3

西周早期	父癸	950	爵父癸壺	3
西周早期	母己	664	𡐓母己觶蓋	3
西周早期	母己	816	母己爵	2
西周早期	兄日癸	634	史酈敄尊	11
西周早期	史	982	史作彝方罍	3
西周早期	史酈敄	634	史酈敄尊	11
西周早期	史宛	912	史宛爵	8
西周早期	亥	909	亥爵	6
西周早期	企	995	企方彝蓋	12
西周早期	守	597	守卣	8
西周早期	守宮	591	守宮卣	5
西周早期	州子	604	州子卣	30
西周早期	耳伯陷	406	耳伯陷簋	3
西周早期	臣辰	589	𢀜臣辰祖乙卣	5
西周早期	臣高	335	臣高鼎	17
西周早期	束	677	束觶	10
西周早期	伯	254	伯作寶方鼎	3
西周早期	伯	256	伯鼎	3
西周早期	伯	269	伯鼎	4
西周早期	伯	400	伯作彝簋	3
西周早期	伯	401	伯作彝簋	3
西周早期	伯	624	伯尊	4
西周早期	伯魚	428	伯魚簋	6
西周早期	克	942	克盂	43
西周早期	克	987	克罍	43
西周早期	卲	633	卲尊	8
西周早期	否	755	否觚	5
西周早期	否叔	603	否叔卣	17
西周早期	否叔	637	否叔尊	17
西周早期	夆	275	夆方鼎	4
西周早期	甬	128	甬鬲	7
西周早期	芮公叔	446	芮公叔簋	8
西周早期	辛	559	⊘辛卣	2
西周早期	辛	716	大辛觚	2
西周早期	並伯	158	並伯甗	5
西周早期	叓	678	叓觶	11
西周早期	叔	121	叔鬲	3
西周早期	叔	434	叔簋	7
西周早期	叔艸父	426	叔艸父簋	6

354

西周早期	周公	486	柞伯簋	74
西周早期	周章	160	盂甗	6
西周早期	居夷	595	散卣	6
西周早期	庚建	630	庚建尊	5
西周早期	盂	160	盂甗	6
西周早期	青公	943	匍盉	44
西周早期	冏監	297	冏監鼎	6
西周早期	保員	484	保員簋	45
西周早期	保晉	1112	保晉戈	3
西周早期	俞伯	159	俞伯甗	6
西周早期	匍	943	匍盉	44
西周早期	匽侯	437	匽侯簋	7
西周早期	匽侯	1126	匽侯戟	4
西周早期	匽侯	1127	匽侯舞戟	4
西周早期	匽侯	1252	匽侯舞錫	4
西周早期	匽侯	1253	郾侯舞錫	4
西周早期	南宮	486	柞伯簋	74
西周早期	恒父	418	恒父簋	5
西周早期	恒父	448	恒父簋	9
西周早期	柞伯	486	柞伯簋	74
西周早期	癸	651	癸觶	2
西周早期	皇	271	皇鼎	4
西周早期	矩爵	425	矩爵簋	6
西周早期	祖乙	589	臣辰祖乙卣	5
西周早期	祖乙	1058	祖乙器蓋	3
西周早期	祖丁	152	祖丁甗	3
西周早期	祖丁	392	祖丁簋	3
西周早期	祖丁	409	㝬旅祖丁簋	4
西周早期	祖丁	806	祖丁爵	2
西周早期	祖丁	1123	僕戈	4
西周早期	祖己	868	羊祖己爵	3
西周早期	祖辛	566	象祖辛卣	3
西周早期	祖癸	204	祖癸鼎	2
西周早期	祖囗	918	祖囗斝	2
西周早期	倗生	965	冀仲壺	14
西周早期	員	270	員鼎	4
西周早期	姬丞	437	匽侯簋	7
西周早期	師中	357	靜方鼎	78
西周早期	師隻	419	師隻簋	5

西周早期	師釐父	486	柞伯簋	74
西周早期	能溪	954	能溪壺	5
西周早期	陵	292	陵鼎	6
西周早期	婦妃	981	婦妃罍	2
西周早期	康伯	953	康伯壺蓋	5
西周早期	康侯	1238	康侯刀	2
西周早期	晨	455	晨簋	12
西周早期	晨	758	晨瓴	12
西周早期	晨	913	晨角	12
西周早期	晨	914	晨角	12
西周早期	魚母子	427	作魚母子簋	6
西周早期	艮仲	965	艮仲壺	14
西周早期	備	301	備作父乙鼎	7
西周早期	散	595	散卣	6
西周早期	㡍（大保）	1109	大保戟	3
西周早期	蒸辟	445	蒸辟簋	8
西周早期	辟	599	辟卣	8
西周早期	衛	674	衛觶	7
西周早期	僕	1123	僕戈	4
西周早期	僕麻	604	州子卣	30
西周早期	榮仲	865	榮仲爵	2
西周早期	鄧小仲	343	鄧小仲方鼎	24
西周早期	靜	357	靜方鼎	78
西周早期	龍姞	308	王姛鼎	8
西周早期	毀畟	600	毀畟卣	13
西周早期	嗣史伯	943	匎盂	44
西周早期	雞	602	雞卣	13
西周早期	雞	635	雞尊	13
西周早期	龔子	562	龔子卣	2
西周早期	𣪊	251	𣪊作彝鼎	3
西周早期	稱	675	稱作父己觶	7
西周早期	□公	1095	□公戈	2
西周早期	□伯	122	□伯鬲	5
西周早期	夆	191	夆方鼎	1
西周中期	乙伯	489	史密簋	91
西周中期	士戍	487	殷簋	80
西周中期	士戍	488	殷簋	80
西周中期	矢叔	422	矢叔簋	5
西周中期	內尹	605	蘷卣	55

356

西周中期	内史尹仲	490	宰獸簋	128
西周中期	内史言	487	殷簋	80
西周中期	内史言	488	殷簋	80
西周中期	夭	577	夭作彝卣	3
西周中期	尹仲（内史）	490	宰獸簋	128
西周中期	尹姞	481	夷伯簋	36
西周中期	日庚	491	虎簋蓋	158
西周中期	王	356	伯唐父鼎	66
西周中期	王	483	敔簋蓋	44
西周中期	王	485	冉簋	55
西周中期	王	487	殷簋	80
西周中期	王	488	殷簋	80
西周中期	王	489	史密簋	91
西周中期	王	490	宰獸簋	128
西周中期	王	491	虎簋蓋	158
西周中期	王	506	達盨蓋	40
西周中期	王	605	纍卣	55
西周中期	王（穆王）	482	鮮簋	43
西周中期	王母	450	王母簋	存9
西周中期	父丙	873	角父丙爵	3
西周中期	父丁	464	筸簋	15
西周中期	父己	605	纍卣	55
西周中期	父己	672	莽酏觶	6
西周中期	父己	673	莽酏觶	6
西周中期	父己	813	父己爵	2
西周中期	父己	901	廩癸爵	4
西周中期	父辛	629	作父辛尊	5
西周中期	父癸	399	囧父癸簋	3
西周中期	丙公	605	纍卣	55
西周中期	史密	489	史密簋	91
西周中期	仜冉	601	仜冉卣	13
西周中期	仜冉	636	仜冉尊	13
西周中期	仲擽	471	仲擽簋	20
西周中期	夷伯	481	夷伯簋	36
西周中期	旨	250	旨鼎	3
西周中期	邢叔	249	邢叔鼎	3
西周中期	邢叔	1048	邢叔杯	6
西周中期	伯	255	伯鼎	3
西周中期	伯	267	伯鼎	4

西周中期	伯	268	伯鼎	4
西周中期	伯	438	伯簋	7
西周中期	伯考父	459	伯考父簋蓋	14
西周中期	伯唐父	356	伯唐父鼎	66
西周中期	伯敢舁	499	伯敢舁盨蓋	16
西周中期	伯敢舁	500	伯敢舁盨器	16
西周中期	伯豐	904	伯豐爵	4
西周中期	言（內史）	487	殷簋	80
西周中期	言（內史）	488	殷簋	80
西周中期	車皿	438	伯簋	7
西周中期	亞	489	史密簋	91
西周中期	叔豐	466	叔豐簋	17
西周中期	叔豐	467	叔豐簋	17
西周中期	叔豐	468	叔豐簋	19
西周中期	叔豐	469	叔豐簋	19
西周中期	孟狂父	164	孟狂父甗	19
西周中期	孟狂父	338	孟狂父鼎	19
西周中期	孟狂父	430	孟狂父簋	6
西周中期	孟員	164	孟狂父甗	19
西周中期	孟員	338	孟狂父鼎	19
西周中期	虎	491	虎簋蓋	158
西周中期	長必	489	史密簋	91
西周中期	到	432	到簋	7
西周中期	幽仲	490	宰獸簋	128
西周中期	昭王	482	鮮簋	43
西周中期	冓	485	冓簋	55
西周中期	祖庚	432	到簋	7
西周中期	宮叔	471	仲獶簋	20
西周中期	宰獸	490	宰獸簋	128
西周中期	師彔	490	宰獸簋	128
西周中期	師俗	489	史密簋	91
西周中期	師湯父	321	師湯父鼎	14
西周中期	師戲	491	虎簋蓋	158
西周中期	師臿父	300	師臿父鼎	6
西周中期	晉侯	352	睘鼎	42
西周中期	殷	487	殷簋	80
西周中期	殷	488	殷簋	80
西周中期	益姜	490	宰獸簋	128
西周中期	窄伯	248	黹窄伯鼎	3

西周中期	密叔	491	虎簋蓋	158
西周中期	敢	483	敢簋蓋	44
西周中期	達	506	達盨蓋	40
西周中期	鄙	489	史密簋	91
西周中期	睘	352	睘鼎	42
西周中期	筆	464	筆簋	15
西周中期	寬	489	史密簋	91
西周中期	榮伯（嗣土）	490	宰獸簋	128
西周中期	鄧公	298	鄧公鼎	6
西周中期	齊伯	483	敢簋蓋	44
西周中期	齊仲	421	齊仲簋	5
西周中期	樊眉	489	史密簋	91
西周中期	荼砒	672	荼砒觶	6
西周中期	荼砒	673	荼砒觶	6
西周中期	熷	1133	熷戈	4
西周中期	黿	272	黿鼎	4
西周中期	敿	677	敿觶	10
西周中期	應公	485	禹簋	55
西周中期	應事	288	應事鼎	5
西周中期	應侯	157	應侯甗	5
西周中期	應侯	273	應侯鼎	4
西周中期	應侯	274	庸伯方鼎蓋	4
西周中期	應侯再	502	應侯再盨	28
西周中期	鮮	482	鮮簋	43
西周中期	嗣土榮伯	490	宰獸簋	128
西周中期	雟趧	506	達盨蓋	40
西周中期	釐公	485	禹簋	55
西周中期	釐公	502	應侯再盨	28
西周中期	釐伯	489	史密簋	91
西周中期	獸（宰）	490	宰獸簋	128
西周中期	蘇匋	967	蘇匋壺	15
西周中期	纍	605	纍卣	55
西周中期	囗公	356	伯唐父鼎	66
西周晚期	大正叔良父	1016	叔良父匜	20
西周晚期	大師小子彔	478	大師小子彔簋	31
西周晚期	大師小子彔	479	大師小子彔簋	31
西周晚期	大師小子彔	480	大師小子彔簋	31
西周晚期	子碩父（嗣或）	146	子碩父鬲	22
西周晚期	子碩父（嗣或）	147	子碩父鬲	22

西周晚期	內嗣土寺睪	364	吳虎鼎	163
西周晚期	天子	28	戎生編鐘	27
西周晚期	天子	106	逨編鐘	117
西周晚期	天子	107	逨編鐘	117
西周晚期	天子	108	逨編鐘	117
西周晚期	天子	109	逨編鐘	17
西周晚期	太子	1243	太子車斧	4
西周晚期	王	35	晉侯蘇編鐘	39
西周晚期	王	36	晉侯蘇編鐘	39
西周晚期	王	37	晉侯蘇編鐘	36
西周晚期	王	39	晉侯蘇編鐘	12
西周晚期	王	40	晉侯蘇編鐘	10
西周晚期	王	43	晉侯蘇編鐘	40
西周晚期	王	44	晉侯蘇編鐘	40
西周晚期	王	45	晉侯蘇編鐘	39
西周晚期	王	429	王作姜氏簋	6
西周晚期	王	507	師克盨	146
西周晚期	王（宣王）	364	吳虎鼎	163
西周晚期	召伯虎	497	召伯虎盨	8
西周晚期	史惠	346	史惠鼎	25
西周晚期	史惠	463	史惠簋	14
西周晚期	史睪	364	吳虎鼎	163
西周晚期	交	472	琱我父簋蓋	23
西周晚期	交	473	琱我父簋蓋	23
西周晚期	仲口父	320	仲口父鼎	14
西周晚期	[仲]爯父	326	仲爯父鼎	15
西周晚期	仲原父	1012	仲原父匜	8
西周晚期	吉父	161	小子吉父方甗	存 15
西周晚期	吉父（膳夫）	145	膳夫吉父鬲	15
西周晚期	吉父（膳夫）	322	膳夫吉父鼎	14
西周晚期	寺睪（內嗣土）	364	吳虎鼎	163
西周晚期	戎生	27	戎生編鐘	29
西周晚期	戎生	32	戎生編鐘	11
西周晚期	伯考父	460	伯考父簋	14
西周晚期	伯道（道）	364	吳虎鼎	163
西周晚期	伯骰	129	伯骰鬲	存 8
西周晚期	卲伯	28	戎生編鐘	28
西周晚期	吳王姬	337	吳王姬鼎	18
西周晚期	吳虎	364	吳虎鼎	163

西周晚期	吳蓋	364	吳虎鼎	163
西周晚期	宋孟姬	1013	鄭伯匜	15
西周晚期	杞孟薛	522	叔簠	21
西周晚期	京姬	145	膳夫吉父鬲	15
西周晚期	叔□父	345	叔□父鼎	25
西周晚期	叔元父	498	叔元父盨蓋	9
西周晚期	叔各父	456	叔各父簋	12
西周晚期	叔向父	461	叔向父簋	14
西周晚期	叔良父（大正）	1016	叔良父匜	20
西周晚期	叔商父	323	叔商父鼎	14
西周晚期	叔智父	305	叔智父鼎	7
西周晚期	叔氏	475	鼄休簋	24
西周晚期	季嬴	146	子碩父鬲	22
西周晚期	季嬴	147	子碩父鬲	22
西周晚期	官人	364	吳虎鼎	163
西周晚期	庚孟	364	吳虎鼎	163
西周晚期	郝召	526	郝召簠	23
西周晚期	長社	124	長社鬲	6
西周晚期	南宮史叔	337	吳王姬鼎	18
西周晚期	姜氏	125	匽王鬲	6
西周晚期	姜氏	126	匽王鬲	6
西周晚期	姜氏	429	王作姜氏簋	6
西周晚期	恒侯伯恒	144	恒侯鬲	15
西周晚期	姬翏	324	魯侯鼎	15
西周晚期	姬翏	518	魯侯簠	15
西周晚期	師克	507	師克盨	146
西周晚期	晉伯餒父	162	晉伯餒父甗	15
西周晚期	晉叔家父	968	晉叔家父壺	16
西周晚期	晉侯	29	戎生編鐘	26
西周晚期	晉侯	43	晉侯蘇編鐘	40
西周晚期	晉侯邦父	325	晉侯邦父鼎	15
西周晚期	晉侯喜父	1006	晉侯喜父盤	25
西周晚期	晉侯喜父	1060	晉侯喜父鉅	25
西周晚期	晉侯對	342	晉侯對鼎	22
西周晚期	晉侯對	350	晉侯對鼎	28
西周晚期	晉侯對	503	晉侯對盨	30
西周晚期	晉侯對	505	晉侯對盨	30
西周晚期	晉侯對	1017	晉侯對匜	21
西周晚期	晉侯蘇	36	晉侯蘇編鐘	39

西周晚期	晉侯蘇	37	晉侯蘇編鐘	36
西周晚期	晉侯蘇	38	晉侯蘇編鐘	24
西周晚期	晉侯蘇	40	晉侯蘇編鐘	10
西周晚期	晉侯蘇	44	晉侯蘇編鐘	40
西周晚期	晉侯蘇	45	晉侯蘇編鐘	39
西周晚期	晉侯蘇	315	晉侯蘇鼎	13
西周晚期	晉侯蘇	316	晉侯蘇鼎	13
西周晚期	晉侯蘇	317	晉侯蘇鼎	13
西周晚期	晉侯僰馬	962	晉侯僰馬圓壺	12
西周晚期	晉侯僰馬	971	晉侯僰馬壺	39
西周晚期	晉侯僰馬	972	晉侯僰馬壺蓋	39
西周晚期	晉侯斸	476	晉侯斸簋	26
西周晚期	晉侯斸	477	晉侯斸簋	26
西周晚期	晉侯斸	969	晉侯斸壺	25
西周晚期	烈侯	1060	晉侯喜父鋪	25
西周晚期	畢人	364	吳虎鼎	163
西周晚期	秦公	955	秦公壺	6
西周晚期	秦公	956	秦公壺	6
西周晚期	夆（大師小子）	478	大師小子夆簋	31
西周晚期	夆（大師小子）	479	大師小子夆簋	31
西周晚期	夆（大師小子）	480	大師小子夆簋	31
西周晚期	梁姬	1046	梁姬罐	5
西周晚期	焂戒	347	焂戒鼎	25
西周晚期	許季姜	462	許季姜方簋	14
西周晚期	許姜	1012	仲原父匜	8
西周晚期	逨	106	逨編鐘	117
西周晚期	逨	107	逨編鐘	117
西周晚期	逨	108	逨編鐘	117
西周晚期	逨	109	逨編鐘	17
西周晚期	異邢姜妢母	470	異侯簋	19
西周晚期	異侯	470	異侯簋	19
西周晚期	剌侯	1006	晉侯喜父盤	25
西周晚期	揚父（嗣工）	45	晉侯蘇編鐘	39
西周晚期	琱我父	472	琱我父簋蓋	23
西周晚期	琱我父	473	琱我父簋蓋	23
西周晚期	道（伯道）	364	吳虎鼎	163
西周晚期	嗇人	364	吳虎鼎	163
西周晚期	新姒	461	叔向父簋	14
西周晚期	楊姞	960	楊姞壺	9

西周晚期	楚公逆	97	楚公逆編鐘	68
西周晚期	楚公豪	3	楚公豪鐘	15
西周晚期	雍毅（嗣工）	364	吳虎鼎	163
西周晚期	厲王	364	吳虎鼎	163
西周晚期	蔡大膳夫趎	529	蔡大膳夫趎簠	29
西周晚期	鄧公	457	鄧公簋	12
西周晚期	鄧公	458	鄧公簋	12
西周晚期	鄭伯	1013	鄭伯匜	15
西周晚期	䓊姜	364	吳虎鼎	163
西周晚期	虢仲	146	子碩父鬲	22
西周晚期	虢仲	147	子碩父鬲	22
西周晚期	虢季	86	虢季編鐘	51
西周晚期	虢季	87	虢季編鐘	51
西周晚期	虢季	88	虢季編鐘	51
西周晚期	虢季	89	虢季編鐘	51
西周晚期	虢季	90	虢季編鐘	8
西周晚期	虢季	91	虢季編鐘	8
西周晚期	虢季	92	虢季編鐘	4
西周晚期	虢季	93	虢季編鐘	4
西周晚期	虢季	136	虢季鬲	14
西周晚期	虢季	137	虢季鬲	14
西周晚期	虢季	138	虢季鬲	14
西周晚期	虢季	139	虢季鬲	14
西周晚期	虢季	140	虢季鬲	14
西周晚期	虢季	141	虢季鬲	14
西周晚期	虢季	142	虢季鬲	14
西周晚期	虢季	143	虢季鬲	14
西周晚期	虢季	328	虢季鼎	16
西周晚期	虢季	329	虢季鼎	16
西周晚期	虢季	330	虢季鼎	16
西周晚期	虢季	331	虢季鼎	16
西周晚期	虢季	332	虢季鼎	16
西周晚期	虢季	333	虢季鼎	16
西周晚期	虢季	334	虢季鼎	16
西周晚期	虢季	439	虢季簋	7
西周晚期	虢季	440	虢季簋	7
西周晚期	虢季	441	虢季簋	7
西周晚期	虢季	442	虢季簋	8
西周晚期	虢季	443	虢季簋	8

西周晚期	虢季	444	虢季簋	8
西周晚期	虢季	493	虢季盨	8
西周晚期	虢季	494	虢季盨	8
西周晚期	虢季	495	虢季盨	8
西周晚期	虢季	496	虢季盨	8
西周晚期	虢季	512	虢季簠	8
西周晚期	虢季	541	虢季豆	8
西周晚期	虢季	542	虢季豆	8
西周晚期	虢季	958	虢季壺	8
西周晚期	虢季	959	虢季壺	8
西周晚期	虢季	1002	虢季盤	8
西周晚期	虢宮父	130	虢宮父鬲	9
西周晚期	虢宮父	1003	虢宮父盤	9
西周晚期	虢碩父	520	虢碩父簠	15
西周晚期	魯侯	324	魯侯鼎	15
西周晚期	魯侯	518	魯侯簠	15
西周晚期	憲公	27	戎生編鐘	29
西周晚期	膳夫吉父	145	膳夫吉父鬲	15
西周晚期	膳夫吉父	322	膳夫吉父鼎	14
西周晚期	膳夫豐生	364	吳虎鼎	163
西周晚期	諫	447	諫簋	8
西周晚期	諫	492	諫盨	8
西周晚期	觡伯慶	347	焂戒鼎	25
西周晚期	應嫚酓	457	鄧公簋	12
西周晚期	應嫚酓	458	鄧公簋	12
西周晚期	幽王	125	幽王鬲	6
西周晚期	幽王	126	幽王鬲	6
西周晚期	鄦甘辜	336	鄦甘辜鼎	18
西周晚期	嗣工揚父	45	晉侯蘇編鐘	39
西周晚期	嗣工雍毅	364	吳虎鼎	163
西周晚期	嗣或子碩父	146	子碩父鬲	22
西周晚期	嗣或子碩父	147	子碩父鬲	22
西周晚期	豐生（膳夫）	364	吳虎鼎	163
西周晚期	盨公	1016	叔良父匜	20
西周晚期	蘇	46	晉侯蘇編鐘	24
西周晚期	蘇	48	晉侯蘇編鐘	8
西周晚期	趩（蔡大膳夫）	529	蔡大膳夫趩簋	29
西周晚期	龏叔	106	逨編鐘	117
西周晚期	龏叔	107	逨編鐘	117

西周晚期	龔叔	108	逨編鐘	117
西周晚期	鬲休	475	鬲休簋	24
西周晚期	□叔□子	522	叔簠	21
西周晚期	交	474	琱我父簋蓋	23
西周晚期	晉侯對	501	晉侯對盨	22
西周晚期	晉侯對	504	晉侯對盨	30
西周晚期	晉侯蘇	318	晉侯蘇鼎	13
西周晚期	琱我父	474	琱我父簋蓋	23
春秋前期	卜淦□高	1174	卜淦□高戈	11
春秋前期	大師	1007	子仲姜盤	30
春秋前期	子仲姜	1007	子仲姜盤	30
春秋前期	王	96	郙邘編鐘	68
春秋前期	好妻	349	徐大子伯辰鼎	28
春秋前期	耳公	1219	耳劍	4
春秋前期	吳叔	1128	吳叔徒戈	4
春秋前期	攻盧王	354	甚六鼎	47
春秋前期	甫遣昧甚六	354	甚六鼎	47
春秋前期	耴（喪史）	465	喪史耴簋	16
春秋前期	佫侯慶	290	佫侯慶鼎	存 5
春秋前期	孟姬	453	侯氏簋	12
春秋前期	侯氏	453	侯氏簋	12
春秋前期	紀侯	134	紀侯鬲	13
春秋前期	莒	1129	莒戟	4
春秋前期	原氏仲	530	原氏仲簋	30
春秋前期	原氏仲	531	原氏仲簋	30
春秋前期	原氏仲	532	原仲簋	31
春秋前期	家母	530	原氏仲簋	30
春秋前期	家母	531	原氏仲簋	30
春秋前期	家母	532	原仲簋	31
春秋前期	徐大子伯辰	349	徐大子伯辰鼎	28
春秋前期	徐王	94	郙邘編鎛	68
春秋前期	徐王	95	郙邘編鎛	67
春秋前期	徐王	96	郙邘編鐘	68
春秋前期	秦公	293	秦公鼎	6
春秋前期	秦公	294	秦公鼎	6
春秋前期	秦公	295	秦公鼎	6
春秋前期	秦公	296	秦公鼎	6
春秋前期	秦公	423	秦公簋	5
春秋前期	秦公	424	秦公簋	5

春秋前期	逐與子具	344	子具鼎	23
春秋前期	偪郭公子嘼皃	1164	郭公子戈	7
春秋前期	淪母	530	原氏仲簠	30
春秋前期	淪母	531	原氏仲簠	30
春秋前期	淪母	532	原仲簠	31
春秋前期	淳于公	1157	淳于公戈	6
春秋前期	萊伯武君	135	萊伯武君鬲	14
春秋前期	喪史虰	465	喪史虰簋	16
春秋前期	尋楚歔	94	湛阝編鎛	68
春秋前期	尋楚歔	95	湛阝編鎛	67
春秋前期	尋楚歔	96	湛阝編鐘	68
春秋前期	彭伯	963	彭伯壺	13
春秋前期	彭伯	964	彭伯壺	13
春秋前期	曾伯	133	曾伯鬲	存11
春秋前期	湛阝	94	湛阝編鎛	68
春秋前期	湛阝	95	湛阝編鎛	67
春秋前期	湛阝	96	湛阝編鐘	68
春秋前期	馴母	530	原氏仲簠	30
春秋前期	馴母	531	原氏仲簠	30
春秋前期	馴母	532	原仲簠	31
春秋前期	肂夫跌疇	354	甚六鼎	47
春秋前期	塞之王	1125	塞之王戟	4
春秋前期	嘼皃（偪郭公子）	1164	郭公子戈	7
春秋前期	薛比	1163	薛比戈	7
春秋前期	薛侯	951	薛侯壺	4
春秋前期	兾伯□夷	1014	兾伯匜	19
春秋前期	□公	1087	莒公戈	2
春秋後期	丁兒（應侯之孫）	351	應侯之孫丁兒鼎蓋	32
春秋後期	女子	941	吳王夫差盉	12
春秋後期	子犯	10	子犯編鐘	22
春秋後期	子犯	11	子犯編鐘	22
春秋後期	子犯	12	子犯編鐘	22
春秋後期	子犯	13	子犯編鐘	22
春秋後期	子犯	14	子犯編鐘	12
春秋後期	子犯	18	子犯編鐘	22
春秋後期	子犯	19	子犯編鐘	22
春秋後期	子犯	20	子犯編鐘	22
春秋後期	子犯	21	子犯編鐘	22
春秋後期	子犯	22	子犯編鐘	12

春秋後期	工盧王胡發誓班之弟季子	1229	工盧王弟季子劍	24
春秋後期	工盧大叔□□	1004	工盧大叔盤	10
春秋後期	工盧太祖	1230	工盧太祖鈹	10
春秋後期	王	10	子犯編鐘	22
春秋後期	王	11	子犯編鐘	22
春秋後期	王	13	子犯編鐘	22
春秋後期	王	18	子犯編鐘	22
春秋後期	王	19	子犯編鐘	22
春秋後期	王	21	子犯編鐘	22
春秋後期	申王之孫叔姜	521	申王之孫簠	19
春秋後期	延（宋右師）	538	宋右師延敦	29
春秋後期	次夷（徐頫君之孫，利之元子）	1041	徐頫君之孫缶	29
春秋後期	余剌（鄭臧公之孫）	1042	鄭臧公之孫缶	51
春秋後期	卵公	1018	卵公之子匜	23
春秋後期	宋右師延	538	宋右師延敦	29
春秋後期	宋姬	327	蔡侯鼎	16
春秋後期	攻反�	1110	攻反戈	3
春秋後期	攻敔王夫差	1225	吳王夫差劍	10
春秋後期	攻敔王夫差	1226	吳王夫差劍	10
春秋後期	郘子大	510	郘子大簠	6
春秋後期	叔男父	1015	叔男父匜	20
春秋後期	叔姜（申王之孫）	521	申王之孫簠	19
春秋後期	叔曼	1005	鄧子與盤	23
春秋後期	孟姬	527	蔡侯簠	24
春秋後期	孟姬	528	蔡侯簠	24
春秋後期	季子（工吳王胡發誓班之弟）	1229	工吳王弟季子劍	24
春秋後期	郝子姜首	1009	郝公萯盤	42
春秋後期	郝公萯	1009	郝公萯盤	42
春秋後期	侯散	1111	侯散戈	3
春秋後期	南君旆邘	1167	南君旆邘戈	7
春秋後期	荆公孫	537	荆公孫敦	15
春秋後期	徐頫君之孫，利之元子次夷	1041	徐頫君之孫缶	29
春秋後期	息兒	1025	息兒盞盂	8
春秋後期	晉公	10	子犯編鐘	22
春秋後期	晉公	11	子犯編鐘	22
春秋後期	晉公	12	子犯編鐘	22
春秋後期	晉公	18	子犯編鐘	22
春秋後期	晉公	19	子犯編鐘	22
春秋後期	晉公	20	子犯編鐘	22

春秋後期	索魚王	1147	索魚王戈	5
春秋後期	陳樂君歈	163	陳樂君甋	17
春秋後期	得（滕大宰）	1011	滕大宰得匜	7
春秋後期	敔王夫差	941	吳王夫差盉	12
春秋後期	敔王夫差	1220	敔王夫差劍	8
春秋後期	翏公	1124	翏公戈	4
春秋後期	黃季佗父	1156	黃季佗父戈	6
春秋後期	剌	355	鄭臧公之孫鼎	47
春秋後期	剌夫人	355	鄭臧公之孫鼎	47
春秋後期	剌叔	355	鄭臧公之孫鼎	47
春秋後期	姽城	1146	姽城戟	5
春秋後期	曾子義行	519	曾子義行簠	15
春秋後期	曾孫定	299	曾孫定鼎	6
春秋後期	曾都尹定	511	曾都尹定簠	7
春秋後期	番叔□侯	961	番叔壺	12
春秋後期	發孫虜	523	發孫虜簠	22
春秋後期	越王州句	1222	越王州句劍	8
春秋後期	越王州句	1223	越王州句劍	8
春秋後期	楚子棄疾	517	楚子棄疾簠	12
春秋後期	楚王畲審	1022	楚王畲審盞盂	6
春秋後期	鄙子伯受	117	鄙子伯鐸	6
春秋後期	嘉子孟嬴婚不	1040	孟嬴婚不錯	26
春秋後期	蔡公子叔湯	970	蔡公子湯叔壺	29
春秋後期	蔡侯	327	蔡侯鼎	16
春秋後期	蔡侯	527	蔡侯簠	24
春秋後期	蔡侯	528	蔡侯簠	24
春秋後期	蔡侯產	1155	蔡侯產戈	6
春秋後期	趙朔	1148	趙朔之御戈	5
春秋後期	鄧子與	1005	鄧子與盤	23
春秋後期	鄭臧公	355	鄭臧公之孫鼎	47
春秋後期	鄭臧公之孫余剌	1042	鄭臧公之孫缶	51
春秋後期	鄅子受	26	鄅子受編鐘	27
春秋後期	滕大宰得	1011	滕大宰得匜	7
春秋後期	霍姬	1015	叔男父匜	20
春秋後期	羿（攻反）	1110	攻反戈	3
春秋後期	應侯之孫丁兒	351	應侯之孫丁兒鼎蓋	32
春秋後期	罴	1023	罴盞盂	7
春秋後期	羅叔	1018	卵公之子匜	23
春秋後期	纝兒	986	纝兒罍	26

春秋後期	□子敵	1026	□子敵盞盂	29
春秋後期	□君子	952	君子壺	5
春秋後期	上鄀公	536	上鄀公簠	34
春秋後期	子庚	358	王子午鼎	85
春秋後期	子庚	360	王子午鼎	81
春秋後期	子庚	361	王子午鼎	81
春秋後期	子庚	362	王子午鼎	85
春秋後期	子庚	363	王子午鼎	81
春秋後期	王子午	358	王子午鼎	85
春秋後期	王子午	360	王子午鼎	81
春秋後期	王子午	361	王子午鼎	81
春秋後期	王子午	362	王子午鼎	85
春秋後期	王子午	363	王子午鼎	81
春秋後期	王子午	1160	王子午戟	6
春秋後期	王子午	1161	王子午戟	6
春秋後期	王孫誥	60	王孫誥編鐘	108
春秋後期	王孫誥	61	王孫誥編鐘	108
春秋後期	王孫誥	62	王孫誥編鐘	108
春秋後期	王孫誥	63	王孫誥編鐘	106
春秋後期	王孫誥	64	王孫誥編鐘	107
春秋後期	王孫誥	65	王孫誥編鐘	108
春秋後期	王孫誥	66	王孫誥編鐘	108
春秋後期	王孫誥	67	王孫誥編鐘	108
春秋後期	王孫誥	68	王孫誥編鐘	108
春秋後期	王孫誥	69	王孫誥編鐘	108
春秋後期	王孫誥	70	王孫誥編鐘	108
春秋後期	王孫誥	71	王孫誥編鐘	108
春秋後期	王孫誥	72	王孫誥編鐘	74
春秋後期	王孫誥	74	王孫誥編鐘	40
春秋後期	王孫誥	75	王孫誥編鐘	49
春秋後期	王孫誥	76	王孫誥編鐘	60
春秋後期	王孫誥	77	王孫誥編鐘	40
春秋後期	王孫誥	85	王孫誥編鐘	32
春秋後期	王孫誥	1158	王孫誥戟	6
春秋後期	王孫誥	1159	王孫誥戟	6
春秋後期	以鄧	1144	以鄧戟	4
春秋後期	以鄧	1145	以鄧戟	5
春秋後期	以鄧（楚叔之孫）	348	以鄧鼎	25
春秋後期	以鄧（楚叔之孫）	1019	以鄧匜	27

春秋後期	仲妃衛	524	仲妃衛簠	22
春秋後期	仲妃衛	525	仲妃衛簠	22
春秋後期	吕王	53	𪒠編鐘	28
春秋後期	吕王	57	𪒠編鐘	14
春秋後期	吕王	98	𪒠編鎛	76
春秋後期	吕王	99	𪒠編鎛	77
春秋後期	吕王	100	𪒠編鎛	79
春秋後期	吕王	102	𪒠編鎛	30
春秋後期	吕王	104	𪒠編鎛	36
春秋後期	臣兒	54	𪒠編鐘	22
春秋後期	臣兒	59	𪒠編鐘	6
春秋後期	臣兒	98	𪒠編鎛	76
春秋後期	臣兒	99	𪒠編鎛	77
春秋後期	臣兒	100	𪒠編鎛	80
春秋後期	臣兒	102	𪒠編鎛	30
春秋後期	臣兒	104	𪒠編鎛	36
春秋後期	佖子倗	1034	佖子倗缶	6
春秋後期	佖子倗	1035	佖子倗缶	6
春秋後期	何次（畢孫）	533	何次簠	32
春秋後期	何次（畢孫）	534	何次簠	28
春秋後期	何次（畢孫）	535	何次簠	28
春秋後期	叔孄番妃	536	上鄀公簠	34
春秋後期	孟縢姬	1038	孟縢姬缶	22
春秋後期	孟縢姬	1039	孟縢姬缶	22
春秋後期	東姬（宣王之孫雍子之子）	1021	東姬匜	35
春秋後期	宣王之孫雍子之子東姬	1021	東姬匜	35
春秋後期	倗	279	倗鼎	4
春秋後期	倗	280	倗鼎	4
春秋後期	倗	281	倗鼎	4
春秋後期	倗	282	倗鼎	4
春秋後期	倗	283	倗鼎	4
春秋後期	倗	284	倗鼎	4
春秋後期	倗	508	倗簠	3
春秋後期	倗	509	倗簠	3
春秋後期	倗	1000	倗盤	4
春秋後期	倗	1010	倗匜	4
春秋後期	倗	1029	倗缶	3
春秋後期	倗	1030	倗缶	3
春秋後期	倗	1031	倗缶	4

春秋後期	倗		1032	倗缶	4
春秋後期	倗		1197	倗戈	22
春秋後期	倗		1207	倗矛	4
春秋後期	倗（楚叔之孫）		311	楚叔之孫倗鼎	8
春秋後期	倗（楚叔之孫）		312	楚叔之孫倗鼎	8
春秋後期	倗（楚叔之孫）		313	楚叔之孫倗鼎	8
春秋後期	倗（楚叔之孫）		341	楚叔之孫倗鼎	21
春秋後期	畢孫何次		533	何次簠	32
春秋後期	畢孫何次		534	何次簠	28
春秋後期	畢孫何次		535	何次簠	28
春秋後期	楚王		60	王孫誥編鐘	108
春秋後期	楚王		61	王孫誥編鐘	108
春秋後期	楚王		62	王孫誥編鐘	108
春秋後期	楚王		63	王孫誥編鐘	106
春秋後期	楚王		64	王孫誥編鐘	107
春秋後期	楚王		65	王孫誥編鐘	108
春秋後期	楚王		66	王孫誥編鐘	108
春秋後期	楚王		67	王孫誥編鐘	108
春秋後期	楚王		68	王孫誥編鐘	108
春秋後期	楚王		69	王孫誥編鐘	108
春秋後期	楚王		70	王孫誥編鐘	108
春秋後期	楚王		71	王孫誥編鐘	108
春秋後期	楚王		72	王孫誥編鐘	74
春秋後期	楚王		73	王孫誥編鐘	34
春秋後期	楚王		74	王孫誥編鐘	40
春秋後期	楚王		75	王孫誥編鐘	49
春秋後期	楚王		76	王孫誥編鐘	60
春秋後期	楚王		77	王孫誥編鐘	40
春秋後期	楚王		78	王孫誥編鐘	48
春秋後期	楚王		79	王孫誥編鐘	28
春秋後期	楚王		80	王孫誥編鐘	23
春秋後期	楚王		83	王孫誥編鐘	32
春秋後期	楚王		85	王孫誥編鐘	32
春秋後期	楚王		1197	倗戈	22
春秋後期	楚成王		54	𩽾編鐘	22
春秋後期	楚成王		57	𩽾編鐘	14
春秋後期	楚成王		98	𩽾編鎛	76
春秋後期	楚成王		99	𩽾編鎛	77
春秋後期	楚成王		100	𩽾編鎛	79

春秋後期	楚成王	102	酅編鎛	30
春秋後期	楚成王	104	酅編鎛	36
春秋後期	楚叔之孫以鄧	348	以鄧鼎	25
春秋後期	楚叔之孫以鄧	1019	以鄧匜	27
春秋後期	楚叔之孫鄢子倗	1036	鄢子倗缶	10
春秋後期	楚叔之孫鄢子倗	1037	鄢子倗缶	10
春秋後期	楚叔[之]孫鄢[子]倗	451	鄢子倗簋	存 9
春秋後期	楚叔之孫倗	311	楚叔之孫倗鼎	8
春秋後期	楚叔之孫倗	312	楚叔之孫倗鼎	8
春秋後期	楚叔之孫倗	313	楚叔之孫倗鼎	8
春秋後期	楚叔之孫倗	341	楚叔之孫倗鼎	21
春秋後期	鄝子妝	1154	鄝子妝戈	5
春秋後期	蔡侯	1008	鄢仲姬丹盤	32
春秋後期	蔡侯	1020	鄢仲姬丹匜	32
春秋後期	鄢[子]倗（楚叔[之]孫）	451	鄢子倗簋	存 9
春秋後期	鄢子倗（楚叔之孫）	1036	鄢子倗缶	10
春秋後期	鄢子倗（楚叔之孫）	1037	鄢子倗缶	10
春秋後期	鄢仲姬丹	1008	鄢仲姬丹盤	32
春秋後期	鄢仲姬丹	1020	鄢仲姬丹匜	32
春秋後期	酅	51	酅編鐘	48
春秋後期	酅	52	酅編鐘	28
春秋後期	酅	53	酅編鐘	28
春秋後期	酅	55	酅編鐘	23
春秋後期	酅	57	酅編鐘	14
春秋後期	酅	98	酅編鎛	76
春秋後期	酅	99	酅編鎛	77
春秋後期	酅	100	酅編鎛	79
春秋後期	酅	101	酅編鎛	45
春秋後期	酅	102	酅編鎛	30
春秋後期	酅	103	酅編鎛	43
春秋後期	酅	105	酅編鎛	35
戰國前期	子備璋	1140	子備璋戈	4
戰國前期	公孫潮子(莒)	4	莒公孫潮子編鎛	16
戰國前期	公孙潮子(莒)	5	莒公孫潮子編鎛	17
戰國前期	公孙潮子(莒)	6	莒公孫潮子編鐘	16
戰國前期	公孙潮子(莒)	7	莒公孫潮子編鐘	17
戰國前期	公孙潮子(莒)	8	莒公孫潮子編鐘	17
戰國前期	公孙潮子(莒)	9	莒公孫潮子編鐘	17
戰國前期	孔□（□令）	1186	十一年戈	17

戰國前期	王后	289	王后鼎	5
戰國前期	北子之子	1224	北子之子劍	存8
戰國前期	冶朕	1168	邨左戟	8
戰國前期	攻盧王姑發郘之子曹鱠冰尋員	1228	曹鱠冰尋員劍	17
戰國前期	車大夫長畫	1143	車大夫長畫戈	4
戰國前期	長畫（車大夫）	1143	車大夫長畫戈	4
戰國前期	莒公孙潮子	4	莒公孫潮子編鏄	16
戰國前期	莒公孙潮子	5	莒公孫潮子編鏄	17
戰國前期	莒公孙潮子	6	莒公孫潮子編鐘	16
戰國前期	莒公孙潮子	7	莒公孫潮子編鐘	17
戰國前期	莒公孙潮子	8	莒公孫潮子編鐘	17
戰國前期	莒公孙潮子	9	莒公孫潮子編鐘	17
戰國前期	陳	1033	陳缶蓋	存4
戰國前期	陳口	1142	陳口車戈	4
戰國前期	陳尒	1139	陳尒戈	4
戰國前期	陳竮	4	莒公孫潮子編鏄	16
戰國前期	陳竮	5	莒公孫潮子編鏄	17
戰國前期	陳竮	6	莒公孫潮子編鐘	16
戰國前期	陳竮	7	莒公孫潮子編鐘	17
戰國前期	陳竮	8	莒公孫潮子編鐘	17
戰國前期	陳竮	9	莒公孫潮子編鐘	17
戰國前期	曹鱠冰尋員（攻盧王姑發郘之子）	1228	曹鱠冰尋員劍	17
戰國前期	越王者旨於賜	1209	越王者旨於賜矛	6
戰國前期	瘊	1149	瘊戈	5
戰國前期	蔡侯	1107	蔡侯戈	2
戰國前期	朕（冶）	1168	邨左戟	8
戰國前期	鐱賏	1119	鐱賏戈	3
戰國前期	口令孔口	1186	十一年戈	17
戰國前期	公	1108	公戈	2
戰國前期	陳難	1137	陳難戈	4
戰國後期	丁（冶）	1179	十一年佫茗戈	14
戰國後期	上（工）	1189	元年丞相斯戈	18
戰國後期	上郡守周	1198	廿五年上郡守周戈	22
戰國後期	上郡守定高	1216	三年相邦呂不韋矛	22
戰國後期	上郡守閒	1193	七年上郡守閒戈	19
戰國後期	上郡守閒	1194	六年上郡守閒戈	20
戰國後期	上郡守壽	1201	十五年上郡守壽戈	27
戰國後期	上郡守慶	1185	三十八年上郡戈	17
戰國後期	上庫工師叟邎	1190	十六年寧壽令戟	17

戰國後期	于（工隸臣）	1185	三十八年上郡戈	17
戰國後期	大工尹韓尚	1235	十六年守相鈹	23
戰國後期	大工尹韓尚	1237	十七年相邦春平侯鈹	24
戰國後期	大良造庶長鞅	1249	十九年大良造鞅鐓	14
戰國後期	大梁司寇綏	1181	七年大梁司寇綏戈	12
戰國後期	子□	1132	徒戟	4
戰國後期	工上	1189	元年丞相斯戈	18
戰國後期	工成	1187	五年相邦戟	17
戰國後期	工邦	1199	九年相邦呂不韋戟	24
戰國後期	工固	1190	十六年寧壽令戟	17
戰國後期	工虹	1213	四年呂不韋矛	15
戰國後期	工虹	1215	三年呂不韋矛	18
戰國後期	工兢	1182	七年相邦呂不韋戟	15
戰國後期	工鬼薪帶	1193	七年上郡守閒戈	19
戰國後期	工師有	1169	九年京令戈	存8
戰國後期	工師絑	1171	廿七年泌陽戈	9
戰國後期	工師章	1173	五年琱□戈	10
戰國後期	工師憲	1175	六年陽城令戈	11
戰國後期	工師鍇	1172	芒陽守令戈	存9
戰國後期	工師郤喜	1179	十一年佫茖戈	14
戰國後期	工隸臣于	1185	三十八年上郡戈	17
戰國後期	工隸臣宇	1192	四十年上郡守戈	19
戰國後期	□平侯（守相）	1235	十六年守相鈹	23
戰國後期	□庫工師張羲	1232	十九年陳授鈹	18
戰國後期	□庫工師樂參	1191	二年邢令戈	18
戰國後期	反維（司寇）	1196	六年襄城令戈	22
戰國後期	太子	1241	王斧	1
戰國後期	少曲徂（佫茖宋令）	1179	十一年佫茖戈	14
戰國後期	文（東工守）	1199	九年相邦呂不韋戟	24
戰國後期	王太后	309	王太后右和室鼎	8
戰國後期	王后	319	王后鼎	13
戰國後期	王何	1180	宜安戈	14
戰國後期	主（冶）	1177	十八年莆坂令戈	12
戰國後期	去疾（櫟陽左工）	1189	元年丞相斯戈	18
戰國後期	右师陭氏	1136	陭氏戈	4
戰國後期	右庫工師甘丹餓	1196	六年襄城令戈	22
戰國後期	右庫工師張慶	1231	四年邠相鈹	16
戰國後期	右庫工師梁丘	1200	廿七年安陽令戈	25
戰國後期	右庫工師繢	1181	七年大梁司寇綏戈	12

戰國後期	右庫工師吏堂澤	1188	廿三年相邦邔皮戈	15
戰國後期	司寇反維	1196	六年襄城令戈	22
戰國後期	司寇枲衣□	1200	廿七年安陽令戈	25
戰國後期	司寇啤相	1195	十年洱陽令戟	21
戰國後期	左工師命	1177	十八年莆坂令戈	12
戰國後期	左庫工師董棠	1195	十年洱陽令戟	21
戰國後期	平國君（相邦）	1236	十八年相邦平國君鈹	25
戰國後期	平職（佐）	1244	廿四年莒陽斧	12
戰國後期	甘丹餓（右庫工師）	1196	六年襄城令戈	22
戰國後期	申（丞）	1198	廿五年上郡守周戈	22
戰國後期	申（丞）	1213	四年呂不韋矛	15
戰國後期	申（丞）	1216	三年相邦呂不韋矛	22
戰國後期	申（高工丞）	1215	三年呂不韋矛	18
戰國後期	疋（冶）	1196	六年襄城令戈	22
戰國後期	邔皮（相邦）	1188	廿三年相邦邔皮戈	15
戰國後期	丞申	1198	廿五年上郡守周戈	22
戰國後期	丞申	1213	四年呂不韋矛	15
戰國後期	丞申	1216	三年相邦呂不韋矛	22
戰國後期	丞武	1199	九年相邦呂不韋戟	24
戰國後期	丞秦	1185	三十八年上郡戈	17
戰國後期	丞紿	1192	四十年上郡守戈	19
戰國後期	丞義	1187	五年相邦戟	17
戰國後期	丞繇	1201	十五年上郡守壽戈	27
戰國後期	丞義	1182	七年相邦呂不韋戟	15
戰國後期	丞相斯	1189	元年丞相斯戈	18
戰國後期	仲姞	543	梁伯可忌豆	20
戰國後期	合陽王	314	七年□合陽王鼎	11
戰國後期	呂[不韋]（相邦）	1215	三年呂不韋矛	18
戰國後期	呂不韋（相邦）	1182	七年相邦呂不韋戟	15
戰國後期	呂不韋（相邦）	1187	五年相邦戟	17
戰國後期	呂不韋（相邦）	1199	九年相邦呂不韋戟	24
戰國後期	呂不韋（相邦）	1213	四年呂不韋矛	15
戰國後期	呂不韋（相邦）	1216	三年相邦呂不韋矛	22
戰國後期	守相□平侯	1235	十六年守相鈹	23
戰國後期	安陽令敬章	1200	廿七年安陽令戈	25
戰國後期	寺（莒陽丞）	1244	廿四年莒陽斧	12
戰國後期	寺工告	1182	七年相邦呂不韋戟	15
戰國後期	寺工臀	1185	三十八年上郡戈	17
戰國後期	寺工豐	1187	五年相邦戟	17

戰國後期	成（工）	1187	五年相邦戟	17
戰國後期	有（工師）	1169	九年京令戈	存8
戰國後期	臣（鬼薪工）	1194	六年上郡守閛戈	20
戰國後期	芒陽守令㹞	1172	芒陽守令戈	存9
戰國後期	邢令孟東慶	1191	二年邢令戈	18
戰國後期	邦（工）	1199	九年相邦呂不韋戟	24
戰國後期	邦右伐器工師□□	1237	十七年相邦春平侯鈹	24
戰國後期	邦右伐器□工師瘫	1236	十八年相邦平國君鈹	25
戰國後期	邦右庫工師韓鈇	1235	十六年守相鈹	23
戰國後期	邦司寇陳綏	1232	十九年陳授鈹	18
戰國後期	邦左趙庀智	1184	廿年相邦藺相如戈	16
戰國後期	邦左庫工師張身	1233	四年相邦春平侯鈹	18
戰國後期	邿相樂㝮	1231	四年邿相鈹	16
戰國後期	佐平職	1244	廿四年莒陽斧	12
戰國後期	冶丁	1179	十一年佫茖戈	14
戰國後期	冶主	1177	十八年莆坂令戈	12
戰國後期	冶疋	1196	六年襄城令戈	22
戰國後期	冶疕	1236	十八年相邦平國君鈹	25
戰國後期	冶明	1191	二年邢令戈	18
戰國後期	冶明	1235	十六年守相鈹	23
戰國後期	冶象	1171	廿七年泌陽戈	9
戰國後期	冶明乘	1195	十年洱陽令戟	21
戰國後期	冶奚易	1232	十九年陳授鈹	18
戰國後期	冶病	1181	七年大梁司寇綏戈	12
戰國後期	冶陽	1184	廿年相邦藺相如戈	16
戰國後期	冶頤	1237	十七年相邦春平侯鈹	24
戰國後期	冶㥁	1176	廿四年晉□戈	11
戰國後期	冶工隸臣猗	1201	十五年上郡守壽戈	27
戰國後期	冶事息	1231	四年邿相鈹	16
戰國後期	告（寺工）	1182	七年相邦呂不韋戟	15
戰國後期	攻丞敦	1214	廿年矛	15
戰國後期	李卿	353	蕡陽鼎	44
戰國後期	疕（冶）	1236	十八年相邦平國君鈹	25
戰國後期	佫茖宋令少曲宦	1179	十一年佫茖戈	14
戰國後期	周（上郡守）	1198	廿五年上郡守周戈	22
戰國後期	命（左工師）	1177	十八年莆坂令戈	12
戰國後期	固（工）	1190	十六年寧壽令戟	17
戰國後期	孟東慶（邢令）	1191	二年邢令戈	18
戰國後期	定（郡尉守）	1215	三年呂不韋矛	18

戰國後期	定高（上郡守）	1216	三年相邦呂不韋矛	22
戰國後期	明（冶）	1191	二年邢令戈	18
戰國後期	明（冶）	1235	十六年守相鈹	23
戰國後期	明乘（冶）	1195	十年洱陽令戟	21
戰國後期	東工守文	1199	九年相邦呂不韋戟	24
戰國後期	武（丞）	1199	九年相邦呂不韋戟	24
戰國後期	武王	1152	武王戈	5
戰國後期	宰（工隸臣）	1192	四十年上郡守戈	19
戰國後期	厚子	261	工師厚子鼎	3
戰國後期	宣（蜀守）	1199	九年相邦呂不韋戟	24
戰國後期	春平侯（相邦）	1233	四年相邦春平侯鈹	18
戰國後期	春平侯（相邦）	1237	十七年相邦春平侯鈹	24
戰國後期	洱陽令張疋	1195	十年洱陽令戟	21
戰國後期	相邦平國君	1236	十八年相邦平國君鈹	25
戰國後期	相邦呂[不韋]	1215	三年呂不韋矛	18
戰國後期	相邦呂不韋	1182	七年相邦呂不韋戟	15
戰國後期	相邦呂不韋	1187	五年相邦戟	17
戰國後期	相邦呂不韋	1199	九年相邦呂不韋戟	24
戰國後期	相邦呂不韋	1216	三年相邦呂不韋矛	22
戰國後期	相邦呂不韋	1213	四年呂不韋矛	15
戰國後期	相邦春平侯	1233	四年相邦春平侯鈹	18
戰國後期	相邦春平侯	1237	十七年相邦春平侯鈹	24
戰國後期	相邦邙皮	1188	廿三年相邦邙皮戈	15
戰國後期	相邦丞藺相如	1184	廿年相邦藺相如戈	16
戰國後期	莒陽丞寺	1244	廿四年莒陽斧	12
戰國後期	虹（工）	1213	四年呂不韋矛	15
戰國後期	虹（工）	1215	三年呂不韋矛	18
戰國後期	郡尉守定	1215	三年呂不韋矛	18
戰國後期	郄喜（工師）	1179	十一年佫茖戈	14
戰國後期	臭遫（上庫工師）	1190	十六年寧壽令戟	17
戰國後期	鬼薪工臣	1194	六年上郡守閒戈	20
戰國後期	乘（漆垣工師）	1201	十五年上郡守壽戈	27
戰國後期	奚易（冶）	1232	十九年陳授鈹	18
戰國後期	庫齊	1244	廿四年莒陽斧	12
戰國後期	息（冶事）	1231	四年邖相鈹	16
戰國後期	晉□上庫工師籐	1176	廿四年晉□戈	11
戰國後期	病（冶）	1181	七年大梁司寇綏戈	12
戰國後期	秦（丞）	1185	三十八年上郡戈	17
戰國後期	脩（珊□令）	1173	五年珊□戈	10

戰國後期	莆坂令簫	1177	十八年莆坂令戈	12
戰國後期	陳緩（邦司寇）	1232	十九年陳授鈹	18
戰國後期	高工龠	1213	四年呂不韋矛	15
戰國後期	高工丞申	1215	三年呂不韋矛	18
戰國後期	高奴工師閒	1198	廿五年上郡守周戈	22
戰國後期	高奴工師蕃	1194	六年上郡守閒戈	20
戰國後期	陭氏（右师）	1136	陭氏戈	4
戰國後期	愁（冶）	1176	廿四年晉□戈	11
戰國後期	鄟相（司寇）	1195	十年洱陽令戟	21
戰國後期	絉（工師）	1171	廿七年泌陽戈	9
戰國後期	堂澤（右庫工師吏）	1188	廿三年相邦邡皮戈	15
戰國後期	帶（工鬼薪）	1193	七年上郡守閒戈	19
戰國後期	常慶（寧壽令）	1190	十六年寧壽令戟	17
戰國後期	張疋（洱陽令）	1195	十年洱陽令戟	21
戰國後期	張身（邦左庫工師）	1233	四年相邦春平侯鈹	18
戰國後期	張慶（右庫工師）	1231	四年邲相鈹	16
戰國後期	張義（□庫工師）	1232	十九年陳授鈹	18
戰國後期	得工冶對庌	1180	宜安戈	14
戰國後期	教馬董史	1180	宜安戈	14
戰國後期	梁丘（右庫工師）	1200	廿七年安陽令戈	25
戰國後期	梁伯可忌	543	梁伯可忌豆	20
戰國後期	章（工師）	1173	五年琱□戈	10
戰國後期	紿（丞）	1192	四十年上郡守戈	19
戰國後期	郾王喜	1208	郾王喜矛	7
戰國後期	郾王詈	1166	郾王詈戈	7
戰國後期	郾王職	1221	郾王職劍	8
戰國後期	陽（冶）	1184	廿年相邦藺相如戈	16
戰國後期	陽城令韓季	1175	六年陽城令戈	11
戰國後期	彙衣□（司寇）	1200	廿七年安陽令戈	25
戰國後期	象（冶）	1171	廿七年泌陽戈	9
戰國後期	敦（攻丞）	1214	廿年矛	15
戰國後期	敬章（安陽令）	1200	廿七年安陽令戈	25
戰國後期	斯（丞相）	1189	元年丞相斯戈	18
戰國後期	琱□令脩	1173	五年琱□戈	10
戰國後期	董史（教馬）	1180	宜安戈	14
戰國後期	董棠（左庫工師）	1195	十年洱陽令戟	21
戰國後期	閒（上郡守）	1193	七年上郡守閒戈	19
戰國後期	閒（上郡守）	1194	六年上郡守閒戈	20
戰國後期	閒（高奴工師）	1198	廿五年上郡守周戈	22

戰國後期	犄（冶工隸臣）	1201	十五年上郡守壽戈	27
戰國後期	塚子韓担	1234	卅年塚子韓担鈹	22
戰國後期	義（丞）	1187	五年相邦戟	17
戰國後期	蜀守宣	1199	九年相邦吕不韋戟	24
戰國後期	孱（芒陽守令）	1172	芒陽守令戈	存9
戰國後期	兢（工）	1182	七年相邦吕不韋戟	15
戰國後期	壽（上郡守）	1201	十五年上郡守壽戈	27
戰國後期	寧壽令常慶	1190	十六年寧壽令戟	17
戰國後期	對庈（得工冶）	1180	宜安戈	14
戰國後期	漆垣工師乘	1201	十五年上郡守壽戈	27
戰國後期	漆垣工師嬰	1193	平周戈	19
戰國後期	綏（大梁司寇）	1181	七年大梁司寇綏戈	12
戰國後期	趙犄（大工尹）	1236	十八年相邦平國君鈹	25
戰國後期	趙庛智（邦左）	1184	廿年相邦藺相如戈	16
戰國後期	鄭□	1165	鄭戈	7
戰國後期	鄭竗	1044	鄭竗盒	2
戰國後期	鞅（大良造庶長）	1249	十九年大良造鞅鐓	14
戰國後期	齊（庫）	1244	廿四年莒陽斧	12
戰國後期	慶（上郡守）	1185	三十八年上郡戈	17
戰國後期	樂参（□庫工師）	1191	二年邢令戈	18
戰國後期	樂寘（郄相）	1231	四年郄相鈹	16
戰國後期	樛大	940	樛大盉	8
戰國後期	膚丘子	1153	膚丘子戟	5
戰國後期	蕃（高奴工師）	1194	六年上郡守閒戈	20
戰國後期	督（寺工）	1185	三十八年上郡戈	17
戰國後期	瘫（邦右伐器□工師）	1236	十八年相邦平國君鈹	25
戰國後期	憲（工師）	1175	六年陽城令戈	11
戰國後期	頤（冶）	1237	十七年相邦春平侯鈹	24
戰國後期	嬰（漆垣工師）	1193	七年上郡守閒戈	19
戰國後期	襄城令韓沽	1196	六年襄城令戈	22
戰國後期	鍇（工師）	1172	芒陽守令戈	存9
戰國後期	韓季（陽城令）	1175	六年陽城令戈	11
戰國後期	韓担（塚子）	1234	卅年塚子韓担鈹	22
戰國後期	韓沽（襄城令）	1196	六年襄城令戈	22
戰國後期	韓耑（大工尹）	1235	十六年守相鈹	23
戰國後期	韓耑（大工尹）	1237	十七年相邦春平侯鈹	24
戰國後期	韓犾（邦右庫工師）	1235	十六年守相鈹	23
戰國後期	龠（高工）	1213	四年吕不韋矛	15
戰國後期	叒（丞）	1182	七年相邦吕不韋戟	15

銘文官名索引（一）

	官名	器號	器名	時代	字數
三劃	上庫工師	1190	十六年寧壽令戟	戰國後期	17
	上庫工師（晉）	1176	廿四年晉□戈	戰國後期	11
	上庫嗇夫（韓大宮）	1234	卅年塚子韓担鈹	戰國後期	22
	士	487	殷簋	西周中期	80
	士	488	殷簋	西周中期	80
	大工尹	1235	十六年守相鈹	戰國後期	23
	大工尹	1236	十八年相邦平國君鈹	戰國後期	25
	大工尹	1237	十七年相邦春平侯鈹	戰國後期	24
	大正（蠱公）	1016	叔良父匜	西周晚期	20
	大良造庶長	1249	十九年大良造鞅鐏	戰國後期	14
	大保	1109	大保戟	西周早期	3
	大室小臣	41	晉侯蘇編鐘	西周晚期	4
	大宰（滕）	1011	滕大宰得匜	春秋後期	7
	大師	1007	子仲姜盤	春秋前期	30
	大師小子	478	大師小子夆簋	西周晚期	31
	大師小子	479	大師小子夆簋	西周晚期	31
	大師小子	480	大師小子夆簋	西周晚期	31
	大膳夫（蔡）	529	蔡大膳夫趫簠	西周晚期	29
	小子	486	柞伯簋	西周早期	74
	小子	38	晉侯蘇編鐘	西周晚期	24
	小子	161	小子吉父方甗	西周晚期	存 15
	小臣	340	小臣伯鼎	西周早期	21
	小臣	486	柞伯簋	西周早期	74
	工	1045	工舟	戰國後期	1
	工	1182	七年相邦呂不韋戟	戰國後期	15
	工	1187	五年相邦戟	戰國後期	17
	工	1189	元年丞相斯戈	戰國後期	18
	工	1190	十六年寧壽令戟	戰國後期	17
	工	1199	九年相邦呂不韋戟	戰國後期	24
	工（高）	1213	四年呂不韋矛	戰國後期	15
	工（高）	1215	三年呂不韋矛	戰國後期	18
	工（高）	1216	三年相邦呂不韋矛	戰國後期	22

工師	261	工師厚子鼎	戰國後期	3
工師	1171	廿七年泌陽戈	戰國後期	9
工師	966	卅六年扁壺	戰國後期	15
工師	1169	九年京令戈	戰國後期	存 8
工師	1172	芒陽守令戈	戰國後期	存 9
工師	1173	五年琱□戈	戰國後期	10
工師	1175	六年陽城令戈	戰國後期	11
工師	1179	十一年佫茖戈	戰國後期	14
工師（高）	1216	三年相邦呂不韋矛	戰國後期	22
工師（高奴）	1194	六年上郡守閒戈	戰國後期	20
工師（高奴）	1198	廿五年上郡守周戈	戰國後期	22
工師（漆垣）	1193	七年上郡守閒戈	戰國後期	19
工師（漆垣）	1201	十五年上郡守壽戈	戰國後期	27
工鬼薪	1193	七年上郡守閒戈	戰國後期	19
工隸臣	1185	三十八年上郡戈	戰國後期	17
工隸臣	1192	四十年上郡守戈	戰國後期	19
工隸臣	1198	廿五年上郡守周戈	戰國後期	22
四劃 五邑走馬御人	491	虎簋蓋	西周中期	158
内尹	605	蠹卣	西周中期	55
内史	487	殷簋	西周中期	80
内史	488	殷簋	西周中期	80
内史	491	虎簋蓋	西周中期	158
内史尹	490	宰獸簋	西周中期	128
内嗣土	364	吳虎鼎	西周晚期	163
公朱右自	310	公朱右官鼎	戰國後期	8
公族	43	晉侯蘇編鐘	西周晚期	40
友	487	殷簋	西周中期	80
友	488	殷簋	西周中期	80
友	364	吳虎鼎	西周晚期	163
太保	942	克盂	西周早期	43
太保	987	克罍	西周早期	43
太保	1257	太保車轄	西周早期	2
尹	302	尹覛鼎	西周早期	7
尹	303	尹覛鼎	西周早期	7
尹	1054	尹簋	商代後期	1
五劃 令	1186	十一年戈	戰國前期	17
令	1173	五年琱□戈	戰國後期	10
令	1175	六年陽城令戈	戰國後期	11
令	1177	十八年莆坂令戈	戰國後期	12

令	1178	六年□□令戈	戰國後期	13
令	1190	十六年寧壽令戟	戰國後期	17
令	1191	二年邢令戈	戰國後期	18
令	1195	十年洱陽令戟	戰國後期	21
令	1196	六年襄城令戈	戰國後期	22
令	1200	廿七年安陽令戈	戰國後期	25
令（宋）	1179	十一年佫茖戈	戰國後期	14
令尹	358	王子午鼎	春秋後期	85
令尹	359	王子午鼎	春秋後期	存12
令尹	360	王子午鼎	春秋後期	81
令尹	361	王子午鼎	春秋後期	81
令尹	362	王子午鼎	春秋後期	85
令尹	363	王子午鼎	春秋後期	81
冊	286	亞夫父辛鼎	西周早期	5
冊	304	俱戊作父辛鼎	西周早期	7
冊	455	晨簋	西周早期	12
冊	600	敳𢨂卣	西周早期	13
冊	604	州子卣	西周早期	30
冊	632	即冊尊	西周早期	存6
冊	675	穊作父己觶	西周早期	7
冊	758	晨觚	西周早期	12
冊	913	晨角	西周早期	12
冊	914	晨角	西周早期	12
冊	995	企方彝蓋	西周早期	12
冊	242	宁戈冊鼎	西周晚期	3
冊	243	宁戈冊鼎	西周晚期	3
冊	244	宁戈冊鼎	西周晚期	3
冊	221	冊融鼎	商代後期	2
冊	222	冊融方鼎	商代後期	2
冊	264	冊舄父丁鼎	商代後期	4
冊	411	冊玄父癸簋	商代後期	4
冊	581	剗冊父癸卣	商代後期	4
冊	590	冊菖般卣	商代後期	5
冊	668	亼冊父丁觶	商代後期	4
冊	734	冊衛觚	商代後期	2
冊	738	舄冊觚	商代後期	2
冊	849	兄冊爵	商代後期	2
冊	862	冊🦬爵	商代後期	2
冊	902	舄冊父庚角	商代後期	4

	史	489	史密簋	西周中期	91
	史	634	史酬敖尊	西周早期	11
	史	912	史窥爵	西周早期	8
	史	364	吳虎鼎	西周晚期	163
	史	463	史惠簋	西周晚期	14
	右师	1136	陭氏戈	戰國後期	4
	右師（宋）	538	宋右師延敦	春秋後期	29
	右庫工師	1183	廿八年戈	戰國前期	17
	右庫工師	1181	七年大梁司寇緩戈	戰國後期	12
	右庫工師	1195	十年洱陽令戟	戰國後期	21
	右庫工師	1196	六年襄城令戈	戰國後期	22
	右庫工師	1200	廿七年安陽令戈	戰國後期	25
	右庫工師	1231	四年邶相鈹	戰國後期	16
	右庫工師吏	1188	廿三年相邦邙皮戈	戰國後期	15
	□庫工師	1186	十一年戈	戰國前期	17
	□庫工師	1191	二年邢令戈	戰國後期	18
	□庫工師	1232	十九年陳授鈹	戰國後期	19
	司馬	1166	鄲王罃戈	戰國後期	7
	司寇	1195	十年洱陽令戟	戰國後期	21
	司寇	1196	六年襄城令戈	戰國後期	22
	司寇	1200	廿七年安陽令戈	戰國後期	25
	司寇（大梁）	1181	七年大梁司寇緩戈	戰國後期	12
	左工（櫟陽）	1189	元年丞相斯戈	戰國後期	18
	左工師	1177	十八年莆坂令戈	戰國後期	12
	左工師	1178	六年□□令戈	戰國後期	13
	左右虎臣	507	師克盨	西周晚期	146
六劃	丞	1182	七年相邦呂不韋戟	戰國後期	15
	丞	1184	廿年相邦藺相如戈	戰國後期	16
	丞	1185	三十八年上郡戈	戰國後期	17
	丞	1187	五年相邦戈	戰國後期	17
	丞	1192	四十年上郡守戈	戰國後期	19
	丞	1198	廿五年上郡守周戈	戰國後期	23
	丞	1199	九年相邦呂不韋戟	戰國後期	24
	丞	1201	十五年上郡守壽戈	戰國後期	27
	丞	1213	四年呂不韋矛	戰國後期	15
	丞	1216	三年相邦呂不韋矛	戰國後期	22
	丞（莒陽）	1244	廿四年莒陽斧	戰國後期	12
	丞相	1189	元年丞相斯戈	戰國後期	18
	多士	486	柞伯簋	西周早期	74

守	364	吳虎鼎	西周晚期	163
守（上郡）	1185	三十八年上郡戈	戰國後期	17
守（上郡）	1192	四十年上郡守戈	戰國後期	19
守（上郡）	1193	七年上郡守閒戈	戰國後期	19
守（上郡）	1194	六年上郡守閒戈	戰國後期	20
守（上郡）	1201	十五年上郡守壽戈	戰國後期	27
守（上郡）	1216	三年相邦呂不韋矛	戰國後期	22
守（上郡）	1198	廿五年上郡守周戈	戰國後期	22
守（蜀）	1199	九年相邦呂不韋戟	戰國後期	24
守令	1172	芒陽守令戈	戰國後期	存9
守相	1235	十六年守相鈹	戰國後期	23
寺工	1182	七年相邦呂不韋戟	戰國後期	15
寺工	1185	三十八年上郡戈	戰國後期	17
寺工	1187	五年相邦戟	戰國後期	17
寺工	1192	四十年上郡守戈	戰國後期	19
寺工	1212	寺工矛	戰國後期	11
寺工	1214	廿年矛	戰國後期	15
戍人	156	戍人正甗	西周早期	5
有嗣	942	克盨	西周早期	43
有嗣	987	克罍	西周早期	43
臣	335	臣高鼎	西周早期	17
臣	589	ㄔ臣辰祖乙卣	西周早期	5
臣	628	臣辰ㄔ父乙尊	商代後期	5
邦右伐器□工師	1236	十八年相邦平國君鈹	戰國後期	25
邦右伐器工師	1237	十七年相邦春平侯鈹	戰國後期	24
邦右庫工師	1235	十六年守相鈹	戰國後期	23
邦左庫工師	1233	四年相邦春平侯鈹	戰國後期	18
邦左	1184	廿年相邦藺相如戈	戰國後期	16
邦司寇	1232	十九年陳授鈹	戰國後期	18
佐	1244	廿四年莒陽斧	戰國後期	12
作冊	253	作冊兄鼎	商代後期	3
冶	1168	邨左戟	戰國前期	8
冶	1186	十一年戈	戰國前期	17
冶	1171	廿七年泌陽戈	戰國後期	9
冶	1172	芒陽守令戈	戰國後期	存9
冶	1173	五年琱□戈	戰國後期	10
冶	1175	六年陽城令戈	戰國後期	11
冶	1176	廿四年晉□戈	戰國後期	11
冶	1177	十八年莆坂令戈	戰國後期	12

七劃

冶	1178	六年□□令戈	戰國後期	13
冶	1179	十一年佫茖戈	戰國後期	14
冶	1181	七年大梁司寇綏戈	戰國後期	12
冶	1183	廿八年戈	戰國前期	17
冶	1184	廿年相邦藺相如戈	戰國後期	16
冶	1191	二年邢令戈	戰國後期	18
冶	1195	十年洱陽令戟	戰國後期	21
冶	1196	六年襄城令戈	戰國後期	22
冶	1200	廿七年安陽令戈	戰國後期	25
冶	1232	十九年陳授鈹	戰國後期	18
冶	1235	十六年守相鈹	戰國後期	23
冶	1236	十八年相邦平國君鈹	戰國後期	25
冶	1237	十七年相邦春平侯鈹	戰國後期	24
冶工隸臣	1201	十五年上郡守壽戈	戰國後期	27
冶尹	1233	四年相邦春平侯鈹	戰國後期	18
冶事	1231	四年邙相鈹	戰國後期	16
攻丞（工丞）	1214	廿年矛	戰國後期	15
走馬御人	491	虎簋蓋	西周中期	158
車大夫	1143	車大夫長畫戈	戰國前期	4
車僕	42	晉侯蘇編鐘	西周晚期	3
亞旅	38	晉侯蘇編鐘	西周晚期	24
東工守（蜀）	1199	九年相邦呂不韋戟	戰國後期	24
虎臣	491	虎簋蓋	西周中期	158
保	484	保員簋	西周早期	45
保	659	保父丁觶	西周早期	3
保	1112	保晉戈	西周早期	3
相	1231	四年邙相鈹	戰國後期	16
相邦	1182	七年相邦呂不韋戟	戰國後期	15
相邦	1184	廿年相邦藺相如戈	戰國後期	16
相邦	1187	五年相邦戟	戰國後期	17
相邦	1188	廿三年相邦邙皮戈	戰國後期	15
相邦	1199	九年相邦呂不韋戟	戰國後期	24
相邦	1213	四年呂不韋矛	戰國後期	15
相邦	1215	三年呂不韋矛	戰國後期	18
相邦	1216	三年相邦呂不韋矛	戰國後期	22
相邦	1233	四年相邦春平侯鈹	戰國後期	18
相邦	1236	十八年相邦平國君鈹	戰國後期	25
相邦	1237	十七年相邦春平侯鈹	戰國後期	24
郡尉守	1215	三年呂不韋矛	戰國後期	18

八劃 — 亞旅, 東工守（蜀）, 虎臣

九劃 — 保, 相, 相邦, 郡尉守

	鬼薪工	1194	六年上郡守閒戈	戰國後期	20
十劃	宰	490	宰獸簋	西周中期	128
	師	300	師晉父鼎	西周中期	6
	師	321	師湯父鼎	西周中期	14
	師	489	史密簋	西周中期	91
	師	490	宰獸簋	西周中期	128
	師	491	虎簋蓋	西周中期	158
	師	357	靜方鼎	西周早期	78
	師	419	師隻簋	西周早期	5
	師	486	柞伯簋	西周早期	74
	師	507	師克盨	西周晚期	146
	庫	1244	廿四年莒陽斧	西周晚期	12
	徒	489	史密簋	西周中期	91
	徒	1216	三年相邦呂不韋矛	戰國後期	22
	書尹	364	吳虎鼎	西周晚期	163
	高工	1213	四年呂不韋矛	戰國後期	15
	高工丞	1215	三年呂不韋矛	戰國後期	18
十一劃	得工	1186	十一年戈	戰國前期	17
	得工冶	1180	宜安戈	戰國後期	14
	授屬邦	1212	寺工矛	戰國後期	11
	教馬	1180	宜安戈	戰國後期	14
	族	489	史密簋	西周中期	91
	族人	489	史密簋	西周中期	91
	戜人	38	晉侯蘇編鐘	西周晚期	24
十二劃	喪史	465	喪史瓨簋	春秋前期	16
	遂人	489	史密簋	西周中期	91
十三劃	塚子	1234	卅年塚子韓担鈹	戰國後期	22
十四劃	境尹（楚）	1170	楚境尹戈	戰國後期	10
	寢	408	辰寢出簋	商代後期	3
	寢	454	寢魚簋	商代後期	12
	寢	852	寢出爵	商代後期	2
	寢	853	寢印爵	商代後期	2
	寢	854	寢印爵	商代後期	2
	寢	855	寢印爵	商代後期	2
	寢	856	寢印爵	商代後期	2
	寢	999	鼓寢盤	商代後期	2
	客事正	127	客事正鬲	西周早期	6
	監（庐）	297	庐監鼎	西周早期	6
十六劃	膳夫	44	晉侯蘇編鐘	西周晚期	40

銘文官名索引（二）

（按時代先後排序）

時代	官名	器號	器名	字數
商代後期	尹	1054	尹箕	1
商代後期	冊	221	冊融鼎	2
商代後期	冊	222	冊融方鼎	2
商代後期	冊	264	冊羈父丁鼎	4
商代後期	冊	411	冊玄父癸簋	4
商代後期	冊	581	剔冊父癸卣	4
商代後期	冊	590	冊莒般卣	5
商代後期	冊	668	令冊父丁觶	4
商代後期	冊	734	冊衛瓶	2
商代後期	冊	738	羈冊瓶	2
商代後期	冊	849	兄冊爵	2
商代後期	冊	862	冊ろ爵	2
商代後期	冊	902	羈冊父庚角	4
商代後期	作冊	253	作冊兄鼎	3
商代後期	臣	628	臣辰ク父乙尊	5
商代後期	寢	408	辰寢出簋	3
商代後期	寢	454	寢魚簋	12
商代後期	寢	852	寢出爵	2
商代後期	寢	853	寢印爵	2
商代後期	寢	854	寢印爵	2
商代後期	寢	855	寢印爵	2
商代後期	寢	856	寢印爵	2
商代後期	寢	999	鼓寢盤	2
西周早期	小子	486	柞伯簋	74
西周早期	小臣	340	小臣俉鼎	21
西周早期	小臣	486	柞伯簋	74
西周早期	大保	1109	大保戟	3
西周早期	太保	942	克盉	43
西周早期	太保	987	克罍	43
西周早期	太保	1257	太保車轄	2
西周早期	尹	302	尹覘鼎	7
西周早期	尹	303	尹覘鼎	7

西周早期	冊	286	亞夫父辛鼎	5
西周早期	冊	304	偁戍作父辛鼎	7
西周早期	冊	455	晨簋	12
西周早期	冊	600	敾罞卣	13
西周早期	冊	604	州子卣	30
西周早期	冊	632	即冊尊	存6
西周早期	冊	675	禱作父己觶	7
西周早期	冊	758	晨瓠	12
西周早期	冊	913	晨角	12
西周早期	冊	914	晨角	12
西周早期	冊	995	企方彝蓋	12
西周早期	史	634	史酘敖尊	11
西周早期	史	912	史宛爵	8
西周早期	多士	486	柞伯簋	74
西周早期	戍人	156	戍人正甗	5
西周早期	有嗣	942	克盉	43
西周早期	有嗣	987	克罍	43
西周早期	臣	335	臣高鼎	17
西周早期	臣	589	予臣辰祖乙卣	5
西周早期	保	484	保員簋	45
西周早期	保	659	保父丁觶	3
西周早期	保	1112	保晉戈	3
西周早期	師	357	靜方鼎	78
西周早期	師	419	師隻簋	5
西周早期	師	486	柞伯簋	74
西周早期	宰事正	127	宰事正鬲	6
西周早期	監（启）	297	启監鼎	6
西周早期	嗣史	943	匍盉	44
西周中期	士	487	殷簋	80
西周中期	士	488	殷簋	80
西周中期	五邑走馬御人	491	虎簋蓋	158
西周中期	內尹	605	彙卣	55
西周中期	內史	487	殷簋	80
西周中期	內史	488	殷簋	80
西周中期	內史	491	虎簋蓋	158
西周中期	內史尹	490	宰獸簋	128
西周中期	友	487	殷簋	80
西周中期	友	488	殷簋	80
西周中期	史	489	史密簋	91

西周中期	走馬御人	491	虎簋蓋	158
西周中期	虎臣	491	虎簋蓋	158
西周中期	宰	490	宰獸簋	128
西周中期	師	300	師晨父鼎	6
西周中期	師	321	師湯父鼎	14
西周中期	師	489	史密簋	91
西周中期	師	490	宰獸簋	128
西周中期	師	491	虎簋蓋	158
西周中期	徒	489	史密簋	91
西周中期	族	489	史密簋	91
西周中期	族人	489	史密簋	91
西周中期	遂人	489	史密簋	91
西周中期	嗣土	490	宰獸簋	128
西周晚期	大正（蠱公）	1016	叔良父匜	20
西周晚期	大室小臣	41	晉侯蘇編鐘	4
西周晚期	大師小子	478	大師小子羕簋	31
西周晚期	大師小子	479	大師小子羕簋	31
西周晚期	大師小子	480	大師小子羕簋	31
西周晚期	大膳夫（蔡）	529	蔡大膳夫趠簋	29
西周晚期	小子	38	晉侯蘇編鐘	24
西周晚期	小子	161	小子吉父方甗	存 15
西周晚期	內嗣土	364	吳虎鼎	163
西周晚期	公族	43	晉侯蘇編鐘	40
西周晚期	友	364	吳虎鼎	163
西周晚期	冊	242	宁戈冊鼎	3
西周晚期	冊	243	宁戈冊鼎	3
西周晚期	冊	244	宁戈冊鼎	3
西周晚期	史	364	吳虎鼎	163
西周晚期	史	463	史惠簋	14
西周晚期	左右虎臣	507	師克盨	146
西周晚期	守	364	吳虎鼎	163
西周晚期	車僕	42	晉侯蘇編鐘	3
西周晚期	亞旅	38	晉侯蘇編鐘	24
西周晚期	師	507	師克盨	146
西周晚期	庫	1244	廿四年莒陽斧	12
西周晚期	書尹	364	吳虎鼎	163
西周晚期	戲人	38	晉侯蘇編鐘	24
西周晚期	膳夫	44	晉侯蘇編鐘	40
西周晚期	膳夫	145	膳夫吉父鬲	15

西周晚期	膳夫	322	膳夫吉父鼎	14
西周晚期	膳夫	364	吳虎鼎	163
西周晚期	嗣工	45	晉侯蘇編鐘	39
西周晚期	嗣工	364	吳虎鼎	163
西周晚期	嗣或	146	子碩父鬲	22
西周晚期	嗣或	147	子碩父鬲	22
春秋前期	大師	1007	子仲姜盤	30
春秋前期	喪史	465	喪史耴簋	16
春秋後期	大宰（滕）	1011	滕大宰得匜	7
春秋後期	右師（宋）	538	宋右師延敦	29
春秋後期	令尹	358	王子午鼎	85
春秋後期	令尹	359	王子午鼎	存 12
春秋後期	令尹	360	王子午鼎	81
春秋後期	令尹	361	王子午鼎	81
春秋後期	令尹	362	王子午鼎	85
春秋後期	令尹	363	王子午鼎	81
戰國前期	令	1186	十一年戈	17
戰國前期	右庫工師	1183	廿八年戈	17
戰國前期	□庫工師	1186	十一年戈	17
戰國前期	冶	1168	邨左戟	8
戰國前期	冶	1186	十一年戈	17
戰國前期	冶	1183	廿八年戈	17
戰國前期	車大夫	1143	車大夫長畫戈	4
戰國前期	得工	1186	十一年戈	17
戰國後期	上庫工師	1190	十六年寧壽令戟	17
戰國後期	上庫工師（晉）	1176	廿四年晉□戈	11
戰國後期	上庫嗇夫（韓大宮）	1234	卅年塚子韓担鈹	22
戰國後期	大工尹	1235	十六年守相鈹	23
戰國後期	大工尹	1236	十八年相邦平國君鈹	25
戰國後期	大工尹	1237	十七年相邦春平侯鈹	24
戰國後期	大良造庶長	1249	十九年大良造鞅鐓	14
戰國後期	工	1045	工舟	1
戰國後期	工	1182	七年相邦呂不韋戟	15
戰國後期	工	1187	五年相邦戟	17
戰國後期	工	1189	元年丞相斯戈	18
戰國後期	工	1190	十六年寧壽令戟	17
戰國後期	工	1199	九年相邦呂不韋戟	24
戰國後期	工（高）	1213	四年呂不韋矛	15
戰國後期	工（高）	1215	三年呂不韋矛	18

戰國後期	工（高）	1216	三年相邦呂不韋矛	22
戰國後期	工師	261	工師厚子鼎	3
戰國後期	工師	966	卅六年扁壺	15
戰國後期	工師	1169	九年京令戈	存8
戰國後期	工師	1171	廿七年泌陽戈	9
戰國後期	工師	1172	芒陽守令戈	存9
戰國後期	工師	1173	五年琱□戈	10
戰國後期	工師	1175	六年陽城令戈	11
戰國後期	工師	1179	十一年佫茖戈	14
戰國後期	工師（高奴）	1194	六年上郡守閒戈	20
戰國後期	工師（高奴）	1198	廿五年上郡守周戈	22
戰國後期	工師（漆垣）	1193	七年上郡守閒戈	19
戰國後期	工師（漆垣）	1201	十五年上郡守壽戈	27
戰國後期	工師（高）	1216	三年相邦呂不韋矛	22
戰國後期	工鬼薪	1193	七年上郡守閒戈	19
戰國後期	工隸臣	1185	三十八年上郡戈	17
戰國後期	工隸臣	1192	四十年上郡守戈	19
戰國後期	工隸臣	1198	廿五年上郡守周戈	22
戰國後期	公朱右自	310	公朱右官鼎	8
戰國後期	令	1173	五年琱□戈	10
戰國後期	令	1175	六年陽城令戈	11
戰國後期	令	1177	十八年莆坂令戈	12
戰國後期	令	1178	六年□□令戈	13
戰國後期	令	1190	十六年寧壽令戟	17
戰國後期	令	1191	二年邢令戈	18
戰國後期	令	1195	十年洱陽令戟	21
戰國後期	令	1196	六年襄城令戈	22
戰國後期	令	1200	廿七年安陽令戈	25
戰國後期	令（宋）	1179	十一年佫茖戈	14
戰國後期	右师	1136	隋氏戈	4
戰國後期	右庫工師	1181	七年大梁司寇綏戈	12
戰國後期	右庫工師	1195	十年洱陽令戟	21
戰國後期	右庫工師	1196	六年襄城令戈	22
戰國後期	右庫工師	1200	廿七年安陽令戈	25
戰國後期	右庫工師	1231	四年邨相鈹	16
戰國後期	右庫工師吏	1188	廿三年相邦邛皮戈	15
戰國後期	□庫工師	1191	二年邢令戈	18
戰國後期	□庫工師	1232	十九年陳授鈹	19
戰國後期	司馬	1166	鄏王詈戈	7

戰國後期	司寇	1195	十年洱陽令戟	21
戰國後期	司寇	1196	六年襄城令戈	22
戰國後期	司寇	1200	廿七年安陽令戈	25
戰國後期	司寇（大梁）	1181	七年大梁司寇綏戈	12
戰國後期	左工（櫟陽）	1189	元年丞相斯戈	18
戰國後期	左工師	1177	十八年莆坂令戈	12
戰國後期	左工師	1178	六年□□令戈	13
戰國後期	丞	1182	七年相邦呂不韋戟	15
戰國後期	丞	1184	廿年相邦藺相如戈	16
戰國後期	丞	1185	三十八年上郡戈	17
戰國後期	丞	1187	五年相邦戟	17
戰國後期	丞	1192	四十年上郡守戈	19
戰國後期	丞	1198	廿五年上郡守周戈	23
戰國後期	丞	1199	九年相邦呂不韋戟	24
戰國後期	丞	1201	十五年上郡守壽戈	27
戰國後期	丞	1213	四年呂不韋矛	15
戰國後期	丞	1216	三年相邦呂不韋矛	22
戰國後期	丞（莒陽）	1244	廿四年莒陽斧	12
戰國後期	丞相	1189	元年丞相斯戈	18
戰國後期	守（上郡）	1185	三十八年上郡戈	17
戰國後期	守（上郡）	1192	四十年上郡守戈	19
戰國後期	守（上郡）	1193	七年上郡守閒戈	19
戰國後期	守（上郡）	1194	六年上郡守閒戈	20
戰國後期	守（上郡）	1201	十五年上郡守壽戈	27
戰國後期	守（上郡）	1216	三年相邦呂不韋矛	22
戰國後期	守（上郡）	1198	廿五年上郡守周戈	22
戰國後期	守（蜀）	1199	九年相邦呂不韋戟	24
戰國後期	守令	1172	芒陽守令戈	存9
戰國後期	守相	1235	十六年守相鈹	23
戰國後期	寺工	1182	七年相邦呂不韋戟	15
戰國後期	寺工	1185	三十八年上郡戈	17
戰國後期	寺工	1187	五年相邦戟	17
戰國後期	寺工	1192	四十年上郡守戈	19
戰國後期	寺工	1212	寺工矛	11
戰國後期	寺工	1214	廿年矛	15
戰國後期	邦右伐器□工師	1236	十八年相邦平國君鈹	25
戰國後期	邦右伐器工師	1237	十七年相邦春平侯鈹	24
戰國後期	邦右庫工師	1235	十六年守相鈹	23
戰國後期	邦左	1184	廿年相邦藺相如戈	16

戰國後期	邦左庫工師	1233	四年相邦春平侯鈹	18
戰國後期	邦司寇	1232	十九年陳授鈹	18
戰國後期	邦相	1188	廿三年相邦邛皮戈	17
戰國後期	佐	1244	廿四年莒陽斧	12
戰國後期	冶	1171	廿七年泌陽戈	9
戰國後期	冶	1172	芒陽守令戈	存9
戰國後期	冶	1173	五年瑚□戈	10
戰國後期	冶	1175	六年陽城令戈	11
戰國後期	冶	1176	廿四年晉□戈	11
戰國後期	冶	1177	十八年莆坂令戈	12
戰國後期	冶	1178	六年□□令戈	13
戰國後期	冶	1179	十一年佫茖戈	14
戰國後期	冶	1181	七年大梁司寇綏戈	12
戰國後期	冶	1184	廿年相邦藺相如戈	16
戰國後期	冶	1191	二年邢令戈	18
戰國後期	冶	1195	十年洱陽令戟	21
戰國後期	冶	1196	六年襄城令戈	22
戰國後期	冶	1200	廿七年安陽令戈	25
戰國後期	冶	1232	十九年陳授鈹	18
戰國後期	冶	1235	十六年守相鈹	23
戰國後期	冶	1236	十八年相邦平國君鈹	25
戰國後期	冶	1237	十七年相邦春平侯鈹	24
戰國後期	冶工隸臣	1201	十五年上郡守壽戈	27
戰國後期	冶尹	1233	四年相邦春平侯鈹	18
戰國後期	冶事	1231	四年邨相鈹	16
戰國後期	攻丞（工丞）	1214	廿年矛	15
戰國後期	東工守（蜀）	1199	九年相邦呂不韋戟	24
戰國後期	相	1231	四年邨相鈹	16
戰國後期	相邦	1182	七年相邦呂不韋戟	15
戰國後期	相邦	1184	廿年相邦藺相如戈	16
戰國後期	相邦	1187	五年相邦戟	17
戰國後期	相邦	1188	廿三年相邦邛皮戈	15
戰國後期	相邦	1199	九年相邦呂不韋戟	24
戰國後期	相邦	1213	四年呂不韋矛	15
戰國後期	相邦	1215	三年呂不韋矛	18
戰國後期	相邦	1216	三年相邦呂不韋矛	22
戰國後期	相邦	1233	四年相邦春平侯鈹	18
戰國後期	相邦	1236	十八年相邦平國君鈹	25
戰國後期	相邦	1237	十七年相邦春平侯鈹	24

戰國後期	郡尉守	1215	三年呂不韋矛	18
戰國後期	鬼薪工	1194	六年上郡守閒戈	20
戰國後期	徒	1216	三年相邦呂不韋矛	22
戰國後期	得工冶	1180	宜安戈	14
戰國後期	授屬邦	1212	寺工矛	11
戰國後期	教馬	1180	宜安戈	14
戰國後期	塚子	1234	卅年塚子韓担鈹	22
戰國後期	境尹（楚）	1170	楚境尹戈	10

銘文地名索引（一）

（按筆劃數由少到多排序）

地名	器號	器名	時代	出土地
三劃	上郡	1193 七年上郡守閒戈	戰國後期	山西屯留縣
	上郡	1185 三十八年上郡戈	戰國後期	山西高平市北城區鳳和村
	上郡	1201 十五年上郡守壽戈	戰國後期	內蒙古伊克昭盟金霍洛旗紅慶河鄉哈什拉村牛家渠
	上郡	1194 六年上郡守閒戈	戰國後期	河南登封縣告成鄉八方村
	上郡	1198 廿五年上郡守周戈	戰國後期	河南登封縣告成鄉八方村
	上郡	1214 廿年矛	戰國後期	湖南岳陽市郊東風湖畔
	上郡	1216 三年相邦呂不韋矛	戰國後期	遼寧撫順市順城區李石寨鎮河東村
	上郡	1192 四十年上郡守戈	戰國後期	遼寧遼陽市老城東郊沙坨子村
	上都	536 上都公簠	春秋後期	河南淅川縣下寺
	下寢	1023 罡盉盂	春秋後期	山東海陽縣磐石店鎮嘴子前村墓葬
	大官	940 樛大盂	戰國後期	陝西咸陽市渭城區窰店鎮黃家溝
	大室	490 宰獸簋	西周中期	陝西扶風縣段家鄉大同村
	大室	491 虎簋蓋	西周中期	陝西丹鳳縣鳳冠區西河鄉山溝村
	大室	487 殷簋	西周中期	陝西耀縣丁家溝村窖藏
	大室	488 殷簋	西周中期	陝西耀縣丁家溝村窖藏
	大室	357 靜方鼎	西周早期	
	大室	44 晉侯蘇編鐘	西周晚期	山西曲沃縣北趙村晉侯墓地
	大室	45 晉侯蘇編鐘	西周晚期	山西曲沃縣北趙村晉侯墓地
	大宮	1234 卅年塚子韓担鈹	戰國後期	河南長葛縣官亭鄉孟寨村
	大梁	1181 七年大梁司寇綏戈	戰國後期	安徽臨泉縣楊橋區
	工吳	1229 工吳王弟季子劍	春秋後期	山西榆社縣北三角坪
	工盧	1210 工盧矛	春秋前期	江蘇丹徒縣北山頂墓葬
	工盧	1004 工盧大叔盤	春秋後期	江蘇六合縣程橋中學
	工盧	1230 工盧太祖鈹	春秋後期	
四劃	中陽	1201 十五年上郡守壽戈	戰國後期	內蒙古伊克昭盟金霍洛旗紅慶河鄉哈什拉村牛家渠
	中寢	1024 王盂	西周早期	陝西扶風縣法門鎮莊白村
	五	631 五伯尊	西周早期	
	五邑	491 虎簋蓋	西周中期	陝西丹鳳縣鳳冠區西河鄉山溝村
	公朱右自	310 公朱右官鼎	戰國後期	河南洛陽市金村
	六	354 甚六鼎	春秋前期	江蘇丹徒縣北山頂墓葬

戈	643	戈觶	西周中期	
戈	605	纍卣	西周中期	
戈	384	戈簋	西周早期	甘肅慶陽地區
戈	604	州子卣	西周早期	
戈	618	戈父辛尊	西周早期	陝西長安縣馬王鎮新旺村
戈	154	戈父癸甗	西周早期	陝西涇陽縣興隆鄉高家堡
戈	574	戈父癸卣	西周早期	陝西涇陽縣興隆鄉高家堡
戈	660	戈父己觶	西周早期	陝西涇陽縣興隆鄉高家堡
戈	395	戈父己簋	西周早期	陝西涇陽縣興隆鄉高家堡
戈	149	戈甗	西周早期	
戈	583	作从彝卣	西周早期	
戈	597	守卣	西周早期	
戈	775	戈爵	西周早期	
戈	242	宁戈冊鼎	西周晚期	陝西長安縣馬王鎮新旺村
戈	243	宁戈冊鼎	西周晚期	陝西長安縣馬王鎮新旺村
戈	244	宁戈冊鼎	西周晚期	陝西長安縣馬王鎮新旺村
戈	946	宁戈壺	西周晚期	陝西長安縣馬王鎮新旺村
戈	951	薛侯壺	春秋前期	山東滕州市薛國故城墓葬
戈	641	戈觶	商代後期	河南安陽市郭家莊墓葬
戈	711	戈觚	商代後期	河南羅山縣蟒張鄉天湖村墓葬
戈	710	戈觚	商代後期	河南羅山縣蟒張鄉後李村墓葬
戈	206	戈乙鼎	商代後期	湖北武漢地區新洲縣陽邏鎮架子山
戈	383	戈簋	商代後期	
戈	642	戈觶	商代後期	
戈	709	戈觚	商代後期	
戈	818	戈乙爵	商代後期	
戈	869	戈父乙爵	商代後期	
毛	1113	毛伯戈	西周早期	河南洛陽市北窰村西龐家溝墓葬
夨	422	夨叔簋	西周中期	陝西岐山縣青化鄉丁童村
五劃 丙	605	纍卣	西周中期	
北子	1224	北子之子劍	戰國前期	
北單	604	州子卣	西周早期	
北疆（畕）	364	吳虎鼎	西周晚期	陝西長安縣申店鄉徐家寨村
召	497	召伯虎盨	西周晚期	河南洛陽市東郊墓葬
右里	1050	右里敀鋁量	戰國後期	山東臨淄市臨淄區梧台鄉東齊家莊窖藏
右龢室	309	王太后右和室鼎	戰國後期	陝西澄城縣
左龢室	319	王后鼎	戰國後期	陝西子長縣馬家砭公社伍家園則
平安少府	278	平安少府鼎足	戰國後期	
平阿	1151	平阿戈	戰國前期	

398

平阿	1135 平阿左戈	戰國後期	山東沂水縣富官莊鄉黃泥溝村
平阿	1150 平阿戟	戰國後期	
平周	1198 廿五年上郡守周戈	戰國後期	河南登封縣告成鄉八方村
平周	1192 四十年上郡守戈	戰國後期	遼寧遼陽市老城東郊沙坨子村
正□下官	277 下官鼎	戰國後期	陝西旬邑縣
氏	943 匌盉	西周早期	河南平頂山應國墓地
甘丹	1196 六年襄城令戈	戰國後期	
申	572 申父庚卣	西周早期	陝西長安縣灃西鄉
申	521 申王之孫簠	春秋後期	湖北鄖縣五峰鄉肖家河村
石邑	1189 元年丞相斯戈	戰國後期	遼寧寬甸縣小挂房窖藏
邙	1188 廿三年相邦邙皮戈	戰國後期	
六劃 仲陽	1134 仲陽戈	戰國後期	內蒙古烏蘭察布盟清水河縣拐子上古城
共	118 共鬲	西周早期	陝西藍田縣洩湖鎮車馬坑
共	123 共宁II鬲	商代後期	山東新泰市府前街墓葬
共	178 共鼎	商代後期	河北薊縣張家園遺址
共	753 共田父庚觚	商代後期	
合陽	314 七年□合陽王鼎	戰國後期	湖南桃源縣三汊巷鄉三元村墓葬
夙夷	36 晉侯蘇編鐘	西周晚期	山西曲沃縣北趙村晉侯墓地
夷	481 夷伯簋	西周中期	陝西扶風縣黃堆鄉強家村墓葬
夷	40 晉侯蘇編鐘	西周晚期	山西曲沃縣北趙村晉侯墓地
安陽	1200 廿七年安陽令戈	戰國後期	
州	604 州子卣	西周早期	
戎	27 戎生編鐘	西周晚期	
戎	32 戎生編鐘	西周晚期	
成周	1097 成周戈	西周早期	北京房山區琉璃河墓葬
成周	1098 成周戈	西周早期	北京房山區琉璃河墓葬
成周	357 靜方鼎	西周早期	
成周	35 晉侯蘇編鐘	西周晚期	山西曲沃縣北趙村晉侯墓地
成周	43 晉侯蘇編鐘	西周晚期	山西曲沃縣北趙村晉侯墓地
成都	1199 九年相邦呂不韋戟	戰國後期	四川青川縣白河鄉
耳	406 耳伯陷簋	西周早期	
耳	1219 耳劍	春秋前期	
耳	861 耳竹爵	商代後期	
舟夷	489 史密簋	西周中期	陝西安康市安康縣王家壩
芒陽	1172 芒陽守令戈	戰國後期	
西宮	957 右冶尹壺	戰國後期	河北容城縣晾馬台鄉南陽村東周燕國遺址
西宮	481 夷伯簋	西周中期	陝西扶風縣黃堆鄉強家村墓葬
西都	1201 十五年上郡守壽戈	戰國後期	內蒙古伊克昭盟金霍洛旗紅慶河鄉哈什

				拉村牛家渠
	西單	740	西單觚	商代後期	河南安陽市梅園莊南地墓葬
	西疆（蓁）	364	吳虎鼎	西周晚期	陝西長安縣申店鄉徐家寨村
	邢	249	邢叔鼎	西周中期	陝西長安張家坡邢叔家族墓
	邢	1048	邢叔杯	西周中期	陝西長安張家坡邢叔家族墓地
	邢	470	觜侯簋	西周晚期	
	邢	1191	二年邢令戈	戰國後期	河北臨城縣東柏暢村窖藏
	邦	1231	四年邦相鈹	戰國後期	陝西朔縣趙家口
	郲	96	湛郲編鐘	春秋前期	江蘇丹徒縣北山頂墓葬
	郲	94	湛郲編鎛	春秋前期	江蘇丹徒縣北山頂墓葬
	郲	95	湛郲編鎛	春秋前期	江蘇丹徒縣北山頂墓葬
	郇	1034	郇子佣缶	春秋後期	河南淅川縣下寺
	郇	1035	郇子佣缶	春秋後期	河南淅川縣下寺
七劃	卵	1018	卵公之子匜	春秋後期	江蘇六合縣程橋中學
	否	603	否叔卣	西周早期	
	否	637	否叔尊	西周早期	
	否	755	否觚	西周早期	
	吳	337	吳王姬鼎	西周晚期	陝西西安市南郊
	吳	1128	吳叔徒戈	春秋前期	山西侯馬市上馬村墓葬
	呂	57	鼥編鐘	春秋後期	河南淅川縣下寺
	呂	98	鼥編鎛	春秋後期	河南淅川縣下寺
	呂	99	鼥編鎛	春秋後期	河南淅川縣下寺
	呂	100	鼥編鎛	春秋後期	河南淅川縣下寺
	呂	102	鼥編鎛	春秋後期	河南淅川縣下寺
	呂	104	鼥編鎛	春秋後期	河南淅川縣下寺
	夆	645	夆觶	西周早期	山東濟陽縣姜集鄉劉臺子村墓葬
	夆	932	夆盉	西周早期	山東濟陽縣姜集鄉劉臺子村墓葬
	夆	996	夆盤	西周早期	山東濟陽縣姜集鄉劉臺子村墓葬
	夆	275	夆方鼎	西周早期	山東濟陽縣姜集鄉劉臺子村墓葬
	夆	191	夆方鼎	西周早期	山東濟陽縣姜集鄉劉臺子村墓葬
	宋	1013	鄭伯匜	西周晚期	河南永城縣陳集鄉
	宋	538	宋右師延敦	春秋後期	
	宋	327	蔡侯鼎	春秋後期	
	攻敔	1226	吳王夫差劍	春秋後期	山東鄒縣城關鎮朱山莊村
	攻敔	1225	吳王夫差劍	春秋後期	
	攻盧	354	甚六鼎	春秋前期	江蘇丹徒縣北山頂墓葬
	攻盧	1228	曹繛冰尋員劍	戰國前期	湖北襄樊市襄陽縣余崗鄉陸寨村山灣與蔡坡墓地
	杞	522	叔簠	西周晚期	山東平邑縣蔡莊村墓葬

杞夷	489	史密簋	西周中期	陝西安康市安康縣王家壩
汶陽	1138	汶陽戟	戰國前期	
甫	354	甚六鼎	春秋前期	江蘇丹徒縣北山頂墓葬
羌	942	克盉	西周早期	北京房山區琉璃河墓葬
羌	987	克罍	西周早期	北京房山區琉璃河墓葬
芮	446	芮公叔簋	西周早期	山東黃縣莊頭村墓葬
邑伐宮	45	晉侯蘇編鐘	西周晚期	山西曲沃縣北趙村晉侯墓地
郎	510	郎子大簠	春秋後期	

八劃

並	158	並伯甗	西周早期	甘肅靈台縣新集公社崖灣大隊東莊墓葬
並	207	己並鼎	商代後期	山東壽光縣益都侯城故址
並	208	己並鼎	商代後期	山東壽光縣益都侯城故址
並	209	己並鼎	商代後期	山東壽光縣益都侯城故址
並	893	並母戊爵	商代後期	陝西岐山縣蔡家坡
京	145	膳夫吉父鬲	西周晚期	
京	1169	九年京令戈	戰國後期	
佮	290	佮侯慶鼎	春秋前期	山東滕州市薛國故城墓葬
佮茖	1179	十一年佮茖戈	戰國後期	河南安陽市伊川縣城關鄉南府店
周	490	宰獸簋	西周中期	陝西扶風縣段家鄉大同村
周	491	虎簋蓋	西周中期	陝西丹鳳縣鳳冠區西河鄉山溝村
周	506	達盨蓋	西周中期	陝西長安張家坡邢叔家族墓地
周	486	柞伯簋	西周早期	河南平頂山應國墓地
周	160	盂甗	西周早期	
周	484	保員簋	西周早期	
周	507	師克盨	西周晚期	
周右庫	1120	周右庫戈	戰國前期	河南登封縣告成鄉八方村
周新宮	487	殷簋	西周中期	陝西耀縣丁家溝村窖藏
周新宮	488	殷簋	西周中期	陝西耀縣丁家溝村窖藏
姑	485	禹簋	西周中期	
孟	430	孟狂父簋	西周中期	陝西長安縣張家坡村墓葬
孟	164	孟狂父甗	西周中期	陝西長安縣張家坡村墓葬
孟	338	孟狂父鼎	西周中期	陝西長安縣張家坡村墓葬
宗周	357	靜方鼎	西周早期	
宗周	35	晉侯蘇編鐘	西周晚期	山西曲沃縣北趙村晉侯墓地
宗宮	343	鄧小仲方鼎	西周早期	
官（東疆）	364	吳虎鼎	西周晚期	陝西長安縣申店鄉徐家寨村
東	36	晉侯蘇編鐘	西周晚期	山西曲沃縣北趙村晉侯墓地
東夷	484	保員簋	西周早期	
東畕五邑	487	殷簋	西周中期	陝西耀縣丁家溝村窖藏
東畕五邑	488	殷簋	西周中期	陝西耀縣丁家溝村窖藏

東國	489	史密簋	西周中期	陝西安康市安康縣王家壩
東國	35	晉侯蘇編鐘	西周晚期	山西曲沃縣北趙村晉侯墓地
東鄂	26	鄎子受編鐘	春秋後期	河南淅川縣和尚嶺墓葬
東疆（官）	364	吳虎鼎	西周晚期	陝西長安縣申店鄉徐家寨村
武都	1205	武都矛	戰國後期	內蒙古烏蘭察布盟清水河縣拐子上古城
武陽	1115	武陽戈	戰國後期	
泌陽	1171	廿七年泌陽戈	戰國後期	
祈宮	446	芮公叔簋	西周早期	山東黃縣莊頭村墓葬
虎	489	史密簋	西周中期	陝西安康市安康縣王家壩
邿	526	邿召簠	西周晚期	山東長清縣僊人臺
邿	1009	邿公典盤	春秋後期	山東長清縣僊人臺
采鄏	357	靜方鼎	西周早期	
長必	489	史密簋	西周中期	陝西安康市安康縣王家壩
長社	124	長社鬲	西周晚期	河南確山縣竹溝鎮
㡴	297	㡴監鼎	西周早期	山東龍口市蘆頭鎮韓欒村
邺	1168	邺左戟	戰國前期	山東棲霞縣唐家泊鎮石門口村墓葬
俞	159	俞伯甗	西周早期	
匽	1127	匽侯舞戟	西周早期	北京房山區琉璃河墓葬
匽	942	克盉	西周早期	北京房山區琉璃河墓葬
匽	987	克罍	西周早期	北京房山區琉璃河墓葬
匽	1126	匽侯戟	西周早期	北京房山縣琉璃河
匽	437	匽侯簋	西周早期	
匽	957	右冶尹壺	戰國後期	河北容城縣晾馬台鄉南陽村東周燕國遺址
南	96	遱郘編鐘	春秋前期	江蘇丹徒縣北山頂墓葬
南	94	遱郘編鎛	春秋前期	江蘇丹徒縣北山頂墓葬
南	95	遱郘編鎛	春秋前期	江蘇丹徒縣北山頂墓葬
南	1167	南君䵼邘戈	春秋後期	湖北江陵九店
南夷	489	史密簋	西周中期	陝西安康市安康縣王家壩
南國	357	靜方鼎	西周早期	
南國	35	晉侯蘇編鐘	西周晚期	山西曲沃縣北趙村晉侯墓地
南疆（畢）	364	吳虎鼎	西周晚期	陝西長安縣申店鄉徐家寨村
咸陽	1212	寺工矛	戰國後期	
幽	490	宰獸簋	西周中期	陝西扶風縣段家鄉大同村
恒	144	恒侯鬲	西周晚期	
昧	354	甚六鼎	春秋前期	江蘇丹徒縣北山頂墓葬
柏人	1102	柏人戈	戰國後期	河北臨城縣東柏暢村窖藏
柞	486	柞伯簋	西周早期	河南平頂山應國墓地
柬	943	匍盉	西周早期	河南平頂山應國墓地

九劃

洱陽	1195	十年洱陽令戟	戰國後期	山東莒縣
甚	354	甚六鼎	春秋前期	江蘇丹徒縣北山頂墓葬
相	357	靜方鼎	西周早期	
紀	134	紀侯鼎	春秋前期	山東黃縣和平村
荊	537	荊公孫敦	春秋後期	山東膠南縣六汪鎮山周村
莒	1129	莒戟	春秋前期	
莒	4	莒公孫潮子編鎛	戰國前期	山東諸城縣臧家莊墓葬
莒	5	莒公孫潮子編鎛	戰國前期	山東諸城縣臧家莊墓葬
莒	6	莒公孫潮子編鐘	戰國前期	山東諸城縣臧家莊墓葬
莒	7	莒公孫潮子編鐘	戰國前期	山東諸城縣臧家莊墓葬
莒	8	莒公孫潮子編鐘	戰國前期	山東諸城縣臧家莊墓葬
莒	9	莒公孫潮子編鐘	戰國前期	山東諸城縣臧家莊墓葬
莒陽	1244	廿四年莒陽斧	戰國後期	山東沂南縣磚埠鎮任家莊
郘	1117	郘氏左戈	戰國後期	山東郯城縣馬陵山大尚莊村

十劃

倗	352	睘鼎	西周中期	
倗	965	巽仲壺	西周早期	
原	531	原氏仲簠	春秋前期	河南商水縣朱集村
原	532	原仲簠	春秋前期	河南商水縣朱集村
原	530	原氏仲簠	春秋前期	河南商水縣練集鄉楊莊村墓葬
夏	96	遅邡編鐘	春秋前期	江蘇丹徒縣北山頂墓葬
夏	94	遅邡編鎛	春秋前期	江蘇丹徒縣北山頂墓葬
夏	95	遅邡編鎛	春秋前期	江蘇丹徒縣北山頂墓葬
師彔宮	490	宰獸簋	西周中期	陝西扶風縣段家鄉大同村
徐	96	遅邡編鐘	春秋前期	江蘇丹徒縣北山頂墓葬
徐	94	遅邡編鎛	春秋前期	江蘇丹徒縣北山頂墓葬
徐	95	遅邡編鎛	春秋前期	江蘇丹徒縣北山頂墓葬
徐	349	徐大子伯辰鼎	春秋前期	湖北枝江縣問安鎮關廟山
徐	1041	徐頤君之孫缶	春秋後期	江蘇丹徒縣大港鎮背山頂墓葬
息	231	息父丁鼎	西周早期	陝西岐山縣京當鄉王家嘴墓葬
息	1025	息兒盞盂	春秋後期	湖南岳陽縣筻口鎮蓮塘村鳳形嘴山墓葬
息	235	息父辛鼎	商代後期	河南羅山縣蟒張鄉天湖村墓葬
息	174	息鼎	商代後期	河南羅山縣蟒張鄉天湖村墓葬
息	173	息鼎	商代後期	河南羅山縣蟒張鄉天湖村墓葬
息	614	息斤尊	商代後期	河南羅山縣蟒張鄉天湖村墓葬
息	175	息鼎	商代後期	河南羅山縣蟒張鄉天湖村墓葬
息	613	息尊尊	商代後期	河南羅山縣蟒張鄉天湖村墓葬
息	230	息父乙鼎	商代後期	河南羅山縣蟒張鄉天湖村墓葬
息	784	息爵	商代後期	河南羅山縣蟒張鄉天湖村墓葬
息	890	息父□爵	商代後期	河南羅山縣蟒張鄉天湖村墓葬

息	785	息爵	商代後期	河南羅山縣蟒張鄉天湖村墓葬
息	736	息母觚	商代後期	河南羅山縣蟒張鄉天湖村墓葬
息	786	息爵	商代後期	河南羅山縣蟒張鄉天湖村墓葬
息	735	息尊觚	商代後期	河南羅山縣蟒張鄉天湖村墓葬
息	825	息辛爵	商代後期	河南羅山縣蟒張鄉天湖村墓葬
息	824	息辛爵	商代後期	河南羅山縣蟒張鄉天湖村墓葬
息	737	息乙觚	商代後期	河南羅山縣蟒張鄉天湖村墓葬
息	1067	息戈	商代後期	河南羅山縣蟒張鄉後李村墓葬
息	742	息父乙觚	商代後期	河南羅山縣蟒張鄉後李村墓葬
息	639	息觶	商代後期	河南羅山縣蟒張鄉後李村墓葬
息	823	息庚爵	商代後期	河南羅山縣蟒張鄉後李村墓葬
晉	352	褱鼎	西周中期	
晉	1112	保晉戈	西周早期	山東成武縣小臺
晉	44	晉侯蘇編鐘	西周晚期	山西曲沃縣北趙村晉侯墓地
晉	40	晉侯蘇編鐘	西周晚期	山西曲沃縣北趙村晉侯墓地
晉	36	晉侯蘇編鐘	西周晚期	山西曲沃縣北趙村晉侯墓地
晉	1017	晉侯對匜	西周晚期	山西曲沃縣北趙村晉侯墓地
晉	503	晉侯對盨	西周晚期	山西曲沃縣北趙村晉侯墓地
晉	505	晉侯對盨	西周晚期	山西曲沃縣北趙村晉侯墓地
晉	162	晉伯峱父甗	西周晚期	山西曲沃縣北趙村晉侯墓地
晉	477	晉侯斬簋	西周晚期	山西曲沃縣北趙村晉侯墓地
晉	43	晉侯蘇編鐘	西周晚期	山西曲沃縣北趙村晉侯墓地
晉	38	晉侯蘇編鐘	西周晚期	山西曲沃縣北趙村晉侯墓地
晉	37	晉侯蘇編鐘	西周晚期	山西曲沃縣北趙村晉侯墓地
晉	476	晉侯斬簋	西周晚期	山西曲沃縣曲村鎮北趙村天馬—曲村遺址
晉	969	晉侯斬壺	西周晚期	山西曲沃縣曲村鎮北趙村天馬—曲村遺址
晉	315	晉侯蘇鼎	西周晚期	山西曲沃縣曲村鎮北趙村天馬—曲村遺址
晉	325	晉侯邦父鼎	西周晚期	山西曲沃縣曲村鎮北趙村天馬—曲村遺址
晉	971	晉侯僰馬壺	西周晚期	山西曲沃縣曲村鎮北趙村天馬—曲村遺址
晉	1060	晉侯喜父鈿	西周晚期	山西曲沃縣曲村鎮北趙村天馬—曲村遺址
晉	972	晉侯僰馬壺蓋	西周晚期	山西曲沃縣曲村鎮北趙村天馬—曲村遺址
晉	962	晉侯僰馬圓壺	西周晚期	山西曲沃縣曲村鎮北趙村天馬—曲村遺

				址
晉	1006	晉侯喜父盤	西周晚期	山西曲沃縣曲村鎮北趙村天馬—曲村遺址
晉	342	晉侯對鼎	西周晚期	山西曲沃縣曲村鎮北趙村天馬—曲村遺址
晉	968	晉叔家父壺	西周晚期	山西曲沃縣曲村鎮北趙村天馬—曲村遺址
晉	350	晉侯對鼎	西周晚期	山西曲沃縣北趙村晉侯墓地
晉	29	戎生編鐘	西周晚期	
晉	316	晉侯蘇鼎	西周晚期	
晉	317	晉侯蘇鼎	西周晚期	
晉	501	晉侯對盨	西周晚期	山西曲沃縣北趙村晉侯墓地
晉	318	晉侯蘇鼎	西周晚期	山西曲沃縣北趙村晉侯墓地
晉	504	晉侯對盨	西周晚期	山西曲沃縣北趙村晉侯墓地
晉	19	子犯編鐘	春秋後期	
晉	18	子犯編鐘	春秋後期	
晉	11	子犯編鐘	春秋後期	
晉	12	子犯編鐘	春秋後期	
晉	20	子犯編鐘	春秋後期	
晉	1176	廿四年晉□戈	戰國後期	安徽臨泉縣縣城西郊墓葬
畢	533	何次簠	春秋後期	河南淅川縣下寺
畢	534	何次簠	春秋後期	河南淅川縣下寺
畢	535	何次簠	春秋後期	河南淅川縣下寺
畢（南疆）	364	吳虎鼎	西周晚期	陝西長安縣申店鄉徐家寨村
秦	955	秦公壺	西周晚期	
秦	956	秦公壺	西周晚期	
秦	293	秦公鼎	春秋前期	甘肅禮縣大堡子山秦國墓地
秦	294	秦公鼎	春秋前期	甘肅禮縣大堡子山秦國墓地
秦	295	秦公鼎	春秋前期	甘肅禮縣大堡子山秦國墓地
秦	296	秦公鼎	春秋前期	甘肅禮縣大堡子山秦國墓地
秦	423	秦公簋	春秋前期	甘肅禮縣大堡子山秦國墓地
秦	424	秦公簋	春秋前期	甘肅禮縣大堡子山秦國墓地
索	1092	索需戈	商代後期	
索魚	1147	索魚王戈	春秋後期	河北涿鹿縣礬山鎮五堡村
莆坂	1177	十八年莆坂令戈	戰國後期	山西芮城縣大禹渡鄉成村
郱里	1051	齊宮鄉量	戰國後期	山東臨淄市臨淄區永流鄉劉家莊灰坑
郱里	1052	齊宮鄉量	戰國後期	山東臨淄市臨淄區永流鄉劉家莊灰坑
陳	163	陳樂君瓶	春秋後期	山東海陽縣磐石店鎮嘴子前村墓葬
陳	4	莒公孫潮子編鎛	戰國前期	山東諸城縣臧家莊墓葬

陳	5	莒公孫潮子編鎛	戰國前期	山東諸城縣臧家莊墓葬
陳	6	莒公孫潮子編鐘	戰國前期	山東諸城縣臧家莊墓葬
陳	7	莒公孫潮子編鐘	戰國前期	山東諸城縣臧家莊墓葬
陳	8	莒公孫潮子編鐘	戰國前期	山東諸城縣臧家莊墓葬
陳	9	莒公孫潮子編鐘	戰國前期	山東諸城縣臧家莊墓葬
陳	1033	陳缶蓋	戰國前期	湖北枝江縣問安鎮關廟山墓葬
陳	1139	陳𡓤戈	戰國前期	
陳	1142	陳口車戈	戰國前期	
陳	1137	陳難戈	戰國前期	山東新泰縣放城鄉南澇波村
陳	1232	十九年陳授鈹	戰國後期	安徽太和縣趙廟
高奴	1194	六年上郡守閒戈	戰國後期	河南登封縣告成鄉八方村
高奴	1198	廿五年上郡守周戈	戰國後期	河南登封縣告成鄉八方村
高奴	431	高奴簋	戰國後期	陝西旬邑縣
高望	1103	高望戈	戰國後期	
陭	1136	陭氏戈	戰國後期	
郶郭	1164	郭公子戈	春秋前期	山東滕州市薛國故城墓葬
堇	36	晉侯穌編鐘	西周晚期	山西曲沃縣北趙村晉侯墓地
堕冢壨	1118	堕冢壨戈	戰國後期	
康	953	康伯壺蓋	西周早期	河南洛陽市北窯西周貴族墓地
康	1238	康侯刀	西周早期	河南浚縣辛村
康宮	490	宰獸簋	西周中期	陝西扶風縣段家鄉大同村
康宮	483	敔簋蓋	西周中期	陝西周至縣竹峪鄉鳳凰嶺村
庸	274	庸伯方鼎蓋	西周中期	
敔	1220	敔王夫差劍	春秋後期	河南洛陽市廠基建工地墓葬
敔	941	吳王夫差盉	春秋後期	
梁	543	梁伯可忌豆	戰國後期	山東淄博市臨淄區白兔丘村東淄河灘
焌	347	焌戒鼎	西周晚期	
翏	324	魯侯鼎	西周晚期	山東泰安市城前村墓葬
翏	518	魯侯簋	西周晚期	山東泰安市城前村墓葬
翏	1124	翏公戈	春秋後期	湖北襄樊市郊余崗村團山墓葬
萊	135	萊伯武君鬲	春秋前期	安徽宿縣褚蘭區桂山鄉謝蘆村
許	462	許季姜方簋	西周晚期	內蒙古自治區寧城縣甸子鄉小黑石溝村墓葬
許	1012	仲原父匜	西周晚期	河南洛陽市北窯村西龐家溝墓葬
郾	1208	郾王喜矛	戰國後期	河北臨城縣東柏暢村窖藏
郾	1166	郾王詈戈	戰國後期	
郾	1221	郾王職劍	戰國後期	山東淄博市臨淄區齊都鎮龍貫村
鄂師	357	靜方鼎	西周早期	
陽城	1175	六年陽城令戈	戰國後期	河南登封縣告成鄉八方村

十一劃

陽陵	1255 陽陵虎符	秦	山東嶧縣
黃	1156 黃季佗父戈	春秋後期	河南光山縣城關鎮磚瓦廠墓葬
黃城	1100 黃城戟	春秋後期	山西太原市南郊金勝村
萛	965 萛仲壺	西周早期	
萛	470 萛侯簋	西周晚期	

<table>

十二劃	筄城	1146 筄城戟	春秋後期	山西太原市南郊金勝村
	尋	96 遱邡編鐘	春秋前期	江蘇丹徒縣北山頂墓葬
	尋	94 遱邡編鎛	春秋前期	江蘇丹徒縣北山頂墓葬
	尋	95 遱邡編鎛	春秋前期	江蘇丹徒縣北山頂墓葬
	彭	963 彭伯壺	春秋前期	
	彭	964 彭伯壺	春秋前期	
	御	942 克盉	西周早期	北京房山區琉璃河墓葬
	御	987 克罍	西周早期	北京房山區琉璃河墓葬
	曾	357 靜方鼎	西周早期	
	曾	133 曾伯鬲	春秋前期	湖北隨州市義地崗墓葬
	曾	519 曾子義行簠	春秋後期	江蘇六合縣程橋中學
	曾	299 曾孫定鼎	春秋後期	湖北隨州市安居鎮徐家嘴村墓葬
	曾	511 曾都尹定簠	春秋後期	湖北隨州市安居鎮徐家嘴村墓葬
	無鹽	1121 無鹽右戈	戰國前期	
	琱	472 琱我父簋蓋	西周晚期	陝西扶風縣齊家村窖藏
	琱	473 琱我父簋蓋	西周晚期	陝西扶風縣齊家村窖藏
	琱	474 琱我父簋蓋	西周晚期	陝西扶風縣齊家村窖藏
	琱	1173 五年琱□戈	戰國後期	湖南古丈縣白鶴灣墓葬
	番	961 番叔壺	春秋後期	河南信陽市五星鄉平西村墓葬
	番	536 上都公簠	春秋後期	河南淅川縣下寺
	發	523 發孫虜簋	春秋後期	
	越	1222 越王州句劍	春秋後期	湖北荊門市東寶區子陵村墓葬
	越	1223 越王州句劍	春秋後期	
	越	1209 越王者旨於賜矛	戰國前期	河南洛陽市啤酒廠墓葬
	遱	94 遱邡編鎛	春秋前期	江蘇丹徒縣北山頂墓葬
	遱	95 遱邡編鎛	春秋前期	江蘇丹徒縣北山頂墓葬
	遱	96 遱邡編鐘	春秋前期	江蘇丹徒縣北山頂墓葬
	萯	353 萯陽鼎	戰國後期	
	萯陽	353 萯陽鼎	戰國後期	
	遣	354 甚六鼎	春秋前期	江蘇丹徒縣北山頂墓葬
	銊夫跌疇	354 甚六鼎	春秋前期	江蘇丹徒縣北山頂墓葬
	鹵（北疆）	364 吳虎鼎	西周晚期	陝西長安縣申店鄉徐家寨村
	蒸	445 蒸辟簋	西周早期	
	剳	581 剳冊父癸卣	商代後期	山東兗州縣嵫山區李宮村

</table>

	劃	889	劃父癸爵	商代後期	山東兗州縣嶧山區李宮村
十三劃	微	942	克盉	西周早期	北京房山區琉璃河墓葬
	微	987	克罍	西周早期	北京房山區琉璃河墓葬
	新	461	叔向父簋	西周晚期	
	新宮	491	虎簋蓋	西周中期	陝西丹鳳縣鳳冠區西河鄉山溝村
	會	489	史密簋	西周中期	陝西安康市安康縣王家壩
	楊	960	楊姑壺	西周晚期	山西曲沃縣曲村鎮北趙村天馬—曲村遺址
	楚	97	楚公逆編鐘	西周晚期	山西曲沃縣曲村鎮北趙村
	楚	3	楚公豪鐘	西周晚期	陝西周原召陳村
	楚	96	湛郘編鐘	春秋前期	江蘇丹徒縣北山頂墓葬
	楚	94	湛郘編鎛	春秋前期	江蘇丹徒縣北山頂墓葬
	楚	95	湛郘編鎛	春秋前期	江蘇丹徒縣北山頂墓葬
	楚	517	楚子棄疾簠	春秋後期	河南南陽市西關汽車發動機廠
	楚	1022	楚王酓審盞盂	春秋後期	
	楚	57	獻編鐘	春秋後期	河南淅川縣下寺
	楚	98	獻編鎛	春秋後期	河南淅川縣下寺
	楚	99	獻編鎛	春秋後期	河南淅川縣下寺
	楚	100	獻編鎛	春秋後期	河南淅川縣下寺
	楚	102	獻編鎛	春秋後期	河南淅川縣下寺
	楚	104	獻編鎛	春秋後期	河南淅川縣下寺
	楚	312	楚叔之孫倗鼎	春秋後期	河南淅川縣下寺
	楚	54	獻編鐘	春秋後期	河南淅川縣下寺
	楚	58	獻編鐘	春秋後期	河南淅川縣下寺
	楚	60	王孫誥編鐘	春秋後期	河南淅川縣下寺
	楚	69	王孫誥編鐘	春秋後期	河南淅川縣下寺
	楚	70	王孫誥編鐘	春秋後期	河南淅川縣下寺
	楚	71	王孫誥編鐘	春秋後期	河南淅川縣下寺
	楚	72	王孫誥編鐘	春秋後期	河南淅川縣下寺
	楚	73	王孫誥編鐘	春秋後期	河南淅川縣下寺
	楚	74	王孫誥編鐘	春秋後期	河南淅川縣下寺
	楚	75	王孫誥編鐘	春秋後期	河南淅川縣下寺
	楚	76	王孫誥編鐘	春秋後期	河南淅川縣下寺
	楚	77	王孫誥編鐘	春秋後期	河南淅川縣下寺
	楚	78	王孫誥編鐘	春秋後期	河南淅川縣下寺
	楚	61	王孫誥編鐘	春秋後期	河南淅川縣下寺
	楚	79	王孫誥編鐘	春秋後期	河南淅川縣下寺
	楚	80	王孫誥編鐘	春秋後期	河南淅川縣下寺
	楚	83	王孫誥編鐘	春秋後期	河南淅川縣下寺

楚	85	王孫誥編鐘	春秋後期	河南淅川縣下寺
楚	62	王孫誥編鐘	春秋後期	河南淅川縣下寺
楚	63	王孫誥編鐘	春秋後期	河南淅川縣下寺
楚	64	王孫誥編鐘	春秋後期	河南淅川縣下寺
楚	313	倗鼎	春秋後期	河南淅川縣下寺
楚	65	王孫誥編鐘	春秋後期	河南淅川縣下寺
楚	66	王孫誥編鐘	春秋後期	河南淅川縣下寺
楚	67	王孫誥編鐘	春秋後期	河南淅川縣下寺
楚	1197	倗戈	春秋後期	河南淅川縣下寺
楚	68	王孫誥編鐘	春秋後期	河南淅川縣下寺
楚	341	倗鼎	春秋後期	河南淅川縣下寺
楚	1036	鄬子倗缶	春秋後期	河南淅川縣下寺
楚	1037	鄬子倗缶	春秋後期	河南淅川縣下寺
楚	451	鄬子倗簠	春秋後期	河南淅川縣下寺
楚	311	楚叔之孫倗鼎	春秋後期	河南淅川縣下寺
楚	1019	以鄧匜	春秋後期	河南淅川縣下寺
楚	348	以鄧鼎	春秋後期	河南淅川縣下寺
楚	1170	楚境尹戈	戰國後期	江蘇連雲港市海州區錦屏鎮陶灣村墓葬
楚荆	19	子犯編鐘	春秋後期	
楚荆	11	子犯編鐘	春秋後期	
楚荆	12	子犯編鐘	春秋後期	
楚荆	20	子犯編鐘	春秋後期	
槐里	353	薋陽鼎	戰國後期	
漏应	506	達盨蓋	西周中期	陝西長安張家坡邢叔家族墓地
梁	1046	梁姬罐	西周晚期	河南三門峽市虢國墓地
辟池	356	伯唐父鼎	西周中期	陝西長安縣張家坡村墓葬
鄂	353	薋陽鼎	戰國後期	
雍	1021	東姬匜	春秋後期	河南淅川縣下寺
莽	672	莽酖觶	西周中期	河南洛陽市北窯村西龐家溝墓葬
莽	673	莽酖觶	西周中期	河南洛陽市北窯村西龐家溝墓葬
莽(西疆)	364	吳虎鼎	西周晚期	陝西長安縣申店鄉徐家寨村
莽京	356	伯唐父鼎	西周中期	陝西長安縣張家坡村墓葬
莽京	482	鮮簋	西周中期	
莽京	1024	王盂	西周早期	陝西扶風縣法門鎮莊白村
鄈	1116	鄈右司戈	戰國後期	山東臨沭縣五山頭村
虜	484	保員簋	西周早期	
鄩	117	鄩子伯鎛	春秋後期	河南桐柏縣河鎮左莊村
鄝	1154	鄝子妝戈	春秋後期	河南淅川縣下寺
十四劃 嘉	1040	孟嬴匜不鍅	春秋後期	

壽	1170	楚境尹戈	戰國後期	江蘇連雲港市海州區錦屏鎮陶灣村墓葬
寧壽	1190	十六年寧壽令戟	戰國後期	山西高平縣永錄鄉鋪上村
廣衍	1134	仲陽戈	戰國後期	內蒙古烏蘭察布盟清水河縣拐子上古城
榮	865	榮仲爵	西周早期	河南洛陽市北窰村西龐家溝墓葬
榮	564	榮鬥卣	商代後期	山東濰坊市坊子區院上水庫南崖
榮	669	榮鬥父辛觶	商代後期	山東濰坊市坊子區院上水庫南崖
榮	857	榮鬥爵	商代後期	山東濰坊市坊子區院上水庫南崖
漆	1192	四十年上郡守戈	戰國後期	遼寧遼陽市老城東郊沙坨子村
漆垣	1193	七年上郡守閒戈	戰國後期	山西屯留縣
漆垣	1201	十五年上郡守壽戈	戰國後期	內蒙古伊克昭盟金霍洛旗紅慶河鄉哈什拉村牛家渠
蔡	529	蔡大膳夫趠簠	西周晚期	湖北襄樊市宜城縣朱市鄉磚瓦廠
蔡	1155	蔡侯産戈	春秋後期	安徽新安鎮城西窰廠
蔡	527	蔡侯簠	春秋後期	
蔡	528	蔡侯簠	春秋後期	
蔡	970	蔡公子湯叔壺	春秋後期	
蔡	327	蔡侯鼎	春秋後期	
蔡	1008	鄬仲姬丹盤	春秋後期	河南淅川縣下寺
蔡	1020	鄬仲姬丹匜	春秋後期	河南淅川縣下寺
蔡	1107	蔡侯戈	戰國前期	湖北隨州市西郊擂鼓墩墓葬
蜀	1199	九年相邦呂不韋戟	戰國後期	四川青川縣白河鄉
趙	1148	趙朔之御戈	春秋後期	山西太原市南郊金勝村
趙	1236	十八年相邦平國君鈹	戰國後期	
鄧	298	鄧公鼎	西周中期	
鄧	343	鄧小仲方鼎	西周早期	
鄧	457	鄧公簋	西周晚期	河南平頂山市滍陽鎮羲學港
鄧	458	鄧公簋	西周晚期	河南平頂山市滍陽鎮羲學港
鄧	1005	鄧子與盤	春秋後期	湖北鐘祥市文集鎮墓葬
鄬	1036	鄬子倗缶	春秋後期	河南淅川縣下寺
鄬	1037	鄬子倗缶	春秋後期	河南淅川縣下寺
鄬	451	鄬子倗簋	春秋後期	河南淅川縣下寺
鄬	1008	鄬仲姬丹盤	春秋後期	河南淅川縣下寺
鄬	1020	鄬仲姬丹匜	春秋後期	河南淅川縣下寺
鄭	1013	鄭伯匜	西周晚期	河南永城縣陳集鄉
鄭	355	鄭臧公之孫鼎	春秋後期	湖北襄樊市郊余崗村團山墓葬
鄭	1042	鄭臧公之孫缶	春秋後期	湖北襄樊市郊余崗村團台墓葬
鄭	1044	鄭钧盒	戰國後期	山東臨淄商王村
鄭	1217	鄭劍	戰國後期	湖北枝江縣馬店鎮楊家壋
鄭	1165	鄭戈	戰國後期	

齊	421	齊仲簠	西周中期	山東招遠縣東曲城村
齊	489	史密簋	西周中期	陝西安康市安康縣王家壩
齊	483	敌簋蓋	西周中期	陝西周至縣竹峪鄉鳳凰嶺村
齊宮鄉	1051	齊宮鄉量	戰國後期	山東臨淄市臨淄區永流鄉劉家莊灰坑
齊宮鄉	1052	齊宮鄉量	戰國後期	山東臨淄市臨淄區永流鄉劉家莊灰坑
㷭屌	489	史密簋	西周中期	陝西安康市安康縣王家壩
緜湯	30	戎生編鐘	西周晚期	
猷	96	遱邠編鐘	春秋前期	江蘇丹徒縣北山頂墓葬
猷	94	遱邠編鎛	春秋前期	江蘇丹徒縣北山頂墓葬
猷	95	遱邠編鎛	春秋前期	江蘇丹徒縣北山頂墓葬

十五劃

樂	163	陳樂君瓶	春秋後期	山東海陽縣磐石店鎮嘴子前村墓葬
滕	1011	滕大宰得匜	春秋後期	
鞸鄭	1249	十九年大良造鞅鐓	戰國後期	陝西咸陽市東郊渭陽鄉塔兒坡村
膚丘	1153	膚丘子戟	戰國後期	
虢	146	子碩父鬲	西周晚期	河南三門峽市虢國墓地
虢	147	子碩父鬲	西周晚期	河南三門峽市虢國墓地
虢	520	虢碩父簠	西周晚期	河南三門峽市虢國墓地
虢	541	虢季豆	西周晚期	河南三門峽市虢國墓地
虢	330	虢季鼎	西周晚期	河南三門峽市虢國墓地
虢	142	虢季鬲	西周晚期	河南三門峽市虢國墓地
虢	137	虢季鬲	西周晚期	河南三門峽市虢國墓地
虢	442	虢季簋	西周晚期	河南三門峽市虢國墓地
虢	542	虢季豆	西周晚期	河南三門峽市虢國墓地
虢	334	虢季鼎	西周晚期	河南三門峽市虢國墓地
虢	89	虢季編鐘	西周晚期	河南三門峽市虢國墓地
虢	86	虢季編鐘	西周晚期	河南三門峽市虢國墓地
虢	92	虢季編鐘	西周晚期	河南三門峽市虢國墓地
虢	93	虢季編鐘	西周晚期	河南三門峽市虢國墓地
虢	88	虢季編鐘	西周晚期	河南三門峽市虢國墓地
虢	87	虢季編鐘	西周晚期	河南三門峽市虢國墓地
虢	90	虢季編鐘	西周晚期	河南三門峽市虢國墓地
虢	91	虢季編鐘	西周晚期	河南三門峽市虢國墓地
虢	333	虢季鼎	西周晚期	河南三門峽市虢國墓地
虢	443	虢季簋	西周晚期	河南三門峽市虢國墓地
虢	138	虢季鬲	西周晚期	河南三門峽市虢國墓地
虢	136	虢季鬲	西周晚期	河南三門峽市虢國墓地
虢	143	虢季鬲	西周晚期	河南三門峽市虢國墓地
虢	329	虢季鼎	西周晚期	河南三門峽市虢國墓地
虢	328	虢季鼎	西周晚期	河南三門峽市虢國墓地

虢	140	虢季鬲	西周晚期	河南三門峽市虢國墓地
虢	139	虢季鬲	西周晚期	河南三門峽市虢國墓地
虢	439	虢季簋	西周晚期	河南三門峽市虢國墓地
虢	512	虢季簋	西周晚期	河南三門峽市虢國墓地
虢	332	虢季鼎	西周晚期	河南三門峽市虢國墓地
虢	331	虢季鼎	西周晚期	河南三門峽市虢國墓地
虢	141	虢季鬲	西周晚期	河南三門峽市虢國墓地
虢	441	虢季簋	西周晚期	河南三門峽市虢國墓地
虢	958	虢季壺	西周晚期	河南三門峽市虢國墓地
虢	959	虢季壺	西周晚期	河南三門峽市虢國墓地
虢	440	虢季簋	西周晚期	河南三門峽市虢國墓地
虢	444	虢季簋	西周晚期	河南三門峽市虢國墓地
虢	1002	虢季盤	西周晚期	河南三門峽市虢國墓地
虢	130	虢宮父鬲	西周晚期	河南三門峽市虢國墓地
虢	1003	虢宮父盤	西周晚期	河南三門峽市虢國墓地
衛	525	仲妃衛簠	春秋後期	河南淅川縣下寺
衛	524	仲妃衛簠	春秋後期	河南淅川縣下寺
諆	1253	郾侯舞錫	西周早期	北京房山區琉璃河墓葬
諆	1252	匽侯舞錫	西周早期	北京房山縣琉璃河
諆	1251	諆錫	西周早期	北京房山縣琉璃河
諸楚荊	18	子犯編鐘	春秋後期	
諸楚荊	10	子犯編鐘	春秋後期	
魯	324	魯侯鼎	西周晚期	山東泰安市城前村墓葬
魯	518	魯侯簋	西周晚期	山東泰安市城前村墓葬
斡	347	炎戒鼎	西周晚期	
十六劃 勳城	38	晉侯蘇編鐘	西周晚期	山西曲沃縣北趙村晉侯墓地
勳城	37	晉侯蘇編鐘	西周晚期	山西曲沃縣北趙村晉侯墓地
盧	489	史密簋	西周中期	陝西安康市安康縣王家壩
盧氏	1105	盧氏戈	戰國後期	
縢	1039	孟縢姬缶	春秋後期	河南淅川縣下寺
縢	1038	孟縢姬缶	春秋後期	河南淅川縣下寺
薛	522	叔簠	西周晚期	山東平邑縣蔡莊村墓葬
薛	1163	薛比戈	春秋前期	山東滕州市薛國故城墓葬
融	974	融罍	商代後期	山東青州市蘇埠屯墓葬
融	549	融卣	商代後期	山東青州市蘇埠屯墓葬
融	375	融簋	商代後期	山東青州市蘇埠屯墓葬
融	193	融方鼎	商代後期	山東青州市蘇埠屯墓葬
融	222	冊融方鼎	商代後期	山東青州市蘇埠屯墓葬
融	221	冊融鼎	商代後期	山東青州市蘇埠屯墓葬

	融	702 融觚	商代後期	山東青州市蘇埠屯墓葬
	融	701 融觚	商代後期	山東青州市蘇埠屯墓葬
	融	772 融爵	商代後期	山東青州市蘇埠屯墓葬
	融	644 融觶	商代後期	山東青州市蘇埠屯墓葬
	霍	1015 叔男父匜	春秋後期	
	館	605 纍卣	西周中期	
	龍	308 王妘鼎	西周早期	山東濟陽縣姜集鄉劉臺子村墓葬
十七劃	應	288 應事鼎	西周中期	河南平頂山市郊滍陽鎮西門外墓葬
	應	502 應侯再盨	西周中期	河南平頂山市新華區薛莊鄉北滍村滍陽嶺應國墓葬
	應	273 應侯鼎	西周中期	河南平頂山市新華區薛莊鄉北滍村滍陽嶺應國墓葬
	應	485 再簋	西周中期	
	應	457 鄧公簋	西周晚期	河南平頂山市滍陽鎮義學港
	應	458 鄧公簋	西周晚期	河南平頂山市滍陽鎮義學港
	應	351 應侯之孫丁兒鼎蓋	春秋後期	
	襄城	1170 楚境尹戈	戰國後期	江蘇連雲港市海州區錦屏鎮陶灣村墓葬
	襄城	1196 六年襄城令戈	戰國後期	
	嶇	125 嶇王鬲	西周晚期	陝西眉縣
	嶇	126 嶇王鬲	西周晚期	陝西眉縣
	韓	1234 卅年塚子韓担鈹	戰國後期	河南長葛縣官亭鄉孟寨村
	韓	1235 十六年守相鈹	戰國後期	
	韓	1237 十七年相邦春平侯鈹	戰國後期	
	鄟	336 鄟甘辜鼎	西周晚期	山東章丘縣明水鎮垵莊
十八劃	鼇	489 史密簋	西周中期	陝西安康市安康縣王家壩
	盅	1016 叔良父匜	西周晚期	河南臨汝縣朝川
十九劃	櫟陽	1256 櫟陽虎符	秦	
	櫟陽	1189 元年丞相斯戈	戰國後期	遼寧寬甸縣小挂房窖藏
	獸宮	939 獸宮盂	西周中期	河南平頂山市新華區薛莊鄉北滍村滍陽嶺應國墓地
	獸宮	1001 獸宮盤	西周中期	河南平頂山市新華區薛莊鄉北滍村滍陽嶺應國墓地
	羅	1018 卯公之子匜	春秋後期	江蘇六合縣程橋中學
	縶	986 縶兒罍	春秋後期	湖北穀城縣墓葬
	蘇	967 蘇蜀壺	西周中期	陝西延長縣安溝鄉岔口村
二十五劃	蠻戎	28 戎生編鐘	西周晚期	
二十九劃	甕	1014 甕伯匜	春秋前期	河南確山縣竹溝鎮
	灥	910 婦灥角	商代後期	

413

銘文地名索引（二）

（按出土地筆劃數由少到多排序）

出土地	地名	器號	器名	時代
三劃 山西太原市南郊金勝村	黃城	1100	黃城戟	春秋後期
山西太原市南郊金勝村	㡸城	1146	㡸城戟	春秋後期
山西太原市南郊金勝村	趙	1148	趙朔之御戈	春秋後期
山西屯留縣	上郡	1193	七年上郡守閒戈	戰國後期
山西屯留縣	漆垣	1193	七年上郡守閒戈	戰國後期
山西曲沃縣北趙村晉侯墓地	大室	44	晉侯蘇編鐘	西周晚期
山西曲沃縣北趙村晉侯墓地	大室	45	晉侯蘇編鐘	西周晚期
山西曲沃縣北趙村晉侯墓地	夙夷	36	晉侯蘇編鐘	西周晚期
山西曲沃縣北趙村晉侯墓地	夷	40	晉侯蘇編鐘	西周晚期
山西曲沃縣北趙村晉侯墓地	成周	35	晉侯蘇編鐘	西周晚期
山西曲沃縣北趙村晉侯墓地	成周	43	晉侯蘇編鐘	西周晚期
山西曲沃縣北趙村晉侯墓地	邑伐宮	45	晉侯蘇編鐘	西周晚期
山西曲沃縣北趙村晉侯墓地	宗周	35	晉侯蘇編鐘	西周晚期
山西曲沃縣北趙村晉侯墓地	東	36	晉侯蘇編鐘	西周晚期
山西曲沃縣北趙村晉侯墓地	東國	35	晉侯蘇編鐘	西周晚期
山西曲沃縣北趙村晉侯墓地	南國	35	晉侯蘇編鐘	西周晚期
山西曲沃縣北趙村晉侯墓地	晉	44	晉侯蘇編鐘	西周晚期
山西曲沃縣北趙村晉侯墓地	晉	40	晉侯蘇編鐘	西周晚期
山西曲沃縣北趙村晉侯墓地	晉	36	晉侯蘇編鐘	西周晚期
山西曲沃縣北趙村晉侯墓地	晉	1017	晉侯對匜	西周晚期
山西曲沃縣北趙村晉侯墓地	晉	503	晉侯對盨	西周晚期
山西曲沃縣北趙村晉侯墓地	晉	505	晉侯對盨	西周晚期
山西曲沃縣北趙村晉侯墓地	晉	162	晉伯鈴父甗	西周晚期
山西曲沃縣北趙村晉侯墓地	晉	477	晉侯斯簋	西周晚期
山西曲沃縣北趙村晉侯墓地	晉	43	晉侯蘇編鐘	西周晚期
山西曲沃縣北趙村晉侯墓地	晉	38	晉侯蘇編鐘	西周晚期
山西曲沃縣北趙村晉侯墓地	晉	37	晉侯蘇編鐘	西周晚期
山西曲沃縣北趙村晉侯墓地	晉	350	晉侯對鼎	西周晚期
山西曲沃縣北趙村晉侯墓地	晉	501	晉侯對盨	西周晚期
山西曲沃縣北趙村晉侯墓地	晉	318	晉侯蘇鼎	西周晚期
山西曲沃縣北趙村晉侯墓地	晉	504	晉侯對盨	西周晚期
山西曲沃縣北趙村晉侯墓地	革	36	晉侯蘇編鐘	西周晚期

山西曲沃縣北趙村晉侯墓地	勳城	38	晉侯蘇編鐘	西周晚期
山西曲沃縣北趙村晉侯墓地	勳城	37	晉侯蘇編鐘	西周晚期
山西曲沃縣曲村鎮北趙村	楚	97	楚公逆編鐘	西周晚期
山西曲沃縣曲村鎮北趙村天馬—曲村遺址	晉	476	晉侯斯簋	西周晚期
山西曲沃縣曲村鎮北趙村天馬—曲村遺址	晉	969	晉侯斯壺	西周晚期
山西曲沃縣曲村鎮北趙村天馬—曲村遺址	晉	315	晉侯蘇鼎	西周晚期
山西曲沃縣曲村鎮北趙村天馬—曲村遺址	晉	325	晉侯邦父鼎	西周晚期
山西曲沃縣曲村鎮北趙村天馬—曲村遺址	晉	971	晉侯僰馬壺	西周晚期
山西曲沃縣曲村鎮北趙村天馬—曲村遺址	晉	1060	晉侯喜父鉦	西周晚期
山西曲沃縣曲村鎮北趙村天馬—曲村遺址	晉	972	晉侯僰馬壺蓋	西周晚期
山西曲沃縣曲村鎮北趙村天馬—曲村遺址	晉	962	晉侯僰馬圓壺	西周晚期
山西曲沃縣曲村鎮北趙村天馬—曲村遺址	晉	1006	晉侯喜父盤	西周晚期
山西曲沃縣曲村鎮北趙村天馬—曲村遺址	晉	342	晉侯對鼎	西周晚期
山西曲沃縣曲村鎮北趙村天馬—曲村遺址	晉	968	晉叔家父壺	西周晚期
山西曲沃縣曲村鎮北趙村天馬—曲村遺址	楊	960	楊姞壺	西周晚期
山西芮城縣大禹渡鄉成村	莆坂	1177	十八年莆坂令戈	戰國後期
山西侯馬市上馬村墓葬	吳	1128	吳叔徒戈	春秋前期
山西高平市北城區鳳和村	上郡	1185	三十八年上郡戈	戰國後期
山西高平縣永錄鄉鋪上村	寧壽	1190	十六年寧壽令戟	戰國後期
山西榆社縣北三角坪	工盧	1229	工盧王弟季子劍	春秋後期
山東平邑縣蔡莊村墓葬	杞	522	叔簠	西周晚期
山東平邑縣蔡莊村墓葬	薛	522	叔簠	西周晚期
山東成武縣小臺	晉	1112	保晉戈	西周早期
山東沂水縣富官莊鄉黃泥溝村	平阿	1135	平阿左戈	戰國後期
山東沂南縣磚埠鎮任家莊	莒陽	1244	廿四年莒陽斧	戰國後期
山東招遠縣東曲城村	齊	421	齊仲簠	西周中期
山東長清縣僊人臺	邿	526	邿召簠	西周晚期

山東長清縣僊人臺	邿	1009	邿公典盤	春秋後期
山東青州市蘇埠屯墓葬	融	974	融罍	商代後期
山東青州市蘇埠屯墓葬	融	549	融卣	商代後期
山東青州市蘇埠屯墓葬	融	375	融簋	商代後期
山東青州市蘇埠屯墓葬	融	193	融方鼎	商代後期
山東青州市蘇埠屯墓葬	融	222	冊融方鼎	商代後期
山東青州市蘇埠屯墓葬	融	221	冊融鼎	商代後期
山東青州市蘇埠屯墓葬	融	702	融瓠	商代後期
山東青州市蘇埠屯墓葬	融	701	融瓠	商代後期
山東青州市蘇埠屯墓葬	融	772	融爵	商代後期
山東青州市蘇埠屯墓葬	融	644	融觶	商代後期
山東兗州縣嵫山區李宮村	劀	581	劀冊父癸卣	商代後期
山東兗州縣嵫山區李宮村	劀	889	劀父癸爵	商代後期
山東莒縣	洱陽	1195	十年洱陽令戟	戰國後期
山東泰安市城前村墓葬	翏	324	魯侯鼎	西周晚期
山東泰安市城前村墓葬	翏	518	魯侯簠	西周晚期
山東泰安市城前村墓葬	魯	324	魯侯鼎	西周晚期
山東泰安市城前村墓葬	魯	518	魯侯簠	西周晚期
山東海陽縣磐石店鎮嘴子前村墓葬	下寢	1023	罝盉盂	春秋後期
山東海陽縣磐石店鎮嘴子前村墓葬	陳	163	陳樂君瓶	春秋後期
山東海陽縣磐石店鎮嘴子前村墓葬	樂	163	陳樂君瓶	春秋後期
山東郯城縣馬陵山大尚莊村	郤	1117	郤氏左戈	戰國後期
山東淄博市臨淄區白兔丘村東淄河灘	梁	543	梁伯可忌豆	戰國後期
山東淄博市臨淄區齊都鎮龍貫村	郾	1221	郾王職劍	戰國後期
山東章丘縣明水鎮垓莊	鄾	336	鄾甘辜鼎	西周晚期
山東黃縣和平村	紀	134	紀侯鬲	春秋前期
山東黃縣莊頭村墓葬	芮	446	芮公叔簋	西周早期
山東黃縣莊頭村墓葬	祈宮	446	芮公叔簋	西周早期
山東棲霞縣唐家泊鎮石門口村墓葬	邨	1168	邨左戟	戰國前期
山東鄒縣城關鎮朱山莊村	攻敔	1226	吳王夫差劍	春秋後期
山東新泰市府前街墓葬	共	123	共宁II鬲	商代後期
山東新泰縣放城鄉南澇波村	陳	1137	陳難戈	戰國前期
山東壽光縣益都侯城故址	並	207	己並鼎	商代後期
山東壽光縣益都侯城故址	並	208	己並鼎	商代後期
山東壽光縣益都侯城故址	並	209	己並鼎	商代後期
山東滕州市薛國故城墓葬	戈	951	薛侯壺	春秋前期
山東滕州市薛國故城墓葬	佫	290	佫侯慶鼎	春秋前期
山東滕州市薛國故城墓葬	俈郭	1164	郭公子戈	春秋前期
山東滕州市薛國故城墓葬	薛	1163	薛比戈	春秋前期

山東膠南縣六汪鎮山周村	荆	537	荆公孫敦	春秋後期
山東諸城縣臧家莊墓葬	莒	4	莒公孫潮子編鎛	戰國前期
山東諸城縣臧家莊墓葬	莒	5	莒公孫潮子編鎛	戰國前期
山東諸城縣臧家莊墓葬	莒	6	莒公孫潮子編鐘	戰國前期
山東諸城縣臧家莊墓葬	莒	7	莒公孫潮子編鐘	戰國前期
山東諸城縣臧家莊墓葬	莒	8	莒公孫潮子編鐘	戰國前期
山東諸城縣臧家莊墓葬	莒	9	莒公孫潮子編鐘	戰國前期
山東諸城縣臧家莊墓葬	陳	4	莒公孫潮子編鎛	戰國前期
山東諸城縣臧家莊墓葬	陳	5	莒公孫潮子編鎛	戰國前期
山東諸城縣臧家莊墓葬	陳	6	莒公孫潮子編鐘	戰國前期
山東諸城縣臧家莊墓葬	陳	7	莒公孫潮子編鐘	戰國前期
山東諸城縣臧家莊墓葬	陳	8	莒公孫潮子編鐘	戰國前期
山東諸城縣臧家莊墓葬	陳	9	莒公孫潮子編鐘	戰國前期
山東嶧縣	陽陵	1255	陽陵虎符	秦
山東龍口市蘆頭鎮韓欒村	卣	297	卣監鼎	西周早期
山東濟陽縣姜集鄉劉臺子村墓葬	夆	645	夆觶	西周早期
山東濟陽縣姜集鄉劉臺子村墓葬	夆	932	夆盉	西周早期
山東濟陽縣姜集鄉劉臺子村墓葬	夆	996	夆盤	西周早期
山東濟陽縣姜集鄉劉臺子村墓葬	夆	275	夆方鼎	西周早期
山東濟陽縣姜集鄉劉臺子村墓葬	夆	191	夆方鼎	西周早期
山東濟陽縣姜集鄉劉臺子村墓葬	龍	308	王姛鼎	西周早期
山東濰坊市坊子區院上水庫南崖	榮	564	榮鬥卣	商代後期
山東濰坊市坊子區院上水庫南崖	榮	669	榮鬥父辛觶	商代後期
山東濰坊市坊子區院上水庫南崖	榮	857	榮鬥爵	商代後期
山東臨沭縣五山頭村	郯	1116	郯右司戈	戰國後期
山東臨淄市臨淄區永流鄉劉家莊灰坑	邾里	1051	齊宮鄉量	戰國後期
山東臨淄市臨淄區永流鄉劉家莊灰坑	邾里	1052	齊宮鄉量	戰國後期
山東臨淄市臨淄區永流鄉劉家莊灰坑	齊宮鄉	1051	齊宮鄉量	戰國後期
山東臨淄市臨淄區永流鄉劉家莊灰坑	齊宮鄉	1052	齊宮鄉量	戰國後期
山東臨淄市臨淄區梧台鄉東齊家莊窖藏	右里	1050	右里敀錏量	戰國後期
山東臨淄商王村	鄭	1044	鄭勾盒	戰國後期
四劃　內蒙古伊克昭盟金霍洛旗紅慶河鄉哈什拉村牛家渠	上郡	1201	十五年上郡守壽戈	戰國後期
內蒙古伊克昭盟金霍洛旗紅慶河鄉哈什拉村牛家渠	中陽	1201	十五年上郡守壽戈	戰國後期
內蒙古伊克昭盟金霍洛旗紅慶河鄉哈什拉村牛家渠	西都	1201	十五年上郡守壽戈	戰國後期
內蒙古伊克昭盟金霍洛旗紅慶河鄉哈什拉村牛家渠	漆垣	1201	十五年上郡守壽戈	戰國後期

內蒙古自治區寧城縣甸子鄉小黑石溝村墓葬	許	462	許季姜方簋	西周晚期
內蒙古烏蘭察布盟清水河縣拐子上古城	仲陽	1134	仲陽戈	戰國後期
內蒙古烏蘭察布盟清水河縣拐子上古城	武都	1205	武都矛	戰國後期
內蒙古烏蘭察布盟清水河縣拐子上古城	廣衍	1134	仲陽戈	戰國後期

五劃	北京房山區琉璃河墓葬	成周	1097	成周戈	西周早期
	北京房山區琉璃河墓葬	成周	1098	成周戈	西周早期
	北京房山區琉璃河墓葬	羌	942	克盉	西周早期
	北京房山區琉璃河墓葬	羌	987	克罍	西周早期
	北京房山區琉璃河墓葬	匽	1127	匽侯舞戟	西周早期
	北京房山區琉璃河墓葬	匽	942	克盉	西周早期
	北京房山區琉璃河墓葬	匽	987	克罍	西周早期
	北京房山區琉璃河墓葬	御	942	克盉	西周早期
	北京房山區琉璃河墓葬	御	987	克罍	西周早期
	北京房山區琉璃河墓葬	微	942	克盉	西周早期
	北京房山區琉璃河墓葬	微	987	克罍	西周早期
	北京房山區琉璃河墓葬	諆	1253	郾侯舞錫	西周早期
	北京房山縣琉璃河	匽	1126	匽侯戟	西周早期
	北京房山縣琉璃河	諆	1252	匽侯舞錫	西周早期
	北京房山縣琉璃河	諆	1251	諆錫	西周早期
	四川青川縣白河鄉	成都	1199	九年相邦呂不韋戟	戰國後期
	四川青川縣白河鄉	蜀	1199	九年相邦呂不韋戟	戰國後期
	甘肅慶陽地區	戈	384	戈簋	西周早期
	甘肅禮縣大堡子山秦國墓地	秦	293	秦公鼎	春秋前期
	甘肅禮縣大堡子山秦國墓地	秦	294	秦公鼎	春秋前期
	甘肅禮縣大堡子山秦國墓地	秦	295	秦公鼎	春秋前期
	甘肅禮縣大堡子山秦國墓地	秦	296	秦公鼎	春秋前期
	甘肅禮縣大堡子山秦國墓地	秦	423	秦公簋	春秋前期
	甘肅禮縣大堡子山秦國墓地	秦	424	秦公簋	春秋前期
	甘肅靈台縣新集公社崖灣大隊東莊墓葬	並	158	並伯甗	西周早期

六劃	安徽太和縣趙廟	陳	1232	十九年陳授鈹	戰國後期
	安徽宿縣褚蘭區桂山鄉謝蘆村	萊	135	萊伯武君鬲	春秋前期
	安徽新安鎮城西窰廠	蔡	1155	蔡侯產戈	春秋後期
	安徽臨泉縣楊橋區	大梁	1181	七年大梁司寇綏戈	戰國後期
	安徽臨泉縣縣城西郊墓葬	晉	1176	廿四年晉□戈	戰國後期
	江蘇丹徒縣大港鎮背山頂墓葬	徐	1041	徐頉君之孫缶	春秋後期
	江蘇丹徒縣北山頂墓葬	工盧	1210	工盧矛	春秋前期
	江蘇丹徒縣北山頂墓葬	六	354	甚六鼎	春秋前期
	江蘇丹徒縣北山頂墓葬	郤	96	湛郤編鐘	春秋前期

	江蘇丹徒縣北山頂墓葬	邟	94	逯邟編鎛	春秋前期
	江蘇丹徒縣北山頂墓葬	邟	95	逯邟編鎛	春秋前期
	江蘇丹徒縣北山頂墓葬	攻盧	354	甚六鼎	春秋前期
	江蘇丹徒縣北山頂墓葬	甫	354	甚六鼎	春秋前期
	江蘇丹徒縣北山頂墓葬	南	96	逯邟編鐘	春秋前期
	江蘇丹徒縣北山頂墓葬	南	94	逯邟編鎛	春秋前期
	江蘇丹徒縣北山頂墓葬	南	95	逯邟編鎛	春秋前期
	江蘇丹徒縣北山頂墓葬	眛	354	甚六鼎	春秋前期
	江蘇丹徒縣北山頂墓葬	甚	354	甚六鼎	春秋前期
	江蘇丹徒縣北山頂墓葬	夏	96	逯邟編鐘	春秋前期
	江蘇丹徒縣北山頂墓葬	夏	94	逯邟編鎛	春秋前期
	江蘇丹徒縣北山頂墓葬	夏	95	逯邟編鎛	春秋前期
	江蘇丹徒縣北山頂墓葬	徐	96	逯邟編鐘	春秋前期
	江蘇丹徒縣北山頂墓葬	徐	94	逯邟編鎛	春秋前期
	江蘇丹徒縣北山頂墓葬	徐	95	逯邟編鎛	春秋前期
	江蘇丹徒縣北山頂墓葬	尋	96	逯邟編鐘	春秋前期
	江蘇丹徒縣北山頂墓葬	尋	94	逯邟編鎛	春秋前期
	江蘇丹徒縣北山頂墓葬	尋	95	逯邟編鎛	春秋前期
	江蘇丹徒縣北山頂墓葬	逯	94	逯邟編鎛	春秋前期
	江蘇丹徒縣北山頂墓葬	逯	95	逯邟編鎛	春秋前期
	江蘇丹徒縣北山頂墓葬	逯	96	逯邟編鐘	春秋前期
	江蘇丹徒縣北山頂墓葬	遣	354	甚六鼎	春秋前期
	江蘇丹徒縣北山頂墓葬	銉夫趺疇	354	甚六鼎	春秋前期
	江蘇丹徒縣北山頂墓葬	楚	96	逯邟編鐘	春秋前期
	江蘇丹徒縣北山頂墓葬	楚	94	逯邟編鎛	春秋前期
	江蘇丹徒縣北山頂墓葬	楚	95	逯邟編鎛	春秋前期
	江蘇丹徒縣北山頂墓葬	猷	96	逯邟編鐘	春秋前期
	江蘇丹徒縣北山頂墓葬	猷	94	逯邟編鎛	春秋前期
	江蘇丹徒縣北山頂墓葬	猷	95	逯邟編鎛	春秋前期
	江蘇六合縣程橋中學	工盧	1004	工盧大叔盤	春秋後期
	江蘇六合縣程橋中學	卯	1018	卯公之子匜	春秋後期
	江蘇六合縣程橋中學	曾	519	曾子義行簠	春秋後期
	江蘇六合縣程橋中學	羅	1018	卯公之子匜	春秋後期
	江蘇連雲港市海州區錦屏鎮陶灣村墓葬	楚	1170	楚境尹戈	戰國後期
	江蘇連雲港市海州區錦屏鎮陶灣村墓葬	壽	1170	楚境尹戈	戰國後期
	江蘇連雲港市海州區錦屏鎮陶灣村墓葬	襄城	1170	楚境尹戈	戰國後期
八劃	河北容城縣晾馬台鄉南陽村東周燕國遺址	西官	957	右冶尹壺	戰國後期
	河北容城縣晾馬台鄉南陽村東周燕國遺址	匿	957	右冶尹壺	戰國後期

址				
河北涿鹿縣礬山鎮五堡村	索魚	1147	索魚王戈	春秋後期
河北薊縣張家園遺址	共	178	共鼎	商代後期
河北臨城縣東柏暢村窖藏	邢	1191	二年邢令戈	戰國後期
河北臨城縣東柏暢村窖藏	柏人	1102	柏人戈	戰國後期
河北臨城縣東柏暢村窖藏	郾	1208	郾王喜矛	戰國後期
河南三門峽市虢國墓地	梁	1046	梁姬罐	西周晚期
河南三門峽市虢國墓地	虢	146	子碩父鬲	西周晚期
河南三門峽市虢國墓地	虢	147	子碩父鬲	西周晚期
河南三門峽市虢國墓地	虢	520	虢碩父簠	西周晚期
河南三門峽市虢國墓地	虢	541	虢季豆	西周晚期
河南三門峽市虢國墓地	虢	330	虢季鼎	西周晚期
河南三門峽市虢國墓地	虢	142	虢季鬲	西周晚期
河南三門峽市虢國墓地	虢	137	虢季鬲	西周晚期
河南三門峽市虢國墓地	虢	442	虢季簋	西周晚期
河南三門峽市虢國墓地	虢	542	虢季豆	西周晚期
河南三門峽市虢國墓地	虢	334	虢季鼎	西周晚期
河南三門峽市虢國墓地	虢	89	虢季編鐘	西周晚期
河南三門峽市虢國墓地	虢	86	虢季編鐘	西周晚期
河南三門峽市虢國墓地	虢	92	虢季編鐘	西周晚期
河南三門峽市虢國墓地	虢	93	虢季編鐘	西周晚期
河南三門峽市虢國墓地	虢	88	虢季編鐘	西周晚期
河南三門峽市虢國墓地	虢	87	虢季編鐘	西周晚期
河南三門峽市虢國墓地	虢	90	虢季編鐘	西周晚期
河南三門峽市虢國墓地	虢	91	虢季編鐘	西周晚期
河南三門峽市虢國墓地	虢	333	虢季鼎	西周晚期
河南三門峽市虢國墓地	虢	443	虢季簋	西周晚期
河南三門峽市虢國墓地	虢	138	虢季鬲	西周晚期
河南三門峽市虢國墓地	虢	136	虢季鬲	西周晚期
河南三門峽市虢國墓地	虢	143	虢季鬲	西周晚期
河南三門峽市虢國墓地	虢	329	虢季鼎	西周晚期
河南三門峽市虢國墓地	虢	328	虢季鼎	西周晚期
河南三門峽市虢國墓地	虢	140	虢季鬲	西周晚期
河南三門峽市虢國墓地	虢	139	虢季鬲	西周晚期
河南三門峽市虢國墓地	虢	439	虢季簋	西周晚期
河南三門峽市虢國墓地	虢	512	虢季簠	西周晚期
河南三門峽市虢國墓地	虢	332	虢季鼎	西周晚期
河南三門峽市虢國墓地	虢	331	虢季鼎	西周晚期
河南三門峽市虢國墓地	虢	141	虢季鬲	西周晚期

河南三門峽市虢國墓地	虢	441	虢季簋	西周晚期
河南三門峽市虢國墓地	虢	958	虢季壺	西周晚期
河南三門峽市虢國墓地	虢	959	虢季壺	西周晚期
河南三門峽市虢國墓地	虢	440	虢季簋	西周晚期
河南三門峽市虢國墓地	虢	444	虢季簋	西周晚期
河南三門峽市虢國墓地	虢	1002	虢季盤	西周晚期
河南三門峽市虢國墓地	虢	130	虢宮父鬲	西周晚期
河南三門峽市虢國墓地	虢	1003	虢宮父盤	西周晚期
河南平頂山市郊滍陽鎮西門外墓葬	應	288	應事鼎	西周中期
河南平頂山市新華區薛莊鄉北滍村滍陽嶺應國墓地	獸宮	939	獸宮盂	西周中期
河南平頂山市新華區薛莊鄉北滍村滍陽嶺應國墓地	獸宮	1001	獸宮盤	西周中期
河南平頂山市新華區薛莊鄉北滍村滍陽嶺應國墓葬	應	502	應侯再盨	西周中期
河南平頂山市新華區薛莊鄉北滍村滍陽嶺應國墓葬	應	273	應侯鼎	西周中期
河南平頂山市滍陽鎮義學港	鄧	457	鄧公簋	西周晚期
河南平頂山市滍陽鎮義學港	鄧	458	鄧公簋	西周晚期
河南平頂山市滍陽鎮義學港	應	457	鄧公簋	西周晚期
河南平頂山市滍陽鎮義學港	應	458	鄧公簋	西周晚期
河南平頂山應國墓地	氏	943	匍盂	西周早期
河南平頂山應國墓地	周	486	柞伯簋	西周早期
河南平頂山應國墓地	柞	486	柞伯簋	西周早期
河南平頂山應國墓地	柬	943	匍盂	西周早期
河南永城縣陳集鄉	宋	1013	鄭伯匜	西周晚期
河南永城縣陳集鄉	鄭	1013	鄭伯匜	西周晚期
河南光山縣城關鎮磚瓦廠墓葬	黃	1156	黃季佗父戈	春秋後期
河南安陽市伊川縣城關鄉南府店	佲茖	1179	十一年佲茖戈	戰國後期
河南安陽市郭家莊墓葬	戈	641	戈觶	商代後期
河南安陽市梅園莊南地墓葬	西單	740	西單瓿	商代後期
河南長葛縣官亭鄉孟寨村	大宮	1234	卅年塚子韓担鈹	戰國後期
河南長葛縣官亭鄉孟寨村	韓	1234	卅年塚子韓担鈹	戰國後期
河南信陽市五星鄉平西村墓葬	番	961	番叔壺	春秋後期
河南南陽市西關汽車發動機廠	楚	517	楚子棄疾簋	春秋後期
河南洛陽市北窰西周貴族墓地	康	953	康伯壺蓋	西周早期
河南洛陽市北窰村西龐家溝墓葬	毛	1113	毛伯戈	西周早期
河南洛陽市北窰村西龐家溝墓葬	許	1012	仲原父匜	西周晚期
河南洛陽市北窰村西龐家溝墓葬	荼	672	荼酠觶	西周中期

河南洛陽市北窰村西龐家溝墓葬	莽	673	莽酰觶	西周中期
河南洛陽市北窰村西龐家溝墓葬	榮	865	榮仲爵	西周早期
河南洛陽市東郊墓葬	召	497	召伯虎盨	西周晚期
河南洛陽市金村	公朱右𠂤	310	公朱右官鼎	戰國後期
河南洛陽市啤酒廠墓葬	越	1209	越王者旨於賜矛	戰國前期
河南洛陽市廠基建工地墓葬	敔	1220	敔王夫差劍	春秋後期
河南桐柏縣河鎮左莊村	鄝	117	鄝子伯鐸	春秋後期
河南浚縣辛村	康	1238	康侯刀	西周早期
河南商水縣朱集村	原	531	原氏仲簠	春秋前期
河南商水縣朱集村	原	532	原仲簠	春秋前期
河南商水縣練集鄉楊莊村墓葬	原	530	原氏仲簠	春秋前期
河南淅川縣下寺	上鄀	536	上鄀公簠	春秋後期
河南淅川縣下寺	倗	1034	倗子倗缶	春秋後期
河南淅川縣下寺	倗	1035	倗子倗缶	春秋後期
河南淅川縣下寺	呂	57	䣄編鐘	春秋後期
河南淅川縣下寺	呂	98	䣄編鎛	春秋後期
河南淅川縣下寺	呂	99	䣄編鎛	春秋後期
河南淅川縣下寺	呂	100	䣄編鎛	春秋後期
河南淅川縣下寺	呂	102	䣄編鎛	春秋後期
河南淅川縣下寺	呂	104	䣄編鎛	春秋後期
河南淅川縣下寺	番	536	上鄀公簠	春秋後期
河南淅川縣下寺	楚	57	䣄編鐘	春秋後期
河南淅川縣下寺	楚	98	䣄編鎛	春秋後期
河南淅川縣下寺	楚	99	䣄編鎛	春秋後期
河南淅川縣下寺	楚	100	䣄編鎛	春秋後期
河南淅川縣下寺	楚	102	䣄編鎛	春秋後期
河南淅川縣下寺	楚	104	䣄編鎛	春秋後期
河南淅川縣下寺	楚	312	楚叔之孫倗鼎	春秋後期
河南淅川縣下寺	楚	54	䣄編鐘	春秋後期
河南淅川縣下寺	楚	58	䣄編鐘	春秋後期
河南淅川縣下寺	楚	60	王孫誥編鐘	春秋後期
河南淅川縣下寺	楚	69	王孫誥編鐘	春秋後期
河南淅川縣下寺	楚	70	王孫誥編鐘	春秋後期
河南淅川縣下寺	楚	71	王孫誥編鐘	春秋後期
河南淅川縣下寺	楚	72	王孫誥編鐘	春秋後期
河南淅川縣下寺	楚	73	王孫誥編鐘	春秋後期
河南淅川縣下寺	楚	74	王孫誥編鐘	春秋後期
河南淅川縣下寺	楚	75	王孫誥編鐘	春秋後期
河南淅川縣下寺	楚	76	王孫誥編鐘	春秋後期

河南淅川縣下寺	楚	77	王孫誥編鐘	春秋後期
河南淅川縣下寺	楚	78	王孫誥編鐘	春秋後期
河南淅川縣下寺	楚	61	王孫誥編鐘	春秋後期
河南淅川縣下寺	楚	79	王孫誥編鐘	春秋後期
河南淅川縣下寺	楚	80	王孫誥編鐘	春秋後期
河南淅川縣下寺	楚	83	王孫誥編鐘	春秋後期
河南淅川縣下寺	楚	85	王孫誥編鐘	春秋後期
河南淅川縣下寺	楚	62	王孫誥編鐘	春秋後期
河南淅川縣下寺	楚	63	王孫誥編鐘	春秋後期
河南淅川縣下寺	楚	64	王孫誥編鐘	春秋後期
河南淅川縣下寺	楚	313	倗鼎	春秋後期
河南淅川縣下寺	楚	65	王孫誥編鐘	春秋後期
河南淅川縣下寺	楚	66	王孫誥編鐘	春秋後期
河南淅川縣下寺	楚	67	王孫誥編鐘	春秋後期
河南淅川縣下寺	楚	1197	倗戈	春秋後期
河南淅川縣下寺	楚	68	王孫誥編鐘	春秋後期
河南淅川縣下寺	楚	341	倗鼎	春秋後期
河南淅川縣下寺	楚	1036	鄬子倗缶	春秋後期
河南淅川縣下寺	楚	1037	鄬子倗缶	春秋後期
河南淅川縣下寺	楚	451	鄬子倗簠	春秋後期
河南淅川縣下寺	蔡	1008	鄬仲姬丹盤	春秋後期
河南淅川縣下寺	蔡	1020	鄬仲姬丹匜	春秋後期
河南淅川縣下寺	鄬	1036	鄬子倗缶	春秋後期
河南淅川縣下寺	鄬	1037	鄬子倗缶	春秋後期
河南淅川縣下寺	鄬	451	鄬子倗簠	春秋後期
河南淅川縣下寺	鄬	1008	鄬仲姬丹盤	春秋後期
河南淅川縣下寺	鄬	1020	鄬仲姬丹匜	春秋後期
河南淅川縣下寺	滕	1039	孟滕姬缶	春秋後期
河南淅川縣下寺	滕	1038	孟滕姬缶	春秋後期
河南淅川縣下寺	畢	533	何次簠	春秋後期
河南淅川縣下寺	畢	534	何次簠	春秋後期
河南淅川縣下寺	畢	535	何次簠	春秋後期
河南淅川縣下寺	楚	311	楚叔之孫倗鼎	春秋後期
河南淅川縣下寺	楚	1019	以鄧匜	春秋後期
河南淅川縣下寺	楚	348	以鄧鼎	春秋後期
河南淅川縣下寺	雍	1021	東姬匜	春秋後期
河南淅川縣下寺	鄧	1154	鄧子妝戈	春秋後期
河南淅川縣下寺	衛	525	仲妃衛簠	春秋後期
河南淅川縣下寺	衛	524	仲妃衛簠	春秋後期

河南淅川縣和尚嶺墓葬	東鄀	26	鄀子受編鐘	春秋後期
河南登封縣告成鄉八方村	上郡	1194	六年上郡守閒戈	戰國後期
河南登封縣告成鄉八方村	上郡	1198	廿五年上郡守周戈	戰國後期
河南登封縣告成鄉八方村	平周	1198	廿五年上郡守周戈	戰國後期
河南登封縣告成鄉八方村	周右庫	1120	周右庫戈	戰國前期
河南登封縣告成鄉八方村	高奴	1194	六年上郡守閒戈	戰國後期
河南登封縣告成鄉八方村	高奴	1198	廿五年上郡守周戈	戰國後期
河南登封縣告成鄉八方村	陽城	1175	六年陽城令戈	戰國後期
河南確山縣竹溝鎮	長社	124	長社鬲	西周晚期
河南確山縣竹溝鎮	賣	1014	賣伯匜	春秋前期
河南臨汝縣朝川	盅	1016	叔良父匜	西周晚期
河南羅山縣蟒張鄉天湖村墓葬	戈	711	戈觚	商代後期
河南羅山縣蟒張鄉天湖村墓葬	息	235	息父辛鼎	商代後期
河南羅山縣蟒張鄉天湖村墓葬	息	174	息鼎	商代後期
河南羅山縣蟒張鄉天湖村墓葬	息	173	息鼎	商代後期
河南羅山縣蟒張鄉天湖村墓葬	息	614	息斤尊	商代後期
河南羅山縣蟒張鄉天湖村墓葬	息	175	息鼎	商代後期
河南羅山縣蟒張鄉天湖村墓葬	息	613	息尊尊	商代後期
河南羅山縣蟒張鄉天湖村墓葬	息	230	息父乙鼎	商代後期
河南羅山縣蟒張鄉天湖村墓葬	息	784	息爵	商代後期
河南羅山縣蟒張鄉天湖村墓葬	息	890	息父口爵	商代後期
河南羅山縣蟒張鄉天湖村墓葬	息	785	息爵	商代後期
河南羅山縣蟒張鄉天湖村墓葬	息	736	息母觚	商代後期
河南羅山縣蟒張鄉天湖村墓葬	息	786	息爵	商代後期
河南羅山縣蟒張鄉天湖村墓葬	息	735	息尊觚	商代後期
河南羅山縣蟒張鄉天湖村墓葬	息	825	息辛爵	商代後期
河南羅山縣蟒張鄉天湖村墓葬	息	824	息辛爵	商代後期
河南羅山縣蟒張鄉天湖村墓葬	息	737	息乙觚	商代後期
河南羅山縣蟒張鄉後李村墓葬	戈	710	戈觚	商代後期
河南羅山縣蟒張鄉後李村墓葬	息	1067	息戈	商代後期
河南羅山縣蟒張鄉後李村墓葬	息	742	息父乙觚	商代後期
河南羅山縣蟒張鄉後李村墓葬	息	639	息觶	商代後期
河南羅山縣蟒張鄉後李村墓葬	息	823	息庚爵	商代後期
九劃 陝西子長縣馬家砭公社伍家園則	左穌室	319	王后鼎	戰國後期
陝西丹鳳縣鳳冠區西河鄉山溝村	大室	491	虎簋蓋	西周中期
陝西丹鳳縣鳳冠區西河鄉山溝村	五邑	491	虎簋蓋	西周中期
陝西丹鳳縣鳳冠區西河鄉山溝村	周	491	虎簋蓋	西周中期
陝西丹鳳縣鳳冠區西河鄉山溝村	新宮	491	虎簋蓋	西周中期
陝西安康市安康縣王家壩	舟夷	489	史密簋	西周中期

陝西安康市安康縣王家壩	杞夷	489	史密簋	西周中期
陝西安康市安康縣王家壩	東國	489	史密簋	西周中期
陝西安康市安康縣王家壩	虎	489	史密簋	西周中期
陝西安康市安康縣王家壩	長必	489	史密簋	西周中期
陝西安康市安康縣王家壩	南夷	489	史密簋	西周中期
陝西安康市安康縣王家壩	會	489	史密簋	西周中期
陝西安康市安康縣王家壩	齊	489	史密簋	西周中期
陝西安康市安康縣王家壩	㷉眉	489	史密簋	西周中期
陝西安康市安康縣王家壩	盧	489	史密簋	西周中期
陝西安康市安康縣王家壩	虪	489	史密簋	西周中期
陝西延長縣安溝鄉岔口村	蘇	967	蘇匋壺	西周中期
陝西旬邑縣	正□下官	277	下官鼎	戰國後期
陝西旬邑縣	高奴	431	高奴簋	戰國後期
陝西西安市南郊	吳	337	吳王姬鼎	西周晚期
陝西岐山縣京當鄉王家嘴墓葬	息	231	息父丁鼎	西周早期
陝西岐山縣青化鄉丁童村	矢	422	矢叔簋	西周中期
陝西岐山縣蔡家坡	並	893	並母戊爵	商代後期
陝西扶風縣法門鎮莊白村	中寑	1024	王盂	西周早期
陝西扶風縣法門鎮莊白村	荅京	1024	王盂	西周早期
陝西扶風縣段家鄉大同村	大室	490	宰獸簋	西周中期
陝西扶風縣段家鄉大同村	周	490	宰獸簋	西周中期
陝西扶風縣段家鄉大同村	幽	490	宰獸簋	西周中期
陝西扶風縣段家鄉大同村	師彔宮	490	宰獸簋	西周中期
陝西扶風縣段家鄉大同村	康宮	490	宰獸簋	西周中期
陝西扶風縣黃堆鄉強家村墓葬	夷	481	夷伯簋	西周中期
陝西扶風縣黃堆鄉強家村墓葬	西宮	481	夷伯簋	西周中期
陝西扶風縣齊家村窖藏	瑪	472	瑪我父簋蓋	西周晚期
陝西扶風縣齊家村窖藏	瑪	473	瑪我父簋蓋	西周晚期
陝西扶風縣齊家村窖藏	瑪	474	瑪我父簋蓋	西周晚期
陝西周至縣竹峪鄉鳳凰嶺村	康宮	483	敔簋蓋	西周中期
陝西周至縣竹峪鄉鳳凰嶺村	齊	483	敔簋蓋	西周中期
陝西周原召陳村	楚	3	楚公豪鐘	西周晚期
陝西長安張家坡邢叔家族墓	邢	249	邢叔鼎	西周中期
陝西長安張家坡邢叔家族墓地	邢	1048	邢叔杯	西周中期
陝西長安張家坡邢叔家族墓地	周	506	達盨蓋	西周中期
陝西長安張家坡邢叔家族墓地	渦㡑	506	達盨蓋	西周中期
陝西長安縣申店鄉徐家寨村	北疆（畲）	364	吳虎鼎	西周晚期
陝西長安縣申店鄉徐家寨村	西疆（荅）	364	吳虎鼎	西周晚期
陝西長安縣申店鄉徐家寨村	官（東疆）	364	吳虎鼎	西周晚期

陝西長安縣申店鄉徐家寨村	東疆（官）	364	吳虎鼎	西周晚期
陝西長安縣申店鄉徐家寨村	南疆（畢）	364	吳虎鼎	西周晚期
陝西長安縣申店鄉徐家寨村	畢（南疆）	364	吳虎鼎	西周晚期
陝西長安縣申店鄉徐家寨村	矞（北疆）	364	吳虎鼎	西周晚期
陝西長安縣申店鄉徐家寨村	荎（西疆）	364	吳虎鼎	西周晚期
陝西長安縣馬王鎮新旺村	戈	618	戈父辛尊	西周早期
陝西長安縣馬王鎮新旺村	戈	242	宁戈冊鼎	西周晚期
陝西長安縣馬王鎮新旺村	戈	243	宁戈冊鼎	西周晚期
陝西長安縣馬王鎮新旺村	戈	244	宁戈冊鼎	西周晚期
陝西長安縣馬王鎮新旺村	戈	946	宁戈壺	西周晚期
陝西長安縣張家坡村墓葬	孟	430	孟狂父簋	西周中期
陝西長安縣張家坡村墓葬	孟	164	孟狂父甗	西周中期
陝西長安縣張家坡村墓葬	孟	338	孟狂父鼎	西周中期
陝西長安縣張家坡村墓葬	辟池	356	伯唐父鼎	西周中期
陝西長安縣張家坡村墓葬	荎京	356	伯唐父鼎	西周中期
陝西長安縣灃西鄉	申	572	申父庚卣	西周早期
陝西咸陽市東郊渭陽鄉塔兒坡村	犛鄭	1249	十九年大良造鞅鐓	戰國後期
陝西咸陽市渭城區窰店鎮黃家溝	大官	940	樛大盉	戰國後期
陝西眉縣	雨	125	雨王鬲	西周晚期
陝西眉縣	雨	126	雨王鬲	西周晚期
陝西朔縣趙家口	邧	1231	四年邧相鈹	戰國後期
陝西涇陽縣興隆鄉高家堡	戈	154	戈父癸甗	西周早期
陝西涇陽縣興隆鄉高家堡	戈	574	戈父癸卣	西周早期
陝西涇陽縣興隆鄉高家堡	戈	660	戈父己觶	西周早期
陝西涇陽縣興隆鄉高家堡	戈	395	戈父己簋	西周早期
陝西澄城縣	右穌室	309	王太后右和室鼎	戰國後期
陝西藍田縣洩湖鎮車馬坑	共	118	共鬲	西周早期
陝西耀縣丁家溝村窖藏	大室	487	殷簋	西周中期
陝西耀縣丁家溝村窖藏	大室	488	殷簋	西周中期
陝西耀縣丁家溝村窖藏	周新宮	487	殷簋	西周中期
陝西耀縣丁家溝村窖藏	周新宮	488	殷簋	西周中期
陝西耀縣丁家溝村窖藏	東啚五邑	487	殷簋	西周中期
陝西耀縣丁家溝村窖藏	東啚五邑	488	殷簋	西周中期
十二劃 湖北江陵九店	南	1167	南君旈邘戈	春秋後期
湖北枝江縣馬店鎮楊家壋	鄭	1217	鄭劍	戰國後期
湖北枝江縣問安鎮關廟山	徐	349	徐大子伯辰鼎	春秋前期
湖北枝江縣問安鎮關廟山墓葬	陳	1033	陳缶蓋	戰國前期
湖北武漢地區新洲縣陽邏鎮架子山	戈	206	戈乙鼎	商代後期
湖北荊門市東寶區子陵村墓葬	越	1222	越王州句劍	春秋後期

湖北鄖縣五峰鄉肖家河村	申	521	申王之孫簠	春秋後期
湖北隨州市安居鎮徐家嘴村墓葬	曾	299	曾孫定鼎	春秋後期
湖北隨州市安居鎮徐家嘴村墓葬	曾	511	曾都尹定簠	春秋後期
湖北隨州市西郊擂鼓墩墓葬	蔡	1107	蔡侯戈	戰國前期
湖北隨州市義地崗墓葬	曾	133	曾伯鬲	春秋前期
湖北穀城縣墓葬	鄀	986	鄀兒罍	春秋後期
湖北襄樊市宜城縣朱市鄉磚瓦廠	蔡	529	蔡大膳夫趠簠	西周晚期
湖北襄樊市郊余崗村團山墓葬	鄝	1124	鄝公戈	春秋後期
湖北襄樊市郊余崗村團山墓葬	鄭	355	鄭臧公之孫鼎	春秋後期
湖北襄樊市郊余崗村團台墓葬	鄭	1042	鄭臧公之孫缶	春秋後期
湖北襄樊市襄陽縣余崗鄉陸寨村山灣與 　　蔡坡墓地	攻盧	1228	曹黼冰尋員劍	戰國前期
湖北鐘祥市文集鎮墓葬	鄧	1005	鄧子與盤	春秋後期
湖南古丈縣白鶴灣墓葬	琱	1173	五年琱□戈	戰國後期
湖南岳陽市郊東風湖畔	上郡	1214	廿年矛	戰國後期
湖南岳陽縣筻口鎮蓮塘村凰形嘴山墓葬	息	1025	息兒盞盂	春秋後期
湖南桃源縣三汊巷鄉三元村墓葬	合陽	314	七年□合陽王鼎	戰國後期
十五劃 遼寧寬甸縣小挂房窖藏	石邑	1189	元年丞相斯戈	戰國後期
遼寧寬甸縣小挂房窖藏	櫟陽	1189	元年丞相斯戈	戰國後期
遼寧撫順市順城區李石寨鎮河東村	上郡	1216	三年相邦呂不韋矛	戰國後期
遼寧遼陽市老城東郊沙坨子村	上郡	1192	四十年上郡守戈	戰國後期
遼寧遼陽市老城東郊沙坨子村	平周	1192	四十年上郡守戈	戰國後期
遼寧遼陽市老城東郊沙坨子村	漆	1192	四十年上郡守戈	戰國後期

銘文族名索引（一）

（按筆劃數由少到多排序）

	族	名	器號	器名	時代	出土地	備註
一劃	乙	明亞乙	241	明亞乙鼎	商代後期		
	乙	♉乙	1094	♉乙戈	西周早期	河南洛陽市北窰村西龐家溝墓葬	
	入		305	叔督父鼎	西周晚期	河南洛陽市東郊邙山南楊文鎮	
	入		345	叔□父鼎	西周晚期	陝西長安縣灃鎬遺址	
	○		551	○卣	商代後期	陝西麟遊縣九成官鎮後坪村	
二劃	◇		387	◇簋	商代後期	河南安陽市梅園莊墓葬	
	◇	◇葡羍	896	◇葡羍爵	商代後期		
	人	戉人正	156	戉人正甗	西周早期	陝西涇陽縣興隆鄉高家堡	
	刀		949	刀父己壺	西周早期	陝西寶雞市竹園溝	
	卜		197	卜鼎	商代後期	河北遷安縣夏官營鎮馬哨村	
	卩		743	卩父戊甗	商代後期		
	八	八冊	752	八冊父庚甗	商代後期		
	𠂤		385	𠂤簋	春秋前期	安徽壽縣蕭嚴湖	
	丫		573	丫父辛卣	商代後期	陝西麟遊縣九成官鎮後坪村	
	⛵		233	⛵父丁鼎	商代後期		
	⛵	⛵冊	903	⛵冊父辛爵	西周早期		
三劃	口	子口	845	子口爵	西周早期		
	大		167	大鼎	商代後期	河南羅山縣蟒張鄉天湖村墓葬	
	大		716	大辛甗	西周早期		
	大		746	大父癸甗	商代後期		
	大		1061	大戈	春秋後期		
	女	女心	226	女心鼎	商代後期		
	女	女心	657	女心觶	西周早期		
	女	女嬃	897	女嬃祖丁角	商代後期		
	子		781	子爵	商代後期	山東滕州市級索鎮第十一	

子		640	子觶	商代後期	河南安陽市戚家莊東
子		185	子鼎	商代後期	
子		186	子鼎	商代後期	
子		265	子父戊子鼎	商代後期	
子		335	臣高鼎	西周早期	
子		373	子簋	西周早期	
子		394	子父丁簋	商代後期	
子		661	子父辛觶	商代後期	
子		695	子觚	商代後期	
子		780	子爵	商代後期	
子		945	子壺	西周早期	
子□		922	子□斝	商代後期	
子	子口	845	子口爵	西周早期	
子	子工	665	子工觶	商代後期	河南安陽市劉家莊
子	子工	844	子工爵	商代後期	河南安陽市劉家莊
子	子癸	731	子癸觚	商代後期	
子	子義	843	子義爵	商代後期	山東平陰縣洪范鄉臧莊墓葬
子	子燕	213	子燕方鼎	商代後期	四川銅梁縣土橋鄉八村墓葬
子	子龔	1093	子龔戈	商代後期	
子	子夋	656	子夋觶	西周早期	
子	川子	983	父丁罍	商代後期	河南武陟縣寧郭村
子	媚子	980	子媚罍	西周早期	
子	燕何子不	756	子不觚	商代後期	
子	龔子	562	龔子卣	西周早期	
子	龔子	732	龔子觚	商代後期	
川	川子	983	父丁罍	商代後期	河南武陟縣寧郭村
工	子工	665	子工觶	商代後期	河南安陽市劉家莊
工	子工	844	子工爵	商代後期	河南安陽市劉家莊
工	工戉	985	工戉父己罍	西周早期	北京琉璃河西周燕國墓地
巳		187	巳鼎	商代後期	河南武陟縣寧郭村
干	亞干示	750	亞干示觚	商代後期	
弓		195	弓鼎	西周中期	陝西岐山縣京當鄉禮村
弓		196	弓鼎	西周中期	陝西岐山縣京當鄉禮村
弓		707	弓觚	商代後期	
□疒		582	□疒父癸卣	西周早期	甘肅隴縣牙科鄉梁甫村
屮		1063	屮戈	商代後期	

宀		1077	宀戈	西周早期	河南洛陽市北窯村西龐家溝墓葬
八		1056	八器蓋	商代後期	河南安陽市戚家莊東
八		555	八卣	西周早期	陝西涇陽縣興隆鄉高家堡
八		556	八卣	西周早期	陝西涇陽縣興隆鄉高家堡
八		666	八父乙觶	西周早期	陝西寶雞市西關紙坊頭村墓葬
八		397	八父辛簋	西周早期	
八		619	八父辛尊	商代後期	
八		798	八爵	商代後期	
八		871	八父乙爵	西周早期	
个		778	个爵	商代後期	河南偃師縣山化鄉忠義村
仐		194	仐鼎	商代後期	河北武安縣趙窰村墓葬
个		779	个爵	商代後期	河北武安縣趙窰村墓葬
卜		803	卜爵	商代後期	
乂	乂右	860	乂右爵	商代後期	山東昌樂縣東圈
呂		567	呂父乙卣	商代後期	陝西麟遊縣九成官鎮後坪村
夲		791	夲爵	商代後期	
米		1058	米祖乙器蓋	西周早期	河北興隆縣小東區鄉小河南村
米	米繭	984	米繭父戊罍	西周早期	陝西涇陽縣興隆鄉高家堡
米	米双	225	米双鼎	西周早期	陝西寶雞市金臺區陳倉鄉戴家灣
呂		172	呂鼎	商代後期	
四劃	不 燕何子不	756	子不觚	商代後期	
中	中亞橐止	114	亞橐止鐃	商代後期	河南安陽市殷墟郭家莊
中	中亞橐止	115	亞橐止鐃	商代後期	河南安陽市殷墟郭家莊
中	中亞橐止	116	亞橐止鐃	商代後期	河南安陽市殷墟郭家莊
丹		552	丹卣	商代後期	河南安陽市豫北紡織廠
井		1015	叔男父匜	春秋後期	銘文附後
从		575	从丁癸卣	商代後期	
兮		1246	兮鉞	商代後期	
壬		792	壬爵	西周早期	
天		365	天簋	商代後期	河北薊縣張家園遺址
天		544	天卣	商代後期	河南羅山縣蟒張鄉天湖村墓葬
天		821	天乙爵	西周早期	陝西涇陽縣興隆鄉高家堡
天		679	天觚	商代後期	

天		680	天觚	商代後期		
天	天龠	602	雞卣	西周早期	陝西長安縣銅網廠	銘文附後
天	天龠	635	雞尊	西周早期	陝西長安縣銅網廠	銘文附後
天	天兮	1242	天兮斧	西周早期	陝西扶風縣飛鳳山墓葬	
天	天𪊪御	621	天𪊪御尊	商代後期	湖北漢陽縣東城垸紗帽山 遺址	
天	亞天	670	亞天父癸觶	西周早期		
天	𠥎天	900	𠥎天父己爵	商代後期	河南安陽市梅園莊南地墓 葬	
太保		1257	太保車轄	西周早期	河南洛陽市北窰村西龐家 溝墓葬	
夫	亞夫冊	286	亞夫父辛鼎	西周早期	陝西涇陽縣興隆鄉高家堡	
夫	亞夫魃	895	亞夫魃爵	商代後期		
尹		1054	尹箕	商代後期	河南羅山縣蟒張鄉天湖村 墓葬	
尹	尹舟	846	尹舟爵	商代後期	陝西長安縣灃西鄉馬王村	
尹	尹舟	667	尹舟父甲觶	西周早期		
尹	亞尹	302	尹䚄鼎	西周早期	陝西涇陽縣興隆鄉高家堡	
尹	亞尹	303	尹䚄鼎	西周早期	陝西涇陽縣興隆鄉高家堡	
心	女心	226	女心鼎	商代後期		
心	女心	657	女心觶	西周早期		
戈		384	戈簋	西周早期	甘肅慶陽地區	
戈		641	戈觶	商代後期	河南安陽市郭家莊墓葬	
戈		711	戈觚	商代後期	河南羅山縣蟒張鄉天湖村 墓葬	
戈		710	戈觚	商代後期	河南羅山縣蟒張鄉後李村 墓葬	
戈		618	戈父辛尊	西周早期	陝西長安縣馬王鎮新旺村	
戈		154	戈父癸甗	西周早期	陝西涇陽縣興隆鄉高家堡	
戈		395	戈父己簋	西周早期	陝西涇陽縣興隆鄉高家堡	
戈		574	戈父癸卣	西周早期	陝西涇陽縣興隆鄉高家堡	
戈		660	戈父己觶	西周早期	陝西涇陽縣興隆鄉高家堡	
戈		206	戈乙鼎	商代後期	湖北武漢地區新洲縣陽邏 鎮架子山	
戈		149	戈甗	西周早期		
戈		383	戈簋	商代後期		
戈		583	作从彝卣	西周早期		
戈		605	彙卣	西周中期		銘文附後
戈		642	戈觶	商代後期		

戈		643	戈觶	西周中期		
戈		709	戈觚	商代後期		
戈		775	戈爵	西周早期		
戈		818	戈乙爵	商代後期		
戈		869	戈父乙爵	商代後期		
戈	戈冊北單宁州	604	州子卣	西周早期		銘文附後
戈	冊宁戈	242	宁戈冊鼎	西周晚期	陝西長安縣馬王鎮新旺村	
戈	冊宁戈	243	宁戈冊鼎	西周晚期	陝西長安縣馬王鎮新旺村	
戈	冊宁戈	244	宁戈冊鼎	西周晚期	陝西長安縣馬王鎮新旺村	
戈	宁戈	946	宁戈壺	西周晚期	陝西長安縣馬王鎮新旺村	
戈	鬥戈	597	守卣	西周早期		
戈	僕戈	1123	僕戈	西周早期	北京房山縣琉璃河	銘文附後
斤	息斤	614	息斤尊	商代後期	河南羅山縣蟒張鄉天湖村墓葬	
方		1122	伯戈	西周早期	河南洛陽市北窯村西龐家溝墓葬	銘文附後
日羊	羊日羊	576	羊日羊卣	商代後期	河北正定縣新城鋪村墓葬	
月	月㚬	262	月㚬祖丁鼎	商代後期		
月	月嬴	410	月嬴父乙簋	商代後期		
月	宁月	593	宁月卣	商代後期	山東章丘縣明水鎮東澗西村墓葬	
木	亞木守	749	亞木守觚	商代後期		
止	中亞橐止	114	亞橐止鐃	商代後期	河南安陽市殷墟郭家莊	
止	中亞橐止	115	亞橐止鐃	商代後期	河南安陽市殷墟郭家莊	
止	中亞橐止	116	亞橐止鐃	商代後期	河南安陽市殷墟郭家莊	
址	亞橐止	246	亞橐止鼎	商代後期	河南安陽市殷墟郭家莊	
址	亞橐止	247	亞橐止鼎	商代後期	河南安陽市殷墟郭家莊	
止	旅止	744	旅止觚	商代後期	河南安陽市郭家莊東南	
止	旅止	866	旅止爵	商代後期	河南安陽市郭家莊東南	
止	旅止	867	旅止爵	商代後期	河南安陽市郭家莊東南	
止	旅止	993	旅止方彝	商代後期	河南安陽市郭家莊東南	
止	旅止	1055	旅止箕	商代後期	河南安陽市郭家莊東南	
冊	倒冊	739	倒冊觚	商代後期	河南安陽市豫北紡織廠	
爻		926	爻父乙罍	西周早期	陝西寶雞市金臺區陳倉鄉戴家灣	
犬	車犬	864	車犬爵	商代後期		
夲	天夲	1242	天夲斧	西周早期	陝西扶風縣飛鳳山墓葬	
夲	夲冊	668	夲冊父丁觶	商代後期		
𢎥		931	𢎥盉	商代後期		

⟨字⟩	臣辰⟨字⟩	628	臣辰⟨字⟩父乙尊	商代後期		
⟨字⟩	⟨字⟩臣辰	589	⟨字⟩臣辰祖乙卣	西周早期		
冊	秉冊	266	秉冊父辛鼎	西周早期	陝西寶雞市竹園溝	
冊	秉冊	390	秉冊簋	西周早期		
冊	〻冊	752	〻冊父庚觚	商代後期		
卝		805	卝爵	西周早期		
⟨字⟩	⟨字⟩亞	831	⟨字⟩亞爵	西周早期		
妃	婦妃	981	婦妃罍	西周早期	陝西寶雞市竹園溝	
収	戈矛収婦鳳	671	婦鳳觶	商代後期	河南安陽市高樓莊墓葬	
双	⟨字⟩双	225	⟨字⟩双鼎	西周早期	陝西寶雞市金臺區陳倉鄉戴家灣	
半		937	半父辛盂	西周早期	北京房山縣琉璃河	
⟨字⟩	⟨字⟩田	741	⟨字⟩田觚	商代後期	河南安陽市後岡墓葬	
⟨字⟩	⟨字⟩田	894	⟨字⟩田辛爵	商代後期	河南安陽市後岡墓葬	
⟨字⟩		285	⟨字⟩父丁鼎	商代後期	河南羅山縣蟒張鄉後李村墓葬	
⟨字⟩	皿⟨字⟩	863	皿⟨字⟩爵	商代後期		
丼	⟨字⟩丼	903	⟨字⟩丼父辛爵	西周早期		
⟨字⟩		599	辟卣	西周早期	陝西長安縣灃西銅網廠	銘文附後
五劃	令	令敔	1248	令敔鉞	西周早期	陝西涇陽縣興隆鄉高家堡	
	兄	兄冊	849	兄冊爵	商代後期	河南安陽市殷墟郭家莊	
	冊	戈冊北單宁州	604	州子卣	西周早期	陝西西安市文物商店收購	銘文附後
	冊	兄冊	849	兄冊爵	商代後期	河南安陽市殷墟郭家莊	
	冊	冊玄	411	冊玄父癸簋	商代後期		
	冊	冊扶	600	戲罳卣	西周早期		銘文附後
	冊	冊萅般	590	冊萅般卣	商代後期		
	冊	戊冊	304	偁戊作父辛鼎	西周早期	陝西寶雞市竹園溝	
	冊	即冊	455	晨簋	西周早期	河南信陽縣獅河港鄉獅河灘	銘文附後
	冊	即冊	632	即冊尊	西周早期	河南信陽縣獅河港鄉獅河灘	銘文附後
	冊	即冊	758	晨觚	西周早期	河南信陽縣獅河港鄉獅河灘	銘文附後
	冊	即冊	913	晨角	西周早期	河南信陽縣獅河港鄉獅河灘	銘文附後
	冊	即冊	914	晨角	西周早期	河南信陽縣獅河港鄉獅河	銘文附後

					灘
冊	即冊	995	企方彝蓋	西周早期	河南信陽縣浉河港鄉浉河	銘文附後
					灘
冊	亞夫冊	286	亞夫父辛鼎	西周早期	陝西涇陽縣興隆鄉高家堡	
冊	龔冊	675	鸏作父己觶	西周早期	陝西寶雞市竹園溝	銘文附後
冊	龔冊	738	龔冊瓿	商代後期		
冊	龔冊	902	龔冊父庚角	商代後期		
冊	剝冊	581	剝冊父癸卣	商代後期	山東兗州縣嵫山區李宮村	
冊	冊宁戈	242	宁戈冊鼎	西周晚期	陝西長安縣馬王鎮新旺村	
冊	冊宁戈	243	宁戈冊鼎	西周晚期	陝西長安縣馬王鎮新旺村	
冊	冊宁戈	244	宁戈冊鼎	西周晚期	陝西長安縣馬王鎮新旺村	
冊	冊衛	734	冊衛瓿	商代後期	河南安陽市梅園莊南地墓	
					葬
冊	冊融	221	冊融鼎	商代後期	山東青州市蘇埠屯墓葬	
冊	冊融	222	冊融方鼎	商代後期	山東青州市蘇埠屯墓葬	
冊	冊龔	264	冊龔父丁鼎	商代後期		
冊	冊彡	862	冊彡爵	商代後期		
冊	仒冊	668	仒冊父丁觶	商代後期		
出	辰寢出	408	辰寢出簋	商代後期	河南安陽市大司空村墓葬	
出	寢出	852	寢出爵	商代後期	河南安陽市大司空村墓葬	
北單	戈冊北單宁州	604	州子卣	西周早期		銘文附後
卯	猋卯羊	291	辛卯羊鼎	商代後期		
古		110	古鐃	商代後期	河南安陽市大司空村墓葬	
古		705	古瓿	商代後期	河南安陽市大司空村墓葬	
史		747	史母癸瓿	商代後期	山東泗水縣張莊公社墓葬	
史		875	入父丁爵	西周早期	陝西長安縣澧西鄉	
史		783	史爵	商代後期		
史		874	史父丁爵	商代後期		
史	嬰史	580	嬰父丁卣	西周早期	陝西長安縣大原村	
右		1028	右瓿	西周早期	陝西涇陽縣興隆鄉高家堡	
右	右宀	733	右宀瓿	商代後期		
右	乂右	860	乂右爵	商代後期	山東昌樂縣東圈	
宁		708	宁瓿	商代後期	河南安陽市劉家莊	
宁		870	宁父乙爵	商代後期	河南安陽市劉家莊	
宁		793	宁爵	商代後期	河南羅山縣蟒張鄉天湖村	
					墓葬
宁口		1043	宁口鍑	商代後期	河南安陽市郭家莊東南	
宁	戈冊北單宁州	604	州子卣	西周早期		銘文附後
宁	冊宁戈	242	宁戈冊鼎	西周晚期	陝西長安縣馬王鎮新旺村	

宁	冊宁戈	243	宁戈冊鼎	西周晚期	陝西長安縣馬王鎮新旺村
宁	冊宁戈	244	宁戈冊鼎	西周晚期	陝西長安縣馬王鎮新旺村
宁	宁戈	946	宁戈壺	西周晚期	陝西長安縣馬王鎮新旺村
宁	宁月	593	宁月卣	商代後期	山東章丘縣明水鎮東澗西村墓葬
宁	矢宁	224	矢宁鼎	商代後期	
宁	共宁II	123	共宁II鬲	商代後期	山東新泰市府前街墓葬
宁	鄉宁	1089	鄉宁戈	商代後期	河南安陽市殷墟郭家莊
宁	𤕫宁II	907	𤕫宁II爵	商代後期	
宁	𤕫宁II	908	𤕫宁II爵	商代後期	
左		881	左父辛爵	商代後期	
左		1083	左戈	戰國前期	
左		1084	左戈	戰國前期	
戉	戉矛取婦鳳	671	婦鳳觶	商代後期	河南安陽市高樓莊墓葬
戉	葡戉	654	葡戉觶	商代後期	
戊	戊冊	304	俼戊作父辛鼎	西周早期	陝西寶雞市竹園溝
戊	葡戊	859	葡戊爵	商代後期	
未	疋未	218	疋未鼎	商代後期	河南安陽市戚家莊東
正		183	正鼎	商代後期	
正		371	正簋	商代後期	
正		372	正簋	商代後期	
正		691	正瓴	商代後期	
正		692	正瓴	商代後期	
正	戍人正	156	戍人正甗	西周早期	陝西涇陽縣興隆鄉高家堡
母	鳥母孃	276	鳥母孃鼎	商代後期	河南安陽市郭家莊墓葬
玄	冊玄	411	冊玄父癸簋	商代後期	
生		790	生爵	西周早期	
田	告田	929	告田觥	西周早期	陝西寶雞市金臺區陳倉鄉戴家灣
田	𤣥田	741	𤣥田瓴	商代後期	河南安陽市後岡墓葬
田	𤣥田	894	𤣥田辛爵	商代後期	河南安陽市後岡墓葬
申		572	申父庚卣	西周早期	陝西長安縣灃西鄉
疋	疋未	218	疋未鼎	商代後期	河南安陽市戚家莊東
皿	皿𠔏	863	皿𠔏爵	商代後期	
目		766	目爵	西周早期	
矛	戉矛取婦鳳	671	婦鳳觶	商代後期	河南安陽市高樓莊墓葬
矢	矢宁	224	矢宁鼎	商代後期	
示	亞干示	750	亞干示瓴	商代後期	

435

		編號	器名	時代	出土地
示	亞示	899	亞示父乙爵	西周早期	河南洛陽市北窰村西龐家溝墓葬
父		944	父壺	商代後期	
⊠		201	⊠鼎	商代後期	山西靈石縣旌介村墓葬
⊠		377	⊠簋	商代後期	山西靈石縣旌介村墓葬
⊠		712	⊠瓿	商代後期	山西靈石縣旌介村墓葬
⊠		713	⊠瓿	商代後期	山西靈石縣旌介村墓葬
⊠		801	⊠爵	商代後期	山西靈石縣旌介村墓葬
⊠		802	⊠爵	商代後期	山西靈石縣旌介村墓葬
⊠		977	⊠罍	商代後期	山西靈石縣旌介村墓葬
⊠		200	⊠鼎	商代後期	陝西西安市大白楊庫
⊠		570	⊠父丁卣	西周早期	陝西長安縣灃西工程配件廠墓葬
⊠		202	⊠鼎	西周早期	陝西長安縣灃西鄉馬王村
⊠		378	⊠簋	商代後期	陝西渭南市
⊠		239	⊠父癸鼎	商代後期	
⊠		301	備作父乙鼎	西周早期	
⊠		399	⊠父癸簋	西周中期	
⊠		553	⊠卣	商代後期	山西靈石縣旌介村墓葬
⊠		554	⊠卣	商代後期	
⊠		647	⊠觶	商代後期	
⊠		799	⊠爵	商代後期	
⊠		800	⊠爵	商代後期	
⊡		379	⊡簋	商代後期	河北遷安縣夏官營鎮馬哨村
⊡		571	⊡父丁卣	西周早期	河南信陽縣溮河港鄉溮河灘
⊡		152	⊡祖丁甗	西周早期	河南洛陽市東郊機車工廠
⊡		392	⊡祖丁簋	西周早期	河南洛陽市東郊機車工廠
⊡		615	⊡父丁尊	西周早期	河南洛陽市東郊機車工廠
⊡		393	⊡父乙簋	西周早期	陝西長安縣灃西鄉
⊡		569	⊡父乙卣	西周早期	陝西長安縣灃西鄉
⊡		380	⊡簋	西周早期	陝西寶雞市竹園溝
⊡		651	⊡癸觶	西周早期	陝西寶雞市竹園溝
⊡		797	⊡爵	西周早期	陝西寶雞市竹園溝
⊡		203	⊡鼎	商代後期	
⊡		211	⊡辛鼎	商代後期	
⊡		381	⊡簋	西周晚期	
⊡		559	⊡辛卣	西周早期	

𓀀		817	乙𓀀爵	商代後期	
𓀀		873	𓀀父丙爵	西周中期	
𓀀		885	𓀀父癸爵	西周早期	
𓀀	旅止𓀀	744	旅止𓀀觚	商代後期	河南安陽市郭家莊東南
𓀀	旅止𓀀	866	旅止𓀀爵	商代後期	河南安陽市郭家莊東南
𓀀	旅止𓀀	867	旅止𓀀爵	商代後期	河南安陽市郭家莊東南
𓀀	旅止𓀀	993	旅止𓀀方彝	商代後期	河南安陽市郭家莊東南
𓀀	旅止𓀀	1055	旅止𓀀簋	商代後期	河南安陽市郭家莊東南
𓀀	秝𓀀	992	秝𓀀方彝	商代後期	
♀	♀乙	1094	♀乙戈	西周早期	河南洛陽市北窰村西龐家溝墓葬
𐬀		1066	𐬀戈	商代後期	
炎	亞炎	1090	亞炎戈	商代後期	
卬		763	卬爵	商代後期	
卬		764	杏爵	商代後期	
丫		386	丫簋	西周晚期	
夆		191	夆方鼎	西周早期	山東濟陽縣姜集鄉劉臺子村墓葬
𐜀		192	𐜀鼎	商代後期	
𐚛		703	𐚛觚	商代後期	
𐚛		153	𐚛父丁甗	西周早期	陝西涇陽縣興隆鄉高家堡
𐚛		884	𐚛父癸爵	西周早期	陝西寶雞市竹園溝
𐚛		796	𐚛爵	商代後期	
𐚛		1062	𐚛戈	商代後期	河南安陽市殷墟郭家莊
仲	榮仲	865	榮仲爵	西周早期	河南洛陽市北窰村西龐家溝墓葬
企		762	企爵	商代後期	
伊		369	伊簋	商代後期	
伐		877	伐父丁爵	商代後期	
伐		878	伐父丁爵	西周早期	
光		565	光祖乙卣	商代後期	河南安陽市梅園莊南地墓葬
光		396	光父辛簋	西周早期	河南臨汝縣騎嶺鄉大張村
光		445	蒸辟簋	西周早期	銘文附後
共		178	共鼎	商代後期	河北薊縣張家園遺址
共		118	共鬲	西周早期	陝西藍田縣洩湖鎮車馬坑
共	共宁II	123	共宁II鬲	商代後期	山東新泰市府前街墓葬
共	田共	753	共田父庚觚	商代後期	
印		686	印觚	商代後期	

六劃（列於「仲」行左側）

印	寢印	853	寢印爵	商代後期	河南安陽市大司空村墓葬
印	寢印	856	寢印爵	商代後期	河南安陽市大司空村墓葬
印	寢印	855	寢印爵	商代後期	河南安陽市大司空村墓葬
印	寢印	854	寢印爵	商代後期	河南安陽市大司空村墓葬
向		199	向鼎	商代後期	河南安陽市梅園莊墓葬
団		696	団觚	商代後期	
団		782	団爵	商代後期	
守		212	辛守鼎	商代後期	
守		687	守觚	商代後期	
守	亞木守	749	亞木守觚	商代後期	
芇		234	芇父庚方鼎	商代後期	
州	戈冊北單宁州	604	州子卣	西周早期	銘文附後
戉	戉人正	156	戉人正甗	西周早期	陝西涇陽縣興隆鄉高家堡
戉	戉宝	757	無㠱觚	商代後期	
竹	耳竹	861	耳竹爵	商代後期	
羊		1239	羊斧	商代後期	河南市安陽商代後期殷墟墓葬
羊		547	羊卣	商代後期	河南安陽市郭莊村北墓葬
羊		698	羊觚	商代後期	河南安陽市郭莊村北墓葬
羊		868	羊祖己爵	西周早期	
羊	羊日羊	576	羊日羊卣	商代後期	河北正定縣新城鋪村墓葬
羊	羊建	751	羊建父丁觚	商代後期	
羊	𡎳卯羊	291	辛卯羊鼎	商代後期	
耳	耳竹	861	耳竹爵	商代後期	
臣辰	臣辰𠬞	628	臣辰𠬞父乙尊	商代後期	
臣辰	𠬞臣辰	589	𠬞臣辰祖乙卣	西周早期	
舌		176	舌鼎	商代後期	
舟	尹舟	846	尹舟爵	商代後期	陝西長安縣灃西鄉馬王村
舟	尹舟	667	尹舟父甲觶	西周早期	
舟	佣舟	847	佣舟爵	商代後期	
舟	佣舟	848	佣舟爵	商代後期	
舟	佣舟	1204	佣舟矛	商代後期	
虫		650	虫乙觶	商代後期	陝西西安市大白楊庫
西單		740	西單觚	商代後期	河南安陽市梅園莊南地墓葬
Ⅱ	共宁Ⅱ	123	共宁Ⅱ鬲	商代後期	山東新泰市府前街墓葬
Ⅱ	𤔉宁Ⅱ	907	𤔉宁Ⅱ爵	商代後期	

卝	斝宁卝	908	斝宁卝爵	商代後期		
㞱		1074	㞱戈	西周早期	河南洛陽市北窰村西龐家溝墓葬	
㞱		1075	㞱戈	西周早期	河南洛陽市北窰村西龐家溝墓葬	
㞱		1076	㞱戈	西周早期	河南洛陽市北窰村西龐家溝墓葬	
東		1078	東戈	西周早期	河南洛陽市北窰村西龐家溝墓葬	
戈		936	戈父丁盉	西周早期	陝西麟遊縣九成官鎮後坪村	
弌		759	弌爵	商代後期	河南羅山縣蟒張鄉天湖村墓葬	
李		1202	李矛	商代後期		
田	田共	753	共田父庚瓠	商代後期		
葡	葡	947	葡壺	商代後期		
		366	簋	商代後期		
		638	觶	西周早期		
		927	父癸斝	西周早期		
		804	爵	西周早期		
七劃 何	燕何子不	756	子不瓠	商代後期		
免		171	免鼎	商代後期		
即	即冊	455	晨簋	西周早期	河南信陽縣溮河港鄉溮河灘	銘文附後
即	即冊	632	即冊尊	西周早期	河南信陽縣溮河港鄉溮河灘	銘文附後
即	即冊	758	晨瓠	西周早期	河南信陽縣溮河港鄉溮河灘	銘文附後
即	即冊	913	晨角	西周早期	河南信陽縣溮河港鄉溮河灘	銘文附後
即	即冊	914	晨角	西周早期	河南信陽縣溮河港鄉溮河灘	銘文附後
即	即冊	995	企方彝蓋	西周早期	河南信陽縣溮河港鄉溮河灘	銘文附後
吹		1065	吹戈	商代後期		
告	告田	929	告田觚	西周早期	陝西寶雞市金臺區陳倉鄉戴家灣	
告	亞告	828	亞告爵	商代後期		
址	亞址	214	亞址鼎	商代後期	河南安陽市殷墟郭家莊	

址	亞址	215	亞址方鼎	商代後期	河南安陽市殷墟郭家莊	
址	亞址	216	亞址鼎	商代後期	河南安陽市殷墟郭家莊	
址	亞址	561	亞址卣	商代後期	河南安陽市殷墟郭家莊	
址	亞址	609	亞址尊	商代後期	河南安陽市殷墟郭家莊	
址	亞址	610	亞址方尊	商代後期	河南安陽市殷墟郭家莊	
址	亞址	648	亞址觶	商代後期	河南安陽市殷墟郭家莊	
址	亞址	717	亞址觚	商代後期	河南安陽市殷墟郭家莊	
址	亞址	718	亞址觚	商代後期	河南安陽市殷墟郭家莊	
址	亞址	719	亞址觚	商代後期	河南安陽市殷墟郭家莊	
址	亞址	720	亞址觚	商代後期	河南安陽市殷墟郭家莊	
址	亞址	721	亞址觚	商代後期	河南安陽市殷墟郭家莊	
址	亞址	722	亞址觚	商代後期	河南安陽市殷墟郭家莊	
址	亞址	723	亞址觚	商代後期	河南安陽市殷墟郭家莊	
址	亞址	724	亞址觚	商代後期	河南安陽市殷墟郭家莊	
址	亞址	725	亞址觚	商代後期	河南安陽市殷墟郭家莊	
址	亞址	726	亞址觚	商代後期	河南安陽市殷墟郭家莊	
址	亞址	832	亞址角	商代後期	河南安陽市殷墟郭家莊	
址	亞址	833	亞址角	商代後期	河南安陽市殷墟郭家莊	
址	亞址	834	亞址角	商代後期	河南安陽市殷墟郭家莊	
址	亞址	835	亞址角	商代後期	河南安陽市殷墟郭家莊	
址	亞址	836	亞址角	商代後期	河南安陽市殷墟郭家莊	
址	亞址	837	亞址角	商代後期	河南安陽市殷墟郭家莊	
址	亞址	838	亞址角	商代後期	河南安陽市殷墟郭家莊	
址	亞址	839	亞址角	商代後期	河南安陽市殷墟郭家莊	
址	亞址	840	亞址角	商代後期	河南安陽市殷墟郭家莊	
址	亞址	841	亞址角	商代後期	河南安陽市殷墟郭家莊	
址	亞址	919	亞址方罍	商代後期	河南安陽市殷墟郭家莊	
址	亞址	920	亞址方罍	商代後期	河南安陽市殷墟郭家莊	
址	亞址	930	兄觚	商代後期	河南安陽市殷墟郭家莊	銘文附後
址	亞址	933	亞址盉	商代後期	河南安陽市殷墟郭家莊	
址	亞址	978	亞址罍	商代後期	河南安陽市殷墟郭家莊	
址	亞址	998	亞址盤	商代後期	河南安陽市殷墟郭家莊	
址	亞冀址	245	亞冀址方鼎	商代後期	河南安陽市殷墟郭家莊	
址	亞冀址	407	亞冀址簋	商代後期	河南安陽市殷墟郭家莊	
址	亞冀址	924	亞冀址圓罍	商代後期	河南安陽市殷墟郭家莊	
夆		645	夆觶	西周早期	山東濟陽縣姜集鄉劉臺子村墓葬	
夆		932	夆盉	西周早期	山東濟陽縣姜集鄉劉臺子村墓葬	

夆		996	夆盤	西周早期	山東濟陽縣姜集鄉劉臺子村墓葬
我		880	我父己爵	西周早期	
扶	冊扶	600	散毆卣	西周早期	銘文附後
見		367	見簋	商代後期	河南安陽市大司空村墓葬
豕		819	豕乙爵	商代後期	
豕	亞豕馬	748	亞豕馬瓵	商代後期	
車		1082	車戈	西周早期	陝西扶風縣上宋鄉曹衛村
車		1073	車戟	戰國後期	陝西韓城縣東范村
車	車犬	864	車犬爵	商代後期	
車	車虤	1091	車虤戈	商代後期	山西洪洞縣淹底鄉楊岳村
辰	辰寢出	408	辰寢出簋	商代後期	河南安陽市大司空村墓葬
邑		170	邑鼎	商代後期	山西靈石縣旌介村墓葬
酉	亞酉	730	亞酉瓵	商代後期	
戜		760	戜爵	商代後期	
枼		1071	枼戈	商代後期	
戉		681	戉瓵	商代後期	河南安陽市殷墟郭家莊
戉		1068	戉戈	商代後期	
知		606	知尊	商代後期	
知	知龜	905	知爵	商代後期	
戜		166	戜鼎	商代後期	
矣	亞矣	151	亞矣甗	西周早期	
矣	亞矣	842	亞矣爵	商代後期	
矣	亞矣	991	亞矣方彝	商代後期	
宁	右宁	733	右宁瓵	商代後期	
⻌	冊⻌	862	冊⻌爵	商代後期	
八劃 並		207	己並鼎	商代後期	山東壽光縣益都侯城故址
並		208	己並鼎	商代後期	山東壽光縣益都侯城故址
並		209	己並鼎	商代後期	山東壽光縣益都侯城故址
並		893	並母戊爵	商代後期	陝西岐山縣蔡家坡
亞		879	亞父己爵	西周早期	北京順義縣金牛村
亞		188	亞方鼎	商代後期	河南安陽市郭家莊墓葬
亞		382	亞簋	商代後期	
亞	亞干示	750	亞干示瓵	商代後期	
亞	亞天	670	亞天父癸觶	西周早期	
亞	亞夫冊	286	亞夫父辛鼎	西周早期	陝西涇陽縣興隆鄉高家堡
亞	亞夫魃	895	亞夫魃爵	商代後期	
亞	亞尹	302	尹覞鼎	西周早期	陝西涇陽縣興隆鄉高家堡
亞	亞尹	303	尹覞鼎	西周早期	陝西涇陽縣興隆鄉高家堡

亞	亞木守	749	亞木守觚	商代後期	
亞	亞示	899	亞示父乙爵	西周早期	河南洛陽市北窰村西龐家溝墓葬
亞	亞告	828	亞告爵	商代後期	
亞	中亞橐止	114	亞橐止鐃	商代後期	河南安陽市殷墟郭家莊
亞	中亞橐止	115	亞橐止鐃	商代後期	河南安陽市殷墟郭家莊
亞	中亞橐止	116	亞橐止鐃	商代後期	河南安陽市殷墟郭家莊
亞	亞橐	652	亞橐觶	商代後期	
亞	亞橐止	246	亞橐止鼎	商代後期	河南安陽市殷墟郭家莊
亞	亞橐止	247	亞橐止鼎	商代後期	河南安陽市殷墟郭家莊
亞	亞橐址	245	亞橐址方鼎	商代後期	河南安陽市殷墟郭家莊
亞	亞橐址	407	亞橐址簋	商代後期	河南安陽市殷墟郭家莊
亞	亞橐址	924	亞橐址圓斝	商代後期	河南安陽市殷墟郭家莊
亞	亞址	214	亞址鼎	商代後期	河南安陽市殷墟郭家莊
亞	亞址	215	亞址方鼎	商代後期	河南安陽市殷墟郭家莊
亞	亞址	216	亞址鼎	商代後期	河南安陽市殷墟郭家莊
亞	亞址	561	亞址卣	商代後期	河南安陽市殷墟郭家莊
亞	亞址	609	亞址尊	商代後期	河南安陽市殷墟郭家莊
亞	亞址	610	亞址方尊	商代後期	河南安陽市殷墟郭家莊
亞	亞址	648	亞址觶	商代後期	河南安陽市殷墟郭家莊
亞	亞址	717	亞址觚	商代後期	河南安陽市殷墟郭家莊
亞	亞址	718	亞址觚	商代後期	河南安陽市殷墟郭家莊
亞	亞址	719	亞址觚	商代後期	河南安陽市殷墟郭家莊
亞	亞址	720	亞址觚	商代後期	河南安陽市殷墟郭家莊
亞	亞址	721	亞址觚	商代後期	河南安陽市殷墟郭家莊
亞	亞址	722	亞址觚	商代後期	河南安陽市殷墟郭家莊
亞	亞址	723	亞址觚	商代後期	河南安陽市殷墟郭家莊
亞	亞址	724	亞址觚	商代後期	河南安陽市殷墟郭家莊
亞	亞址	725	亞址觚	商代後期	河南安陽市殷墟郭家莊
亞	亞址	726	亞址觚	商代後期	河南安陽市殷墟郭家莊
亞	亞址	832	亞址角	商代後期	河南安陽市殷墟郭家莊
亞	亞址	833	亞址角	商代後期	河南安陽市殷墟郭家莊
亞	亞址	834	亞址角	商代後期	河南安陽市殷墟郭家莊
亞	亞址	835	亞址角	商代後期	河南安陽市殷墟郭家莊
亞	亞址	836	亞址角	商代後期	河南安陽市殷墟郭家莊
亞	亞址	837	亞址角	商代後期	河南安陽市殷墟郭家莊
亞	亞址	838	亞址角	商代後期	河南安陽市殷墟郭家莊
亞	亞址	839	亞址角	商代後期	河南安陽市殷墟郭家莊
亞	亞址	840	亞址角	商代後期	河南安陽市殷墟郭家莊

亞	亞址	841	亞址角	商代後期	河南安陽市殷墟郭家莊	
亞	亞址	919	亞址方斝	商代後期	河南安陽市殷墟郭家莊	
亞	亞址	920	亞址方斝	商代後期	河南安陽市殷墟郭家莊	
亞	亞址	930	兄觥	商代後期	河南安陽市殷墟郭家莊	銘文附後
亞	亞址	933	亞址盉	商代後期	河南安陽市殷墟郭家莊	
亞	亞址	978	亞址罍	商代後期	河南安陽市殷墟郭家莊	
亞	亞址	998	亞址盤	商代後期	河南安陽市殷墟郭家莊	
亞	亞豕馬	748	亞豕馬觚	商代後期		
亞	亞酉	730	亞酉觚	商代後期		
亞	亞受	830	亞受爵	西周早期		
亞	亞隻	729	亞隻觚	商代後期		
亞	亞魚	339	亞魚鼎	商代後期	河南安陽市商代後期殷墟葬	銘文附後
亞	亞雔	727	亞雔觚	商代後期	河南羅山縣蟒張鄉天湖村墓葬	
亞	亞㚟	622	亞㚟父丁尊	西周早期	內蒙古寧城縣甸子鄉小黑石溝村墓葬	
亞	亞空	263	亞空父乙鼎	西周早期	陝西長安縣張家坡村墓葬	
亞	亞永	898	亞永父乙爵	西周早期	陝西長安縣張家坡村墓葬	
亞	亞羍	921	亞羍斝	商代後期	河南安陽市大司空村墓葬	
亞	亞猷	728	亞猷觚	商代後期	山東青州市蘇埠屯墓葬	
亞	亞猷	827	亞猷爵	商代後期	山東青州市蘇埠屯墓葬	
亞	亞猷	560	亞猷卣	商代後期		
亞	亞猷	979	亞猷罍	商代後期		
亞	亞毆鳧	417	亞毆父丁鳧簋	商代後期		
亞	亞炎	1090	亞炎戈	商代後期		
亞	亞矣	151	亞矣瓿	西周早期		
亞	亞矣	842	亞矣爵	商代後期		
亞	亞矣	991	亞矣方彝	商代後期		
亞	亞鼇	217	亞鼇鼎	西周早期		
亞	亞獏	412	亞獏母辛簋	商代後期		
亞	亞臼	829	亞臼爵	商代後期		
亞	亞戈其	925	亞戈其斝	商代後期	陝西岐山縣北郭鄉樊村	
亞	明亞乙	241	明亞乙鼎	商代後期		
亞	米亞	831	米亞爵	西周早期		
叔		121	叔鬲	西周早期	山西洪洞縣永凝堡村墓葬	
叔		120	叔父癸鬲	商代後期	山東新泰市府前街墓葬	
叔		238	叔父癸鼎	商代後期	山東新泰市府前街墓葬	

叔		888	叔父癸爵	商代後期	山東新泰市府前街墓葬
姑	弸姑	623	弸姑父己尊	西周早期	
妻		148	妻甗	商代後期	山東壽光縣益都侯城故址
巫	巫囡	227	巫囡鼎	商代後期	河南正陽縣傅寨鄉伍莊村
建	羊建	751	羊建父丁觚	商代後期	
念		694	念觚	商代後期	
明		550	明卣	商代後期	山西靈石縣旌介村墓葬
明	明亞乙	241	明亞乙鼎	商代後期	
武		975	武方罍	商代後期	
秉	秉毌	266	秉毌父辛鼎	西周早期	陝西寶雞市竹園溝
秉	秉毌	390	秉毌簋	西周早期	
卒		967	蘇匎壺	西周中期	陝西延長縣安溝鄉岔口村
卒		990	卒方彝	商代後期	
卒	卒旅	409	卒旅祖丁簋	西周早期	陝西扶風縣黃甫鄉唐家河西源村墓葬
卒	卒旅	389	卒旅簋	商代後期	
卒	卒旅	923	卒旅斝	商代後期	
乘		706	乘觚	商代後期	河南安陽市大司空村墓葬
乘		773	乘爵	商代後期	河南安陽市大司空村墓葬
乘		210	乘己鼎	商代後期	
益		168	益鼎	商代後期	
旨		177	旨鼎	商代後期	
弸		232	弸父丁鼎	商代後期	
弸	弸姑	623	弸姑父己尊	西周早期	
夌	子夌	656	子夌觶	西周早期	
白	亞白	829	亞白爵	商代後期	
✿	✿宁II	907	✿宁II爵	商代後期	
✿	✿宁II	908	✿宁II爵	商代後期	
馭		767	馭爵	西周中期	陝西長安縣馬王鎮三大隊
匋	葡匋	596	葡匋卣	商代後期	
保		659	保父丁觶	西周早期	陝西涇陽縣興隆鄉高家堡
受	亞受	830	亞受爵	西周早期	
春		794	春爵	西周早期	
爰		111	爰鐃	商代後期	河南安陽市戚家莊東
爰		112	爰鐃	商代後期	河南安陽市戚家莊東
爰		113	爰鐃	商代後期	河南安陽市戚家莊東
爰		180	爰鼎	商代後期	河南安陽市戚家莊東
爰		181	爰鼎	商代後期	河南安陽市戚家莊東
爰		182	爰方鼎	商代後期	河南安陽市戚家莊東

九劃 保 659 ...

爰		368	爰簋	商代後期	河南安陽市戚家莊東	
爰		689	爰瓿	商代後期	河南安陽市戚家莊東	
爰		690	爰瓿	商代後期	河南安陽市戚家莊東	
爰		915	爰斝	商代後期	河南安陽市戚家莊東	
爰		973	爰罍	商代後期	河南安陽市戚家莊東	
癸	子癸	731	子癸瓿	商代後期		
癸	麋癸	901	麋癸爵	西周中期		
眉		1072	眉戈	商代後期		
酋		198	酋方鼎	商代後期	湖北蘄春縣達城鄉新屋彎	
敄	工敄	985	工敄父己罍	西周早期	北京琉璃河西周燕國墓地	
刻		607	刻尊	商代後期	山東泗水縣張莊公社墓葬	
敊		928	敊觥蓋	商代後期	河南安陽市後岡墓葬	
貳		776	貳爵	商代後期	河南安陽市後岡墓葬	
毆	亞毆鳧	417	亞毆父丁鳧簋	商代後期		
徉		546	徉卣	商代後期		
窍		886	窍父癸爵	商代後期		
盉		935	盉父丁盉	西周早期	陝西延長縣安溝鄉岔口村	
⊛		376	⊛簋	商代後期		
✸		916	✸斝	商代後期		
✿		433	父乙簋	西周早期		銘文附後
十劃 佣	佣舟	847	佣舟爵	商代後期		
佣	佣舟	848	佣舟爵	商代後期		
佣	佣舟	1204	佣舟矛	商代後期		
家	家肇	858	家肇爵	商代後期	河南羅山縣蟒張鄉天湖村墓葬	
息		173	息鼎	商代後期	河南羅山縣蟒張鄉天湖村墓葬	
息		174	息鼎	商代後期	河南羅山縣蟒張鄉天湖村墓葬	
息		175	息鼎	商代後期	河南羅山縣蟒張鄉天湖村墓葬	
息		230	息父乙鼎	商代後期	河南羅山縣蟒張鄉天湖村墓葬	
息		235	息父辛鼎	商代後期	河南羅山縣蟒張鄉天湖村墓葬	
息		613	息尊尊	商代後期	河南羅山縣蟒張鄉天湖村墓葬	
息		735	息尊瓿	商代後期	河南羅山縣蟒張鄉天湖村	

墓葬

		736	息母觚	商代後期	河南羅山縣蟒張鄉天湖村墓葬
息		736	息母觚	商代後期	河南羅山縣蟒張鄉天湖村墓葬
息		737	息乙觚	商代後期	河南羅山縣蟒張鄉天湖村墓葬
息		784	息爵	商代後期	河南羅山縣蟒張鄉天湖村墓葬
息		785	息爵	商代後期	河南羅山縣蟒張鄉天湖村墓葬
息		786	息爵	商代後期	河南羅山縣蟒張鄉天湖村墓葬
息		822	息已爵	商代後期	河南羅山縣蟒張鄉天湖村墓葬
息		824	息辛爵	商代後期	河南羅山縣蟒張鄉天湖村墓葬
息		825	息辛爵	商代後期	河南羅山縣蟒張鄉天湖村墓葬
息		639	息觶	商代後期	河南羅山縣蟒張鄉後李村墓葬
息		742	息父乙觚	商代後期	河南羅山縣蟒張鄉後李村墓葬
息		823	息庚爵	商代後期	河南羅山縣蟒張鄉後李村墓葬
息		1067	息戈	商代後期	河南羅山縣蟒張鄉後李村墓葬
息		231	息父丁鼎	西周早期	陝西岐山縣京當鄉王家嘴墓葬
息	息斤	614	息斤尊	商代後期	河南羅山縣蟒張鄉天湖村墓葬
旅		683	旅觚	商代後期	
旅		765	旅爵	商代後期	
旅	旅止㫃	744	旅止㫃觚	商代後期	河南安陽市郭家莊東南
旅	旅止㫃	866	旅止㫃爵	商代後期	河南安陽市郭家莊東南
旅	旅止㫃	867	旅止㫃爵	商代後期	河南安陽市郭家莊東南
旅	旅止㫃	993	旅止㫃方彝	商代後期	河南安陽市郭家莊東南
旅	旅止㫃	1055	旅止㫃箕	商代後期	河南安陽市郭家莊東南
旅	夆旅	409	夆旅祖丁簋	西周早期	陝西扶風縣黃甫鄉唐家河西源村墓葬
旅	夆旅	389	夆旅簋	商代後期	

旅	夲旅	923	夲旅斝	商代後期
涉		769	涉爵	商代後期	河南羅山縣蟒張鄉天湖村墓葬
狽		1247	狽鉞	商代後期
秝	秝角	992	秝角方彝	商代後期
索	索需	1092	索需戈	商代後期
般	冊䒠般	590	冊䒠般卣	商代後期
隻		184	隻鼎	商代後期
隻	亞隻	729	亞隻瓠	商代後期
馱		658	父乙馱觶	西周早期
馬	亞豖馬	748	亞豖馬瓠	商代後期
馬	馬豖	579	馬豖父丁卣	商代後期
馬	馬豖	655	馬豖觶	西周早期
豖	馬豖	579	馬豖父丁卣	商代後期
豖	馬豖	655	馬豖觶	西周早期
豖		820	豖乙爵	商代後期	河南羅山縣蟒張鄉後李村墓葬
豖		616	豖父丁尊	商代後期
粦		617	粦父己尊	商代後期	山西靈石縣旌介村墓葬
鬥	鬥戈	597	守卣	西周早期
鬥	榮鬥	564	榮鬥卣	商代後期	山東濰坊市坊子區院上水庫南崖
鬥	榮鬥	669	榮鬥父辛觶	商代後期	山東濰坊市坊子區院上水庫南崖
鬥	榮鬥	857	榮鬥爵	商代後期	山東濰坊市坊子區院上水庫南崖
彔	亞彔	898	亞彔父乙爵	西周早期	陝西長安縣張家坡村墓葬
葡	◇葡夆	896	◇葡夆爵	商代後期
葡	葡戊	654	葡戊觶	商代後期
葡	葡戊	859	葡戊爵	商代後期
葡	葡旮	596	葡旮卣	商代後期
葡	葡㞷	947	葡㞷壺	商代後期
葡	絆葡	219	絆葡鼎	商代後期	河南安陽市梯家口村墓葬
臸	臸登	223	臸登方鼎	商代後期	河南安陽市
殼		370	殼簋	商代後期
殼		688	殼瓠	商代後期
毧		1069	毧戈	商代後期
䒠		795	䒠爵	西周早期
䒠	冊䒠般	590	冊䒠般卣	商代後期

𰀭		770	𰀭爵	西周早期		
盉		1245	盉鉞	商代後期		
宦	戍宦	757	無異觚	商代後期		
執		768	執爵	西周早期		
婦	婦嬕	653	婦嬕觶	商代後期		
婦	婦妃	981	婦妃罍	西周早期	陝西寶雞市竹園溝	
婦	戈矛叹婦鳳	671	婦鳳觶	商代後期	河南安陽市高樓莊墓葬	
得		240	得父癸方鼎	商代後期		
徙		693	徙觚	商代後期		
象		771	象爵	商代後期	河南安陽市薛家莊墓葬	
象		566	象祖辛卣	西周早期		
象	敄象	220	敄象鼎	商代後期	河南安陽市薛家莊墓葬	
鄉	鄉宁	1089	鄉宁戈	商代後期	河南安陽市殷墟郭家莊	
魚		891	魚父□爵	商代後期		
魚		882	魚父辛爵	西周早期		
魚		883	魚父辛爵	西周早期		
魚	亞魚	339	亞魚鼎	商代後期	河南安陽市商代後期殷墟葬	銘文附後
魚	寢魚	454	寢魚簋	商代後期	河南安陽市商代後期殷墟葬	銘文附後
鳥		1064	鳥戈	商代後期	山東沂水縣柴山鄉信家莊	
鳥		1081	鳥戈	西周早期	陝西隴縣東南鄉低溝村墓葬	
鳥		662	鳥父辛觶	西周早期	陝西麟遊縣九成官鎮後坪村	
鳥	鳥母孃	276	鳥母孃鼎	商代後期	河南安陽市郭家莊墓葬	
鳥	鳥孃	413	鳥孃簋	商代後期	河南安陽市郭家莊墓葬	
鳥	鳥孃	413	鳥孃簋	商代後期	河南安陽市郭家莊墓葬	
寅		745	寅父壬觚	商代後期		
徊	徊毋	739	徊田觚	商代後期	河南安陽市豫北紡織廠	
𰯇		165	𰯇方鼎	商代後期		
𰯇		682	𰯇觚	商代後期		
𰯇	月𰯇	262	月𰯇祖丁鼎	商代後期		
症		568	症父乙卣	西周早期	河南信陽縣獅河港鄉獅河灘	
𡆥	巫𡆥	227	巫𡆥鼎	商代後期	河南正陽縣傅寨鄉伍莊村	
受		179	受鼎	商代後期	河南安陽市郭家莊東南	
銜		1240	銜斧	西周早期		
羍	◇葡羍	896	◇葡羍爵	商代後期		

	龏	矦龏	905	矦爵	商代後期
十二劃	單		452	單簠	西周晚期 山東黃縣石良鎮東營周家 銘文附後 村墓葬
	媚	媚子	980	子媚罍	西周早期
	御	天黽御	621	天黽御尊	商代後期 湖北漢陽縣東城垸紗帽山 遺址
	猖		1027	猖斗	西周早期 湖北蘄春縣達城鄉新屋彎
	萬		1070	萬戈	商代後期
	集		700	集觚	商代後期
	須		761	須爵	西周早期
	鼎		988	鼎方彝	商代後期
	羍		699	羍觚	商代後期
	𤔲	亞𤔲	622	亞𤔲父丁尊	西周早期 內蒙古寧城縣甸子鄉小黑 石溝村墓葬
	敔	令敔	1248	令敔鉞	西周早期 陝西涇陽縣興隆鄉高家堡
	敔	敔象	220	敔象鼎	商代後期 河南安陽市薛家莊墓葬
	軟		169	軟鼎	商代後期 河南安陽市殷墟苗圃北地 墓葬
	羍	亞羍	921	亞羍斝	商代後期 河南安陽市大司空村墓葬
	戲		787	戲方爵	商代後期 河南安陽市後岡墓葬
	戲		788	戲方爵	商代後期 河南安陽市後岡墓葬
	戲		789	戲爵	商代後期 河南安陽市後岡墓葬
	絴	絴葡	219	絴葡鼎	商代後期 河南安陽市梯家口村墓葬
	剨		889	剨父癸爵	商代後期 山東兗州縣嵫山區李宮村
	剨		890	息父□爵	商代後期 河南羅山縣蟒張鄉天湖村 墓葬
	剨	剨冊	581	剨冊父癸卣	商代後期 山東兗州縣嵫山區李宮村
十三劃	膝		697	膝觚	商代後期
	義	子義	843	子義爵	商代後期 山東平陰縣洪范鄉臧莊墓 葬
	遣		646	遣觶	西周早期
	梟	亞畋梟	417	亞畋父丁梟 簋	商代後期
	鼓	鼓寢	999	鼓寢盤	商代後期 河南安陽市大司空村墓葬
	魃	亞夫魃	895	亞夫魃爵	商代後期
	卷	㞬卷	223	㞬卷方鼎	商代後期 河南安陽市
	寯		777	寯爵	商代後期
	寯	冊寯	264	冊寯父丁鼎	商代後期
	寯	寯冊	675	耦作父己觶	西周早期 陝西寶雞市竹園溝 銘文附後

	雟	雟冊	738	雟冊觚	商代後期	
	雟	雟冊	902	雟冊父庚角	商代後期	
	獏	亞獏	412	亞獏母辛簋	商代後期	
	書		229	書祖□鼎	商代後期	
十四劃	僕	僕戈	1123	僕戈	西周早期	北京房山縣琉璃河	銘文附後
	嬐	婦嬐	653	婦嬐觶	商代後期	
	寑	辰寑出	408	辰寑出簋	商代後期	河南安陽市大司空村墓葬
	寑	鼓寑	999	鼓寑盤	商代後期	河南安陽市大司空村墓葬
	寑	寑出	852	寑出爵	商代後期	河南安陽市大司空村墓葬
	寑	寑魚	454	寑魚簋	商代後期	河南安陽市商代後期殷墟墓葬	銘文附後
	寑	寑印	853	寑印爵	商代後期	河南安陽市大司空村墓葬
	寑	寑印	856	寑印爵	商代後期	河南安陽市大司空村墓葬
	寑	寑印	855	寑印爵	商代後期	河南安陽市大司空村墓葬
	寑	寑印	854	寑印爵	商代後期	河南安陽市大司空村墓葬
	榮	榮仲	865	榮仲爵	西周早期	河南洛陽市北窯村西龐家溝墓葬
	榮	榮鬥	564	榮鬥卣	商代後期	山東濰坊市坊子區院上水庫南崖
	榮	榮鬥	669	榮鬥父辛觶	商代後期	山東濰坊市坊子區院上水庫南崖
	榮	榮鬥	857	榮鬥爵	商代後期	山東濰坊市坊子區院上水庫南崖
	肇	家肇	858	家肇爵	商代後期	河南羅山縣蟒張鄉天湖村墓葬
	需	索需	1092	索需戈	商代後期	
	鳳	戈矛取婦鳳	671	婦鳳觶	商代後期	河南安陽市高樓莊墓葬
	鳶		976	鳶方罍	商代後期	
	嬰	嬰史	580	嬰父丁卣	西周早期	陝西長安縣大原村
	奄		892	奄父□爵	商代後期	河南安陽市梅園莊南地墓葬
	奄		872	奄父乙角	商代後期	
十五劃	衛	冊衛	734	冊衛觚	商代後期	河南安陽市梅園莊南地墓葬
	嘼	天嘼御	621	天嘼御尊	商代後期	湖北漢陽縣東城垸紗帽山遺址
	窀	亞窀	263	亞窀父乙鼎	西周早期	陝西長安縣張家坡村墓葬
十六劃	燕	子燕	213	子燕方鼎	商代後期	四川銅梁縣土橋鄉八村墓葬

燕	燕何子不	756	子不觚	商代後期	
融		193	融方鼎	商代後期	山東青州市蘇埠屯墓葬
融		375	融簋	商代後期	山東青州市蘇埠屯墓葬
融		549	融卣	商代後期	山東青州市蘇埠屯墓葬
融		608	融尊	商代後期	山東青州市蘇埠屯墓葬
融		644	融觶	商代後期	山東青州市蘇埠屯墓葬
融		701	融觚	商代後期	山東青州市蘇埠屯墓葬
融		702	融觚	商代後期	山東青州市蘇埠屯墓葬
融		772	融爵	商代後期	山東青州市蘇埠屯墓葬
融		974	融罍	商代後期	山東青州市蘇埠屯墓葬
融	冊融	221	冊融鼎	商代後期	山東青州市蘇埠屯墓葬
融	冊融	222	冊融方鼎	商代後期	山東青州市蘇埠屯墓葬
雗	亞雗	727	亞雗觚	商代後期	河南羅山縣蟒張鄉天湖村墓葬
孃	鳥母孃	276	鳥母孃鼎	商代後期	河南安陽市郭家莊墓葬
孃	鳥孃	413	鳥孃簋	商代後期	河南安陽市郭家莊墓葬
孃	鳥孃	413	鳥孃簋	商代後期	河南安陽市郭家莊墓葬
橐	中亞橐止	114	亞橐止鐃	商代後期	河南安陽市殷墟郭家莊
橐	中亞橐止	115	亞橐止鐃	商代後期	河南安陽市殷墟郭家莊
橐	中亞橐止	116	亞橐止鐃	商代後期	河南安陽市殷墟郭家莊
橐	亞橐	652	亞橐觶	商代後期	
橐	亞橐止	246	亞橐止鼎	商代後期	河南安陽市殷墟郭家莊
橐	亞橐止	247	亞橐止鼎	商代後期	河南安陽市殷墟郭家莊
橐	亞橐址	245	亞橐址方鼎	商代後期	河南安陽市殷墟郭家莊
橐	亞橐址	407	亞橐址簋	商代後期	河南安陽市殷墟郭家莊
橐	亞橐址	924	亞橐址圓罍	商代後期	河南安陽市殷墟郭家莊
虤	車虤	1091	車虤戈	商代後期	山西洪洞縣淹底鄉楊岳村
羹◇		252	羹◇者方鼎	西周早期	陝西岐山縣京當鄉雙庵村
羹◇		252	羹◇者方鼎	西周早期	陝西岐山縣京當鄉雙庵村
十七劃 羿	羿天	900	羿天父己爵	商代後期	河南安陽市梅園莊南地墓葬
纍	纍卯羊	291	辛卯羊鼎	商代後期	
十八劃 簧		1080	簧戈	西周早期	甘肅崇信縣于家灣村墓葬
旜		989	旜方彝	商代後期	
獻	亞獻	728	亞獻觚	商代後期	山東青州市蘇埠屯墓葬
獻	亞獻	827	亞獻爵	商代後期	山東青州市蘇埠屯墓葬
獻	亞獻	560	亞獻卣	商代後期	
獻	亞獻	979	亞獻罍	商代後期	
甕		150	甕甗	西周中期	陝西岐山賀家村

劃	字頭	別稱	編號	器名	時代	出土地	備註
	繭	✷繭	984	✷繭父戊罍	西周早期	陝西涇陽縣興隆鄉高家堡	
十九劃	嬏	女嬏	897	女嬏祖丁角	商代後期		
	爵		950	爵父癸壺	西周早期		
	襄		435	作父丁簋	西周早期	河南信陽縣溮河港鄉溮河灘	銘文附後
	襄		436	作父丁簋	西周早期	河南信陽縣溮河港鄉溮河灘	銘文附後
	襄		704	襄觚	商代後期		
	麋	麋癸	901	麋癸爵	西周中期		
	龜		548	龜卣	商代後期	河南羅山縣蟒張鄉天湖村墓葬	
	龠	天龠	602	雞卣	西周早期	陝西長安縣銅網廠	銘文附後
	龠	天龠	635	雞尊	西周早期	陝西長安縣銅網廠	銘文附後
	✤		774	✤爵	商代後期	河南安陽市梅園莊南地墓葬	
	✻		236	✻父癸鼎	商代後期	河南安陽市劉家莊	
	✻		663	✻父癸觶	商代後期	河南安陽市劉家莊	
	✻		887	✻父癸爵	商代後期	河南安陽市劉家莊	
	✻		237	✻父癸鼎	商代後期	陝西麟遊縣九成宮鎮後坪村	
	✻		248	✻乍伯鼎	西周中期		
	✻		545	✻卣	商代後期		
	✻		664	✻母己觶蓋	西周早期		
	✻		876	✻父丁爵	西周早期		
	✻		948	✻父丁壺	西周早期		
二十劃	獸		1079	獸戈	西周早期	北京房山區琉璃河墓葬	
	獸		1258	獸當盧	西周早期	河南洛陽市北窯村西龐家溝墓葬	
	鼑		398	鼑父癸簋	西周早期		
	鼑	月鼑	410	月鼑父乙簋	商代後期		
二十一劃	纍		374	纍簋	商代後期	山西靈石縣㫃介村墓葬	
二十二劃	龔	子龔	1093	子龔戈	商代後期		
	龔	龔子	562	龔子卣	西周早期		
	龔	龔子	732	龔子觚	商代後期		
二十三劃	竉		189	竉方鼎	商代後期	湖北蘄春縣達城鄉新屋彎	
	竉		190	竉方鼎	商代後期	湖北蘄春縣達城鄉新屋彎	
	斁		826	斁癸爵	商代後期		
二十八劃	黸	亞黸	217	亞黸鼎	西周早期		

（附　銘文）

器號	器名	銘文
339	亞魚鼎	王賜亞魚貝，用作兄癸尊。
433	父乙簋	幸作父乙寶尊彝。
435	作父丁簋	作父丁寶尊彝。襄。
436	作父丁簋	作父丁寶尊彝。襄。
445	蒸辟簋	蒸辟作父癸寶簋。光。
452	單簋	作朕寶簋。其萬年永寶用。單。
454	寢魚簋	辛卯，王賜寢魚貝，用作父丁彝。
455	晨簋	即冊。晨肇貯用作父乙寶尊彝。
599	辟卣	辟作父癸寶尊彝。𝒮。
600	斁畏卣	斁畏使丁，用作父乙旅尊彝。冊扶。
602	雞卣	天黽。雞作文考寶尊彝，其萬年用。
604	州子卣	壬寅，州子曰：僕麻，余賜帛、囊貝。蔑汝王休二朋。用作父辛尊。戈冊。北單。宁州。父丙。
605	纍卣	唯王九月辰在已亥，丙公獻王餕器，休無遣。內尹佑，衣獻。公飲在館，賜纍馬，曰：用肇事。纍拜，稽首，對揚公休，用作父己寶尊彝，其子孫永寶用。戈
632	即冊尊	作父乙彝。即冊。
635	雞尊	雞作文考寶尊彝，其萬年用。天黽。
675	稱作父己觶	稱作父己彝。虜冊。
758	晨觚	晨肇貯用作父乙寶尊彝。即冊。
913	晨角	晨肇貯用作父乙寶尊彝。即冊。
914	晨角	晨肇貯用作父乙寶尊彝。即冊。
930	兄觥	兄作母丙彝。亞址。
995	企方彝蓋	即冊。企肇貯用作父乙寶尊彝。
1015	叔男父匜	叔男父作爲霍姬媵旅匜，其子孫，其萬年永寶用。井。
1122	伯戈	伯作戈。方。
1123	僕戈	祖丁。僕戈。

銘文族名索引（二）

（按出土地筆劃數由少到多排序）

	出土地	族	名	器號	器名	時代	備註
三劃	山西洪洞縣永凝堡村墓葬	叔		121	叔鬲	西周早期	
	山西洪洞縣淹底鄉楊岳村	車	車虎	1091	車虎戈	商代後期	
	山西洪洞縣淹底鄉楊岳村	虎	車虎	1091	車虎戈	商代後期	
	山西靈石縣旌介村墓葬	丙		553	丙卣	商代後期	
	山西靈石縣旌介村墓葬	丙		201	丙鼎	商代後期	
	山西靈石縣旌介村墓葬	丙		377	丙簋	商代後期	
	山西靈石縣旌介村墓葬	丙		712	丙觚	商代後期	
	山西靈石縣旌介村墓葬	丙		713	丙觚	商代後期	
	山西靈石縣旌介村墓葬	丙		801	丙爵	商代後期	
	山西靈石縣旌介村墓葬	丙		802	丙爵	商代後期	
	山西靈石縣旌介村墓葬	丙		977	丙罍	商代後期	
	山西靈石縣旌介村墓葬	邑		170	邑鼎	商代後期	
	山西靈石縣旌介村墓葬	明		550	明卣	商代後期	
	山西靈石縣旌介村墓葬	𧾷		617	𧾷父己尊	商代後期	
	山西靈石縣旌介村墓葬	騾		374	騾簋	商代後期	
	山東平陰縣洪范鄉臧莊墓葬	子	子義	843	子義爵	商代後期	
	山東平陰縣洪范鄉臧莊墓葬	義	子義	843	子義爵	商代後期	
	山東沂水縣柴山鄉信家莊	鳥		1064	鳥戈	商代後期	
	山東昌樂縣東圈	父	父右	860	父右爵	商代後期	
	山東昌樂縣東圈	右	父右	860	父右爵	商代後期	
	山東泗水縣張莊公社墓葬	史		747	史母癸觚	商代後期	
	山東泗水縣張莊公社墓葬	刻		607	刻尊	商代後期	
	山東青州市蘇埠屯墓葬	冊	冊融	221	冊融鼎	商代後期	
	山東青州市蘇埠屯墓葬	冊	冊融	222	冊融方鼎	商代後期	
	山東青州市蘇埠屯墓葬	亞	亞醜	728	亞醜觚	商代後期	
	山東青州市蘇埠屯墓葬	亞	亞醜	827	亞醜爵	商代後期	
	山東青州市蘇埠屯墓葬	融		193	融方鼎	商代後期	
	山東青州市蘇埠屯墓葬	融		375	融簋	商代後期	
	山東青州市蘇埠屯墓葬	融		549	融卣	商代後期	
	山東青州市蘇埠屯墓葬	融		608	融尊	商代後期	

山東青州市蘇埠屯墓葬	融		644	融觶	商代後期	
山東青州市蘇埠屯墓葬	融		701	融瓠	商代後期	
山東青州市蘇埠屯墓葬	融		702	融瓠	商代後期	
山東青州市蘇埠屯墓葬	融		772	融爵	商代後期	
山東青州市蘇埠屯墓葬	融		974	融罍	商代後期	
山東青州市蘇埠屯墓葬	融	冊融	221	冊融鼎	商代後期	
山東青州市蘇埠屯墓葬	融	冊融	222	冊融方鼎	商代後期	
山東青州市蘇埠屯墓葬	歚	亞歚	728	亞歚瓠	商代後期	
山東青州市蘇埠屯墓葬	歚	亞歚	827	亞歚爵	商代後期	
山東兗州縣嶧山區李宮村	冊	剌冊	581	剌冊父癸卣	商代後期	
山東兗州縣嶧山區李宮村	剌		889	剌父癸爵	商代後期	
山東兗州縣嶧山區李宮村	剌	剌冊	581	剌冊父癸卣	商代後期	
山東章丘縣明水鎮東澗西村墓葬	月	宁月	593	宁月卣	商代後期	
山東章丘縣明水鎮東澗西村墓葬	宁	宁月	593	宁月卣	商代後期	
山東黃縣石良鎮東營周家村墓葬	單		452	單簋	西周晚期	銘文附後
山東新泰市府前街墓葬	宁	共宁Ⅱ	123	共宁Ⅱ鬲	商代後期	
山東新泰市府前街墓葬	共	共宁Ⅱ	123	共宁Ⅱ鬲	商代後期	
山東新泰市府前街墓葬	Ⅱ	共宁Ⅱ	123	共宁Ⅱ鬲	商代後期	
山東新泰市府前街墓葬	叔		120	叔父癸鬲	商代後期	
山東新泰市府前街墓葬	叔		238	叔父癸鼎	商代後期	
山東新泰市府前街墓葬	叔		888	叔父癸爵	商代後期	
山東壽光縣益都侯城故址	並		207	己並鼎	商代後期	
山東壽光縣益都侯城故址	並		208	己並鼎	商代後期	
山東壽光縣益都侯城故址	並		209	己並鼎	商代後期	
山東壽光縣益都侯城故址	妻		148	妻甗	商代後期	
山東滕州市級索鎮第十一中學校園內	子		781	子爵	商代後期	
山東濟陽縣姜集鄉劉臺子村墓葬	夆		191	夆方鼎	西周早期	
山東濟陽縣姜集鄉劉臺子村墓葬	夆		645	夆觶	西周早期	
山東濟陽縣姜集鄉劉臺子村墓葬	夆		932	夆盉	西周早期	
山東濟陽縣姜集鄉劉臺子村墓葬	夆		996	夆盤	西周早期	
山東濰坊市坊子區院上水	門	榮門	564	榮門卣	商代後期	

	庫南崖						
	山東濰坊市坊子區院上水庫南崖	鬥	榮鬥	669	榮鬥父辛觶	商代後期	
	山東濰坊市坊子區院上水庫南崖	鬥	榮鬥	857	榮鬥爵	商代後期	
	山東濰坊市坊子區院上水庫南崖	榮	榮鬥	564	榮鬥卣	商代後期	
	山東濰坊市坊子區院上水庫南崖	榮	榮鬥	669	榮鬥父辛觶	商代後期	
	山東濰坊市坊子區院上水庫南崖	榮	榮鬥	857	榮鬥爵	商代後期	
四劃	內蒙古寧城縣甸子鄉小黑石溝村墓葬	亞	亞㣇	622	亞㣇父丁尊	西周早期	
	內蒙古寧城縣甸子鄉小黑石溝村墓葬	㣇	亞㣇	622	亞㣇父丁尊	西周早期	
五劃	北京房山區琉璃河墓葬	獸		1079	獸戈	西周早期	
	北京房山縣琉璃河	戈	僕戈	1123	僕戈	西周早期	銘文附後
	北京房山縣琉璃河	牟		937	牟父辛盉	西周早期	
	北京房山縣琉璃河	僕	僕戈	1123	僕戈	西周早期	銘文附後
	北京琉璃河西周燕國墓地	工	工㚟	985	工㚟父己罍	西周早期	
	北京琉璃河西周燕國墓地	㚟	工㚟	985	工㚟父己罍	西周早期	
	北京順義縣金牛村	亞		879	亞父己爵	西周早期	
	四川銅梁縣土橋鄉八村墓葬	子	子燕	213	子燕方鼎	商代後期	
	四川銅梁縣土橋鄉八村墓葬	燕	子燕	213	子燕方鼎	商代後期	
	甘肅崇信縣于家灣村墓葬	黌		1080	黌戈	西周早期	
	甘肅慶陽地區	戈		384	戈簋	西周早期	
	甘肅隴縣牙科鄉梁甫村	□疒		582	□疒父癸卣	西周早期	
六劃	安徽壽縣蕭嚴湖	㠯		385	㠯簋	春秋前期	
八劃	河北正定縣新城鋪村墓葬	日羊	羊日羊	576	羊日羊卣	商代後期	
	河北正定縣新城鋪村墓葬	羊	羊日羊	576	羊日羊卣	商代後期	
	河北武安縣趙窯村墓葬	夲		194	夲鼎	商代後期	
	河北武安縣趙窯村墓葬	夲		779	夲爵	商代後期	
	河北遷安縣夏官營鎮馬哨村	卜		197	卜鼎	商代後期	
	河北遷安縣夏官營鎮馬哨村	冏		379	冏簋	商代後期	
	河北興隆縣小東區鄉小河南村	粦		1058	粦祖乙器蓋	西周早期	
	河北薊縣張家園遺址	天		365	天簋	商代後期	
	河北薊縣張家園遺址	共		178	共鼎	商代後期	
	河南市安陽商代後期殷墟	羊		1239	羊斧	商代後期	

墓葬					
河南正陽縣傅寨鄉伍莊村	巫	巫囝	227	巫囝鼎	商代後期
河南正陽縣傅寨鄉伍莊村	囝	巫囝	227	巫囝鼎	商代後期
河南安陽市	罃	罃登	223	罃登方鼎	商代後期
河南安陽市	登	罃登	223	罃登方鼎	商代後期
河南安陽市大司空村墓葬	出	辰寢出	408	辰寢出簋	商代後期
河南安陽市大司空村墓葬	出	寢出	852	寢出爵	商代後期
河南安陽市大司空村墓葬	古		110	古鐃	商代後期
河南安陽市大司空村墓葬	古		705	古觚	商代後期
河南安陽市大司空村墓葬	印	寢印	853	寢印爵	商代後期
河南安陽市大司空村墓葬	印	寢印	856	寢印爵	商代後期
河南安陽市大司空村墓葬	見		367	見簋	商代後期
河南安陽市大司空村墓葬	辰	辰寢出	408	辰寢出簋	商代後期
河南安陽市大司空村墓葬	亞	亞羍	921	亞羍斝	商代後期
河南安陽市大司空村墓葬	柬		706	柬觚	商代後期
河南安陽市大司空村墓葬	柬		773	柬爵	商代後期
河南安陽市大司空村墓葬	羍	亞羍	921	亞羍斝	商代後期
河南安陽市大司空村墓葬	鼓	鼓寢	999	鼓寢盤	商代後期
河南安陽市大司空村墓葬	寢	辰寢出	408	辰寢出簋	商代後期
河南安陽市大司空村墓葬	寢	鼓寢	999	鼓寢盤	商代後期
河南安陽市大司空村墓葬	寢	寢出	852	寢出爵	商代後期
河南安陽市大司空村墓葬	寢	寢印	853	寢印爵	商代後期
河南安陽市大司空村墓葬	寢	寢印	856	寢印爵	商代後期
河南安陽市大司空村墓葬	印	寢印	855	寢印爵	商代後期
河南安陽市大司空村墓葬	寢	寢印	855	寢印爵	商代後期
河南安陽市大司空村墓葬	印	寢印	854	寢印爵	商代後期
河南安陽市大司空村墓葬	寢	寢印	854	寢印爵	商代後期
河南安陽市後岡墓葬	宷	宷田	741	宷田觚	商代後期
河南安陽市後岡墓葬	宷	宷田	894	宷田辛爵	商代後期
河南安陽市後岡墓葬	田	宷田	741	宷田觚	商代後期
河南安陽市後岡墓葬	田	宷田	894	宷田辛爵	商代後期
河南安陽市後岡墓葬	叔		928	叔觥蓋	商代後期
河南安陽市後岡墓葬	貳		776	貳爵	商代後期
河南安陽市後岡墓葬	戜		787	戜方爵	商代後期
河南安陽市後岡墓葬	戜		788	戜方爵	商代後期
河南安陽市後岡墓葬	戜		789	戜爵	商代後期
河南安陽市殷墟苗圃北地墓葬	軟		169	軟鼎	商代後期
河南安陽市殷墟郭家莊	兄	兄冊	849	兄冊爵	商代後期

河南安陽市殷墟郭家莊	冊	兄冊	849	兄冊爵	商代後期
河南安陽市殷墟郭家莊	宁	鄉宁	1089	鄉宁戈	商代後期
河南安陽市殷墟郭家莊	𝍤		1062	𝍤戈	商代後期
河南安陽市殷墟郭家莊	中	中亞橐止	114	亞橐止鐃	商代後期
河南安陽市殷墟郭家莊	中	中亞橐止	115	亞橐止鐃	商代後期
河南安陽市殷墟郭家莊	中	中亞橐止	116	亞橐止鐃	商代後期
河南安陽市殷墟郭家莊	止	中亞橐止	114	亞橐止鐃	商代後期
河南安陽市殷墟郭家莊	止	中亞橐止	115	亞橐止鐃	商代後期
河南安陽市殷墟郭家莊	止	中亞橐止	116	亞橐止鐃	商代後期
河南安陽市殷墟郭家莊	止	亞橐止	246	亞橐止鼎	商代後期
河南安陽市殷墟郭家莊	止	亞橐止	247	亞橐止鼎	商代後期
河南安陽市殷墟郭家莊	亞	中亞橐止	114	亞橐止鐃	商代後期
河南安陽市殷墟郭家莊	亞	中亞橐止	115	亞橐止鐃	商代後期
河南安陽市殷墟郭家莊	亞	中亞橐止	116	亞橐止鐃	商代後期
河南安陽市殷墟郭家莊	橐	中亞橐止	114	亞橐止鐃	商代後期
河南安陽市殷墟郭家莊	橐	中亞橐止	115	亞橐止鐃	商代後期
河南安陽市殷墟郭家莊	橐	中亞橐止	116	亞橐止鐃	商代後期
河南安陽市殷墟郭家莊	址	亞橐址	245	亞橐址方鼎	商代後期
河南安陽市殷墟郭家莊	址	亞橐址	407	亞橐址簋	商代後期
河南安陽市殷墟郭家莊	址	亞橐址	924	亞橐址圓斝	商代後期
河南安陽市殷墟郭家莊	亞	亞橐止	246	亞橐止鼎	商代後期
河南安陽市殷墟郭家莊	亞	亞橐止	247	亞橐止鼎	商代後期
河南安陽市殷墟郭家莊	亞	亞橐址	245	亞橐址方鼎	商代後期
河南安陽市殷墟郭家莊	亞	亞橐址	407	亞橐址簋	商代後期
河南安陽市殷墟郭家莊	亞	亞橐址	924	亞橐址圓斝	商代後期
河南安陽市殷墟郭家莊	橐	亞橐止	246	亞橐止鼎	商代後期
河南安陽市殷墟郭家莊	橐	亞橐止	247	亞橐止鼎	商代後期
河南安陽市殷墟郭家莊	橐	亞橐址	245	亞橐址方鼎	商代後期
河南安陽市殷墟郭家莊	橐	亞橐址	407	亞橐址簋	商代後期
河南安陽市殷墟郭家莊	橐	亞橐址	924	亞橐址圓斝	商代後期
河南安陽市殷墟郭家莊	戈		681	戈觚	商代後期
河南安陽市殷墟郭家莊	址	亞址	214	亞址鼎	商代後期
河南安陽市殷墟郭家莊	址	亞址	215	亞址方鼎	商代後期
河南安陽市殷墟郭家莊	址	亞址	216	亞址鼎	商代後期
河南安陽市殷墟郭家莊	址	亞址	561	亞址卣	商代後期
河南安陽市殷墟郭家莊	址	亞址	609	亞址尊	商代後期
河南安陽市殷墟郭家莊	址	亞址	610	亞址方尊	商代後期
河南安陽市殷墟郭家莊	址	亞址	648	亞址觶	商代後期
河南安陽市殷墟郭家莊	址	亞址	717	亞址觚	商代後期

河南安陽市殷墟郭家莊	址	亞址	718	亞址瓿	商代後期
河南安陽市殷墟郭家莊	址	亞址	719	亞址瓿	商代後期
河南安陽市殷墟郭家莊	址	亞址	720	亞址瓿	商代後期
河南安陽市殷墟郭家莊	址	亞址	721	亞址瓿	商代後期
河南安陽市殷墟郭家莊	址	亞址	722	亞址瓿	商代後期
河南安陽市殷墟郭家莊	址	亞址	723	亞址瓿	商代後期
河南安陽市殷墟郭家莊	址	亞址	724	亞址瓿	商代後期
河南安陽市殷墟郭家莊	址	亞址	725	亞址瓿	商代後期
河南安陽市殷墟郭家莊	址	亞址	726	亞址瓿	商代後期
河南安陽市殷墟郭家莊	址	亞址	832	亞址角	商代後期
河南安陽市殷墟郭家莊	址	亞址	833	亞址角	商代後期
河南安陽市殷墟郭家莊	址	亞址	834	亞址角	商代後期
河南安陽市殷墟郭家莊	址	亞址	835	亞址角	商代後期
河南安陽市殷墟郭家莊	址	亞址	836	亞址角	商代後期
河南安陽市殷墟郭家莊	址	亞址	837	亞址角	商代後期
河南安陽市殷墟郭家莊	址	亞址	838	亞址角	商代後期
河南安陽市殷墟郭家莊	址	亞址	839	亞址角	商代後期
河南安陽市殷墟郭家莊	址	亞址	840	亞址角	商代後期
河南安陽市殷墟郭家莊	址	亞址	841	亞址角	商代後期
河南安陽市殷墟郭家莊	址	亞址	919	亞址方斝	商代後期
河南安陽市殷墟郭家莊	址	亞址	920	亞址方斝	商代後期
河南安陽市殷墟郭家莊	址	亞址	930	兄觥	商代後期	銘文附後
河南安陽市殷墟郭家莊	址	亞址	933	亞址盉	商代後期
河南安陽市殷墟郭家莊	址	亞址	978	亞址罍	商代後期
河南安陽市殷墟郭家莊	址	亞址	998	亞址盤	商代後期
河南安陽市殷墟郭家莊	亞	亞址	214	亞址鼎	商代後期
河南安陽市殷墟郭家莊	亞	亞址	215	亞址方鼎	商代後期
河南安陽市殷墟郭家莊	亞	亞址	216	亞址鼎	商代後期
河南安陽市殷墟郭家莊	亞	亞址	561	亞址卣	商代後期
河南安陽市殷墟郭家莊	亞	亞址	609	亞址尊	商代後期
河南安陽市殷墟郭家莊	亞	亞址	610	亞址方尊	商代後期
河南安陽市殷墟郭家莊	亞	亞址	648	亞址觶	商代後期
河南安陽市殷墟郭家莊	亞	亞址	717	亞址瓿	商代後期
河南安陽市殷墟郭家莊	亞	亞址	718	亞址瓿	商代後期
河南安陽市殷墟郭家莊	亞	亞址	719	亞址瓿	商代後期
河南安陽市殷墟郭家莊	亞	亞址	720	亞址瓿	商代後期
河南安陽市殷墟郭家莊	亞	亞址	721	亞址瓿	商代後期
河南安陽市殷墟郭家莊	亞	亞址	722	亞址瓿	商代後期
河南安陽市殷墟郭家莊	亞	亞址	723	亞址瓿	商代後期

河南安陽市殷墟郭家莊	亞	亞址	724	亞址觚	商代後期	
河南安陽市殷墟郭家莊	亞	亞址	725	亞址觚	商代後期	
河南安陽市殷墟郭家莊	亞	亞址	726	亞址觚	商代後期	
河南安陽市殷墟郭家莊	亞	亞址	832	亞址角	商代後期	
河南安陽市殷墟郭家莊	亞	亞址	833	亞址角	商代後期	
河南安陽市殷墟郭家莊	亞	亞址	834	亞址角	商代後期	
河南安陽市殷墟郭家莊	亞	亞址	835	亞址角	商代後期	
河南安陽市殷墟郭家莊	亞	亞址	836	亞址角	商代後期	
河南安陽市殷墟郭家莊	亞	亞址	837	亞址角	商代後期	
河南安陽市殷墟郭家莊	亞	亞址	838	亞址角	商代後期	
河南安陽市殷墟郭家莊	亞	亞址	839	亞址角	商代後期	
河南安陽市殷墟郭家莊	亞	亞址	840	亞址角	商代後期	
河南安陽市殷墟郭家莊	亞	亞址	841	亞址角	商代後期	
河南安陽市殷墟郭家莊	亞	亞址	919	亞址方斝	商代後期	
河南安陽市殷墟郭家莊	亞	亞址	920	亞址方斝	商代後期	
河南安陽市殷墟郭家莊	亞	亞址	930	兄觥	商代後期	銘文附後
河南安陽市殷墟郭家莊	亞	亞址	933	亞址盉	商代後期	
河南安陽市殷墟郭家莊	亞	亞址	978	亞址罍	商代後期	
河南安陽市殷墟郭家莊	亞	亞址	998	亞址盤	商代後期	
河南安陽市殷墟郭家莊	鄉	鄉宁	1089	鄉宁戈	商代後期	
河南安陽市郭家莊東南	止	旅止䧹	744	旅止䧹觚	商代後期	
河南安陽市郭家莊東南	止	旅止䧹	866	旅止䧹爵	商代後期	
河南安陽市郭家莊東南	止	旅止䧹	867	旅止䧹爵	商代後期	
河南安陽市郭家莊東南	止	旅止䧹	993	旅止䧹方彝	商代後期	
河南安陽市郭家莊東南	止	旅止䧹	1055	旅止䧹箕	商代後期	
河南安陽市郭家莊東南	宁□		1043	宁□鍑	商代後期	
河南安陽市郭家莊東南	䧹	旅止䧹	744	旅止䧹觚	商代後期	
河南安陽市郭家莊東南	䧹	旅止䧹	866	旅止䧹爵	商代後期	
河南安陽市郭家莊東南	䧹	旅止䧹	867	旅止䧹爵	商代後期	
河南安陽市郭家莊東南	䧹	旅止䧹	993	旅止䧹方彝	商代後期	
河南安陽市郭家莊東南	䧹	旅止䧹	1055	旅止䧹箕	商代後期	
河南安陽市郭家莊東南	旅	旅止䧹	744	旅止䧹觚	商代後期	
河南安陽市郭家莊東南	旅	旅止䧹	866	旅止䧹爵	商代後期	
河南安陽市郭家莊東南	旅	旅止䧹	867	旅止䧹爵	商代後期	
河南安陽市郭家莊東南	旅	旅止䧹	993	旅止䧹方彝	商代後期	
河南安陽市郭家莊東南	旅	旅止䧹	1055	旅止䧹箕	商代後期	
河南安陽市郭家莊東南	叜		179	叜鼎	商代後期	
河南安陽市郭家莊墓葬	戈		641	戈觶	商代後期	
河南安陽市郭家莊墓葬	母	鳥母嬪	276	鳥母嬪鼎	商代後期	

河南安陽市郭家莊墓葬	亞		188	亞方鼎	商代後期	
河南安陽市郭家莊墓葬	鳥	鳥母嬶	276	鳥母嬶鼎	商代後期	
河南安陽市郭家莊墓葬	鳥	鳥嬶	413	鳥嬶簋	商代後期	
河南安陽市郭家莊墓葬	鳥	鳥嬶	413	鳥嬶簋	商代後期	
河南安陽市郭家莊墓葬	嬶	鳥母嬶	276	鳥母嬶鼎	商代後期	
河南安陽市郭家莊墓葬	嬶	鳥嬶	413	鳥嬶簋	商代後期	
河南安陽市郭家莊墓葬	嬶	鳥嬶	413	鳥嬶簋	商代後期	
河南安陽市郭莊村北墓葬	羊		547	羊卣	商代後期	
河南安陽市郭莊村北墓葬	羊		698	羊觚	商代後期	
河南安陽市高樓莊墓葬	刄	戈矛刄婦鳳 671		婦鳳觶	商代後期	
河南安陽市高樓莊墓葬	戈	戈矛刄婦鳳 671		婦鳳觶	商代後期	
河南安陽市高樓莊墓葬	矛	戈矛刄婦鳳 671		婦鳳觶	商代後期	
河南安陽市高樓莊墓葬	婦	戈矛刄婦鳳 671		婦鳳觶	商代後期	
河南安陽市高樓莊墓葬	鳳	戈矛刄婦鳳 671		婦鳳觶	商代後期	
河南安陽市商代後期殷墟葬	亞	亞魚	339	亞魚鼎	商代後期	銘文附後
河南安陽市商代後期殷墟葬	魚	亞魚	339	亞魚鼎	商代後期	銘文附後
河南安陽市商代後期殷墟葬	魚	寢魚	454	寢魚簋	商代後期	銘文附後
河南安陽市商代後期殷墟葬	寢	寢魚	454	寢魚簋	商代後期	銘文附後
河南安陽市戚家莊東	子		640	子觶	商代後期	
河南安陽市戚家莊東	入		1056	入器蓋	商代後期	
河南安陽市戚家莊東	未	疋未	218	疋未鼎	商代後期	
河南安陽市戚家莊東	疋	疋未	218	疋未鼎	商代後期	
河南安陽市戚家莊東	爰		111	爰鐃	商代後期	
河南安陽市戚家莊東	爰		112	爰鐃	商代後期	
河南安陽市戚家莊東	爰		113	爰鐃	商代後期	
河南安陽市戚家莊東	爰		180	爰鼎	商代後期	
河南安陽市戚家莊東	爰		181	爰鼎	商代後期	
河南安陽市戚家莊東	爰		182	爰方鼎	商代後期	
河南安陽市戚家莊東	爰		368	爰簋	商代後期	
河南安陽市戚家莊東	爰		689	爰觚	商代後期	
河南安陽市戚家莊東	爰		690	爰觚	商代後期	
河南安陽市戚家莊東	爰		915	爰斝	商代後期	
河南安陽市戚家莊東	爰		973	爰罍	商代後期	
河南安陽市梅園莊南地墓葬	天	翼天	900	翼天父己爵	商代後期	

河南安陽市梅園莊南地墓葬	冊	冊衛	734	冊衛觚	商代後期	
河南安陽市梅園莊南地墓葬	光		565	光祖乙卣	商代後期	
河南安陽市梅園莊南地墓葬	西單		740	西單觚	商代後期	
河南安陽市梅園莊南地墓葬	黿		892	黿父口爵	商代後期	
河南安陽市梅園莊南地墓葬	衛	冊衛	734	冊衛觚	商代後期	
河南安陽市梅園莊南地墓葬	巽	巽天	900	巽天父己爵	商代後期	
河南安陽市梅園莊南地墓葬	❖		774	❖爵	商代後期	
河南安陽市梅園莊墓葬	◇		387	◇簋	商代後期	
河南安陽市梅園莊墓葬	向		199	向鼎	商代後期	
河南安陽市梯家口村墓葬	葡	絑葡	219	絑葡鼎	商代後期	
河南安陽市梯家口村墓葬	絑	絑葡	219	絑葡鼎	商代後期	
河南安陽市劉家莊	子	子工	665	子工觶	商代後期	
河南安陽市劉家莊	子	子工	844	子工爵	商代後期	
河南安陽市劉家莊	工	子工	665	子工觶	商代後期	
河南安陽市劉家莊	工	子工	844	子工爵	商代後期	
河南安陽市劉家莊	宁		708	宁觚	商代後期	
河南安陽市劉家莊	宁		870	宁父乙爵	商代後期	
河南安陽市劉家莊	斝		236	斝父癸鼎	商代後期	
河南安陽市劉家莊	斝		663	斝父癸觶	商代後期	
河南安陽市劉家莊	斝		887	斝父癸爵	商代後期	
河南安陽市豫北紡織廠	丹		552	丹卣	商代後期	
河南安陽市豫北紡織廠	冊	徊冊	739	徊冊觚	商代後期	
河南安陽市豫北紡織廠	徊	徊毋	739	徊毋觚	商代後期	
河南安陽市薛家莊墓葬	象		771	象爵	商代後期	
河南安陽市薛家莊墓葬	象	敇象	220	敇象鼎	商代後期	
河南安陽市薛家莊墓葬	敇	敇象	220	敇象鼎	商代後期	
河南武陟縣寧郭村	子	川子	983	父丁罍	商代後期	
河南武陟縣寧郭村	川	川子	983	父丁罍	商代後期	
河南武陟縣寧郭村	巳		187	巳鼎	商代後期	
河南信陽縣溮河港鄉溮河灘	冊	即冊	455	晨簋	西周早期	銘文附後
河南信陽縣溮河港鄉溮河	冊	即冊	632	即冊尊	西周早期	銘文附後

灘						
河南信陽縣溮河港鄉溮河灘	冊	即冊	758	晨觚	西周早期	銘文附後
河南信陽縣溮河港鄉溮河灘	冊	即冊	913	晨角	西周早期	銘文附後
河南信陽縣溮河港鄉溮河灘	冊	即冊	914	晨角	西周早期	銘文附後
河南信陽縣溮河港鄉溮河灘	冊	即冊	995	企方彝蓋	西周早期	銘文附後
河南信陽縣溮河港鄉溮河灘	🜛		571	🜛父丁卣	西周早期	
河南信陽縣溮河港鄉溮河灘	即	即冊	455	晨簋	西周早期	銘文附後
河南信陽縣溮河港鄉溮河灘	即	即冊	632	即冊尊	西周早期	銘文附後
河南信陽縣溮河港鄉溮河灘	即	即冊	758	晨觚	西周早期	銘文附後
河南信陽縣溮河港鄉溮河灘	即	即冊	913	晨角	西周早期	銘文附後
河南信陽縣溮河港鄉溮河灘	即	即冊	914	晨角	西周早期	銘文附後
河南信陽縣溮河港鄉溮河灘	即	即冊	995	企方彝蓋	西周早期	銘文附後
河南信陽縣溮河港鄉溮河灘	痓		568	痓父乙卣	西周早期	
河南信陽縣溮河港鄉溮河灘	襄		435	作父丁簋	西周早期	銘文附後
河南信陽縣溮河港鄉溮河灘	襄		436	作父丁簋	西周早期	銘文附後
河南洛陽市北窰村西龐家溝墓葬	乙	🜨乙	1094	🜨乙戈	西周早期	
河南洛陽市北窰村西龐家溝墓葬	宀		1077	宀戈	西周早期	
河南洛陽市北窰村西龐家溝墓葬	太保		1257	太保車轄	西周早期	
河南洛陽市北窰村西龐家溝墓葬	方		1122	伯戈	西周早期	銘文附後
河南洛陽市北窰村西龐家溝墓葬	示	亞示	899	亞示父乙爵	西周早期	

463

河南洛陽市北窰村西厐家溝墓葬	♉	♉乙	1094	♉乙戈	西周早期
河南洛陽市北窰村西厐家溝墓葬	仲	榮仲	865	榮仲爵	西周早期
河南洛陽市北窰村西厐家溝墓葬	㐬		1074	㐬戈	西周早期
河南洛陽市北窰村西厐家溝墓葬	㐬		1075	㐬戈	西周早期
河南洛陽市北窰村西厐家溝墓葬	㐬		1076	㐬戈	西周早期
河南洛陽市北窰村西厐家溝墓葬	束		1078	束戈	西周早期
河南洛陽市北窰村西厐家溝墓葬	亞	亞示	899	亞示父乙爵	西周早期
河南洛陽市北窰村西厐家溝墓葬	榮	榮仲	865	榮仲爵	西周早期
河南洛陽市北窰村西厐家溝墓葬	獸		1258	獸當盧	西周早期
河南洛陽市東郊邙山南楊文鎮交通部二局四處家屬院內	八		305	叔䚄父鼎	西周晚期
河南洛陽市東郊機車工廠	𤰞		152	𤰞祖丁甗	西周早期
河南洛陽市東郊機車工廠	𤰞		392	𤰞祖丁簋	西周早期
河南洛陽市東郊機車工廠	𤰞		615	𤰞父丁尊	西周早期
河南偃師縣山化鄉忠義村	↑		778	↑爵	商代後期
河南臨汝縣騎嶺鄉大張村	光		396	光父辛簋	西周早期
河南羅山縣蟒張鄉天湖村墓葬	大		167	大鼎	商代後期
河南羅山縣蟒張鄉天湖村墓葬	天		544	天卣	商代後期
河南羅山縣蟒張鄉天湖村墓葬	尹		1054	尹箕	商代後期
河南羅山縣蟒張鄉天湖村墓葬	戈		711	戈觚	商代後期
河南羅山縣蟒張鄉天湖村墓葬	斤	息斤	614	息斤尊	商代後期
河南羅山縣蟒張鄉天湖村墓葬	宁		793	宁爵	商代後期
河南羅山縣蟒張鄉天湖村	歺		759	歺爵	商代後期

墓葬					
河南羅山縣蟒張鄉天湖村墓葬	亞	亞雔	727	亞雔觚	商代後期
河南羅山縣蟒張鄉天湖村墓葬	家	家肇	858	家肇爵	商代後期
河南羅山縣蟒張鄉天湖村墓葬	息		173	息鼎	商代後期
河南羅山縣蟒張鄉天湖村墓葬	息		174	息鼎	商代後期
河南羅山縣蟒張鄉天湖村墓葬	息		175	息鼎	商代後期
河南羅山縣蟒張鄉天湖村墓葬	息		230	息父乙鼎	商代後期
河南羅山縣蟒張鄉天湖村墓葬	息		235	息父辛鼎	商代後期
河南羅山縣蟒張鄉天湖村墓葬	息		613	息尊尊	商代後期
河南羅山縣蟒張鄉天湖村墓葬	息		735	息尊觚	商代後期
河南羅山縣蟒張鄉天湖村墓葬	息		736	息母觚	商代後期
河南羅山縣蟒張鄉天湖村墓葬	息		737	息乙觚	商代後期
河南羅山縣蟒張鄉天湖村墓葬	息		784	息爵	商代後期
河南羅山縣蟒張鄉天湖村墓葬	息		785	息爵	商代後期
河南羅山縣蟒張鄉天湖村墓葬	息		786	息爵	商代後期
河南羅山縣蟒張鄉天湖村墓葬	息		822	息巳爵	商代後期
河南羅山縣蟒張鄉天湖村墓葬	息		824	息辛爵	商代後期
河南羅山縣蟒張鄉天湖村墓葬	息		825	息辛爵	商代後期
河南羅山縣蟒張鄉天湖村墓葬	息	息斤	614	息斤尊	商代後期
河南羅山縣蟒張鄉天湖村墓葬	涉		769	涉爵	商代後期

河南羅山縣蟒張鄉天湖村墓葬	剌		890	息父口爵	商代後期
河南羅山縣蟒張鄉天湖村墓葬	肇	家肇	858	家肇爵	商代後期
河南羅山縣蟒張鄉天湖村墓葬	隹	亞隹	727	亞隹瓠	商代後期
河南羅山縣蟒張鄉天湖村墓葬	龜		548	龜卣	商代後期
河南羅山縣蟒張鄉後李村墓葬	戈		710	戈瓠	商代後期
河南羅山縣蟒張鄉後李村墓葬	曱		285	曱父丁鼎	商代後期
河南羅山縣蟒張鄉後李村墓葬	息		639	息觶	商代後期
河南羅山縣蟒張鄉後李村墓葬	息		742	息父乙瓠	商代後期
河南羅山縣蟒張鄉後李村墓葬	息		823	息庚爵	商代後期
河南羅山縣蟒張鄉後李村墓葬	息		1067	息戈	商代後期
河南羅山縣蟒張鄉後李村墓葬	豙		820	豙乙爵	商代後期
九劃 陝西延長縣安溝鄉岔口村	夲		967	蘇匋壺	西周中期
陝西延長縣安溝鄉岔口村	盂		935	盂父丁盉	西周早期
陝西西安市大白楊庫	卤		200	卤鼎	商代後期
陝西西安市大白楊庫	虫		650	虫乙觶	商代後期
陝西岐山賀家村	盇		150	盇甗	西周中期
陝西岐山縣北郭鄉樊村	亞屰其		925	亞屰其罍	商代後期
陝西岐山縣京當鄉王家嘴墓葬	息		231	息父丁鼎	西周早期
陝西岐山縣京當鄉禮村	弓		195	弓鼎	西周中期
陝西岐山縣京當鄉禮村	弓		196	弓鼎	西周中期
陝西岐山縣京當鄉雙庵村	夔◇		252	夔◇者方鼎	西周早期
陝西岐山縣京當鄉雙庵村	夔◇		252	夔◇者方鼎	西周早期
陝西岐山縣蔡家坡	並		893	並母戊爵	商代後期
陝西扶風縣上宋鄉曹衛村	車		1082	車戈	西周早期
陝西扶風縣飛鳳山墓葬	天	天兮	1242	天兮斧	西周早期
陝西扶風縣飛鳳山墓葬	兮	天兮	1242	天兮斧	西周早期

陝西扶風縣黃甫鄉唐家河西源村墓葬	夆	夆旅	409	夆旅祖丁簋	西周早期	
陝西扶風縣黃甫鄉唐家河西源村墓葬	旅	夆旅	409	夆旅祖丁簋	西周早期	
陝西長安縣大原村	史	嬰史	580	嬰父丁卣	西周早期	
陝西長安縣大原村	嬰	嬰史	580	嬰父丁卣	西周早期	
陝西長安縣馬王鎮三大隊	臤		767	臤爵	西周中期	
陝西長安縣馬王鎮新旺村	戈		618	戈父辛尊	西周早期	
陝西長安縣馬王鎮新旺村	戈	冊宁戈	242	宁戈冊鼎	西周晚期	
陝西長安縣馬王鎮新旺村	戈	冊宁戈	243	宁戈冊鼎	西周晚期	
陝西長安縣馬王鎮新旺村	戈	冊宁戈	244	宁戈冊鼎	西周晚期	
陝西長安縣馬王鎮新旺村	戈	宁戈	946	宁戈壺	西周晚期	
陝西長安縣馬王鎮新旺村	冊	冊宁戈	242	宁戈冊鼎	西周晚期	
陝西長安縣馬王鎮新旺村	冊	冊宁戈	243	宁戈冊鼎	西周晚期	
陝西長安縣馬王鎮新旺村	冊	冊宁戈	244	宁戈冊鼎	西周晚期	
陝西長安縣馬王鎮新旺村	宁	冊宁戈	242	宁戈冊鼎	西周晚期	
陝西長安縣馬王鎮新旺村	宁	冊宁戈	243	宁戈冊鼎	西周晚期	
陝西長安縣馬王鎮新旺村	宁	冊宁戈	244	宁戈冊鼎	西周晚期	
陝西長安縣馬王鎮新旺村	宁	宁戈	946	宁戈壺	西周晚期	
陝西長安縣張家坡村墓葬	亞	亞空	263	亞空父乙鼎	西周早期	
陝西長安縣張家坡村墓葬	亞	亞矛	898	亞矛父乙爵	西周早期	
陝西長安縣張家坡村墓葬	矛	亞矛	898	亞矛父乙爵	西周早期	
陝西長安縣張家坡村墓葬	空	亞空	263	亞空父乙鼎	西周早期	
陝西長安縣銅網廠	天	天龠	602	雞卣	西周早期	銘文附後
陝西長安縣銅網廠	天	天龠	635	雞尊	西周早期	銘文附後
陝西長安縣銅網廠	龠	天龠	602	雞卣	西周早期	銘文附後
陝西長安縣銅網廠	龠	天龠	635	雞尊	西周早期	銘文附後
陝西長安縣灃西工程配件廠墓葬	宀		570	宀父丁卣	西周早期	
陝西長安縣灃西鄉	史		875	入父丁爵	西周早期	
陝西長安縣灃西鄉	申		572	申父庚卣	西周早期	
陝西長安縣灃西鄉	倗		393	倗父乙簋	西周早期	
陝西長安縣灃西鄉	倗		569	倗父乙卣	西周早期	
陝西長安縣灃西鄉馬王村	尹	尹舟	846	尹舟爵	商代後期	
陝西長安縣灃西鄉馬王村	宀		202	宀鼎	西周早期	
陝西長安縣灃西鄉馬王村	舟	尹舟	846	尹舟爵	商代後期	
陝西長安縣灃西銅網廠	辟		599	辟卣	西周早期	銘文附後
陝西長安縣灃鎬遺址	入		345	叔口父鼎	西周晚期	
陝西涇陽縣興隆鄉高家堡	人	戌人正	156	戌人正甗	西周早期	

陝西涇陽縣興隆鄉高家堡	八		555	八卣	西周早期	
陝西涇陽縣興隆鄉高家堡	八		556	八卣	西周早期	
陝西涇陽縣興隆鄉高家堡	✳	✳繭	984	✳繭父戊罍	西周早期	
陝西涇陽縣興隆鄉高家堡	天		821	天乙爵	西周早期	
陝西涇陽縣興隆鄉高家堡	夫	亞夫冊	286	亞夫父辛鼎	西周早期	
陝西涇陽縣興隆鄉高家堡	尹	亞尹	302	尹䚤鼎	西周早期	
陝西涇陽縣興隆鄉高家堡	尹	亞尹	303	尹䚤鼎	西周早期	
陝西涇陽縣興隆鄉高家堡	戈		154	戈父癸甗	西周早期	
陝西涇陽縣興隆鄉高家堡	戈		395	戈父己簋	西周早期	
陝西涇陽縣興隆鄉高家堡	戈		574	戈父癸卣	西周早期	
陝西涇陽縣興隆鄉高家堡	戈		660	戈父己觶	西周早期	
陝西涇陽縣興隆鄉高家堡	令	令敄	1248	令敄鉞	西周早期	
陝西涇陽縣興隆鄉高家堡	冊	亞夫冊	286	亞夫父辛鼎	西周早期	
陝西涇陽縣興隆鄉高家堡	右		1028	右瓿	西周早期	
陝西涇陽縣興隆鄉高家堡	正	戍人正	156	戍人正甗	西周早期	
陝西涇陽縣興隆鄉高家堡	𢀛		153	𢀛父丁甗	西周早期	
陝西涇陽縣興隆鄉高家堡	戍	戍人正	156	戍人正甗	西周早期	
陝西涇陽縣興隆鄉高家堡	亞	亞夫冊	286	亞夫父辛鼎	西周早期	
陝西涇陽縣興隆鄉高家堡	亞	亞尹	302	尹䚤鼎	西周早期	
陝西涇陽縣興隆鄉高家堡	亞	亞尹	303	尹䚤鼎	西周早期	
陝西涇陽縣興隆鄉高家堡	保		659	保父丁觶	西周早期	
陝西涇陽縣興隆鄉高家堡	敄	令敄	1248	令敄鉞	西周早期	
陝西涇陽縣興隆鄉高家堡	繭	✳繭	984	✳繭父戊罍	西周早期	
陝西渭南市	�		378	�簋	商代後期	
陝西藍田縣洩湖鎮車馬坑	共		118	共鬲	西周早期	
陝西韓城縣東范村	車		1073	車戟	戰國後期	
陝西隴縣東南鄉低溝村墓葬	鳥		1081	鳥戈	西周早期	
陝西寶雞市竹園溝	刀		949	刀父己壺	西周早期	
陝西寶雞市竹園溝	冊	秉冊	266	秉冊父辛鼎	西周早期	
陝西寶雞市竹園溝	妃	婦妃	981	婦妃罍	西周早期	
陝西寶雞市竹園溝	冊	戊冊	304	俱戊作父辛鼎	西周早期	
陝西寶雞市竹園溝	冊	雋冊	675	雟作父己觶	西周早期	銘文附後
陝西寶雞市竹園溝	戊	戊冊	304	俱戊作父辛鼎	西周早期	
陝西寶雞市竹園溝	𢎁		380	𢎁簋	西周早期	
陝西寶雞市竹園溝	𢎁		651	𢎁癸觶	西周早期	
陝西寶雞市竹園溝	𢎁		797	𢎁爵	西周早期	
陝西寶雞市竹園溝	𢀛		884	𢀛父癸爵	西周早期	
陝西寶雞市竹園溝	秉	秉冊	266	秉冊父辛鼎	西周早期	

出土地點			編號	器名	時代	備註
陝西寶雞市竹園溝	婦	婦妃	981	婦妃罍	西周早期	
陝西寶雞市竹園溝	冓	冓冊	675	冓作父己觶	西周早期	銘文附後
陝西寶雞市西關紙坊頭村墓葬	八		666	八父乙觶	西周早期	
陝西寶雞市金臺區陳倉鄉戴家灣	✻	✻双	225	✻双鼎	西周早期	
陝西寶雞市金臺區陳倉鄉戴家灣	爻		926	爻父乙斝	西周早期	
陝西寶雞市金臺區陳倉鄉戴家灣	双	✻双	225	✻双鼎	西周早期	
陝西寶雞市金臺區陳倉鄉戴家灣	田	告田	929	告田觥	西周早期	
陝西寶雞市金臺區陳倉鄉戴家灣	告	告田	929	告田觥	西周早期	
陝西麟遊縣九成官鎮後坪村	○		551	○卣	商代後期	
陝西麟遊縣九成官鎮後坪村	丫		573	丫父辛卣	商代後期	
陝西麟遊縣九成官鎮後坪村			567	父乙卣	商代後期	
陝西麟遊縣九成官鎮後坪村			936	父丁盉	西周早期	
陝西麟遊縣九成官鎮後坪村	鳥		662	鳥父辛觶	西周早期	
陝西麟遊縣九成官鎮後坪村			237	父癸鼎	商代後期	
十二劃 湖北武漢地區新洲縣陽邏鎮架子山	戈		206	戈乙鼎	商代後期	
湖北漢陽縣東城垸紗帽山遺址	天	天黹御	621	天黹御尊	商代後期	
湖北漢陽縣東城垸紗帽山遺址	御	天黹御	621	天黹御尊	商代後期	
湖北漢陽縣東城垸紗帽山遺址	黹	天黹御	621	天黹御尊	商代後期	
湖北蘄春縣達城鄉新屋彎	酉		198	酉方鼎	商代後期	
湖北蘄春縣達城鄉新屋彎	猸		1027	猸斗	西周早期	
湖北蘄春縣達城鄉新屋彎	竉		189	竉方鼎	商代後期	
湖北蘄春縣達城鄉新屋彎	竉		190	竉方鼎	商代後期	

（附銘文）

器號	器名	銘　　　文
339	亞魚鼎	王賜亞魚貝，用作兄癸尊。
435	作父丁簋	作父丁寶尊彝。襄。
436	作父丁簋	作父丁寶尊彝。襄。
452	單簋	作朕寶簋。其萬年永寶用。單。
454	寑魚簋	辛卯，王賜寑魚貝，用作父丁彝。
455	晨簋	即冊。晨肇貯用作父乙寶尊彝。
599	辟卣	辟作父癸寶尊彝。𝔰。
602	雞卣	天黿。雞作文考寶尊彝，其萬年用。
632	即冊尊	作父乙彝。即冊。
635	雞尊	雞作文考寶尊彝，其萬年用。天黿。
675	禰作父己觶	禰作父己彝。禹冊。
758	晨觚	晨肇貯用作父乙寶尊彝。即冊。
913	晨角	晨肇貯用作父乙寶尊彝。即冊。
914	晨角	晨肇貯用作父乙寶尊彝。即冊。
930	兄觥	兄作母丙彝。亞址。
995	企方彝蓋	即冊。企肇貯用作父乙寶尊彝。
1122	伯戈	伯作戈。方。
1123	僕戈	祖丁。僕戈。

附　表

器物出土地表

（按筆劃數由少到多排序）

	出土地	器號	器名	字數
三劃	山西太原市南郊金勝村	1100	黃城戟	2
	山西太原市南郊金勝村	1146	虤城戟	5
	山西太原市南郊金勝村	1148	趙朔之御戈	5
	山西屯留縣	1193	七年上郡守閒戈	19
	山西曲沃縣曲村鎮北趙村晉侯墓地	1059	初吉殘片	存11
	山西曲沃縣曲村鎮北趙村晉侯墓地	35	晉侯蘇編鐘	39
	山西曲沃縣曲村鎮北趙村晉侯墓地	36	晉侯蘇編鐘	39
	山西曲沃縣曲村鎮北趙村晉侯墓地	37	晉侯蘇編鐘	36
	山西曲沃縣曲村鎮北趙村晉侯墓地	38	晉侯蘇編鐘	24
	山西曲沃縣曲村鎮北趙村晉侯墓地	39	晉侯蘇編鐘	12
	山西曲沃縣曲村鎮北趙村晉侯墓地	40	晉侯蘇編鐘	10
	山西曲沃縣曲村鎮北趙村晉侯墓地	41	晉侯蘇編鐘	4
	山西曲沃縣曲村鎮北趙村晉侯墓地	42	晉侯蘇編鐘	3
	山西曲沃縣曲村鎮北趙村晉侯墓地	43	晉侯蘇編鐘	40
	山西曲沃縣曲村鎮北趙村晉侯墓地	44	晉侯蘇編鐘	40
	山西曲沃縣曲村鎮北趙村晉侯墓地	45	晉侯蘇編鐘	39
	山西曲沃縣曲村鎮北趙村晉侯墓地	46	晉侯蘇編鐘	24
	山西曲沃縣曲村鎮北趙村晉侯墓地	47	晉侯蘇編鐘	10
	山西曲沃縣曲村鎮北趙村晉侯墓地	48	晉侯蘇編鐘	8
	山西曲沃縣曲村鎮北趙村晉侯墓地	49	晉侯蘇編鐘	5
	山西曲沃縣曲村鎮北趙村晉侯墓地	50	晉侯蘇編鐘	4
	山西曲沃縣曲村鎮北趙村晉侯墓地	97	楚公逆編鐘	68
	山西曲沃縣曲村鎮北趙村晉侯墓地	162	晉伯𩰬父甗	15
	山西曲沃縣曲村鎮北趙村晉侯墓地	968	晉叔家父壺	16
	山西曲沃縣曲村鎮北趙村晉侯墓地	325	晉侯邦父鼎	15
	山西曲沃縣曲村鎮北趙村晉侯墓地	1006	晉侯喜父盤	25
	山西曲沃縣曲村鎮北趙村晉侯墓地	1060	晉侯喜父鉨	25
	山西曲沃縣曲村鎮北趙村晉侯墓地	1017	晉侯對匜	21
	山西曲沃縣曲村鎮北趙村晉侯墓地	315	晉侯蘇鼎	13
	山西曲沃縣曲村鎮北趙村晉侯墓地	318	晉侯蘇鼎	13
	山西曲沃縣曲村鎮北趙村晉侯墓地	342	晉侯對鼎	22

河南安陽市大司空村墓葬	706	柬觚	1
河南安陽市大司空村墓葬	773	柬爵	1
河南安陽市大司空村墓葬	852	寢出爵	2
河南安陽市大司空村墓葬	853	寢印爵	2
河南安陽市大司空村墓葬	856	寢印爵	2
河南安陽市大司空村墓葬	921	亞羍斝	2
河南安陽市大司空村墓葬	999	鼓寢盤	2
河南安陽市大司空村墓葬	855	寢印爵	2
河南安陽市大司空村墓葬	854	寢印爵	2
河南安陽市伊川縣城關鄉南府店	1179	十一年佫荅戈	14
河南安陽市後岡墓葬	741	田觚	2
河南安陽市後岡墓葬	776	貳爵	1
河南安陽市後岡墓葬	787	戲方爵	1
河南安陽市後岡墓葬	788	戲方爵	1
河南安陽市後岡墓葬	789	戲爵	1
河南安陽市後岡墓葬	894	田辛爵	3
河南安陽市後岡墓葬	928	尗觥蓋	1
河南安陽市殷墟苗圃北地墓葬	169	欽鼎	1
河南安陽市殷墟郭家莊	114	亞橐止鐃	4
河南安陽市殷墟郭家莊	115	亞橐止鐃	4
河南安陽市殷墟郭家莊	116	亞橐止鐃	4
河南安陽市殷墟郭家莊	179	愛鼎	1
河南安陽市殷墟郭家莊	188	亞方鼎	1
河南安陽市殷墟郭家莊	214	亞址鼎	2
河南安陽市殷墟郭家莊	215	亞址方鼎	2
河南安陽市殷墟郭家莊	216	亞址鼎	2
河南安陽市殷墟郭家莊	245	亞橐址方鼎	3
河南安陽市殷墟郭家莊	246	亞橐止鼎	3
河南安陽市殷墟郭家莊	247	亞橐止鼎	3
河南安陽市殷墟郭家莊	253	作冊兄鼎	3
河南安陽市殷墟郭家莊	276	鳥母孃鼎	4
河南安陽市殷墟郭家莊	407	亞橐址簋	3
河南安陽市殷墟郭家莊	413	鳥孃簋	4
河南安陽市殷墟郭家莊	561	亞址卣	2
河南安陽市殷墟郭家莊	609	亞址尊	2
河南安陽市殷墟郭家莊	610	亞址方尊	2
河南安陽市殷墟郭家莊	641	戈觶	1
河南安陽市殷墟郭家莊	648	亞址觶	2
河南安陽市殷墟郭家莊	681	戉觚	1

河南安陽市殷墟郭家莊	717	亞址觚	2
河南安陽市殷墟郭家莊	718	亞址觚	2
河南安陽市殷墟郭家莊	719	亞址觚	2
河南安陽市殷墟郭家莊	720	亞址觚	2
河南安陽市殷墟郭家莊	721	亞址觚	2
河南安陽市殷墟郭家莊	722	亞址觚	2
河南安陽市殷墟郭家莊	723	亞址觚	2
河南安陽市殷墟郭家莊	724	亞址觚	2
河南安陽市殷墟郭家莊	725	亞址觚	2
河南安陽市殷墟郭家莊	726	亞址觚	2
河南安陽市殷墟郭家莊	744	旅止🅰觚	3
河南安陽市殷墟郭家莊	832	亞址角	2
河南安陽市殷墟郭家莊	833	亞址角	2
河南安陽市殷墟郭家莊	834	亞址角	2
河南安陽市殷墟郭家莊	835	亞址角	2
河南安陽市殷墟郭家莊	836	亞址角	2
河南安陽市殷墟郭家莊	837	亞址角	2
河南安陽市殷墟郭家莊	838	亞址角	2
河南安陽市殷墟郭家莊	839	亞址角	2
河南安陽市殷墟郭家莊	840	亞址角	2
河南安陽市殷墟郭家莊	841	亞址角	2
河南安陽市殷墟郭家莊	849	兄冊爵	2
河南安陽市殷墟郭家莊	866	旅止🅰爵	3
河南安陽市殷墟郭家莊	867	旅止🅰爵	3
河南安陽市殷墟郭家莊	919	亞址方斝	2
河南安陽市殷墟郭家莊	920	亞址方斝	2
河南安陽市殷墟郭家莊	924	亞橐址圓斝	3
河南安陽市殷墟郭家莊	930	兄觥	7
河南安陽市殷墟郭家莊	933	亞址盉	2
河南安陽市殷墟郭家莊	978	亞址罍	2
河南安陽市殷墟郭家莊	993	旅止🅰方彝	3
河南安陽市殷墟郭家莊	998	亞址盤	2
河南安陽市殷墟郭家莊	1043	宁口鋷	2
河南安陽市殷墟郭家莊	1055	旅止🅰箕	3
河南安陽市殷墟郭家莊	1062	♉戈	1
河南安陽市殷墟郭家莊	1089	鄉宁戈	2
河南安陽市郭莊	547	羊卣	1
河南安陽市郭莊	698	羊觚	1
河南安陽市高樓莊墓葬	671	婦鳳觶	5

482

河南安陽市殷墟墓葬	339	亞魚鼎	21
河南安陽市殷墟墓葬	454	寢魚簋	12
河南安陽市殷墟墓葬	1239	羊斧	1
河南安陽市戚家莊	111	爰鐃	1
河南安陽市戚家莊	112	爰鐃	1
河南安陽市戚家莊	113	爰鐃	1
河南安陽市戚家莊	180	爰鼎	1
河南安陽市戚家莊	181	爰鼎	1
河南安陽市戚家莊	182	爰方鼎	1
河南安陽市戚家莊	218	疋未鼎	2
河南安陽市戚家莊	368	爰簋	1
河南安陽市戚家莊	640	子觶	1
河南安陽市戚家莊	689	爰觚	1
河南安陽市戚家莊	690	爰觚	1
河南安陽市戚家莊	915	爰斝	1
河南安陽市戚家莊	973	爰罍	1
河南安陽市戚家莊	1056	𠔼器蓋	1
河南安陽市梅園莊墓葬	199	向鼎	1
河南安陽市梅園莊墓葬	387	◇簋	1
河南安陽市梅園莊墓葬	565	光祖乙卣	3
河南安陽市梅園莊墓葬	734	冊衛觚	2
河南安陽市梅園莊墓葬	740	西單觚	2
河南安陽市梅園莊墓葬	774	𣏗爵	1
河南安陽市梅園莊墓葬	892	黿父□爵	3
河南安陽市梅園莊墓葬	900	巽天父己爵	4
河南安陽市梯家口村墓葬	219	絆葡鼎	2
河南安陽市劉家莊	236	𣦼父癸鼎	3
河南安陽市劉家莊	663	𣦼父癸觶	3
河南安陽市劉家莊	665	子工觶	3
河南安陽市劉家莊	708	宁觚	1
河南安陽市劉家莊	844	子工爵	2
河南安陽市劉家莊	870	宁父乙爵	3
河南安陽市劉家莊	887	𣦼父癸爵	3
河南安陽市豫北紡織廠	552	丹卣	1
河南安陽市豫北紡織廠	739	倜田觚	2
河南安陽市薛家莊墓葬	220	敔象鼎	2
河南安陽市薛家莊墓葬	771	象爵	1
河南武陟縣寧郭村	187	巳鼎	1
河南武陟縣寧郭村	917	祖己斝	2

河南武陟縣寧郭村	983	父丁罍	4
河南長葛縣官亭鄉孟寨村	1234	卅年塚子韓担鈹	22
河南信陽縣五星鄉平西村墓葬	961	番叔壺	12
河南信陽縣溮河港鄉溮河灘	435	作父丁簋	7
河南信陽縣溮河港鄉溮河灘	436	作父丁簋	7
河南信陽縣溮河港鄉溮河灘	455	晨簋	12
河南信陽縣溮河港鄉溮河灘	568	痎父乙卣	3
河南信陽縣溮河港鄉溮河灘	571	父丁卣	3
河南信陽縣溮河港鄉溮河灘	632	即冊尊	存 6
河南信陽縣溮河港鄉溮河灘	758	晨觚	12
河南信陽縣溮河港鄉溮河灘	913	晨角	12
河南信陽縣溮河港鄉溮河灘	914	晨角	12
河南信陽縣溮河港鄉溮河灘	995	企方彝蓋	12
河南南陽市北郊磚瓦廠	326	仲爯父鼎	15
河南南陽市西關汽車發動機廠	517	楚子棄疾簠	12
河南洛陽市北窰村西周貴族墓地	953	康伯壺蓋	5
河南洛陽市北窰村西龐家溝墓葬	250	旨鼎	3
河南洛陽市北窰村西龐家溝墓葬	272	黿鼎	4
河南洛陽市北窰村西龐家溝墓葬	432	剄簋	7
河南洛陽市北窰村西龐家溝墓葬	450	王母簋	存 9
河南洛陽市北窰村西龐家溝墓葬	471	仲獷簋	20
河南洛陽市北窰村西龐家溝墓葬	627	作寶尊彝尊	4
河南洛陽市北窰村西龐家溝墓葬	634	史酓敖尊	11
河南洛陽市北窰村西龐家溝墓葬	672	菶酓觶	6
河南洛陽市北窰村西龐家溝墓葬	673	菶酓觶	6
河南洛陽市北窰村西龐家溝墓葬	865	榮仲爵	2
河南洛陽市北窰村西龐家溝墓葬	899	亞示父乙爵	4
河南洛陽市北窰村西龐家溝墓葬	904	伯豐爵	4
河南洛陽市北窰村西龐家溝墓葬	912	史窥爵	8
河南洛陽市北窰村西龐家溝墓葬	1012	仲原父匜	8
河南洛陽市北窰村西龐家溝墓葬	1057	作敗器	2
河南洛陽市北窰村西龐家溝墓葬	1074	亗戈	1
河南洛陽市北窰村西龐家溝墓葬	1075	亗戈	1
河南洛陽市北窰村西龐家溝墓葬	1076	亗戈	1
河南洛陽市北窰村西龐家溝墓葬	1077	宀戈	1
河南洛陽市北窰村西龐家溝墓葬	1078	東戈	1
河南洛陽市北窰村西龐家溝墓葬	1094	乙戈	2
河南洛陽市北窰村西龐家溝墓葬	1095	口公戈	2
河南洛陽市北窰村西龐家溝墓葬	1113	毛伯戈	3

河南淅川縣下寺	358	王子午鼎	85
河南淅川縣下寺	359	王子午鼎	存12
河南淅川縣下寺	360	王子午鼎	81
河南淅川縣下寺	361	王子午鼎	81
河南淅川縣下寺	362	王子午鼎	85
河南淅川縣下寺	363	王子午鼎	81
河南淅川縣下寺	451	鄬子倗簠	存9
河南淅川縣下寺	508	倗簠	3
河南淅川縣下寺	509	倗簠	3
河南淅川縣下寺	513	自作簠	存10
河南淅川縣下寺	514	自作簠	存10
河南淅川縣下寺	515	自作簠	存10
河南淅川縣下寺	516	自作簠	存10
河南淅川縣下寺	524	仲妃衛簠	22
河南淅川縣下寺	525	仲妃衛簠	22
河南淅川縣下寺	533	何次簠	32
河南淅川縣下寺	534	何次簠	28
河南淅川縣下寺	535	何次簠	28
河南淅川縣下寺	536	上鄀公簠	34
河南淅川縣下寺	1000	倗盤	4
河南淅川縣下寺	1008	鄬仲姬丹盤	32
河南淅川縣下寺	1010	倗匜	4
河南淅川縣下寺	1019	以鄧匜	27
河南淅川縣下寺	1020	鄬仲姬丹匜	32
河南淅川縣下寺	1021	東姬匜	35
河南淅川縣下寺	1029	倗缶	3
河南淅川縣下寺	1030	倗缶	3
河南淅川縣下寺	1031	倗缶	4
河南淅川縣下寺	1032	倗缶	4
河南淅川縣下寺	1034	郎子倗缶	6
河南淅川縣下寺	1035	郎子倗缶	6
河南淅川縣下寺	1036	鄬子倗缶	10
河南淅川縣下寺	1037	鄬子倗缶	10
河南淅川縣下寺	1038	孟縢姬缶	22
河南淅川縣下寺	1039	孟縢姬缶	22
河南淅川縣下寺	1144	以鄧戟	4
河南淅川縣下寺	1145	以鄧戟	5
河南淅川縣下寺	1158	王孫誥戟	6
河南淅川縣下寺	1159	王孫誥戟	6

河南淅川縣下寺	1160	王子午戟	6
河南淅川縣下寺	1161	王子午戟	6
河南淅川縣下寺	1154	鄬子妝戈	5
河南淅川縣下寺	1197	倗戈	22
河南淅川縣下寺	1207	倗矛	4
河南淅川縣和尚嶺墓葬	26	鄬子受編鐘	27
河南登封縣告成鄉八方村	1120	周右庫戈	3
河南登封縣告成鄉八方村	1175	六年陽城令戈	11
河南登封縣告成鄉八方村	1194	六年上郡守閒戈	20
河南登封縣告成鄉八方村	1198	廿五年上郡守周戈	22
河南葉縣舊縣村墓葬	1	兹其鐘	4
河南葉縣舊縣村墓葬	2	康樂鐘	10
河南確山縣竹溝鎮	124	長社鬲	6
河南確山縣竹溝鎮	1014	霝伯匜	19
河南鞏縣小溝村	128	甬鬲	7
河南臨汝縣朝川	1016	叔良父匜	20
河南臨汝縣騎嶺鄉大張村	396	光父辛簋	3
河南羅山縣蟒張鄉天湖村墓葬	167	大鼎	1
河南羅山縣蟒張鄉天湖村墓葬	173	息鼎	1
河南羅山縣蟒張鄉天湖村墓葬	174	息鼎	1
河南羅山縣蟒張鄉天湖村墓葬	175	息鼎	1
河南羅山縣蟒張鄉天湖村墓葬	230	息父乙鼎	3
河南羅山縣蟒張鄉天湖村墓葬	235	息父辛鼎	3
河南羅山縣蟒張鄉天湖村墓葬	544	天卣	1
河南羅山縣蟒張鄉天湖村墓葬	548	龜卣	1
河南羅山縣蟒張鄉天湖村墓葬	613	息尊尊	2
河南羅山縣蟒張鄉天湖村墓葬	614	息斤尊	2
河南羅山縣蟒張鄉天湖村墓葬	711	戈觚	1
河南羅山縣蟒張鄉天湖村墓葬	727	亞雔觚	2
河南羅山縣蟒張鄉天湖村墓葬	735	息尊觚	2
河南羅山縣蟒張鄉天湖村墓葬	736	息母觚	2
河南羅山縣蟒張鄉天湖村墓葬	737	息乙觚	2
河南羅山縣蟒張鄉天湖村墓葬	759	犾爵	1
河南羅山縣蟒張鄉天湖村墓葬	769	涉爵	1
河南羅山縣蟒張鄉天湖村墓葬	784	息爵	1
河南羅山縣蟒張鄉天湖村墓葬	785	息爵	1
河南羅山縣蟒張鄉天湖村墓葬	786	息爵	1
河南羅山縣蟒張鄉天湖村墓葬	793	宁爵	1
河南羅山縣蟒張鄉天湖村墓葬	808	父乙爵	2

	河南羅山縣蟒張鄉天湖村墓葬	822	息已爵	2
	河南羅山縣蟒張鄉天湖村墓葬	824	息辛爵	2
	河南羅山縣蟒張鄉天湖村墓葬	825	息辛爵	2
	河南羅山縣蟒張鄉天湖村墓葬	858	家肇爵	2
	河南羅山縣蟒張鄉天湖村墓葬	890	息父□爵	3
	河南羅山縣蟒張鄉天湖村墓葬	1054	尹箕	1
	河南羅山縣蟒張鄉後李村墓葬	285	[illegible]父丁鼎	5
	河南羅山縣蟒張鄉後李村墓葬	639	息觶	1
	河南羅山縣蟒張鄉後李村墓葬	710	戈觚	1
	河南羅山縣蟒張鄉後李村墓葬	742	息父乙觚	3
	河南羅山縣蟒張鄉後李村墓葬	820	豢乙爵	2
	河南羅山縣蟒張鄉後李村墓葬	823	息庚爵	2
	河南羅山縣蟒張鄉後李村墓葬	1067	息戈	1
九劃	陝西子長縣馬家砭公社伍家園則	319	王后鼎	13
	陝西丹鳳縣鳳冠區西河鄉山溝村	491	虎簋蓋	158
	陝西永壽縣好時河	459	伯考父簋蓋	14
	陝西安康市安康縣王家壩	489	史密簋	91
	陝西延長縣安溝鄉岔口村	119	旅鬲	2
	陝西延長縣安溝鄉岔口村	456	叔各父簋	12
	陝西延長縣安溝鄉岔口村	935	盂父丁盉	3
	陝西延長縣安溝鄉岔口村	967	蘇匍壺	15
	陝西旬邑縣	228	散之鼎	2
	陝西旬邑縣	277	下官鼎	4
	陝西旬邑縣	431	高奴簋	6
	陝西西安市東郊老牛坡	540	[illegible]父癸豆	3
	陝西西安市南郊	337	吳王姬鼎	18
	陝西西安市秦始皇陵兵馬俑坑	1182	七年相邦呂不韋戟	15
	陝西西安市秦始皇陵兵馬俑坑	1187	五年相邦戟	17
	陝西岐山縣賀家村	150	𡗜甗	1
	陝西岐山縣賀家村	416	作寶用簋	4
	陝西岐山縣北郭鄉樊村	925	亞切其罍	3
	陝西岐山縣京當鄉王家嘴墓葬	231	息父丁鼎	3
	陝西岐山縣京當鄉禮村	195	弓鼎	1
	陝西岐山縣京當鄉禮村	196	弓鼎	1
	陝西岐山縣京當鄉雙庵村	252	[illegible]◇者方鼎	3
	陝西岐山縣京當鄉雙庵村	419	師隻簋	5
	陝西岐山縣青化鄉丁童村	422	夨叔簋	5
	陝西岐山縣蔡家坡	893	並母戊爵	3
	陝西扶風縣上宋鄉曹衛村	1082	車戈	1

陝西長安縣澧西毛紡廠	400	伯作彝簋	3
陝西長安縣澧西毛紡廠	611	父乙尊	2
陝西長安縣澧西鄉	393	𠂤父乙簋	3
陝西長安縣澧西鄉	569	𠂤父乙卣	3
陝西長安縣澧西鄉	572	申父庚卣	3
陝西長安縣澧西鄉	806	祖丁爵	2
陝西長安縣澧西鄉	875	𠔼父丁爵	3
陝西長安縣澧西鄉大原村墓葬	300	師𦥑父鼎	6
陝西長安縣澧西鄉馬王村	202	𠚕鼎	1
陝西長安縣澧西鄉馬王村	846	尹舟爵	2
陝西長安縣澧西新旺村	346	史惠鼎	25
陝西長安縣澧西新旺村	463	史惠簋	14
陝西長安縣澧鎬遺址	345	叔口父鼎	25
陝西長安縣澧鎬遺址	478	大師小子𥝤簋	31
陝西長安縣澧鎬遺址	479	大師小子𥝤簋	31
陝西長安縣澧鎬遺址	480	大師小子𥝤簋	31
陝西咸陽市東郊渭陽鄉塔兒坡村	1249	十九年大良造鞅鐓	14
陝西咸陽市渭城區正陽鄉向家嘴村	255	伯鼎	3
陝西咸陽市渭城區窯店鎮黃家溝	940	樛大盉	8
陝西眉縣	125	盠王鬲	6
陝西眉縣	126	盠王鬲	6
陝西眉縣馬家鎮楊家村磚廠窖藏	106	逨編鐘	117
陝西眉縣馬家鎮楊家村磚廠窖藏	107	逨編鐘	117
陝西眉縣馬家鎮楊家村磚廠窖藏	108	逨編鐘	117
陝西眉縣馬家鎮楊家村磚廠窖藏	109	逨編鐘	17
陝西朔縣趙家口	1231	四年邙相鈹	16
陝西朔縣趙家口	1233	四年相邦春平侯鈹	18
陝西涇陽縣興隆鄉高家堡	153	𢀛父丁甗	3
陝西涇陽縣興隆鄉高家堡	154	戈父癸甗	3
陝西涇陽縣興隆鄉高家堡	156	戌人正甗	5
陝西涇陽縣興隆鄉高家堡	204	祖癸鼎	2
陝西涇陽縣興隆鄉高家堡	260	□□彝鼎	3
陝西涇陽縣興隆鄉高家堡	286	亞夫父辛鼎	5
陝西涇陽縣興隆鄉高家堡	302	尹覎鼎	7
陝西涇陽縣興隆鄉高家堡	303	尹覎鼎	7
陝西涇陽縣興隆鄉高家堡	395	戈父己簋	3
陝西涇陽縣興隆鄉高家堡	555	𠔼卣	1
陝西涇陽縣興隆鄉高家堡	556	𠔼卣	1
陝西涇陽縣興隆鄉高家堡	574	戈父癸卣	3

陝西涇陽縣興隆鄉高家堡	612	父癸尊	2
陝西涇陽縣興隆鄉高家堡	659	保父丁觶	3
陝西涇陽縣興隆鄉高家堡	660	戈父己觶	3
陝西涇陽縣興隆鄉高家堡	715	父癸觚	2
陝西涇陽縣興隆鄉高家堡	810	父己爵	2
陝西涇陽縣興隆鄉高家堡	821	天乙爵	2
陝西涇陽縣興隆鄉高家堡	938	子彈盉	5
陝西涇陽縣興隆鄉高家堡	984	※繭父戊罍	4
陝西涇陽縣興隆鄉高家堡	1028	右瓿	1
陝西涇陽縣興隆鄉高家堡	1248	令敔鍼	2
陝西淳化縣鐵王鄉紅崖村	127	客事正鬲	6
陝西渭南市	378	簋	1
陝西澄城縣	309	王太后右和室鼎	8
陝西藍田縣洩湖鎮車馬坑	118	共鬲	1
陝西韓城縣東范村	1073	車戟	1
陝西隴縣東南鄉低溝村墓葬	1081	鳥戈	1
陝西隴縣邊家莊墓葬	1174	卜淦口高戈	11
陝西寶雞市竹園溝	266	秉冊父辛鼎	4
陝西寶雞市竹園溝	304	俪戊作父辛鼎	7
陝西寶雞市竹園溝	380	簋	1
陝西寶雞市竹園溝	403	作寶彝簋	3
陝西寶雞市竹園溝	404	作寶彝簋	3
陝西寶雞市竹園溝	539	史父乙豆	3
陝西寶雞市竹園溝	585	作寶尊彝卣	4
陝西寶雞市竹園溝	586	作寶尊彝卣	4
陝西寶雞市竹園溝	626	作寶尊彝尊	4
陝西寶雞市竹園溝	651	癸觶	2
陝西寶雞市竹園溝	675	鰏作父己觶	7
陝西寶雞市竹園溝	797	爵	1
陝西寶雞市竹園溝	884	父癸爵	3
陝西寶雞市竹園溝	·949	刀父己壺	3
陝西寶雞市竹園溝	981	婦妃罍	2
陝西寶雞市竹園溝	997	父辛盤	2
陝西寶雞市西關紙坊頭村墓葬	254	伯作寶方鼎	3
陝西寶雞市西關紙坊頭村墓葬	666	父乙觶	3
陝西寶雞市金台區陳倉鄉戴家灣盜掘	225	※双鼎	2
陝西寶雞市金台區陳倉鄉戴家灣盜掘	926	夊父乙罍	3
陝西寶雞市金台區陳倉鄉戴家灣盜掘	929	告田觥	2
陝西寶雞市金台區陳倉鄉戴家灣盜掘	934	作彝盉	2

器物現藏地表

（按筆劃數由少到多排序）

現藏地	器號	器名	字數
國內部分			
三劃 上海博物館	35	晉侯蘇編鐘	39
上海博物館	36	晉侯蘇編鐘	39
上海博物館	37	晉侯蘇編鐘	36
上海博物館	38	晉侯蘇編鐘	24
上海博物館	39	晉侯蘇編鐘	12
上海博物館	40	晉侯蘇編鐘	10
上海博物館	41	晉侯蘇編鐘	4
上海博物館	42	晉侯蘇編鐘	3
上海博物館	43	晉侯蘇編鐘	40
上海博物館	44	晉侯蘇編鐘	40
上海博物館	45	晉侯蘇編鐘	39
上海博物館	46	晉侯蘇編鐘	24
上海博物館	47	晉侯蘇編鐘	10
上海博物館	48	晉侯蘇編鐘	8
上海博物館	162	晉伯鉌父甗	15
上海博物館	293	秦公鼎	6
上海博物館	294	秦公鼎	6
上海博物館	295	秦公鼎	6
上海博物館	296	秦公鼎	6
上海博物館	318	晉侯蘇鼎	13
上海博物館	350	晉侯對鼎	28
上海博物館	352	睘鼎	40
上海博物館	423	秦公簋	5
上海博物館	424	秦公簋	5
上海博物館	470	異侯簋	19
上海博物館	477	晉侯斯簋	26
上海博物館	484	保員簋	45
上海博物館	501	晉侯對盨	22
上海博物館	503	晉侯對盨	30

山西省博物館	1142	陳□車戈	4
山西省博物館	1165	鄭戈	7
山西省博物館	1188	廿三年相邦邔皮戈	15
山西省博物館	1200	廿七年安陽令戈	25
山西原平市博物館	1227	少虞劍	存 14
山西高平市博物館	1185	三十八年上郡戈	17
山西高平縣博物館	1190	十六年寧壽令戟	17
山西榆社縣博物館	1229	工盧王弟季子劍	24
山西稷山縣博物館	952	君子壺	5
山西靈石縣文化局	170	邑鼎	1
山西靈石縣文化局	201	仌鼎	1
山西靈石縣文化局	374	驟簋	1
山西靈石縣文化局	377	仌簋	1
山西靈石縣文化局	550	明卣	1
山西靈石縣文化局	553	仌卣	1
山西靈石縣文化局	617	父己尊	3
山西靈石縣文化局	712	仌觚	1
山西靈石縣文化局	713	仌觚	1
山西靈石縣文化局	801	仌爵	1
山西靈石縣文化局	802	仌爵	1
山西靈石縣文化局	977	仌罍	1
山東大學考古系	526	邿召簋	23
山東大學歷史文化學院考古系	1009	邿公輿盤	42
山東平邑縣文化館	522	叔簋	21
山東平陰縣博物館	843	子義爵	2
山東成武縣文物管理所	1112	保晉戈	3
山東沂水縣文物管理站	1086	蒙戈	1
山東沂水縣文物管理站	1087	莒公戈	2
山東沂水縣博物館	1064	鳥戈	1
山東沂水縣博物館	1135	平阿左戈	4
山東沂南縣文物管理所	1244	廿四年莒陽斧	12
山東乳山縣文物管理所	1119	鐱臥戈	3
山東乳山縣文物管理所	1138	汶陽戟	4
山東乳山縣文物管理所	1139	陳尒戈	4
山東招遠縣文物管理所	421	齊仲簋	5
山東昌樂縣文物管理所	860	亼右爵	2
山東泗水縣文化館	607	刻尊	1
山東泗水縣文化館	747	史母癸觚	3
山東泗水縣文化館	814	母乙爵	2

山東泗水縣文化館	815	母癸爵	2
山東長島縣博物館	1045	工舟	1
山東青州市博物館	193	融方鼎	1
山東青州市博物館	221	冊融鼎	2
山東青州市博物館	222	冊融方鼎	2
山東青州市博物館	375	融簋	1
山東青州市博物館	549	融卣	1
山東青州市博物館	608	融尊	1
山東青州市博物館	644	融觶	1
山東青州市博物館	701	融觚	1
山東青州市博物館	702	融觚	1
山東青州市博物館	728	亞猷觚	2
山東青州市博物館	772	融爵	1
山東青州市博物館	812	父己爵	2
山東青州市博物館	827	亞猷爵	2
山東青州市博物館	974	融罍	1
山東兗州縣博物館	581	劀冊父癸卣	4
山東兗州縣博物館	889	劀父癸爵	3
山東省文物考古研究所	191	夆方鼎	1
山東省文物考古研究所	275	夆方鼎	4
山東省文物考古研究所	308	王姰鼎	8
山東省文物考古研究所	645	夆觶	1
山東省文物考古研究所	932	夆盂	1
山東省文物考古研究所	996	夆盤	1
山東莒縣博物館	1195	十年洱陽令戟	21
山東泰安市文物局	324	魯侯鼎	15
山東泰安市文物局	518	魯侯簠	15
山東海陽縣博物館	163	陳樂君瓶	17
山東海陽縣博物館	1023	罷盞盂	7
山東淄博市博物館	261	工師厚子鼎	3
山東淄博市博物館	1044	鄭勺盒	2
山東淄博市博物館	1088	□羕戈	2
山東章丘縣文物管理所	336	鄫甘辜鼎	18
山東章丘縣文物管理所	593	宁月卣	6
山東黃縣博物館	452	單簋	11
山東棲霞縣文物管理處	1168	邵左戟	8
山東鄒縣文物保管所	1226	吳王夫差劍	10
山東新泰市博物館	120	叔父癸鬲	3
山東新泰市博物館	123	共宁II鬲	6

山東新泰市博物館	238	叔父癸鼎	3
山東新泰市博物館	888	叔父癸爵	3
山東新泰市博物館	1130	淳于左造戈	4
山東新泰市博物館	1137	陳難戈	4
山東新泰市博物館	1157	淳于公戈	6
山東煙臺市文物管理委員會	134	紀侯鬲	13
山東煙臺市文物管理委員會	588	作寶尊彝卣	4
山東煙臺市文物管理委員會	629	作父辛尊	5
山東煙臺市博物館	297	庚監鼎	6
山東蒙陰縣圖書館	1129	莒戟	4
山東壽光縣博物館	148	妻甗	1
山東壽光縣博物館	207	己並鼎	2
山東壽光縣博物館	208	己並鼎	2
山東壽光縣博物館	209	己並鼎	2
山東齊國故城遺址博物館	543	梁伯可忌豆	20
山東齊國故城遺址博物館	1221	郾王職劍	8
山東德州地區文化局	287	王季鼎	5
山東滕州市博物館	781	子爵	1
山東膠南縣博物館	537	荆公孫敦	15
山東諸城縣博物館	4	莒公孫潮子編鎛	16
山東諸城縣博物館	5	莒公孫潮子編鎛	17
山東諸城縣博物館	6	莒公孫潮子編鐘	16
山東諸城縣博物館	7	莒公孫潮子編鐘	17
山東諸城縣博物館	8	莒公孫潮子編鐘	17
山東諸城縣博物館	9	莒公孫潮子編鐘	17
山東濟南市博物館	145	膳夫吉父鬲	15
山東濟南市博物館	165	㚶方鼎	1
山東濟南市博物館	241	明亞乙鼎	3
山東濟南市博物館	417	亞畂父丁鼃簋	5
山東濟南市博物館	437	匽侯簋	7
山東濟南市博物館	680	天觚	1
山東濟南市博物館	684	佣觚	1
山東濟南市博物館	757	無啚觚	8
山東濟南市博物館	777	舄爵	1
山東濟南市博物館	783	史爵	1
山東濟南市博物館	791	丰爵	1
山東濟南市博物館	798	入爵	1
山東濟南市博物館	800	宀爵	1
山東濟南市博物館	874	史父丁爵	3

山東濟南市博物館	979	亞獸罍	2
山東濟南市博物館	1065	吹戈	1
山東濟南市博物館	1066	巤戈	1
山東濟南市博物館	1083	左戈	1
山東濟南市博物館	1084	左戈	1
山東濟南市博物館	1090	亞炎戈	2
山東濟南市博物館	1101	黃戟	2
山東濟南市博物館	1104	右建戈	2
山東濟南市博物館	1108	公戈	2
山東濟南市博物館	1121	無鹽右戈	3
山東濟南市博物館	1132	徒戟	4
山東濟南市博物館	1140	子備璋戈	4
山東濟南市博物館	1141	□□造戈	4
山東濟南市博物館	1149	瘃戈	5
山東濟南市博物館	1150	平阿戟	5
山東濟南市博物館	1151	平阿戈	5
山東濟南市博物館	1153	膚丘子戟	5
山東濟南市博物館	1211	元年矛	10
山東濟寧市文物管理局	290	佫侯慶鼎	存5
山東濟寧市文物管理局	951	薛侯壺	4
山東濟寧市文物管理局	1053	壽元杖首	2
山東濟寧市文物管理局	1163	薛比戈	7
山東濟寧市文物管理局	1164	郭公子戈	7
山東濟寧市博物館	1063	屮戈	1
山東濟寧市博物館	1110	攻反戈	3
山東濰坊市博物館	564	榮鬥卣	2
山東濰坊市博物館	669	榮鬥父辛觶	4
山東濰坊市博物館	857	榮鬥爵	2
山東臨沭縣文物管理所	1116	郜右司戈	3
山東臨朐縣文物局	1111	侯散戈	3
山東臨淄市博物館	1047	丁之十耳杯	9
四劃 中國人民革命軍事博物館	1133	矰戈	4
中國人民革命軍事博物館	1182	七年相邦呂不韋戟	15
中國社會科學院考古研究所	114	亞橐止鐃	4
中國社會科學院考古研究所	115	亞橐止鐃	4
中國社會科學院考古研究所	116	亞橐止鐃	4
中國社會科學院考古研究所	214	亞址鼎	2
中國社會科學院考古研究所	215	亞址方鼎	2
中國社會科學院考古研究所	216	亞址鼎	2

中國社會科學院考古研究所	245	亞㠱址方鼎	3
中國社會科學院考古研究所	246	亞㠱止鼎	3
中國社會科學院考古研究所	247	亞㠱止鼎	3
中國社會科學院考古研究所	253	作冊兄鼎	3
中國社會科學院考古研究所	407	亞㠱址簋	3
中國社會科學院考古研究所	561	亞址卣	2
中國社會科學院考古研究所	609	亞址尊	2
中國社會科學院考古研究所	610	亞址方尊	2
中國社會科學院考古研究所	648	亞址觶	2
中國社會科學院考古研究所	681	大戈觚	1
中國社會科學院考古研究所	717	亞址觚	2
中國社會科學院考古研究所	718	亞址觚	2
中國社會科學院考古研究所	719	亞址觚	2
中國社會科學院考古研究所	720	亞址觚	2
中國社會科學院考古研究所	721	亞址觚	2
中國社會科學院考古研究所	722	亞址觚	2
中國社會科學院考古研究所	723	亞址觚	2
中國社會科學院考古研究所	724	亞址觚	2
中國社會科學院考古研究所	725	亞址觚	2
中國社會科學院考古研究所	726	亞址觚	2
中國社會科學院考古研究所	832	亞址角	2
中國社會科學院考古研究所	833	亞址角	2
中國社會科學院考古研究所	834	亞址角	2
中國社會科學院考古研究所	835	亞址角	2
中國社會科學院考古研究所	836	亞址角	2
中國社會科學院考古研究所	837	亞址角	2
中國社會科學院考古研究所	838	亞址角	2
中國社會科學院考古研究所	839	亞址角	2
中國社會科學院考古研究所	840	亞址角	2
中國社會科學院考古研究所	841	亞址角	2
中國社會科學院考古研究所	849	兄冊爵	2
中國社會科學院考古研究所	919	亞址方斝	2
中國社會科學院考古研究所	920	亞址方斝	2
中國社會科學院考古研究所	924	亞㠱址圓斝	3
中國社會科學院考古研究所	930	兄觥	7
中國社會科學院考古研究所	933	亞址盉	2
中國社會科學院考古研究所	978	亞址罍	2
中國社會科學院考古研究所	998	亞址盤	2
中國社會科學院考古研究所	1062	戈	1

中國社會科學院考古研究所	1089	鄉宁戈	2
中國社會科學院考古研究所安陽工作站	110	古鏡	1
中國社會科學院考古研究所安陽工作站	169	欿鼎	1
中國社會科學院考古研究所安陽工作站	179	嗳鼎	1
中國社會科學院考古研究所安陽工作站	188	亞方鼎	1
中國社會科學院考古研究所安陽工作站	199	向鼎	1
中國社會科學院考古研究所安陽工作站	220	敇象鼎	2
中國社會科學院考古研究所安陽工作站	276	鳥母嬪鼎	4
中國社會科學院考古研究所安陽工作站	339	亞魚鼎	21
中國社會科學院考古研究所安陽工作站	367	見簋	1
中國社會科學院考古研究所安陽工作站	387	◇簋	1
中國社會科學院考古研究所安陽工作站	408	辰寢出簋	3
中國社會科學院考古研究所安陽工作站	413	鳥嬪簋	4
中國社會科學院考古研究所安陽工作站	454	寢魚簋	12
中國社會科學院考古研究所安陽工作站	641	戈觶	1
中國社會科學院考古研究所安陽工作站	671	婦鳳觶	5
中國社會科學院考古研究所安陽工作站	705	古觚	1
中國社會科學院考古研究所安陽工作站	706	枼觚	1
中國社會科學院考古研究所安陽工作站	741	田觚	2
中國社會科學院考古研究所安陽工作站	744	旅止觚	3
中國社會科學院考古研究所安陽工作站	771	象爵	1
中國社會科學院考古研究所安陽工作站	773	枼爵	1
中國社會科學院考古研究所安陽工作站	776	貳爵	1
中國社會科學院考古研究所安陽工作站	787	戯方爵	1
中國社會科學院考古研究所安陽工作站	788	戯方爵	1
中國社會科學院考古研究所安陽工作站	789	戯爵	1
中國社會科學院考古研究所安陽工作站	852	寢出爵	2
中國社會科學院考古研究所安陽工作站	853	寢印爵	2
中國社會科學院考古研究所安陽工作站	854	寢印爵	2
中國社會科學院考古研究所安陽工作站	855	寢印爵	2
中國社會科學院考古研究所安陽工作站	856	寢印爵	2
中國社會科學院考古研究所安陽工作站	866	旅止爵	3
中國社會科學院考古研究所安陽工作站	867	旅止爵	3
中國社會科學院考古研究所安陽工作站	894	田辛爵	3
中國社會科學院考古研究所安陽工作站	900	巽天父己爵	4
中國社會科學院考古研究所安陽工作站	921	亞羍斝	2
中國社會科學院考古研究所安陽工作站	928	敊觥蓋	1
中國社會科學院考古研究所安陽工作站	993	旅止方彝	3
中國社會科學院考古研究所安陽工作站	999	鼓寢盤	2

中國社會科學院考古研究所安陽工作站　　1043　宁口鍑　　　　　2
中國社會科學院考古研究所安陽工作站　　1055　旅止食箕　　　　3
中國社會科學院考古研究所安陽工作站　　1239　羊斧　　　　　　1
中國社會科學院考古研究所西安工作站　　164　孟狂父甗　　　　19
中國社會科學院考古研究所西安工作站　　263　亞空父乙鼎　　　4
中國社會科學院考古研究所西安工作站　　300　師酉父鼎　　　　6
中國社會科學院考古研究所西安工作站　　338　孟狂父鼎　　　　19
中國社會科學院考古研究所西安工作站　　356　伯唐父鼎　　　　66
中國社會科學院考古研究所西安工作站　　430　孟狂父簋　　　　6
中國社會科學院考古研究所西安工作站　　813　父己爵　　　　　2
中國社會科學院考古研究所西安工作站　　898　亞豕父乙爵　　　4
中國歷史博物館　　　　　　　　　　　　1255　陽陵虎符　　　　12
內蒙古伊盟文物站　　　　　　　　　　　1201　十五年上郡守壽戈　27
內蒙古寧城縣文物管理所　　　　　　　　462　許季姜方簋　　　14
內蒙古寧城縣文物管理所　　　　　　　　622　亞垔父丁尊　　　4
內蒙古和林格爾縣文物保護管理所　　　　1219　耳劍　　　　　　4
內蒙古烏蘭察布盟文物工作站　　　　　　1134　仲陽戈　　　　　4
內蒙古烏蘭察布盟文物工作站　　　　　　1213　四年呂不韋矛　　15
內蒙古烏蘭察布盟文物工作站　　　　　　1215　三年呂不韋矛　　18
天津市歷史博物館考古部　　　　　　　　178　共鼎　　　　　　1
天津市歷史博物館考古部　　　　　　　　365　天簋　　　　　　1

五劃　　北京市文物工作隊　　　　　　　879　亞父己爵　　　　3
　　　　北京市文物工作隊　　　　　　　1061　大戈　　　　　　1
　　　　北京市文物研究所　　　　　　　816　母己爵　　　　　2
　　　　北京市文物研究所　　　　　　　937　羋父辛盉　　　　3
　　　　北京市文物研究所　　　　　　　1096　父辛戈　　　　　2
　　　　北京市文物研究所　　　　　　　1123　僕戈　　　　　　4
　　　　北京市文物研究所　　　　　　　1126　匽侯戟　　　　　4
　　　　北京市文物研究所　　　　　　　1127　匽侯舞戟　　　　4
　　　　北京市文物研究所　　　　　　　1251　諆鍚　　　　　　2
　　　　北京市文物研究所　　　　　　　1252　匽侯舞鍚　　　　4
　　　　北京市文物研究所琉璃河考古隊　　270　員鼎　　　　　　4
　　　　北京市文物研究所琉璃河考古隊　　942　克盉　　　　　　43
　　　　北京市文物研究所琉璃河考古隊　　985　工奴父己罍　　　4
　　　　北京市文物研究所琉璃河考古隊　　987　克罍　　　　　　43
　　　　北京市文物研究所琉璃河考古隊　　1079　獸戈　　　　　　1
　　　　北京市文物研究所琉璃河考古隊　　1097　成周戈　　　　　2
　　　　北京市文物研究所琉璃河考古隊　　1098　成周戈　　　　　2
　　　　北京市文物研究所琉璃河考古隊　　1253　匽侯舞鍚　　　　4

安徽臨泉縣博物館	1106	右造戟	2
安徽臨泉縣博物館	1176	廿四年晉□戈	11
安徽臨泉縣博物館	1203	葉矛	1
江西廣豐縣博物館	594	公卣	6
江蘇南京市博物館	519	曾子義行簠	15
江蘇南京市博物館	1004	工盧大叔盤	10
江蘇南京市博物館	1018	卵公之子匜	23
江蘇南京博物院	922	子□斝	2
江蘇省丹徒考古隊	94	甚邔編鎛	68
江蘇省丹徒考古隊	95	甚邔編鎛	67
江蘇省丹徒考古隊	96	甚邔編鐘	68
江蘇省丹徒考古隊	354	甚六鼎	47
江蘇省丹徒考古隊	1041	徐頤君之孫缶	29
江蘇省丹徒考古隊	1210	工盧矛	8
八劃 河北正定縣文物保管所	576	羊日羊卣	3
河北正定縣文物保管所	1103	高望戈	2
河北正定縣文物保管所	1136	陭氏戈	4
河北省考古文物研究所	194	亼鼎	1
河北省考古文物研究所	779	亼爵	1
河北涿鹿縣文物保管所	1147	索魚王戈	5
河北遷安縣文物管理所	258	作尊彝鼎	3
河北遷安縣文物管理所	425	矩爵簋	6
河北興隆縣文物管理所	1058	米祖乙器蓋	3
河北臨城縣文物保管所	1102	柏人戈	2
河北臨城縣文物保管所	1191	二年邢令戈	18
河北臨城縣文物保管所	1208	鄨王喜矛	7
河南三門峽市文物工作隊	86	虢季編鐘	51
河南三門峽市文物工作隊	87	虢季編鐘	51
河南三門峽市文物工作隊	88	虢季編鐘	51
河南三門峽市文物工作隊	89	虢季編鐘	51
河南三門峽市文物工作隊	90	虢季編鐘	8
河南三門峽市文物工作隊	91	虢季編鐘	8
河南三門峽市文物工作隊	92	虢季編鐘	4
河南三門峽市文物工作隊	93	虢季編鐘	4
河南三門峽市文物工作隊	130	虢宮父鬲	9
河南三門峽市文物工作隊	136	虢季鬲	14
河南三門峽市文物工作隊	137	虢季鬲	14
河南三門峽市文物工作隊	138	虢季鬲	14
河南三門峽市文物工作隊	139	虢季鬲	14

河南三門峽市文物工作隊	140	虢季鬲	14
河南三門峽市文物工作隊	141	虢季鬲	14
河南三門峽市文物工作隊	142	虢季鬲	14
河南三門峽市文物工作隊	143	虢季鬲	14
河南三門峽市文物工作隊	147	子碩父鬲	22
河南三門峽市文物工作隊	161	小子吉父方甗	存15
河南三門峽市文物工作隊	328	虢季鼎	16
河南三門峽市文物工作隊	329	虢季鼎	16
河南三門峽市文物工作隊	330	虢季鼎	16
河南三門峽市文物工作隊	331	虢季鼎	16
河南三門峽市文物工作隊	332	虢季鼎	16
河南三門峽市文物工作隊	333	虢季鼎	16
河南三門峽市文物工作隊	334	虢季鼎	16
河南三門峽市文物工作隊	439	虢季簋	7
河南三門峽市文物工作隊	440	虢季簋	7
河南三門峽市文物工作隊	441	虢季簋	7
河南三門峽市文物工作隊	442	虢季簋	8
河南三門峽市文物工作隊	443	虢季簋	8
河南三門峽市文物工作隊	444	虢季簋	8
河南三門峽市文物工作隊	493	虢季盨	8
河南三門峽市文物工作隊	494	虢季盨	8
河南三門峽市文物工作隊	495	虢季盨	8
河南三門峽市文物工作隊	496	虢季盨	8
河南三門峽市文物工作隊	512	虢季簠	8
河南三門峽市文物工作隊	520	虢碩父簠	15
河南三門峽市文物工作隊	541	虢季豆	8
河南三門峽市文物工作隊	542	虢季豆	8
河南三門峽市文物工作隊	958	虢季壺	8
河南三門峽市文物工作隊	959	虢季壺	8
河南三門峽市文物工作隊	1002	虢季盤	8
河南三門峽市文物工作隊	1003	虢宮父盤	9
河南三門峽市文物工作隊	1046	梁姬罐	5
河南三門峽市文物工作隊	1243	太子車斧	4
河南平頂山市文物管理委員會	269	伯鼎	4
河南平頂山市文物管理委員會	288	應事鼎	5
河南平頂山市文物管理委員會	457	鄧公簋	12
河南平頂山市文物管理委員會	458	鄧公簋	12
河南平頂山市文物管理委員會	584	小姓卣	4
河南永城縣文物管理委員會	1013	鄭伯匜	15

河南光山縣文物管理委員會	1156	黃季佗父戈	6
河南安陽市文物工作隊	111	爰鏡	1
河南安陽市文物工作隊	112	爰鏡	1
河南安陽市文物工作隊	113	爰鐃	1
河南安陽市文物工作隊	180	爰鼎	1
河南安陽市文物工作隊	181	爰鼎	1
河南安陽市文物工作隊	182	爰方鼎	1
河南安陽市文物工作隊	218	乇未鼎	2
河南安陽市文物工作隊	236	鐵父癸鼎	3
河南安陽市文物工作隊	368	爰簋	1
河南安陽市文物工作隊	547	羊卣	1
河南安陽市文物工作隊	565	光祖乙卣	3
河南安陽市文物工作隊	640	子觶	1
河南安陽市文物工作隊	663	鐵父癸觶	3
河南安陽市文物工作隊	665	子工觶	3
河南安陽市文物工作隊	689	爰觚	1
河南安陽市文物工作隊	690	爰觚	1
河南安陽市文物工作隊	698	羊觚	1
河南安陽市文物工作隊	708	宁觚	1
河南安陽市文物工作隊	734	冊衛觚	2
河南安陽市文物工作隊	740	西單觚	2
河南安陽市文物工作隊	774	爵	1
河南安陽市文物工作隊	844	子工爵	2
河南安陽市文物工作隊	870	宁父乙爵	3
河南安陽市文物工作隊	887	鐵父癸爵	3
河南安陽市文物工作隊	892	黿父口爵	3
河南安陽市文物工作隊	915	爰斝	1
河南安陽市文物工作隊	973	爰罍	1
河南安陽市文物工作隊	1056	六器蓋	1
河南安陽市博物館	219	絆葡鼎	2
河南安陽市博物館	372	正簋	1
河南安陽市博物館	383	戈簋	1
河南安陽市博物館	410	月鼎父乙簋	4
河南安陽市博物館	552	丹卣	1
河南安陽市博物館	579	馬豖父丁卣	4
河南安陽市博物館	739	徊冊觚	2
河南周口市博物館	530	原氏仲簠	30
河南武陟縣博物館	187	巳鼎	1
河南武陟縣博物館	917	祖己斝	2

河南武陟縣博物館	983	父丁罍	4
河南信陽市文物管理委員會	455	晨簋	12
河南信陽市文物管理委員會	568	痓父乙卣	3
河南信陽市文物管理委員會	571	𠓛父丁卣	3
河南信陽市文物管理委員會	632	即冊尊	存6
河南信陽市文物管理委員會	758	晨觚	12
河南信陽市文物管理委員會	913	晨角	12
河南信陽市文物管理委員會	914	晨角	12
河南信陽市文物管理委員會	961	番叔壺	12
河南信陽市文物管理委員會	995	企方彝蓋	12
河南南陽市文物研究所	117	鄝子伯鐸	6
河南南陽市博物館	323	叔商父鼎	14
河南南陽市博物館	326	仲爯父鼎	15
河南南陽市博物館	351	應侯之孫丁兒鼎蓋	32
河南南陽市博物館	517	楚子棄疾簠	12
河南南陽市博物館	538	宋右師延敦	29
河南南陽市博物館	652	亞㚔觶	2
河南南陽市博物館	661	子父辛觶	3
河南南陽市博物館	679	天觚	1
河南南陽市博物館	756	子不觚	6
河南南陽市博物館	762	企爵	1
河南南陽市博物館	765	旅爵	1
河南南陽市博物館	859	葡戊爵	2
河南南陽市博物館	891	魚父□爵	3
河南南陽市博物館	895	亞夫魁爵	3
河南南陽市博物館	963	彭伯壺	13
河南南陽市博物館	964	彭伯壺	13
河南洛陽市文物工作隊	305	叔㿝父鼎	7
河南洛陽市文物工作隊	497	召伯虎盨	8
河南洛陽市文物工作隊	1209	越王者旨於賜矛	6
河南洛陽市文物工作隊	1220	攻王夫差劍	8
河南洛陽市博物館	152	𠓛祖丁甗	3
河南洛陽市博物館	392	𠓛祖丁簋	3
河南洛陽市博物館	615	𠓛父丁尊	3
河南省文物考古研究所	51	𩁹編鐘	48
河南省文物考古研究所	52	𩁹編鐘	28
河南省文物考古研究所	53	𩁹編鐘	28
河南省文物考古研究所	54	𩁹編鐘	22
河南省文物考古研究所	55	𩁹編鐘	23

河南省文物考古研究所	56	齍編鐘	12
河南省文物考古研究所	57	齍編鐘	14
河南省文物考古研究所	58	齍編鐘	3
河南省文物考古研究所	59	齍編鐘	6
河南省文物考古研究所	60	王孫誥編鐘	108
河南省文物考古研究所	61	王孫誥編鐘	108
河南省文物考古研究所	62	王孫誥編鐘	108
河南省文物考古研究所	63	王孫誥編鐘	106
河南省文物考古研究所	64	王孫誥編鐘	107
河南省文物考古研究所	65	王孫誥編鐘	108
河南省文物考古研究所	66	王孫誥編鐘	108
河南省文物考古研究所	67	王孫誥編鐘	108
河南省文物考古研究所	68	王孫誥編鐘	108
河南省文物考古研究所	69	王孫誥編鐘	108
河南省文物考古研究所	70	王孫誥編鐘	108
河南省文物考古研究所	71	王孫誥編鐘	108
河南省文物考古研究所	72	王孫誥編鐘	74
河南省文物考古研究所	73	王孫誥編鐘	34
河南省文物考古研究所	74	王孫誥編鐘	40
河南省文物考古研究所	75	王孫誥編鐘	49
河南省文物考古研究所	76	王孫誥編鐘	60
河南省文物考古研究所	77	王孫誥編鐘	40
河南省文物考古研究所	78	王孫誥編鐘	48
河南省文物考古研究所	79	王孫誥編鐘	28
河南省文物考古研究所	80	王孫誥編鐘	23
河南省文物考古研究所	81	王孫誥編鐘	36
河南省文物考古研究所	82	王孫誥編鐘	32
河南省文物考古研究所	83	王孫誥編鐘	32
河南省文物考古研究所	84	王孫誥編鐘	12
河南省文物考古研究所	85	王孫誥編鐘	32
河南省文物考古研究所	98	齍編鎛	76
河南省文物考古研究所	99	齍編鎛	77
河南省文物考古研究所	100	齍編鎛	79
河南省文物考古研究所	101	齍編鎛	45
河南省文物考古研究所	102	齍編鎛	30
河南省文物考古研究所	103	齍編鎛	43
河南省文物考古研究所	104	齍編鎛	36
河南省文物考古研究所	105	齍編鎛	35
河南省文物考古研究所	132	自作薦鬲	10

河南省文物考古研究所	157	應侯甗	5
河南省文物考古研究所	273	應侯鼎	4
河南省文物考古研究所	279	倗鼎	4
河南省文物考古研究所	280	倗鼎	4
河南省文物考古研究所	281	倗鼎	4
河南省文物考古研究所	282	倗鼎	4
河南省文物考古研究所	283	倗鼎	4
河南省文物考古研究所	284	倗鼎	4
河南省文物考古研究所	311	楚叔之孫倗鼎	8
河南省文物考古研究所	312	楚叔之孫倗鼎	8
河南省文物考古研究所	313	楚叔之孫倗鼎	8
河南省文物考古研究所	341	楚叔之孫倗鼎	21
河南省文物考古研究所	348	以鄧鼎	25
河南省文物考古研究所	358	王子午鼎	85
河南省文物考古研究所	359	王子午鼎	存12
河南省文物考古研究所	360	王子午鼎	81
河南省文物考古研究所	361	王子午鼎	81
河南省文物考古研究所	362	王子午鼎	85
河南省文物考古研究所	363	王子午鼎	81
河南省文物考古研究所	451	鄬子倗簠	存9
河南省文物考古研究所	486	柞伯簋	74
河南省文物考古研究所	502	應侯再盨	28
河南省文物考古研究所	508	倗簠	3
河南省文物考古研究所	509	倗簠	3
河南省文物考古研究所	513	自作簠	存10
河南省文物考古研究所	514	自作簠	存10
河南省文物考古研究所	515	自作簠	存10
河南省文物考古研究所	516	自作簠	存10
河南省文物考古研究所	524	仲妃衛簠	22
河南省文物考古研究所	525	仲妃衛簠	22
河南省文物考古研究所	533	何次簠	32
河南省文物考古研究所	534	何次簠	28
河南省文物考古研究所	535	何次簠	28
河南省文物考古研究所	536	上鄀公簠	34
河南省文物考古研究所	601	仜再卣	13
河南省文物考古研究所	636	仜再尊	13
河南省文物考古研究所	939	獸宮盉	6
河南省文物考古研究所	943	匍盉	44
河南省文物考古研究所	1000	倗盤	4

河南省文物考古研究所	1001	獸宮盤	6
河南省文物考古研究所	1008	鄬仲姬丹盤	32
河南省文物考古研究所	1010	倗匜	4
河南省文物考古研究所	1019	以鄧匜	27
河南省文物考古研究所	1020	鄬仲姬丹匜	32
河南省文物考古研究所	1021	東姬匜	35
河南省文物考古研究所	1029	倗缶	3
河南省文物考古研究所	1030	倗缶	3
河南省文物考古研究所	1031	倗缶	4
河南省文物考古研究所	1032	倗缶	4
河南省文物考古研究所	1034	邡子倗缶	6
河南省文物考古研究所	1035	邡子倗缶	6
河南省文物考古研究所	1036	鄬子倗缶	10
河南省文物考古研究所	1037	鄬子倗缶	10
河南省文物考古研究所	1038	孟縢姬缶	22
河南省文物考古研究所	1039	孟縢姬缶	22
河南省文物考古研究所	1120	周右庫戈	3
河南省文物考古研究所	1144	以鄧戟	4
河南省文物考古研究所	1145	以鄧戟	5
河南省文物考古研究所	1154	鄝子妝戈	5
河南省文物考古研究所	1158	王孫誥戟	6
河南省文物考古研究所	1159	王孫誥戟	6
河南省文物考古研究所	1160	王子午戟	6
河南省文物考古研究所	1161	王子午戟	6
河南省文物考古研究所	1175	六年陽城令戈	11
河南省文物考古研究所	1194	六年上郡守閒戈	20
河南省文物考古研究所	1197	倗戈	22
河南省文物考古研究所	1198	廿五年上郡守周戈	22
河南省文物考古研究所	1207	倗矛	4
河南禹縣文物管理委員會	447	諫簋	8
河南禹縣文物管理委員會	492	諫盨	8
河南偃師商城博物館	778	亇爵	1
河南商水縣文物管理委員會	465	喪史耴簋	16
河南商水縣文物管理委員會	531	原氏仲簠	30
河南商水縣文物管理委員會	532	原仲簠	31
河南葉縣文化館	1	茲其鐘	4
河南葉縣文化館	2	康樂鐘	10
河南新鄉市博物館	1093	子龏戈	2
河南鄭州大學文博學院	211	袃辛鼎	2

511

河南鄭州大學文博學院	370	㲎簋	1
河南鄭州大學文博學院	697	𦝠觚	1
河南確山縣文物管理所	124	長社鬲	6
河南確山縣文物管理所	1014	橐伯匜	19
河南臨汝縣文化館	396	光父辛簋	3
河南臨汝縣文化館	1016	叔良父匜	20
河南羅山縣文化館	167	大鼎	1
河南羅山縣文化館	173	息鼎	1
河南羅山縣文化館	174	息鼎	1
河南羅山縣文化館	175	息鼎	1
河南羅山縣文化館	235	息父辛鼎	3
河南羅山縣文化館	544	天卣	1
河南羅山縣文化館	548	龜卣	1
河南羅山縣文化館	613	息尊尊	2
河南羅山縣文化館	614	息斤尊	2
河南羅山縣文化館	711	戈觚	1
河南羅山縣文化館	727	亞雖觚	2
河南羅山縣文化館	735	息尊觚	2
河南羅山縣文化館	736	息母觚	2
河南羅山縣文化館	737	息乙觚	2
河南羅山縣文化館	759	弎爵	1
河南羅山縣文化館	769	涉爵	1
河南羅山縣文化館	784	息爵	1
河南羅山縣文化館	785	息爵	1
河南羅山縣文化館	786	息爵	1
河南羅山縣文化館	793	宁爵	1
河南羅山縣文化館	808	父乙爵	2
河南羅山縣文化館	822	息己爵	2
河南羅山縣文化館	824	息辛爵	2
河南羅山縣文化館	825	息辛爵	2
河南羅山縣文化館	858	家肇爵	2
河南羅山縣文化館	890	息父□爵	3
河南羅山縣文化館	1054	尹箕	1
河南羅山縣文物管理委員會	285	㲎父丁鼎	5
河南羅山縣文物管理委員會	639	息觶	1
河南羅山縣文物管理委員會	710	戈觚	1
河南羅山縣文物管理委員會	742	息父乙觚	3
河南羅山縣文物管理委員會	820	㡱乙爵	2
河南羅山縣文物管理委員會	823	息庚爵	2

九劃

陝西周原博物館	321	師湯父鼎	14
陝西周原博物館	490	宰獸簋	128
陝西周原縣博物館	1024	王盂	8
陝西枝江縣博物館	1033	陳缶蓋	存4
陝西武功縣文化館	459	伯考父簋蓋	14
陝西長安縣文物管理委員會	364	吳虎鼎	163
陝西咸陽市文物考古研究所	1249	十九年大良造鞅鐓	14
陝西咸陽市博物館	127	窖事正鬲	6
陝西咸陽市博物館	255	伯鼎	3
陝西咸陽市博物館	911	父辛爵	7
陝西咸陽市博物館	940	樛大盂	8
陝西省考古研究所	249	邢叔鼎	3
陝西省考古研究所	506	達盨蓋	40
陝西省考古研究所	1048	邢叔杯	6
陝西省博物館	346	史惠鼎	25
陝西省博物館	463	史惠簋	14
陝西眉縣文化館	106	逨編鐘	117
陝西眉縣文化館	107	逨編鐘	117
陝西眉縣文化館	108	逨編鐘	117
陝西眉縣文化館	109	逨編鐘	17
陝西涇陽縣博物館	153	弓父丁甗	3
陝西涇陽縣博物館	154	戈父癸甗	3
陝西涇陽縣博物館	156	戌人正甗	5
陝西涇陽縣博物館	204	祖癸鼎	2
陝西涇陽縣博物館	260	□□彝鼎	3
陝西涇陽縣博物館	286	亞夫父辛鼎	5
陝西涇陽縣博物館	302	尹觌鼎	7
陝西涇陽縣博物館	303	尹觌鼎	7
陝西涇陽縣博物館	395	戈父己簋	3
陝西涇陽縣博物館	555	八卣	1
陝西涇陽縣博物館	556	八卣	1
陝西涇陽縣博物館	574	戈父癸卣	3
陝西涇陽縣博物館	612	父癸尊	2
陝西涇陽縣博物館	659	保父丁觶	3
陝西涇陽縣博物館	660	戈父己觶	3
陝西涇陽縣博物館	715	父癸瓠	2
陝西涇陽縣博物館	810	父己爵	2
陝西涇陽縣博物館	821	天乙爵	2
陝西涇陽縣博物館	938	子彈盂	5

湖北枝江縣博物館	1217	鄭劍	1
湖北省文物考古研究所	1167	南君旆邞戈	7
湖北省文物考古研究所	1178	六年□□令戈	13
湖北省文物考古研究所	1183	廿八年戈	17
湖北省文物考古研究所	1186	十一年戈	17
湖北省文物考古研究所	1228	曹糦冰尋員劍	17
湖北省文物考古研究所	1241	王斧	1
湖北省博物館	621	天嗇御尊	3
湖北荆州地區博物館	1005	鄧子與盤	23
湖北荆門市博物館	1222	越王州句劍	8
湖北棗陽市博物館	523	發孫虜簠	22
湖北鄖陽地區博物館	521	申王之孫簠	19
湖北隨州市考古隊	133	曾伯鬲	存 11
湖北隨州市博物館	129	伯毃鬲	存 8
湖北隨州市博物館	299	曾孫定鼎	6
湖北隨州市博物館	966	卅六年扁壺	15
湖北隨州市博物館	1107	蔡侯戈	2
湖北隨州市博物館	511	曾都尹定簠	7
湖北穀城縣文化館	986	蒜兒罍	26
湖北襄陽縣文物管理處	1026	□子㼿盞盂	29
湖北襄樊市博物館	355	鄭臧公之孫鼎	47
湖北襄樊市博物館	453	侯氏簋	12
湖北襄樊市博物館	529	蔡大膳夫趠簠	29
湖北襄樊市博物館	1042	鄭臧公之孫缶	51
湖北襄樊市博物館	1124	廖公戈	4
湖北蘄春縣博物館	189	寵方鼎	1
湖北蘄春縣博物館	190	寵方鼎	1
湖北蘄春縣博物館	198	酋方鼎	1
湖北蘄春縣博物館	306	盉方鼎	8
湖北蘄春縣博物館	307	盉方鼎	8
湖北蘄春縣博物館	1027	猬斗	1
湖南古丈縣文物部門	1173	五年琱□戈	10
湖南沅陵縣文物管理所	1049	分甶尚砝碼	3
湖南岳陽市文物工作隊	1025	息兒盞盂	8
湖南岳陽市文物管理所	1214	廿年矛	15
湖南省博物館	415	作寶尊彝簋	4
湖南省博物館	1206	少府矛	2
湖南株洲縣文物單位	414	作寶尊彝簋	4
湖南桃源縣文化局	314	七年□合陽王鼎	11

517

法國巴黎基美博物館	1247	狽鈗	1
英國格拉斯哥美術館	578	作旅彝卣	3
美國華盛頓弗里爾美術館	1109	大保戠	3
美國華盛頓弗里爾美術館	1238	康侯刀	2
美國華盛頓沙可樂美術館	1040	孟嬴䚄不錇	26
美國聖路易斯市	507	師克盨	146
美國紐約	327	蔡侯鼎	16
瑞士蘇黎世利特堡博物館	343	鄧小仲方鼎	24
瑞士蘇黎世利特堡博物館	989	旜方彝	1
瑞典斯德哥爾摩遠東古物博物館	676	束觶	9
瑞典斯德哥爾摩遠東古物博物館	1166	郾王詈戈	7
瑞典斯德哥爾摩遠東古物博物館	1235	十六年守相鈹	23
德國科隆東亞藝術博物館	373	子簋	1
德國科隆東亞藝術博物館	433	父乙簋	7
德國柏林東亞藝術博物館	624	伯尊	4
德國科隆東亞藝術博物館	668	令册父丁觶	4
德國科隆東亞藝術博物館	704	襄瓢	1
德國柏林東亞藝術博物館	775	戈爵	1
德國科隆東亞藝術博物館	896	◇葡辜爵	3
德國柏林東亞藝術博物館	975	武方罍	1
德國斯圖加特林登博物館	212	辛守鼎	2
德國斯圖加特林登博物館	653	婦嬫觶	2
德國斯圖加特林登博物館	1202	李矛	1
德國慕尼黑國立民間藝術博物館	931	彳盂	1
德國慕尼黑國立民間藝術博物館	976	鳶方罍	1
德國漢堡藝術與工業博物館	1118	墮豖壐戈	3

器物時代分期表

（以時代先後排序）

時代	器號	器名	字數
商代後期	110	古鐃	1
	111	爰鐃	1
	112	爰鐃	1
	113	爰鐃	1
	114	亞橐止鐃	4
	115	亞橐止鐃	4
	116	亞橐止鐃	4
	120	叔父癸鬲	3
	123	共宁Ⅱ鬲	6
	148	妻甗	1
	155	屰甗	5
	165	𢆶方鼎	1
	166	犾鼎	1
	167	大鼎	1
	168	𥁃鼎	1
	169	欿鼎	1
	170	邑鼎	1
	171	免鼎	1
	172	𢀛鼎	1
	173	息鼎	1
	174	息鼎	1
	175	息鼎	1
	176	舌鼎	1
	177	甾鼎	1
	178	共鼎	1
	179	爰鼎	1
	180	爰鼎	1
	181	爰鼎	1
	182	爰方鼎	1
	183	正鼎	1
	184	隻鼎	1
	185	子鼎	1

186	子鼎	1
187	巳鼎	1
188	亞方鼎	1
189	寵方鼎	1
190	寵方鼎	1
192	凶鼎	1
193	融方鼎	1
194	个鼎	1
197	卜鼎	1
198	酋方鼎	1
199	向鼎	1
200	因鼎	1
201	因鼎	1
203	央鼎	1
206	戈乙鼎	2
207	己並鼎	2
208	己並鼎	2
209	己並鼎	2
210	秉己鼎	2
211	央辛鼎	2
212	辛守鼎	2
213	子燕方鼎	2
214	亞址鼎	2
215	亞址方鼎	2
216	亞址鼎	2
218	疋未鼎	2
219	絆葡鼎	2
220	敊象鼎	2
221	冊融鼎	2
222	冊融方鼎	2
223	犁卷方鼎	2
224	矢宁鼎	2
226	女心鼎	2
227	巫囝鼎	2
229	貴祖口鼎	3
230	息父乙鼎	3
232	郍父丁鼎	3
233	⬛父丁鼎	3
234	龰父庚方鼎	3

235	息父辛鼎	3
236	𡩜父癸鼎	3
237	𡩜父癸鼎	3
238	叔父癸鼎	3
239	𠆢父癸鼎	3
240	得父癸方鼎	3
241	明亞乙鼎	3
245	亞橐址方鼎	3
246	亞橐止鼎	3
247	亞橐止鼎	3
253	作冊兄鼎	3
259	王子聑鼎	3
262	月𣄦祖丁鼎	4
264	冊𩵋父丁鼎	4
265	子父戊子鼎	4
276	鳥母𡜪鼎	4
285	𠃊父丁鼎	5
291	辛卯羊鼎	6
306	盂方鼎	8
307	盂方鼎	8
339	亞魚鼎	21
365	天簋	1
366	𦥑簋	1
367	見簋	1
368	爰簋	1
369	伊簋	1
370	殳簋	1
371	正簋	1
372	正簋	1
374	㷯簋	1
375	融簋	1
376	⊕簋	1
377	𠆢簋	1
378	𠆢簋	1
379	𠆢簋	1
382	亞簋	1
383	戈簋	1
387	◇簋	1
389	㝅旅簋	2

394	子父丁簋	3
407	亞䨻址簋	3
408	辰寢出簋	3
410	月鼎父乙簋	4
411	冊玄父癸簋	4
412	亞獏母辛簋	4
413	鳥𡩢簋	4
417	亞㲋父丁曾簋	5
454	寢魚簋	12
540	𦎫父癸豆	3
544	天卣	1
545	𦎫卣	1
546	𢓊卣	1
547	羊卣	1
548	龜卣	1
549	融卣	1
550	明卣	1
551	○卣	1
552	丹卣	1
553	𠙵卣	1
554	𠙵卣	1
560	亞𩰫卣	2
561	亞址卣	2
564	桊門卣	2
565	光祖乙卣	3
567	㔾父乙卣	3
573	丫父辛卣	3
575	从丁癸卣	3
576	羊日羊卣	3
579	馬豢父丁卣	4
581	剢冊父癸卣	4
590	冊亯般卣	5
593	宁月卣	6
596	葡𠫑卣	7
606	知尊	1
607	剢尊	1
608	融尊	1
609	亞址尊	2
610	亞址方尊	2

613	息尊尊	2
614	息斤尊	2
616	豙父丁尊	3
617	𩵋父己尊	3
619	𠆢父辛尊	3
620	□父癸尊	3
621	天黽御尊	3
628	臣辰𠂤父乙尊	5
639	息觶	1
640	子觶	1
641	戈觶	1
642	戈觶	1
644	融觶	1
647	𡆥觶	1
648	亞址觶	2
649	父癸觶	2
650	虫乙觶	2
652	亞橐觶	2
653	婦嬷觶	2
654	葡戉觶	2
661	子父辛觶	3
663	𡩋父癸觶	3
665	子工觶	3
668	𠓛册父丁觶	4
669	榮�門父辛觶	4
671	婦鳳觶	5
679	天觚	1
680	天觚	1
681	戈觚	1
682	𫘦觚	1
683	旅觚	1
684	倗觚	1
685	倗觚	1
686	印觚	1
687	守觚	1
688	彀觚	1
689	爰觚	1
690	爰觚	1
691	正觚	1

692	正瓠	1
693	徙瓠	1
694	念瓠	1
695	子瓠	1
696	団瓠	1
697	縢瓠	1
698	羊瓠	1
699	羍瓠	1
700	集瓠	1
701	融瓠	1
702	融瓠	1
703	弖瓠	1
704	襄瓠	1
705	古瓠	1
706	乘瓠	1
707	弓瓠	1
708	宁瓠	1
709	戈瓠	1
710	戈瓠	1
711	戈瓠	1
712	囚瓠	1
713	囚瓠	1
714	祖丁瓠	2
717	亞址瓠	2
718	亞址瓠	2
719	亞址瓠	2
720	亞址瓠	2
721	亞址瓠	2
722	亞址瓠	2
723	亞址瓠	2
724	亞址瓠	2
725	亞址瓠	2
726	亞址瓠	2
727	亞雔瓠	2
728	亞獣瓠	2
729	亞隻瓠	2
730	亞酉瓠	2
731	子癸瓠	2
732	龏子瓠	2

733	右守觚	2
734	冊衛觚	2
735	息尊觚	2
736	息母觚	2
737	息乙觚	2
738	羈冊觚	2
739	倒田觚	2
740	西單觚	2
741	䖝田觚	2
742	息父乙觚	3
743	卩父戊觚	3
744	旅止A觚	3
745	寅父壬觚	3
746	大父癸觚	3
747	史母癸觚	3
748	亞豕馬觚	3
749	亞木守觚	3
750	亞干示觚	3
751	羊建父丁觚	4
752	八冊父庚觚	4
753	共田父庚觚	4
756	子不觚	6
757	無图觚	8
759	弐爵	1
760	犾爵	1
762	企爵	1
763	卪爵	1
764	杏爵	1
765	旅爵	1
769	涉爵	1
771	象爵	1
772	融爵	1
773	東爵	1
774	✿爵	1
776	貳爵	1
777	羈爵	1
778	个爵	1
779	仐爵	1
780	子爵	1

781	子爵	1
782	団爵	1
783	史爵	1
784	息爵	1
785	息爵	1
786	息爵	1
787	戲方爵	1
788	戲方爵	1
789	戲爵	1
791	木爵	1
793	宁爵	1
796	爵	1
798	八爵	1
799	西爵	1
800	西爵	1
801	西爵	1
802	西爵	1
803	卩爵	1
807	祖辛爵	2
808	父乙爵	2
814	母乙爵	2
815	母癸爵	2
817	乙爵	2
818	戈乙爵	2
819	豕乙爵	2
820	豙乙爵	2
822	息己爵	2
823	息庚爵	2
824	息辛爵	2
825	息辛爵	2
826	敗癸爵	2
827	亞爵	2
828	亞告爵	2
829	亞臼爵	2
832	亞址角	2
833	亞址角	2
834	亞址角	2
835	亞址角	2
836	亞址角	2

837	亞址角	2
838	亞址角	2
839	亞址角	2
840	亞址角	2
841	亞址角	2
842	亞矣爵	2
843	子義爵	2
844	子工爵	2
846	尹舟爵	2
847	倗舟爵	2
848	倗舟爵	2
849	兄冊爵	2
852	寢出爵	2
853	寢印爵	2
854	寢印爵	2
855	寢印爵	2
856	寢印爵	2
857	榮門爵	2
858	家肇爵	2
859	葡戊爵	2
860	乂右爵	2
861	耳竹爵	2
862	冊乡爵	2
863	皿88爵	2
864	車犬爵	2
866	旅止A爵	3
867	旅止A爵	3
869	戈父乙爵	3
870	宁父乙爵	3
872	黿父乙角	3
874	史父丁爵	3
877	伐父丁爵	3
881	左父辛爵	3
886	窈父癸爵	3
887	𪛖父癸爵	3
888	叔父癸爵	3
889	剢父癸爵	3
890	息父口爵	3
891	魚父口爵	3

892	黿父口爵	3
893	並母戊爵	3
894	𡶡田辛爵	3
895	亞夫魃爵	3
896	◇葡𡥀爵	3
897	女嬃祖丁角	4
900	翼天父己爵	4
902	畮冊父庚角	4
905	舣爵	5
906	鄉爵	5
907	𠂤宁II爵	5
908	𠂤宁II爵	5
910	婦𤔲角	6
915	爰斝	1
916	✾斝	1
917	祖己斝	2
919	亞址方斝	2
920	亞址方斝	2
921	亞夆斝	2
922	子口斝	2
923	夲旅斝	2
924	亞橐址圓斝	3
925	亞𠤏其斝	3
928	尗觥蓋	1
930	兄觥	7
931	𠂎盉	1
933	亞址盉	2
944	夊壺	1
947	葡甴壺	2
973	爰罍	1
974	融罍	1
975	武方罍	1
976	鳶方罍	1
977	𡶜罍	1
978	亞址罍	2
979	亞𤞤罍	2
983	父丁罍	4
988	鼎方彝	1
989	旗方彝	1

990	夲方彝	1
991	亞矣方彝	2
992	秝丫方彝	2
993	旅止丫方彝	3
994	王生女敘方彝	4
998	亞址盤	2
999	鼓寢盤	2
1043	宁口鍑	2
1054	尹箕	1
1055	旅止丫箕	3
1056	八器蓋	1
1062	🜚戈	1
1063	屮戈	1
1064	鳥戈	1
1065	吹戈	1
1066	🜚戈	1
1067	息戈	1
1068	戜戈	1
1069	龟戈	1
1070	萬戈	1
1071	🜚戈	1
1072	眉戈	1
1089	鄉宁戈	2
1090	亞炎戈	2
1091	車虤戈	2
1092	索需戈	2
1093	子龔戈	2
1202	李矛	1
1204	倗舟矛	2
1239	羊斧	1
1245	盉鉞	1
1246	兮鉞	1
1247	狽鉞	1
西周早期 118	共鬲	1
121	叔鬲	3
122	口伯鬲	5
127	🜚事正鬲	6
128	甬鬲	7
131	父庚鬲	10

455	晨簋	12
484	保員簋	45
486	柞伯簋	74
539	史父乙豆	3
555	冎卣	1
556	冎卣	1
557	父乙卣	2
558	父戊卣	2
559	冎辛卣	2
562	龔子卣	2
563	隹壺卣	2
566	象祖辛卣	3
568	痎父乙卣	3
569	冎父乙卣	3
570	冎父丁卣	3
571	冎父丁卣	3
572	申父庚卣	3
574	戈父癸卣	3
578	作旅彝卣	3
580	嬰父丁卣	4
582	□疛父癸卣	4
583	作从彝卣	4
584	小姓卣	4
585	作寶尊彝卣	4
586	作寶尊彝卣	4
587	作寶尊彝卣	4
589	矛臣辰祖乙卣	5
591	守宮卣	5
592	寶尊彝卣	5
594	公卣	6
595	散卣	6
597	守卣	8
598	小夫卣	8
599	辟卣	8
600	毃戛卣	13
602	雞卣	13
603	否叔卣	17
604	州子卣	30
611	父乙尊	2

761	須爵	1
766	目爵	1
768	執爵	1
770	𡿦爵	1
775	戈爵	1
790	生爵	1
792	壬爵	1
794	春爵	1
795	昌爵	1
797	𢀜爵	1
804	𢆶爵	1
805	𠀉爵	1
806	祖丁爵	2
809	父乙爵	2
810	父己爵	2
811	父己爵	2
812	父己爵	2
816	母己爵	2
821	天乙爵	2
830	亞受爵	2
831	𣎟亞爵	2
845	子口爵	2
850	用遣爵	2
851	用遣爵	2
865	榮仲爵	2
868	羊祖己爵	3
871	𣎵父乙爵	3
875	𣎵父丁爵	3
876	𣏟父丁爵	3
878	伐父丁爵	3
879	亞父己爵	3
880	我父己爵	3
882	魚父辛爵	3
883	魚父辛爵	3
884	𣎟父癸爵	3
885	𢀜父癸爵	3
898	亞𣎟父乙爵	4
899	亞示父乙爵	4
903	𣎵𡗗父辛爵	4

909	亥爵	6
911	父辛爵	7
912	史夃爵	8
913	晨角	12
914	晨角	12
918	祖口斝	2
926	爻父乙斝	3
927	𤔲父癸斝	3
929	告田觥	2
932	夆盉	1
934	作彝盉	2
935	盉父丁盉	3
936	戈父丁盉	3
937	羋父辛盉	3
938	子彈盉	5
942	克盉	43
943	匍盉	44
945	子壺	1
948	𤔲父丁壺	3
949	刀父己壺	3
950	爵父癸壺	3
953	康伯壺蓋	5
954	能溪壺	5
965	㠱仲壺	14
980	子媚罍	2
981	婦妃罍	2
982	史作彝方罍	3
984	✳繭父戊罍	4
985	工敄父己罍	4
987	克罍	43
995	企方彝蓋	12
996	夆盤	1
997	父辛盤	2
1024	王盂	8
1027	狷斗	1
1028	右瓿	1
1058	✳祖乙器蓋	3
1074	舌戈	1
1075	舌戈	1

	1076	玉戈	1
	1077	凸戈	1
	1078	柬戈	1
	1079	獸戈	1
	1080	黹戈	1
	1081	鳥戈	1
	1082	車戈	1
	1094	吂乙戈	2
	1095	囗公戈	2
	1096	父辛戈	2
	1097	成周戈	2
	1098	成周戈	2
	1109	大保戟	3
	1112	保晉戈	3
	1113	毛伯戈	3
	1122	伯戈	4
	1123	僕戈	4
	1126	匽侯戟	4
	1127	匽侯舞戟	4
	1238	康侯刀	2
	1240	衙斧	1
	1242	天合斧	2
	1248	令敔鉞	2
	1251	諆鍚	2
	1252	匽侯舞鍚	4
	1253	郾侯舞鍚	4
	1257	太保車轄	2
	1258	獸當盧	1
西周中期	150	盠甗	1
	157	應侯甗	5
	164	孟狂父甗	19
	195	弓鼎	1
	196	弓鼎	1
	248	粦乍伯鼎	3
	249	邢叔鼎	3
	250	旨鼎	3
	255	伯鼎	3
	257	作寶鼎	3
	267	伯鼎	4

506	達盨蓋	40
577	夭作彝卣	3
588	作寶尊彝卣	4
601	仜爯卣	13
605	纛卣	55
627	作寶尊彝尊	4
629	作父辛尊	5
636	仜爯尊	13
643	戈觶	1
672	菶酰觶	6
673	菶酰觶	6
677	敦觶	10
767	臤爵	1
813	父己爵	2
873	父丙爵	3
901	麋癸爵	4
904	伯豐爵	4
939	獸宮盉	6
967	蘇匎壺	15
1001	獸宮盤	6
1048	邢叔杯	6
1057	作敀器	2
1133	嫧戈	4

西周晚期

3	楚公豙鐘	15
27	戎生編鐘	29
28	戎生編鐘	27
29	戎生編鐘	26
30	戎生編鐘	21
31	戎生編鐘	15
32	戎生編鐘	11
33	戎生編鐘	9
34	戎生編鐘	7
35	晉侯蘇編鐘	39
36	晉侯蘇編鐘	39
37	晉侯蘇編鐘	36
38	晉侯蘇編鐘	24
39	晉侯蘇編鐘	12
40	晉侯蘇編鐘	10
41	晉侯蘇編鐘	4

42	晉侯蘇編鐘	3
43	晉侯蘇編鐘	40
44	晉侯蘇編鐘	40
45	晉侯蘇編鐘	39
46	晉侯蘇編鐘	24
47	晉侯蘇編鐘	10
48	晉侯蘇編鐘	8
49	晉侯蘇編鐘	5
50	晉侯蘇編鐘	4
86	虢季編鐘	51
87	虢季編鐘	51
88	虢季編鐘	51
89	虢季編鐘	51
90	虢季編鐘	8
91	虢季編鐘	8
92	虢季編鐘	4
93	虢季編鐘	4
97	楚公逆編鐘	68
106	逨編鐘	117
107	逨編鐘	117
108	逨編鐘	117
109	逨編鐘	17
119	旅鬲	2
124	長社鬲	6
125	幽王鬲	6
126	幽王鬲	6
129	伯毃鬲	8
130	虢宮父鬲	9
136	虢季鬲	14
137	虢季鬲	14
138	虢季鬲	14
139	虢季鬲	14
140	虢季鬲	14
141	虢季鬲	14
142	虢季鬲	14
143	虢季鬲	14
144	恒侯鬲	15
145	膳夫吉父鬲	15
146	子碩父鬲	22

	541	虢季豆	8
	542	虢季豆	8
	946	宁戈壺	2
	955	秦公壺	6
	956	秦公壺	6
	958	虢季壺	8
	959	虢季壺	8
	960	楊姞壺	9
	962	晉侯㜤馬圓壺	12
	968	晉叔家父壺	16
	969	晉侯䜌壺	25
	971	晉侯㜤馬壺	39
	972	晉侯㜤馬壺蓋	39
	1002	虢季盤	8
	1003	虢宮父盤	9
	1006	晉侯喜父盤	25
	1012	仲原父匜	8
	1013	鄭伯匜	15
	1016	叔良父匜	20
	1017	晉侯對匜	21
	1046	梁姬罐	5
	1059	初吉殘片	11
	1060	晉侯喜父鉌	25
	1243	太子車斧	4
	1250	南干首	1
春秋前期	94	遱邟編鎛	68
	95	遱邟編鎛	67
	96	遱邟編鐘	68
	133	曾伯鬲	11
	134	紀侯鬲	13
	135	萊伯武君鬲	14
	290	佫侯慶鼎	5
	293	秦公鼎	6
	294	秦公鼎	6
	295	秦公鼎	6
	296	秦公鼎	6
	344	子具鼎	24
	349	徐大子伯辰鼎	28
	354	甚六鼎	47

385	◌簋	1
423	秦公簋	5
424	秦公簋	5
453	侯氏簋	12
465	喪史耴簋	16
530	原氏仲簠	30
531	原氏仲簠	30
532	原仲簠	31
951	薛侯壺	4
963	彭伯壺	13
964	彭伯壺	13
1007	子仲姜盤	30
1014	◌伯匜	19
1053	壽元杖首	2
1087	莒公戈	2
1125	塞之王戟	4
1128	吳叔徒戈	4
1129	莒戟	4
1130	淳于左造戈	4
1157	淳于公戈	6
1163	薛比戈	7
1164	郭公子戈	7
1174	卜淦□高戈	11
1210	工盧矛	8
1219	耳劍	4

春秋後期	10	子犯編鐘	22
	11	子犯編鐘	22
	12	子犯編鐘	22
	13	子犯編鐘	22
	14	子犯編鐘	12
	15	子犯編鐘	10
	16	子犯編鐘	10
	17	子犯編鐘	10
	18	子犯編鐘	22
	19	子犯編鐘	22
	20	子犯編鐘	22
	21	子犯編鐘	22
	22	子犯編鐘	12
	23	子犯編鐘	10

24	子犯編鐘	10
25	子犯編鐘	10
26	鄘子受編鐘	27
51	𩵦編鐘	48
52	𩵦編鐘	28
53	𩵦編鐘	28
54	𩵦編鐘	22
55	𩵦編鐘	23
56	𩵦編鐘	12
57	𩵦編鐘	14
58	𩵦編鐘	3
59	𩵦編鐘	6
60	王孫誥編鐘	108
61	王孫誥編鐘	108
62	王孫誥編鐘	108
63	王孫誥編鐘	106
64	王孫誥編鐘	107
65	王孫誥編鐘	108
66	王孫誥編鐘	108
67	王孫誥編鐘	108
68	王孫誥編鐘	108
69	王孫誥編鐘	108
70	王孫誥編鐘	108
71	王孫誥編鐘	108
72	王孫誥編鐘	74
73	王孫誥編鐘	34
74	王孫誥編鐘	40
75	王孫誥編鐘	49
76	王孫誥編鐘	60
77	王孫誥編鐘	40
78	王孫誥編鐘	48
79	王孫誥編鐘	28
80	王孫誥編鐘	23
81	王孫誥編鐘	36
82	王孫誥編鐘	32
83	王孫誥編鐘	32
84	王孫誥編鐘	12
85	王孫誥編鐘	32
98	𩵦編鎛	76

314	七年□合陽王鼎	11
319	王后鼎	13
353	莔陽鼎	44
431	高奴簋	6
543	梁伯可忌豆	20
940	樛大盉	8
957	右冶尹壺	6
966	卅六年扁壺	15
1044	鄭䢼盒	2
1045	工舟	1
1047	丁之十耳杯	9
1049	分田尚砝碼	3
1050	右里敀鎝量	4
1051	齊宮鄉量	5
1052	齊宮鄉量	5
1073	車戟	1
1085	蒙戈	1
1086	蒙戈	1
1099	大武戈	2
1101	黄戟	2
1102	柏人戈	2
1103	高望戈	2
1104	右建戈	2
1105	盧氏戈	2
1106	右造戟	2
1114	柴矢右戈	3
1115	武陽戈	3
1116	黎右司戈	3
1117	邰氏左戈	3
1118	堕冢壨戈	3
1131	犕蘿戟	4
1132	徒戟	4
1134	仲陽戈	4
1135	平阿左戈	4
1136	陭氏戈	4
1150	平阿戟	5
1152	武王戈	5
1153	膚丘子戟	5
1165	鄭戈	7

引用書目及簡稱表

（以書刊名筆劃數由少到多排序）

壹　中文部分

《三門峽虢國墓》　二冊　河南省文物考古研究所三門峽文物工作隊編　文物出版社　1999 年

《上海博物館集刊》　上海博物館編　上海古籍出版社　1981 年創刊

《中日歐美澳紐所見所拓所摹金文彙編》（彙編）　十冊　巴納、張光裕編　1978 年

《中央研究院歷史語言研究所集刊》　臺北中央研究院編

《中原文物》　河南省博物館編　中原文物雜誌社　1977 年創刊

《中國文字》　臺北中央研究院編

《中國文物報》　國家文物局主辦　中國文物報社　1987 年創刊

《太原晉國趙卿墓》　一冊　山西省考古研究所、太原市文物管理委員會編　文物出版社　1996 年

《文物》　國家文物局主辦　文物出版社　1959 年創刊

《文物季刊》　國家文物局主辦　文物季刊雜誌社 1989 年創刊

《文物春秋》　河北省文物局主辦　1989 年創刊

《文物資料叢刊》　國家文物局主辦　文物出版社　1977 年創刊

《文博》　陝西省文物事業管理局主辦　陝西人民出版社　1984 年創刊

《安陽殷墟郭家莊商代墓葬》　一冊　中國社會科學院考古研究所編　中國大百科出版社　1998 年

《江西文物》　江西文物雜誌社 1989 年創刊

《江陵九店東周墓》　一冊　湖北省文物考古研究所編　科學出版社　1995 年

《江漢考古》　湖北省文物考古研究所編　1980 年創刊

《考古》　中國社會科學院考古研究所編　科學出版社 1959 年創刊

《考古與文物》　陝西省考古研究所編　陝西人民出版社　1980 年創刊

《考古學報》　中國社會科學院考古研究所編　科學出版社　1953 年創刊

《東南文化》　南京博物院編　東南文化雜誌社　1985 年創刊

《保利藏金》　一冊　保利藏金編輯委員會編　嶺南美術出版社　1999 年

《故宮文物月刊》　臺北故宮博物院編　1983 年創刊

《故宮青銅器》　一冊　故宮博物院編　紫禁城出版社　1999 年

《殷周金文集成》　十八冊　中國社會科學院考古研究所編　中華書局　1984 年-1994 年

《海岱考古》　第一輯　張學海主編　山東大學出版社　1989 年

《秦金石刻辭》　三卷　羅振玉編　1914 年

《秦銅器銘文編年集釋》　一冊　王輝編著　三秦出版社　1995 年

《華夏考古》　河南省文物考古研究所編　華夏考古雜誌社　1987 年創刊

《高家堡戈國墓》　一冊　陝西省考古研究所編　三秦出版社　1995 年

《淅川下寺春秋楚墓》一冊 河南省文物考古研究所、河南省丹江庫區考古發掘隊、淅川縣博物館編
　　文物出版社　1991 年

《琉璃河西周燕國墓地》　一冊　北京市文物研究所編　文物出版社 1995 年

《第二屆國際中國古文字學研討會論文集續編》　香港中文大學中文系編 1995 年

《第三屆國際中國古文字學研討會論文集》　香港中文大學中文系、中國文化研究所編　1997 年

《塔兒坡秦墓》　一冊　陝西省咸阳市文物考古研究所編　三秦出版社　1998 年

《湖南考古輯刊》　湖南省博物館、湖南考古學會編　岳麓書社 1982 年創刊

《歐洲所藏中國青銅器遺珠》　一冊　李學勤、艾蘭著　文物出版社 1995 年

《寶雞強國墓地》　二冊　盧連成、胡智生編　文物出版社　1988 年

貳　西文部分

沃森　W.Watson,Ancient Chinese Bronzes,1962,London

高本漢(1952)　B.Karlgren（高本漢）,Some New Bronzes in the Museum of　Far Eastern

　　　　　　Antiquities,Bulletin of the Museum of Far Eastern Antiquities,No.24,1952.

佳士得 Christies,London　英國倫敦佳士得拍賣行檔案

富士比 Sotheby's,London　英國倫敦富士比拍賣行檔案

後　記

　　我於 1978 年到中國社會科學院考古研究所參加《殷周金文集成》一書的編寫工作，用了二十年的時間，與編輯小組的同仁們一道，完成了該書的銘文拓本部分，後又與陳公柔、張亞初兩位先生共同完成了該書的銘文釋文部分。1997 年底，我應聘到故宮博物院古器物部工作，按考古所和故宮兩單位達成的協定，我繼續完成了《殷周金文集成釋文》一書的統校和聯繫出版工作。與此同時，開始着手將《殷周金文集成》編成以後的十多年來收集的金文資料加以匯總，開始編寫本書。恰在此時，盧岩女士分配到古器物部工作。她是北京大學考古系的古文字學碩士，受過良好的基礎訓練，她很愉快地參加了這項工作。本書的規模體例由我擬訂，書中銘文的釋文由我吸收各家成說，參以己意寫定。此外，諸如複印、查對、整理、編輯資料、列印文稿等，所有繁重瑣碎的工作，就都是盧岩女士完成的。她的工作耐心細緻而有創造性，複製全部圖像資料就是由她提議的。

　　書的初稿完成之後，中華書局的領導當即決定出版該書。編輯室的顧青主任，李聰慧編輯、閻晉魯編輯從 2000 年 10 月開始，投入該書的編審工作。他們接手書稿後，建議增加圖像部分，並建議把銘文、圖像、釋文、說明四部分合編在一起。這樣作，雖然編輯工作的難度加大了，但對廣大讀者使用此書，卻更方便了。在整個編輯工作的後期階段，大家每天工作在一起，不分作者、編輯，克服了一個又一個困難，終於在較短的時間內完成了全書的編撰工作。事實上，本書的規模已超出了我原來的設想。應該說，該書的出版是作者與中華書局編輯們成功合作的結果。它不禁使我回憶起當年編纂《殷周金文集成》時，與老一代中華書局編輯們愉快合作的情景，令人感到欣慰的是，"以支援學術研究爲己任"的"中華傳統"，已在新一代書局領導和編輯們的工作中得到繼承和發揚。

　　本書的出版，首先應該感謝中國社會科學院考古研究所，我的學術生涯開始於那裏，多位前輩考古學家無徵不信的治學作風曾深深地教育過我，本書收進的大批安陽殷墟和陝西灃西等地出土的銅器是該所同仁們多年的田野考古成果。

　　本書收入最多的是河南考古工作者發掘的銅器資料，河南省文物考古研究所在三門峽虢國墓地和淅川下寺墓地的發掘，出土了百餘件有銘銅器均收入本書，洛陽文物工作隊在北窰村墓地的發掘、羅山縣文管會對古息國墓地的發掘和研究，安陽市文物工作隊和安陽市博物館在安陽的發掘、洛陽市、南陽市、周口市、偃師商城、禹縣、確山縣、平頂山市文管會和信陽市文管會的考古發掘等，都有成批的銅器資料收入本書。另外，新鄉市、武陟縣博物館、商水縣文管會、鄭州大學文博學院等單位的藏品也有部分收入本書。

　　陝西的銅器，不但數量多，而且常有長銘文的重要資料出土。陝西省考古研究所、陝西省博物館、西安市文物中心、西安市文物商店、寶雞市博物館、咸陽市博物館和文物考古研究所、安康地區博物館，銅川市、韓城市、周原、扶風縣、岐山縣、涇陽縣、麟遊縣、三原縣、枝江縣博物館、武功縣、眉縣、清澗縣文化館，西安市、長安縣、藍田縣、延長縣、周至縣文管會等單位新收集的藏品也多數收入本書。

　　山東省文物考古研究所、濟南市、青州市、煙臺市、新泰市、淄博市、臨淄市、濟寧市、濰坊市、滕州市、黃縣、沂水縣、壽光縣、諸城縣、長島縣、膠南縣、兗州縣、海陽縣、莒縣、平陰縣、齊國故城遺址博物館，煙臺市、濟寧市、光山縣文管會，泰安市文物局，棲霞縣、鄒縣、成武縣、沂水縣、沂南縣、乳山縣、招遠縣、昌樂縣、章丘縣、臨沭縣文管所，德州地區、平邑縣、泗水縣文化館，山東大學考古系等文物考古單位近年出土和發現的藏品大部已收入本書。

山西省考古研究所、山西省博物館、太原市文物管理委員會、原平市、高平市、榆社縣、稷山縣、曲沃縣、芮城縣博物館、靈石縣文化局、洪洞縣文化館等；湖北省文物考古研究所、湖北省博物館、荆州地區、鄖陽地區、荆門市、棗陽市、襄樊市、沙市、襄樊市、蘄春縣博物館，穀城縣文化館、襄陽縣文管處、隨州市考古隊等；江蘇省考古所、南京博物院、南京市博物館等；安徽阜陽地區、壽縣、臨泉縣博物館、六安市文管所等；四川省西昌市、綿竹縣文管所、青川縣、銅梁縣文化館等；河北省考古文物研究所、正定縣、涿鹿縣、遷安縣、興隆縣、臨城縣文管所等；甘肅省考古研究所、靈台縣文化館等；湖南省博物館、懷化地區博物館、常德市文物處、桃源縣、株洲縣、古丈縣文化局、岳陽市沅陵縣文管所等；內蒙烏蘭察布盟、伊盟、和林格爾縣、寧城縣文管所等；遼寧省博物館、遼陽市、撫順市博物館等；廣東省博物館、深圳市博物館等單位近年的發掘品和藏品也收入本書。

上海博物館、中國歷史博物館、中國人民革命軍事博物館、北京市文物考古研究所、首都博物館、天津市歷史博物館、北京保利藝術博物館、臺北故宮博物院從文物市場上搶救回來的銅器有很多是非常重要的，其中先秦有銘文的資料也大都收入本書。

另外，本書使用了英國倫敦富士比拍賣行、佳士得拍賣行、格拉斯哥美術館，德國柏林東亞藝術博物館、漢堡藝術與工業博物館、慕尼黑國立民間藝術博物館、斯圖加特林登博物館，比利時布魯塞爾皇家藝術與歷史博物館，加拿大多倫多市安大略皇家博物館，法國巴黎基美博物館，美國華盛頓弗裏爾美術館，瑞士蘇黎世利特堡博物館，瑞典斯德哥爾摩遠東古物博物館，日本出光美術館的部分藏品資料。此外，香港萍廬、臺北陳榮鴻夫婦、王氏古越閣等私人的部分藏品資料也收入本书。

感謝上述考古、文博系統的同仁們，是你們辛勤地研究和工作，才可能有如此豐富的收穫，感謝你們對本書的支援和幫助。

還應該感謝英國倫敦大學亞非學院的汪濤博士，他是與我多年合作的老朋友，1995 年我訪問英國時，我們一起整理了倫敦富士比和佳士得兩拍賣行收藏的殷周金文資料，爲本書的出版，他慨然同意我使用其中的百餘件金文資料，這無疑增加了本書的份量。

最後，感謝國家文物局及全國文博系統首次人文社會科學重點研究課題立項評審會的評委們，感謝他們將本書列爲 2000 年全國文博社科重點課題，並給以資助。

學術界的同仁們，朋友們，祈望本書的出版，會給你們的研究工作帶來一些方便，這就是作者最大的願望。

劉　雨

2000 年 11 月 17 日